○岭南师范学院2024年筑峰计划专项项目资助

基于课程思政理念的
初中英语教学研究

吴晓春　陈　军
蔡秋文　周雯静　｜　著

中南大学出版社
www.csupress.com.cn
长 沙

图书在版编目(CIP)数据

基于课程思政理念的初中英语教学研究／吴晓春等
著. --长沙：中南大学出版社，2025.3.
ISBN 978-7-5487-6124-2

Ⅰ. G633.412

中国国家版本馆 CIP 数据核字第 20247T4H47 号

基于课程思政理念的初中英语教学研究
JIYU KECHENG SIZHENG LINIAN DE CHUZHONG YINGYU JIAOXUE YANJIU

吴晓春　陈军　蔡秋文　周雯静　著

□出 版 人	林绵优
□责任编辑	谢金伶
□责任印制	唐　曦
□出版发行	中南大学出版社
	社址：长沙市麓山南路　　　邮编：410083
	发行科电话：0731-88876770　传真：0731-88710482
□印　　装	广东虎彩云印刷有限公司

□开　本	710 mm×1000 mm 1/16	□印张 19.5	□字数 361 千字
□版　次	2025 年 3 月第 1 版	□印次 2025 年 3 月第 1 次印刷	
□书　号	ISBN 978-7-5487-6124-2		
□定　价	58.00 元		

前言

PREFACE

在 21 世纪的今天，随着全球化的加速推进、信息技术的飞速发展以及国家地区间相互交往程度的加深，教育领域面临着前所未有的挑战与机遇。在这一背景下，课程思政作为一种新的教育理念应运而生，它强调在各学科教学中融入思政教育，旨在培养学生的综合素质，特别是社会责任感、国家认同感和文化自信。本书以"基于课程思政理念的初中英语教学研究"为题，旨在探讨课程思政理念下初中英语教学的新路径和重要意义。

自党的十八大以来，习近平总书记多次强调教育的根本任务是立德树人，要求将思政教育工作贯穿教育教学全过程，提升思想政治教育的亲和力和针对性。在此背景下，教育部相继出台了一系列文件，明确提出要深化教育改革，发展素质教育，注重学生爱国情怀、创新精神和健康人格的培养。课程思政理念的提出，正是对这一要求的积极响应，它要求我们在传授知识的同时，更加关注学生的思想道德素养和价值观念的培养。

初中英语教学作为义务教育的重要组成部分，不仅承载着语言知识传授的任务，更肩负着培养学生跨文化交流能力、国际视野和文化自信的使命。将课程思政理念融入初中英语教学，不仅能丰富教学内容，多维度拓展教育目标，更能为学生的全面发展提供新的思路和方法。同时，全球化进程的加速带来的多元文化和多元价值观的并存，导致文化冲突和价值观碰撞时有发生，因而在初中英语教学中融入课程思政，有助于引导青少年养成正确的政治品质和价值取向。本书旨在通过对课程思政理念的深入分析和实践探索，为初中英语教学改革提供理论支持和实践指导，促进学生英语语言能力的提升和核心素养的全面发展。

本书的作者团队由高校教师、中学教育管理者以及初中英语一线教师组成，他们均在英语基础教育改革领域积累了长期的研究与实践经验。撰写过程中，作者们不仅广泛搜集并深入分析了国内外相关文献资料，还与众多专家学者进行了深入交流与探讨。此外，作者们积极参与初中英语教学的实践探索，并在多个教学研究项目中发挥了关键作用，积累了丰富的实证数据，确保书中的观点和结论建立在坚实的理论与实践基础之上。具体而言，吴晓春负责撰写了第1章和第2章，蔡秋文执笔第3章，陈军和周雯静共同完成了第4章至第6章的写作。全书最终由吴晓春进行统稿订正。

本书共6章，分别为绪论、基于课程思政理念的初中英语教学的价值蕴涵、初中英语课程思政的问题与建设路径、基于课程思政理念的初中英语教学设计、基于课程思政理念的初中英语教学典型案例、结论与展望。第1章分析了选题背景，明确了研究的理论和实践指向，梳理了研究思路，阐述了研究方法，同时指明了本书的创新点和不足之处。第2章界定和阐释了课程思政的概念和范畴，厘清了其内涵，并着重探讨了初中英语课程思政的价值蕴涵，以找准初中英语课程思政的切入点，为后续研究奠定理论基础。第3章调研了初中英语教学中课程思政的落实情况，揭示了初中英语课程思政建设的特点及存在的问题。针对这些问题，该章分析了其产生的原因，并提出了切实可行的解决策略。第4、5章全面聚焦于课程思政理念在初中英语教学中的具体应用，第4章提出了基于课程思政理念的教学设计原则与策略，为初中英语教学提供了新的思路和方法。第5章则通过一系列典型案例，生动展示了课程思政理念在初中英语教学中的具体实施过程，进一步验证了其可行性和有效性。最后一章，即第6章对全书的研究进行了总结，梳理了核心观点，并得出了以下结论：课程思政理念能够顺利融入初中英语教学，不仅有助于提升学生的英语语言能力，还能有效促进其思想道德素养的提高；课程思政的成功实施需要教师、教材、教学方法和评价体系的全方位支持；通过课程思政，可以实现知识传授与价值引领的深度融合，进而全面提升学生的综合素质。

本书不仅系统探讨了课程思政的理论基础，还提供了具体的教学设计和典型案例，力求构建一个既遵循学术规范，又具备实践指导意义的有效框架。此外，本书综合运用了教育学、心理学、政治学等多个学科的理论与方法，展现了跨学科研究的深度与广度，为读者呈现了一个全面且深入的研究视角。

本书对初中英语教师、师范院校学生、中学学校管理者、外语基础教育研究者和教育政策制定者均具有重要的参考价值。具体而言：对于初中英语教师，本书提供了课程思政的理论依据与实践指导，涵盖了在课程思政理念指导下进行英语教学的具体方法和典型案例。这不仅有助于提升教师的课程思政理论素养，还能够促进其在课堂教学中有效实施课程思政，从而改进教学质量。针对师范院校的学生，本书不仅是了解课程思政教育理念及其在初中英语教学中应用的重要资源，也是学习基于课程思政理念设计教学方案和分析典型案例的实用指南。通过本书，他们可以更好地掌握当前初中英语教学的实际状况，为未来的职业生涯打下坚实的基础。对于中学学校的管理者，本书所提供的教学设计理念和实例，能够为其优化教学管理和课程设置提供宝贵的借鉴，帮助构建更加完善的教育体系，推动学校整体教育水平的提升。对外语基础教育的研究者来说，本书结合了理论探讨与实证研究，提供了丰富的资料和新颖的研究视角。这些内容不仅可以作为后续研究的基础，还有助于拓展研究者的视野，激发更多关于课程思政与语言教学融合的深入思考。最后，对于教育政策的制定者，书中关于课程思政在初中英语教学实践中应用的详尽分析可为其决策提供有力的支持。通过理解课程思政在实际教学中的效果与挑战，政策制定者能够更精准地制定相关政策，以促进教育公平与质量的提高。

在本书的写作过程中，我们得到了众多人士和机构的帮助和支持。首先，我们要感谢参与本研究的专家学者们，他们的宝贵意见和建议极大地提升了本书的理论深度和实践价值。其次，感谢那些在一线教学中无私分享案例并给予反馈的教师们，他们的实践经验构成了本书内容真实性和有效性的重要基石。此外，特别感谢岭南师范学院教学发展与质量评测中心的支持，本书得以顺利完成得益于其"岭南师范学院2024年筑峰计划专项项目资助"。这一资助不仅为我们的研究提供了必要的资源保障，也促进了我们在课程思政理念下初中英语教学改革方面的深入探索。同时，我们也感谢编辑团队的专业付出，他们的辛勤工作和细致校对确保了本书的质量和可读性。最后，要感谢所有在本书研究和写作过程中给予支持和鼓励的家人、朋友和同行们。没有你们的陪伴、理解和支持，本书的完成不会如此顺利。在此，我们向所有为本书的完成付出努力和贡献的人表示最深切的感谢。我们希望本书能够为初中英语教育的改革与发展提供有价值的参考和启示，为培养符合时代要求的社会主义建设者和接班人作出贡献。

吴晓春　蔡秋文

2024 年 12 月于湛江

目录
CONTENTS

第4章 基于课程思政理念的初中英语教学设计

第5章 基于课程思政理念的初中英语教学典型案例

第6章 结论与展望

参考文献

第 1 章
绪 论

本章是研究的开篇,主要介绍了研究的背景与意义,回顾了国内外学界关于课程思政理念和英语教学研究的现状,明确了研究的思路与方法,指出了研究的创新和不足之处,为后续章节的深入探讨奠定了基础。

1.1 研究背景与意义

1.1.1 研究背景

自党的十八大以来,习近平总书记多次围绕教育问题发表重要论述。在2016 年的全国高校思想政治工作会议上,他强调要坚持把立德树人作为中心环节,把思想政治工作贯穿教育教学全过程,用好课堂教学这个主渠道,提升思想政治教育亲和力和针对性,满足学生成长发展需求和期待,其他各门课都要守好一段渠,种好责任田,使各类课程与思想政治理论课同向同行,形成协同效应①。2019 年,他在学校思想政治理论课教师座谈会上再次强调思想政治课改革创新要坚持"八个相统一",其中包括"坚持显性教育和隐性教育相统一,挖掘其他课程和教学方式中蕴含的思想政治教育资源,实现全员全程全方位育人"。他同时指出,"在大中小学循序渐进、螺旋上升地开设思想政治理论课非常必要"。青少年阶段是人生的"拔节孕穗期",这个时期最需要精心引导和栽培②。2021 年,习近平总书记在全国教育大会上提出要把立德树人融入思想道

---

① 习近平:把思想政治工作贯穿教育教学全过程[EB/OL]. https://www.xinhuanet.com/politics/2016-12-08/c_1120082577.htm.

② 习近平:用新时代中国特色社会主义思想铸魂育人 贯彻党的教育方针落实立德树人根本任务[EB/OL]. https://www.moj.gov.cn/pub/sfbgw/gwxw/ttxg/201903/t20190318_166932.html.

德教育、文化知识教育、社会实践教育各环节，贯穿基础教育、职业教育、高等教育各领域，学科体系、教学体系、教材体系、管理体系要围绕这个目标来设计，教师要围绕这个目标来教，学生要围绕这个目标来学。

2021年，十三届全国人大四次会议表决通过《中华人民共和国国民经济和社会发展第十四个五年规划和2035年远景目标纲要》。其第十三篇第四十三章题为"建设高质量教育体系"，明确提出要"坚持立德树人，增强学生文明素养、社会责任意识、实践本领，培养德智体美劳全面发展的社会主义建设者和接班人"，要"深化教育改革"，"发展素质教育，更加注重学生爱国情怀、创新精神和健康人格培养"①。通过全员全程全方位育人，充分发挥其他课程的思想政治教育功能的大思政教育指导思想已经形成。

在此背景下，2022年，教育部印发了《义务教育英语课程标准（2022年版）》（以下简称《新课标》）。《新课标》前言部分从义务教育"必须进一步明确'培养什么人、怎样培养人、为谁培养人'，优化学校育人蓝图"的宗旨出发，明确说明《新课标》的修订原则之一是"全面落实习近平新时代中国特色社会主义思想，将社会主义先进文化、革命文化、中华优秀传统文化、国家安全、生命安全与健康等重大主题教育有机融入课程，增强课程思想性"。《新课标》提出，义务教育英语课程体现工具性和人文性的统一，"有助于学生了解不同文化，比较文化异同，汲取文化精华，逐步形成跨文化沟通与交流的意识和能力，学会客观、理性看待世界"。英语课程教学应遵循"培根铸魂、启智增慧"的原则来选取课程内容；应以"培养有理想、有本领、有担当的时代新人为出发点和落脚点"；学生通过英语课程的学习，应形成健康向上的审美情趣和正确的价值观，加深对中华文化的理解和认同，树立国际视野，坚定文化自信②。《新课标》的宗旨、修订原则、课程性质、主要目标等充分体现了课程思政的理念和精神。

本书主题是"基于课程思政理念的初中英语教学研究"。它以中央领导人讲话和国家相关文件为指导，围绕《新课标》的新要求，通过研究背景、概念界定等方面的综述，引出初中英语教学中课程思政落实的现状与问题，进而从教学设计和教学典型案例两方面展开初中英语课程思政的实践探索，旨在促进初中英语学科教学与思政教育的融合，在培养学生英语语言能力的同时，提高学

---

① "十四五"规划和2035年远景目标纲要提出：建设高质量教育体系［EB/OL］. http://www. moe. gov. cn/jyb_xwfb/s5147/202103/t20210314_519710. html.

② 义务教育英语课程标准（2022年版）［EB/OL］. http://www. moe. gov. cn/srcsite/A26/s8001/202204/W020220420582349487953. pdf.

生的思想道德素养。它首先是对我国政府各类会议和教育部各类文件精神的回应与落实。教育"立德树人"根本任务的实现，必须将思想政治课程到"课程思政"的有效转变化为现实可能，将思想政治教育的覆盖范围从思想政治课程延伸到所有课程，发挥全部课程蕴含的育人功能。中学生的思想政治教育是中学教育的主要内容，在初中英语学科知识的教学中融入思政元素，引导学生形成正确人生观、价值观，既是对中学思想政治教育的完善和补充，也是在新时代课程思政背景下开展学科思政的实践尝试。

　　本书同时是对时代呼唤和国家需求的积极响应。21 世纪全球化进程加速，国家间的联系和相互依赖程度不断提升，经济、文化和教育等领域的跨国交流与合作更加紧密，多元文化和多元价值观并存，文化冲突和价值观碰撞时有发生。中国特色社会主义在 21 世纪进入了一个新的发展阶段。我国拥有了广阔的发展空间，中华民族伟大复兴的历史使命被提上日程。面对百年未有之大变局，习近平总书记提出构建人类命运共同体，擘画人类和平与发展的新蓝图。然而，依靠创新推动经济社会向高质量发展的转型时期，同时也是一个抵御错误思潮侵蚀，巩固马克思主义理论指导地位的关键时期。在中西方文化交流不断深入之时，西方国家大肆宣扬西方价值观念和社会制度，企图借之削弱新时代青年的理性信念，干扰其价值取向。青少年群体正处于人生观、价值观形成的关键时期，且身处高度发达的信息流通环境中，极易遭受不良思想的侵蚀。新时代如何引导青少年培养正确的政治品质？如何在他们心中种下担当与理想的种子？在学科教学中融入课程思政元素不失为一种具有创新性的尝试。

　　英语作为全球通用语言，早已成为国际商务、科技、学术和文化交流的主要工具。面对时代的新变化和新问题，初中英语课程应当如何设计，以体现与时代的同步，满足时代和国家发展的需求呢？基于课程思政理念的初中英语教学不局限于基本语言知识和技能的传授，而是回归到教育育人的本分上，以人的和谐发展为导向，关注人的成长经验，注重培养学生的跨文化理解和交流能力，将价值观引导、政治品格的塑造和正确历史观的养成融入英语教学中，使学生在学习英语的同时，培养正确的价值观，更好地形成正确的国家观念和社会责任感，理解和传播中国声音，为实现中华民族伟大复兴的中国梦作出贡献。这一以促进人的整体发展为主要目的的课程教学顺应了新的时代境遇的需要。

　　本书还是对初中英语课程教学中存在的问题的有效回应。21 世纪的革命性变化给初中英语教学带来了一系列的挑战和机遇。一方面，传统的教学内容和教学方法已无法满足学生多样化的学习需求和变化的社会需求，学生的学习兴趣和动力普遍不足；另一方面，全球化的深入和信息技术的普及为初中英语教学提供了更广阔的发展空间，丰富了初中英语课程的教学内容和教学方法，推动课程改革走向深入。本书全面梳理了初中英语课程改革的现状、困难与问题，尝试从教学理念、教学内容、教学设计、教学方法等层面提出方案建议，并提供了教学设计参考课例，以为初中英语学科课程改革提供创新性思路和行动路径。

《新课标》于 2022 年颁布，迄今才两年多，对其精神的理论探索与实践落实刚刚起步，因此本研究的开展可谓正逢其时。它既是对国家文件精神的落实，对时代和国家需求的响应，也是对义务教育英语课程教学中存在的问题的有效回应。它以育人实践中的问题为导向，从微观课程教学入手，积极认识和化解时代主要矛盾、中国社会和发展的主要矛盾，以实现提升初中英语教学的生命活力和成效、培养德智体美劳全面发展的社会主义建设者和接班人的目标。它将打破学科课程和思想政治课程长期以来存在的"两张皮"的隔阂状况，对于中学英语课程的改革与创新、新时代中学德育工作的创新开展和全面推进有着重要的参考价值，是值得深入探索的重要课题。

1.1.2 研究意义

1. 理论意义

首先，本书丰富了初中英语教学的理论研究。本书为初中英语教学的理论研究提供了新视角和新方向。传统的初中英语教学研究或强调语言知识的习得与能力的培养，或强调学科思维的习得与认知能力的提升，而课程思政理念的引入使得它同时注重学生的思想道德素质和综合素质的培养，尤其是社会责任感、中国情怀和创新精神的养成。初中英语教学因课程思政理念的指导以及思想政治元素的有机融入，其教学内容得以丰富，教育目标得以拓展，教学方法得以多样化，教学理论得到进一步完善和丰富。

其次，本书通过开展初中英语课程的思想政治教育功能研究，推动我国思想政治教育的理论创新。不同的视角可以带来新的研究空间，不同的思想理论可以相互启发，取长补短。学科的交叉和融合是学科理论建设的必然选择。如果一门学科仅仅囿于传统的教育理论和模式，很难有新的突破。本书立足初中英语课程思政功能的发挥，意在突破思想政治教育的知识壁垒，拓展思想政治教育的文化深度，推动学科课程与中学思政教育工作的协同并进，实现思想政治教育的理论创新，使思想政治教育工作获得新的发展空间和机遇。

2. 实践意义

首先，本书为初中英语教师的教学水平提升和专业发展以及初中学生的全面发展注入了新的活力和动力。课程思政是一个交叉学科理念，涉及思想政治教育、心理学、国际政治、伦理学等学科。课程思政理念强调将思想政治教育元素融入学科教学，通过课程内容和教学过程培养学生的国际视野、家国情怀和坚定理想信念。在将课程思政理念融入初中英语教学的过程中，教师要跨越学科课程教学之间的藩篱。教师的学科素养、教学理念、教学范式、教学方法是引导学生形成科学的世界观、人生观、价值观的基础，而学生思维品质的提升和德才兼备是其个人发展的最高旨归。

其次，本书为中学的德育实践开辟了新的思路。德育工作是基础教育的核心工作。然而，从以往实践来看，中学德育资源不足，缺乏优质的德育教师和教材，以及适宜的活动场所；德育工作在实施过程中容易被学生的学业成绩边缘化，缺乏系统性和连续性；现实中存在师生关系疏离的问题，导致学生对德育课程的参与度不高，甚至存在对教师的抵触情绪。本书的研究可以有效地弥补这一短板，在立德树人教育根本任务的召唤下，充分发挥初中英语课程的育人功能，使英语教师成为中学德育工作的新生力量，与中学思想政治课程教师一起，推动中学德育工作的发展。

1.2 研究综述

1.2.1 国内研究现状

1. 关于初中英语教学的研究

国内关于初中英语教学的研究成果较为丰富，仅中国知网上的相关论文数量就达 3 万余篇，还有众多的其他形式出版物。研究者们从教学方法、教材元素、教学评价、教师发展等方面进行了广泛、深入的探讨和研究。

对教学方法的研究是初中英语教学研究的重要组成部分。研究者们提出了语法教学法、交际语言教学法、任务型教学法、情境教学法、合作学习法、趣味教学法、竞赛式、导学式、分层次、故事法等诸多教学方法。不同的教学方法适用于不同的教学环境和教学目标，如语法教学法适用于阅读和写作课堂，交

际语言教学法、情境教学法适用于口语课堂，任务型教学法、合作学习法适用于写作课堂等。①~③

近年来，除上述教学方法外，学者们还从语篇知识、群文阅读、主题意义探究、信息化等视角进行了初中英语阅读课教学方法的广泛研讨。如程晓堂和姚铄姿(2022)以二语习得中的注意假说和语篇语言学中关于信息焦点的理论为指导，探讨了如何基于信息焦点设计教学活动，以提高英语教学效果。俞奕岑(2023)以牛津上海版《英语》八年级阅读材料为例，结合语篇分析理论设计分层阅读教学活动，得出了语篇知识在语言理解及表达过程中具有重要作用，教师基于语篇分析开展初中英语阅读教学可有效引导学生读懂、读透语篇的结论。蔡红与王芳(2023)等在单元教学中引入了群文阅读教学模式，经实践表明该模式既保障了学生对单元主题理解的深度与广度，又提升了他们对单元主题内容的表达能力。张昊(2023)总结了初中英语阅读课教学实践的开展情况，从故事文本、情节、环境、人物性格、作者写作意图等方面提炼出了基于主题意义探究的故事类文本阅读教学实践的方法原则。闫源(2020)聚焦微课，从应用设计、教材解读、内容归纳、题型讲解、方法传授等多个环节阐发了微课的优化途径，指出要有针对性、有目的性地对微课内容、形式等进行调整，保证传统教学与现代化信息技术的有机融合。黎慧颖（2017）、王芳（2019）、詹春燕(2019)也分别从自主学习、课堂教学设计、课后作业等角度进行了初中英语微课研究。

国内初中英语教学研究的另一重点是初中英语教材的选择与设计。研究者们致力于评估和改进各类教材的质量和适用性，研究主题涉及我国中小学教材的发展历史、初中英语教材内容的文化传递和多样性、教材分析基本方法、教材的任务性设计和学习策略指导、微观教材分析与宏观课程标准的贯彻有机结合、教材比较、不同学段教材衔接问题等。④~⑦近年来，针对初中英语教学中的一些新技术和新特点，学者们的研究视角开始转向多模态、不同教材版本对

---

① 程晓堂. 中学英语语法教学中的几个突出问题[J]. 中小学课堂教学研究, 2020(4).
② 陈艳君. 基于本土视角的中国英语教学法研究[D]. 长沙：湖南师范大学, 2016.
③ 刘妍. 初中英语课堂教学方法调查[D]. 济南：山东师范大学, 2016.
④ 程晓堂. 基础英语新课程英语教材评析：兼评外研社《英语》(新标准)初高中英语教材[J]. 山东师范大学外国语学院学报, 2006(10).
⑤ 程晓堂. 课程改革背景下英语课程资源的开发和使用：问题与建议[J]. 课程·教材·教法. 2019(3).
⑥ 刘道义. 改革开放30年的中小学英语教材[J]. 英语教师, 2008(10).
⑦ 杨素帧. 新旧人教版初中英语教材比较研究[D]. 保定：河北大学, 2008.

比、教师教材使用等方面。如袁驰（2023）、庄绮雯（2023）分别对初中英语教材的多模态特征进行了话语分析，认为初中英语教材中的视觉符号和文字符号在语义层存在多模态互补关系，提出掌握初中英语教材中的多模态特征，有效识别模态意义的建构方式和互补关系对于初中英语教学至关重要。张东润（2023）关注初中英语教材百花齐放的现状，选择初中英语教材人教版和外研版的阅读文本为研究对象，依据泰勒的教材评估理论分析了两种教材的异同以及师生对两种教材的评价，指出教师和学生对这两种教材的阅读文本的总体满意度很高。外研版教材的插图设计更贴切，更能帮助学生理解文本，更好地让学生学习国外文化。人教版教材的主题与学生生活更加贴切，篇幅更加合理，难度较大，能更好地让学生学习中国文化。刘兴华、司学娟、李静（2023）针对我国对英语教师教材观研究主要集中在高等教育层次的现状，采用问卷调查的研究方法，揭示初中英语教师的教材观及影响教材观的个体因素，发现"大部分初中英语教师的教材观为'权威型'"，影响教师教材观形成的显著因素是教师任教年级、教龄、职前专业教育程度以及教师对课程标准的熟悉程度。

研究者们同时还关注初中英语教学评价问题。多数学者采用课堂观察、问卷调查、师生访谈等方法，对初中英语教学中教学评价实施现状进行了调查和量化分析。也有学者关注评估方式的有效性和公正性，提出将听说读写等多方面考虑在内，全面评估学生的语言能力。还有学者探索使用自主评价和同伴评价的方式，促进学生的自我反思和学习互助①~④。近年来，学者们的研究视角更加广阔，延伸到体系构建、大数据、学生评教、教师评教等方面。许国红（2023）、张莉（2020）从现阶段初中英语教学评价存在的问题入手，简要阐述了新课程标准下初中英语教学评价体系的构建路径。郝怀艳（2022）则分析了在英语教学中引导学生形成建设性评价对于提高教师专业素质，促进和深化课程改革的重要现实意义。程晓堂（2019）针对英语阅读能力标准通常以经验判断为基础制定，具有一定主观性的现状，提出应充分发挥在线网络阅读平台的优势，借助反映学生实际阅读行为和阅读效果的大数据，制定英语阅读能力标准，建构基于大数据的阅读能力培养和测评体系。胡娟（2023）采用问卷调查和访谈的方式，运用人际功能理论框架下的情态系统分析了学生评价语，明晰了初中学生关注的教学要素，获取了初中学生对英语教师的接纳程度，得出初中

---

① 刘文. 初中英语教学中形成性评价的现状与对策研究［D］. 大连：辽宁师范大学，2012.
③ 丁彩萍. 初中英语教师课堂评价实施现状研究［D］. 上海：华东师范大学，2014.
④ 陈宇杰. 初中英语教学评价研究［D］. 兰州：西北师范大学，2010.

学生参与英语课堂评教有利于英语学科教学质量提高的结论。张淼（2020）以发展性教育评价理论为理论基础，围绕评价知识和理论、评价方案、评价方式、评价结果、反馈和改进五个方面界定了初中英语教师评价素养。她接着采用问卷调查法和访谈法分析了初中英语教师评价素养现状，指出虽然现阶段初中英语教师的评价素养知识和评价认知的水平都较高，但仍不具有显著性。王芬（2023）聚焦初中英语教师写作评价素养，指出教师写作素养由评价知识、评价信念和评价实践等要素构成。她采取问卷调查、半结构化访谈和课堂观察的方法分析了初中英语教师写作评价素养的现状，探索了其影响因素，并从教师和学校两个层面提出了提升初中英语教师写作评价素养的建议。

初中英语教师发展也是研究者们关注的问题。既有成果关注对初中英语教师专业发展现状的调查研究，进而将之细化为农村初中英语教师、某市某区的初中英语教师专业发展现状调研。如孟祥晴（2022）依据《中学教师专业标准（试行）》（2012），基于社会建构主义理论、建构主义学习理论和人本主义理论，以河北省为例，采用问卷调查和访谈的形式揭示了初中英语教师专业化发展的特征与问题，揭示了限制初中英语教师专业化发展的因素，并提出了对策建议。陈晓菁（2023）、刘婷婷（2023）、刘玉莹（2022）、宋飞飞（2020）则分别将调研范围收窄到粤北少数民族地区、黑龙江省Y市、河南南阳农村和青岛市李沧区，分析了这四个地区初中英语教师专业发展水平的现状。除区域调研外，学者们的研究视角还包括信息化背景、社会认知主义视域、课堂活动观、国培计划、优质教育、新课改等。高杉杉（2022）以辽宁省新中考增加口语和听力测试为背景，通过问卷调查、课堂观察和访谈的方法，分析了营口市不同教龄的初中英语教师在口语和阅读课中TPACK（整合技术的学科教学法知识）七个元素呈现的差异和教师信息化教学能力存在的不足，提出了初中英语教师信息化教学能力提升的三种策略。张凤娟（2013）基于二语习得领域新兴的社会认知主义理论，聚焦外语课程改革背景下的中学外语教师认知，通过理论建构和实证分析双重方式探索外语教师认知研究的本土化途径。张敏（2012）调查了初中英语教师课堂管理能力的现状，分析了其特点和存在的问题；郭云莲（2012）则从初中英语教师课堂教学行为的有效性入手，论述了改进教师课堂教学行为的三种策略。薛蜻（2021）、蒋京丽（2016）提出，在信息化建设背景下，依据新课标新课改要求，初中英语教师应具备教育情怀、语言素质、专业发展、文化意识、思维能力和信息素养六个核心素养，可以通过终身学习、教学反思、同事互助、专家引领、校本教研等途径实现自身专业成长。

综上所述，学者们围绕初中英语教学展开的探索涉及教学法、教材、教学评价、教师发展等各个方面，既有成果为培养学生语言能力、调动学生学习积极性、发现教学过程中的问题和不足、明确学生的差异性和个性化需求、有针对性地开展教学活动、改进教学策略和方法提供了重要的理论思路和实证参考依据。

2. 关于课程思政的研究

课程思政近年来已经成为我国高等教育教研教改的主旋律。在国家领导人多次强调其他各门课程要与思想政治理论课同向同行、教育部印发《高等学校课程思政建设指导纲要》的背景下，相关教学实践、比赛和研讨在全国高校铺开，相关论文、教材、总结性教案、实操指导书籍先后出版，其数目之多，涵盖学科专业领域之广，令人感叹。笔者以"课程思政"为关键词在中国知网进行了检索，国内第一篇以课程思政为主题的科研论文发表于 2017 年，随后相关论文逐年增加，到 2022 年出现井喷，达 1.05 万篇，学科领域从 2007 年的经济学、政治学、新闻学、艺术学到 2022 年的 58 个一级学科，基本全覆盖。

国内学者对于"课程思政"的研究可谓全方位剖析，多角度论述，主要集中在课程思政的基本内涵、价值意蕴、课程思政与思政课程的关系、课程思政建设过程中的制约因素和问题、课程思政建设路径五个方面。

关于课程思政的基本内涵，现有研究成果主要有四种看法：课程思政是一种教育理念、一种课程观、一种实践活动和一种育人体系。张宏彬（2019）指出，课程思政"不是增开一门课，也不是增设一项活动，而是一种教育理念"。李建华（2021）认为课程思政旨在拓宽思政课程外的思政育人学科渠道，体现出更丰富、系统和全面的方式实现立德树人的根本任务，是"以新的视角对课程育人功能的全新展现"，其内涵就是"教书育人"。何玉海、于志新（2021）提出，"课程思政"是一种思想理念，因为它能够对高校思想政治教育产生理性认识，实现理想追求以及从育人角度形成观念体系；"课程思政"也是思想政治教育的一种方式方法，因为它需要运用整个课程来进行思想政治教育，以此来指导或帮助学生形成和发展思想政治素质。高德毅、宗爱东（2017）指出，"课程思政"其实质是一种课程观，"不是增开一门课，也不是增设一项活动，而是将高校思想政治教育融入课程教学和改革的各环节、各方面，实现立德树人润物无声"。对此，蒲清平等（2021）回应称"'课程思政'的本质不在于新的课程建设，而是一种课程观"。刘鹤等（2019）则将课程思政定义为一种新的"教育理念和教学实践"，"是培养德智体美劳全面发展的社会主义建设者和接班人的现实需要，是保障'三全育人'实现的必然选择"。鄢显俊(2020)继而强调课程思政是一种把大学生培养成为又红又专的社会主义建设者和接班人的教育教学活动。它将"四个自信"这一思政元素贯穿于专业教育全过程，以提升大学生"四个自信"为专业教育的出发点和归宿。除此之外，有学者主张课程思政是"一种全课程的育人体系"，"就是高校所有课程都要发挥思想政治教育作用"，是"以课程为载体实现思想政治教育协同，实现各类课程思想政治教育'大合唱'"。娄淑华等(2021)明确指出"'课程思政'建设的重点目标在于确立育人与育才相统一的人才培养体系、形塑课程特质与思政元素相融合的课程体系、构建显性教育与隐性教育相支撑的教学体系、形成各类专业课程与思政课程相协同的思政体系"。

关于课程思政的价值意蕴，学者们的研究多集中在通过课程思政实现与思想政治理论课教学的协同方面。王振雷(2019)指出高校课程思政的价值导向在于"知识教育与价值教育的内在契合"，高校课程思政同时承担着知识传授和价值引领的双重任务。高校教育的目标不仅是人才培养，更为关键的是培养出德智体美劳全面发展的社会主义建设者和接班人。也有学者选取学生内在知识架构和思想道德素养的视角来阐述课程思政的价值意蕴。聂迎娉等(2021)提出内在价值诉求的概念，认为课程思政寻求思政价值方向统一的要求恰恰澄清了"课程在意义生成过程中回归大学生精神生长的内在价值诉求"。课程思政教育方式在关注知识传授的同时，强调学生个体精神的成长，将教育的方向由外转内，由内及外，关注学生内在的、自发的精神价值，以及这种价值对知识、技能的引导。徐蓉(2020)进一步认为，全面推进课程思政建设就是从挖掘各门课程本身所具有的思想元素和价值基因入手，坚定教育的政治立场、拓展知识教学的宽度，培养学生理性思维，提升修养，不断塑造其成为具有思想深度的人才，从而实现高等教育育人、育才、育德的统一。程舒通(2019)指出课程思政不仅具有教育价值，还具有一定的政治价值、社会价值和思想价值，是教学育人功能的价值再造，有利于构建新时代中国特色社会主义话语体系，推进新时代的社会主义建设。朱飞(2019)认为，课程思政的价值在于它要"实现与思想政治理论课教学的协同"，它是"信息化时代课堂教学育人功能的价值再造"，是"新时代对高校人才培养规格提升的因应"。

关于课程思政和思政课程的关系，学者们得出了"同向同行"的结论。郑佳然(2019)解析了课程思政与思政课程同向同行的着力点，即引导学生学会运用马克思主义的立场观点方法分析解决问题、用社会主义核心价值观引领理想信念铸魂工程，将实践育人与课程育人有机结合提升思想政治教育的效力。许硕等(2019)指出课程思政和思政课程之间的协同体现在"价值指向的一致性"和"思想政治教育的协同性"上。邱仁富(2018)进而阐释了课程思政与思政课程"同向同行"的方向问题。他认为,从"同向"角度看,首先政治方向必须保持一致,其次把握育人方向的一致性,最后对文化的认同要保持统一;从"同行"角度看,要达成相互促进、互为补充、步调一致、共享发展的目标。要正确处理"同向"与"同行"的辩证关系,"同向"是"同行"的前提,"同行"是"同向"的目的。唯有"课程思政"与"思政课程"始终保持"同向",才能创造"同行"的必要条件,最终形成协同效应。也有学者从理论角度对课程思政与思政课程"同向同行"给予了理论阐释。曹椿寓等(2022)从思想政治教育、课程德育的角度分析了课程思政与思政课程"同向同行"的理论基础;陈会方等(2019)指出课程思政与思政课程体现了对思想政治工作规律、教书育人规律和学生成长规律三种规律的把握和遵循。除了课程思政和思政课程的一致性和契合性,学者们也指出了它们之间的关键差异。史巍(2018)认为,课程思政和思政课程同向同行中的关键问题在于"全覆盖,即在高校各门课程中融入课程思政"和"各司其职,即思政课程和课程思政二者如何协调和衔接以及各自应承担的功能问题"。孙蚌珠(2019)提出,从一定程度上看,课程思政和思政课程可以理解为课程体系和教学体系的关系。"思政课程是思想政治理论教育的课程体系,而课程思政则是教学体系"。思政课程在高等学校课程设置和开展体系中处于价值引领的核心位置,课程思政则是教师在专业课课堂上所采用的教学方式和方法。教学体系是课程体系的一个重要组成部分,二者之间存在着紧密的联系和互动。教学体系的设计遵循课程体系的基本原则和要求,同时也需要根据具体的教学目标和学生特点进行灵活调整。课程体系则为教学体系提供了明确的方向和指导,保证了教学体系在整个教育体系中的合理性和有效性。

关于课程思政建设过程中的制约因素和问题,学者们主要从宏观和微观两个层面切入。高燕(2017)认为课程思政离开了马克思主义理论的指导就是"无源之水",缺少了中国特色的哲学社会科学体系就是"无本之木",忽视了课程的顶层设计和整体规划就无法从根本上实现专业课程与思政课程同向同行,因此,课程思政建设过程中的关键问题体现在高校领导的管理理念、教学手段和教学载体、专业化队伍和教学能力等方面。陆道坤(2018)指出就专业课程思政而言,基于课程论视角设计课程思政的科学性和生命力都有欠缺;就开展课程思政教学而言,专业课教师的思想政治教育意识、能力都还存在着一定不足;就专业课程思政的评价体系而言,相关课程建设制度、教学管理制度、评价制度,甚至教师培训都存在不足;就专业课程思政和思想政治理论课的关系而言，专业课教师和思想政治理论课教师之间的分工不明确、协作不充分。王学俭、石岩（2020）与陆道坤的观点相似，他们同时指出在思想政治教育协同育人机制（各类专业课程思政与思想政治理论课）的形成过程中也存在一系列问题：首先，协同育人的工作理念"淡"；其次，协同育人机制建设"粗"。目前，课程思政缺乏有力的政策支持、合理的制度安排和完整的监督评价机制，还没有建构起完整、坚实的协同育人机制。微观层面上，高德胜等（2020）认为高等院校"课程思政"的落实情况不理想，没有具体落实到相关责任主体，各专业院系存在着"业务落实缺乏主动性，业务执行'心有余而力不足'，同时还缺乏必要的指导与培训"等问题。刘清生（2018）审视了高校教师"课程思政"能力，指出新时代课程思政建设的关键问题在于教师"课程思政"理念缺乏、"课程思政"责任意识淡薄、"课程思政"能力欠缺。陈磊等（2020）进而提出当下课程思政建设中的实践困境不仅在于专业教师对课程思政建设意义的认识仍有待深化，部分专业教师对思政元素的理解泛化、融入方式生硬，还在于部分学生内生动力不足、学习紧迫感不强、奋斗精神缺乏，少量学生爱国之情缺失。刘纯献等（2021）聚焦体育课程思政，认为体育教师的主导作用没有充分发挥，协同育人机制的构建不够系统和完善、效果发挥不够是新时代体育课程思政建设的难点。汤苗苗等（2020）则在专任教师对思政育人认知不足的问题之外，还提出了"部分课程对思政元素的挖掘不够充分""课堂教学效果差强人意"等问题。

关于课程思政建设路径的问题，李国娟（2017）指出课程思政建设的五个环节，即基础在课程、重点在思政、关键在教师、重心在院系、成效在学生。刘鹤等（2019）分享了吉林大学课程思政整体设计的四个角度，分别是学校宏观管理角度、课程思政资源角度、教师广泛认同角度、课程思政的教育教学方法角度。韩宪洲（2019）提出课程思政建设的关键在于提升认识、深化实践、完善制度三个维度。提升认识即深入学习和思考党的十九大精神、全国高校思想政治工作会议精神、习近平总书记重要讲话精神；深化实践即课程思政建设没有现成的、可照抄照搬的经验，必须聚焦关键问题，在实践中边探索、边推进、边总结，不断取得新经验；完善制度即在宏观方面不断完善课程思政建设的顶层设计，要把"专业思政""学科思政"贯通学校制度体系建设，将之融入办学治校各领域、教育教学各环节、人才培养各方面。在中观方面严格责任落实制度，使学校各单位和所有教师敢于担当履责；在微观层面构建资源整合机制，通过设置教学研究课题、组织教学团队、搭建教研室平台等各种形式，构建课程思政资源的挖掘、共享及整合机制。与韩宪洲不同，杨守金等（2019）从分工协作的视角切入，认为要使所有课堂发挥育人功能，分工协作是关键。要确立课程思政分工协作育人联动保障制度，健全党委领导下的分工责任制，教务部门搞好统筹，学院重点落实。课程思政协作育人的关键点在于教学创新，要整合课程思政人才队伍，充分挖掘专业课思政元素。教育部 2020 年印发《高等学校课程思政建设指导纲要》，指出全面推进课程思政建设是落实立德树人根本任务的战略举措，课程思政建设是全面提高人才培养质量的重要任务。《高等学校课程思政建设指导纲要》提出了全面推进课程思政建设的主要工作思路，即坚持知识传授和价值引领相统一、坚持显性教育和隐性教育相统一、坚持统筹协调和分类指导相统一、坚持总结传承和创新探索相统一，明确了课程思政建设的目标要求和内容重点、课程思政教学体系的科学设计原则，要求结合专业特点分类推进课程思政建设，将课程思政融入课堂教学建设全过程，提升教师课程思政建设的意识和能力，建立健全课程思政建设质量评价体系和激励机制，加强课程思政建设组织实施和条件保障。由此开始，学者们的研究偏于中观和微观，涌现出了一批关于某学科课程思政建设、某专业课程思政建设、某课程课程思政建设的论文。影响力较大的有富海鹰等（2021）的《"三全育人"视角下工科课程思政实践探究》、黄泽文（2021）的《"新工科"课程思政的时代蕴涵与发展路径》，刘纯献、刘盼盼（2021）的《体育课程思政的内容、特点、难点与价值引领》，董翠香等（2021）的《体育专业课程思政建设应解决的问题及实施路径》，刘建达（2020）的《课程思政背景下的大学外语课程改革》，蔡基刚（2021）的《课程思政与立德树人内涵探索——以大学英语课程为例》等。

实践方面，各类学校先后铺开了课程思政教育教研队伍、教研室、示范课程和示范课堂建设，涌现了大批课程思政实践成果。兹以上海市高校课程思政建设举措和初步成果为例。上海市教委按照思想政治理论课程、综合素养课程及专业课程三类课程的功能定位，指导试点高校有序、扎实地推进课程思政改革。思想政治理论课程改革方面，上海市教委面向全市推出社会主义核心价值观"超级大课堂"。超级大课堂以"问题来自学生、声音来自一线、点评来自权威"的生动形式，面向全市所有大学生征集培育和践行社会主义核心价值观过程中的困惑和疑问，一线教师与学生直接对话交流，专家多角度解说社会主义核心价值观的重大意义与价值，打造全市性的社会主义核心价值观公开示范课。在师资团队组建上，上海交通大学采用"1+4"思政课教学模式，由 1 个多元组合的教学团队轮流走进思政课堂授课，同时引入"大班教学、小班讨论、社会实践、网络教学"4 个环节的多课堂教育。组建起的这个教学团队包括校长、校党委副书记及校内外教学名师，形成跨越专业、学科交叉的"客座教授"机制。上海交通大学校长张杰院士给学生上课时，运用比较方法，从广义到狭义,从政治版到生活版,讲解了美国梦的困境与中国梦的前景,受到学生热捧。在互联网手段载体运用上,复旦大学探索推出"思想道德修养与法律基础"慕课,积极运用互联网等新的手段载体,线上线下翻转课堂,使思想教育工作更接地气、更有活力。在线教学运行两个学期以来,进行小班上课,学生分组讨论,学生与教师一起成为课程参与者,激发了学生的学习兴趣。

综合素养课程改革方面,推出一批"中国系列"品牌课程。继上海大学"大国方略"课程之后,复旦大学推出"治国理政"、上海交通大学推出"读懂中国"、同济大学推出"中国道路"、上海大学推出"创新中国""创业人生"、上海师范大学推出"闻道中国"、华东政法大学推出"法治中国"、上海应用技术大学推出"智造中国"、上海对外经贸大学推出"人文中国"等一系列精品课程,华东理工大学酝酿推出"绿色中国"、东华大学酝酿推出"锦绣中国"、上海海事大学酝酿推出"走向深蓝"、上海第二工业大学酝酿推出"大国工匠"、上海政法学院酝酿推出"大国安全"课程。这些课程紧紧依托学校办学优势,聚集顶尖师资团队,既有学术积淀,与人才培养目标相贴近,又充分激发大学生求知欲望。其中"中国系列"课程紧扣时代发展,回应大学生关切,成为广受欢迎的"热门课"。这些课程为专题式教学,每个专题授课主讲教师都是业内领军人物。他们注重"上大课,讲大势,传大道",注重教学方法的开拓创新,课程融合课堂主讲、现场回答、网上互动、课堂反馈等多种教学方式,巧妙地寓社会主义核心价值观的精髓要义于多样化的课堂教学之中,在引人入胜、潜移默化中实现教育目标。例如,同济大学的"中国道路"课程围绕创新、协调、绿色、开放、共享的新发展理念,旨在让学生从不同视角加深对中国道路的理解。课程每学期举办6~8场专题讲座,均由各专业的名师名家授课。中国科学院院士汪品先教授在课堂上说的一句话,让所有听课学生为之动容:"19世纪中国的沦落从海上开始,21世纪中华的振兴必须在海上立足。"这堂课,掌声雷动,随后的师生互动亦异常热烈,学生们久久不散。

专业课程改革方面,以专业技能知识为载体加强大学生思想政治教育,最大化发挥课堂主渠道功能,扭转专业课程教学重智轻德现象。针对哲学社会科学课程,尤其是意识形态属性较强的课程,坚持马克思主义在意识形态领域的指导地位,充分挖掘其中蕴含的思想政治教育资源。例如,上海外国语大学推出的"中外时文选读"课程,由思政课教师梳理提供我国国家领导人在国外大会的演讲或在报纸杂志上发表的文章,由专业课教师在课堂上进行讲解,反响热烈。针对自然科学课程,重点开展职业素养和科学精神教育。目前上海已在15所本科高校开设50余门试点课程,形成了挖掘专业知识讲解中的育人价值—编制课程教学指南—开展课程试点—教学反馈评价的探索机制，专业课程发挥育人功能蔚然成风。例如，上海中医药大学推出"人体解剖学"课程，将教学目标分为知识目标和情感目标，不仅强调解剖技能的传授，更注重学生对生命意义的思考，注重对医学生责任意识的审视。课程让学生对敬畏生命、感恩回报、无私奉献等价值观产生共鸣，为之后的实践操作奠定了情感基础。①~③

以上成果多围绕课程思政的理论意蕴和高等学校课程思政的实践展开。作为课程思政的理论基石，它们对课程思政建设的进一步完善和成熟起到了很好的推动作用，也为初中英语课程思政的研究和实践提供了宝贵的经验和启示。

3. 初中英语课程思政的相关研究

课程思政在初中英语教育教学领域还是一个较新鲜的词汇，相关研究论文不多，相关教学实践刚刚起步。初中英语学科教师重视语言知识的传授和语言技能的培养，忽视课程的政治品质、世界观、人生观培养的价值与功能。导致这一现状的原因一方面是学校领导层和家长对学生考试分数的过度关注，以及学生考试分数直接与教师考评、绩效挂钩的学校政策，另一方面是教师没有全面认识外语学科属性，没能深入领会课程思政的内涵与作用。掌握语言知识，发展听说读写译等语言技能，形成用外语与他人交往的语言能力只是外语学科属性的一个方面。除工具属性外，外语学科兼具人文属性和科学属性。其人文属性决定了外语教育是一种价值观教育、人文教育，它的重点在于引导学生感知并理解社会与文化，理性关注生命的价值、人的生存意义和人类未来意义。其科学属性体现在其对语言教育和语言本体内在规律的探讨，它一方面涉及人的精神生活和精神世界，另一方面呈现出与其他学科交叉融合的趋势。对思辨能力、跨文化交际能力、国际胜任力的注重，对语言学的跨学科研究(语言与社会科学、自然科学的交叉)就是外语教育科学性的重要体现。

外语学科的人文属性和科学属性是初中英语课程思政建设的依据和土壤。如前所述，学术界已经就课程思政的内涵达成共识。课程思政指以构建全员全程全方位育人格局的形式使各类课程与思想政治理论课同向同行，形成协同效

① 高德毅，宗爱东. 从思政课程到课程思政：从战略高度构建高校思想政治教育课程体系[J]. 中国高等教育，2017(1).
② 高德毅，宗爱东. 课程思政：有效发挥课堂育人主渠道作用的必然选择[J]. 思想理论教育导刊，2017(1).
③ 高德毅，宗爱东. "中国系列"思政课选修课程：提升思政课教学质量的有效选择[J]. 中国高等教育，2017(11).

应，把立德树人作为教育根本任务的一种综合教育理念。在实际操作中，它强调专任教师挖掘学科课程中的思政元素，通过课堂教学、课外活动和社会实践等途径在传授知识和培养能力的同时实现育人目标。课程思政的理念内涵是初中英语课程建设和师生共进的有力抓手。外语学科属性决定了外语课程中富含思政元素，初中英语课程尤其如此。初中英语课程思政就是以初中英语教材为本，从中挖掘理论知识、价值理念、精神追求等思想政治教育元素，并将其融入课程的知识体系和教学组织活动，以"润物细无声"的方式对学生的思想意识、情感体验、行为举止产生积极影响。它意味着教师角色的根本性变化，教师从单纯的知识传播者、技能训练者转变为健全人格的塑造者和正确价值观的引导者。它同时意味着课程重心的转变，初中英语课程不再局限于传授语言知识和技能，还表现为传播科学文化，包括中华优秀传统文化、社会价值、人文精神等。通过落实课程思政，初中英语课程既实现了语言知识的传授和语言技能的培养，又达成了培养有理想、有本领、有担当的时代新人的培养目标。

在初中英语教育教学领域，尽管学者们的研究成果里较少出现"课程思政"一词，但是与课程思政相关的理念，如德育教育、素质教育、核心素养等，以及课程思政要素，如社会主义核心价值观、思维品质、育人目标等，却时不时地出现在其理论探究和实践运用的过程之中。学者们关注的领域涵盖教学设计与方法、教材分析与建设、教学测试与评价、教师素养与发展等方面。

教学设计与方法方面，学者们分别从初中英语教学德育渗透的可行性和必要性、实施路径与策略方法、实施类型与思路创新等角度展开了研究。在可行性和必要性层面，关丽(2020)认为将社会主义核心价值观教育融入初中英语教学符合初中学生认知规律。刘洪悦、贾竑(2020)指出将思政教育融入初中英语课程中既能实现英语语言知识教学的目标，又能满足英语人才培养的需求。初中英语课程德育教育既符合时代发展要求，还对课程育人有积极作用。曹丽荣(2020)针对实际教学中普遍存在的德育教育问题，如教师对德育工作不重视、德育内容不规范，提出初中英语德育教学势在必行。赵群(2021)选取了"中学英语课程是英语文化载体、影响中学生对事物的看法"的视角，指出在英语教学中加强思政教育有利于预防和减少中学生受到西方价值观的不良影响，增强文化自信。在实施路径与策略方法层面，陈祥梅、苗兴伟(2022)基于马丁·怀特的评价理论，运用六要素(主题、语篇、语言知识、文化知识、语言技能和学习策略)整合的英语学习活动观，提出了英语教学中德育教育的实践路径，即教师在教学中按照学习理解、应用实践和迁移创新的层层递进的活动来设计教学①。两位学者还结合具体案例论证了路径的有效性。王蔷（2017）探讨了核心素养和英语阅读的关系，指出核心素养是关于学生知识、技能、情感、价值观等多方面要求的综合表现，是每一名学生终身发展和社会发展都不可或缺的共同素养，其发展是一个持续终身的过程。阅读教学的开展对培养学生的学科核心素养具有极为重要的意义。教师所选择的优秀阅读素材往往都会通过多种形式体现人类社会共同的准则，如正直、勇敢、忠诚等真善美的统一，倡导对理想的追求，这些品质都属于核心素养的内在价值取向。核心素养背景下的英语阅读应遵循"为理解而培养"策略，教师应挖掘文章背后的意义，理解语篇所承载的文化价值，并以理解为目标来培养学生的阅读能力。教师应引导学生在文本意义、作者态度、语篇结构、语言特点与修辞方面进行探究；学生应通过对语篇结构的把握以及对语言特点的揣摩，经仔细阅读之后真正了解作者所持的态度、所想传达给读者的思想和教育意义，从而实现阅读的真正目的。王娜（2020）从班级文化的视角切入，康明录（2020）从榜样示范入手，指出教师要营造班级文化，要创新教法，利用榜样的力量，在英语课堂和课外活动中不断渗透对学生的思政教育；俞丽萍（2019）则提出了示范法、共鸣法、体验法、引申法、延伸法共五种初中英语教学德育渗透的方法。在实施类型和思路创新方面，张学卫、马建红（2021）指出初中英语学科承担着思政教育的重要使命，在实际教学中应根据教学内容区分"教材内容渗透、话题专题拓展、热点主题聚焦、实践活动体验"四种英语思政教育类型，根据不同的思政教育重点选择不同的教学设计思路，实施有效的初中英语德育教育渗透。

教材分析与建设方面，现有研究成果主要聚焦初中英语教材的德育资源分析、教材建设历程与编写理念、教材使用现状与策略的视角。关于初中英语教材的德育资源分析问题，学者围绕人教版初中英语教材进行了探索。杨杰（2014）认为人教版初中英语教材中隐含着许多有关道德观、价值观、人生观的内容，可以为英语学科德育教学服务。他将该教材的德育内容分成四类，分别是自我修养、与他人的关系、与自然的关系、与社会的关系，指出自我修养类的内容远远多于其他类别，这是因为中学生的价值观、世界观还未完全确立，

---

① 此处层层递进指的是学习理解、应用实践和迁移创新三个层次的教学活动的先后安排。其中，学习理解类活动涉及获取和梳理文本中承载的价值观；应用实践类活动涉及在解决问题和完成任务的过程中，逐步内化并认同这一价值观，促进学中用、用中学；迁移创新类活动指在新情境中践行这一价值观，解决真实生活中的真问题，达到学用结合的目的。而评价可以发生在任何一层活动中，评价的对象要根据学习内容及学习活动确定，可以是情感的表达、对人的评价或对事物的鉴赏。

从帮助学生建立良好的生活学习习惯出发逐渐升华到关爱他人、热爱自然、热爱国家等高级思想情感，更加适合初中生思想道德教育的规律，这也是教师在使用教材时应重点注意的。谢赛等（2023）提出人教版初中英语教材或隐或现地凸显了不同层面的社会主义核心价值观，具有鲜明的导向性。于康凤（2021）确立了学科育人目标导向下教材分析的四维度——语言能力、跨文化能力、思维品质、学习能力，对人教版初中英语教材进行了定性和定量的分析，指出虽然该版教材的文化内容与课程标准中的文化意识目标吻合程度较高，但是从学科育人目标的视角出发，教材设计还存在一些不足，如模仿练习居多、文化话题的广度不够和时代性不强、高阶思维的练习较少、缺少对学生自我评价的指导等。吴丹银（2019）根据新课标的主题语境对外研社 2012 版初中英语教材（7~9 年级）选文的德育因素进行了分类统计，将之划分为人与自我、人与社会、人与自然三大块，指出该教材中德育因素的呈现方式有直接性呈现和间接性呈现两种。直接性呈现多出现在记叙语篇中，对德育因素的呈现程度较高，较易被识别，从而达到德育目的。间接性呈现多出现在对话、说明、应用及新媒体语篇中，对德育因素的呈现程度较低，德育因素有潜隐性的特点，较难被识别，更具有潜移默化的色彩。但孝甜（2023）以译林版初中英语教材中的中国文化元素为研究对象，依据牛新生的文化分类标准以及《新课标》对文化主题的划分，对教材中的中国文化元素进行文本和数据分析，指出该版教材中的中国文化元素主题类型数量有较大差异，数量的输入和输出不均衡，内容缺乏深入性，子内容丰富度较低。

关于教材建设历程与编写理念的问题，吴驰（2019）将我国中小学英语教材建设划分为探索与积累（1949—1976 年）、恢复与重建（1977—2000 年）、繁荣与发展（2001 年至今）三个时期。在这三个时期中，教材构成体系从单一到丰富，教材出版演变从统一到多样，教材知识逻辑结构从继承到完善。她指出新时期我国中小学英语教材建设应该始终坚持立德树人，在帮助学生"扣好人生第一粒扣子"中充分发挥其独特优势；凸显英语学科核心素养理念，为青少年的终身学习和发展打牢根基；在多元文化的碰撞中讲好中国故事，积极传播中华优秀传统文化。王立忠（2010）以人教版基础教育英语教材为对象，回顾了改革开放 30 年间我国基础教育英语教材建设的发展历程、阶段特征和流变趋势。他将改革开放 30 年间的基础教育英语教材建设划分为三代，即统编教材、中外合编教材和新课程教材。统编教材重视语言知识和技能的培养。中外合编教材寓思想教育于语言教学之中，教学内容渗透了思想教育因素，如入门阶段的教学内容主要反映了学生的日常学习和生活，即使在有限的语言材料中也注意灌输文明礼貌、助人为乐、遵守纪律等品德教育。随着教学进程推进,教科书越来越多地介绍英语国家和其他民族的风俗文化,有助于学生开阔视野,提高跨文化素养,许多课文积极宣扬爱国主义、国际主义、爱科学等人类共同的价值观。新课程教材秉承"为了中华民族的复兴,为了每位学生的发展"这一主导性教育理念,以学生为主体,改变了注重知识传授的倾向,强调使学生形成积极主动的学习态度,使获得知识与基本技能的过程成为学会学习和形成正确价值观的过程。程晓堂(2022)观察到思维训练在英语课堂教学中存在体现不够充分、学生思维品质不尽如人意的问题,提出全方位地将思维品质的培养渗透到英语教材的编写之中是解决这一问题的途径之一。他认为初中英语教材应重点设计三类教学活动,即提高思维层次的活动、拓展思维空间的活动、有利于促进个性化思维发展的活动,强调思维训练活动不能与语言学习活动分离。

关于教材使用的问题,现有研究成果关注教材使用现状和使用策略问题。王菲(2016)围绕学科德育渗透意识、对教材中德育素材的识别状况、使用拓展状况、外部支持状况四个维度,采用问卷调查法、访谈法和观察法调查了初中英语教师利用德育素材进行德育渗透的现状,得出"初中英语学科德育渗透空有口号、缺乏有效实施"的结论。陈红林(2012)向上海浦东新区初中 110 位英语教师发放了问卷,进行了访谈,以了解教师基于课程标准使用教材的情况。他指出初中英语教师虽然比较熟悉教材,但忽视了课程标准对教材使用的重要性,没能充分利用课程标准给予的"弹性"空间使用教材。教师应跳出教材文本研究的局限,将重点放到研究教材的编写意图,尤其是教材隐含的学习目标和要求,了解"用教材教什么"。邹敏等(2023)依据《新课标》对核心素养培养和教材使用的要求,建议初中英语教师在把握教材编者意图和课标要求的基础上,依据学情增加、删减和改变教材内容,将语言学习、内容学习和思维品质发展整合到学生主动探究主题意义的过程中,以充分培养、发展学生的思维品质。乔保菊(2023)指出现行初中英语教材在其内容设计上体现了英语学科的人文性,含有大量的人文资源。初中英语教师在开展课堂教学时,应深入分析、挖掘教材中蕴含的人文资源,并由此出发,科学设计英语教学方案,以激发学生学习兴趣,强化学生文化意识,使其在学习中逐渐形成正确的人生观和价值观。张晓蕾(2023)认为英语教材中的文化内容是英语教学中培养学生文化意识的主要载体和重要途径,也是增强学生文化自信的基础。她分析了人教版初中英语教材中文化知识的主题特征、分布特征和属性特征,提出为增强学生文化自信,初中英语教师可在课前整合教材文化内容,补充相关主题的文化知识,在课中搭建情境,让学生感知相关主体的文化知识,将已有知识和新知相关联，通过情境任务和应用实践类活动进行跨文化交际，深挖教材文化知识内涵，进行中外文化对比和批判性思考；在课后设计与课堂教学密切相关的文化类作业，创新作业形式。

教学测试与评价方面，现有研究成果主要聚焦评价体系、评价实践、试题解读的视角。关于评价体系的问题，曹莹（2021）针对现阶段中学教学评价"教"得多、"学"得少、"评"得弱的弊端，以初中英语教学评价问题为切入点，提出应使德育理念和教学评价更好结合，促进中学英语教学和评价模式、机制的有效创新。林珠娜（2023）指出初中英语多元教学评价体系是以核心素养为引领，与核心素养培养目标相适应的评价体系，教师在组织开展教学活动时，应培养学生"做人"和用英语"做事"的能力。核心素养引领下的初中英语多元教学评价体系包括听说、阅读、写作三大主线，涵盖形成性评价、诊断性评价、终结性评价三大部分，评价主体是课堂中的教师和学生，评价内容以学生的认知活动以及自然与环境、生活与情感、科学与技术、健康与安全、文学与艺术、历史与社会几个类别话题引领的核心内容为依托，评价标准按照总（总体评价标准，期末测试成绩占总成绩的60%）、分（平时成绩占总成绩的40%）、总（期末积分标准，即期末测试成绩和平时成绩的整合）思路设置。关于评价实践的问题，陈春秀（2023）围绕仁爱版初中英语教材九年级下册的一个具体教学案例，介绍了基于"教—学—评"一体化的初中英语学科德育实践探索。她提出基于"教—学—评"一体化的德育路径的三个环节：学习理解中梳理德育元素、应用实践中内化德育元素、创新活动评价中践行德育元素。课堂教学是德育工作的主阵地，初中英语教师应研读教材内容，厘清德育主线；明确教学目标，丰富德育内涵；优化教学设计，提高德育实效，将德育有效地融入课堂活动中，让学生在参与活动的过程中，逐步挖掘、内化、践行文本中蕴含的道德理念和正确的价值观，全面提升英语学科核心素养。唐璐燕（2023）选取评价量表的视角，以上海牛津教材8A中的课文为例，将价值观的形成作为评价量表的重要内容，探讨了初中英语口语课堂评价量表的设计和运用问题。关于试题解读的问题，李蔓等（2023）解读了2023年广西中考英语试题，指出试题命制特点之一是坚持立德树人，贯彻全面发展理念，彰显育人价值。试题中融入了家国情怀，能让学生在答题过程中受到潜移默化的爱国主义教育，弘扬中华优秀传统文化，增强文化自信；听力材料遵循"五育并举"的要求，通过主题素材的选择，发挥学科育人优势，引导学生建立正确的人生观和价值观。

教师素养与发展方面，田龙菊等（2004）、包文文（2013）、沈映梅（2008）等从新课程改革背景下教师角色转变的视角展开了探索。沈映梅指出，随着新课程改革的不断深入,初中英语教师应从"经验型教师""工具型教师"向"专家型教师""研究型教师"转变。要完成这一转变,教师需在教学中形成反思意识,进行反思性教学实践。在教学理念方面,教师对英语课程的认识不能仅仅停留在对语言知识和语言技能的掌握上,还要思考英语课程的真正价值取向。在教学目标方面,教师要特别注意体现"三个维度"的目标,必须有意识地把学习策略、情感态度、文化意识以及价值观有机地融入英语教学内容中,并贯穿整个教学过程。在教学过程方面,教师要根据英语学科特点,利用语言的交际性和文化传承性为学生创造合作、创新和探究的机会。黄瑞、陈颖基于学科核心素养,对初中英语教师的专业发展进行了研讨。黄瑞(2018)指出,在培养学生英语核心素养的过程中,要想真正地实现素质教育的普及,初中英语教师的专业素养也需要不断进步,以此来满足学生与社会的需求。基于核心素养的初中英语教师专业发展策略有三,一是将教育工作作为思想的起点,关注学生综合能力的进步;二是积极开展德育教学工作,重视学生思想品格的培养;三是探究先进的教学方法,使用信息技术进行教学。陈颖(2022)认为核心素养培养是新课改的要求。培养核心素养,不仅要为学生制定相应的培养目标和培养方向,也应对初中英语教师的专业能力发展提出更高要求。当前初中英语教师专业发展意识淡薄,忽视了育人目标。教师不应该仅局限于书本知识,而是应该树立育人意识,将育人作为教育教学所追求的目标,而且要重点关注对学生的德育教育,要深入挖掘英语课程中的德育资源,将所找到的资源同课堂教学内容相结合,让学生在学习英语的过程中,潜移默化地接受德育教育。

由上可见,现有研究成果围绕初中英语德育教育、素质教育、核心素养培养等理念,以人生观、价值观、道德品质、家国情怀、思维品质为养成要素,从教学设计与方法、教材分析与建设、教学测试与评价、教师素养与发展等方面予以了理论思考和实践探索。这些研究尝试改变初中英语教师和学生长期以来一直维系的纯语言教学环境,给初中英语教学和师生一个不同的角色定位,不失为一次深入性的改革努力。以上成果的研究方法、教育理念、教学实践、课程内容等与课程思政之间存在一定的交叉和互动,为初中英语课程思政的理论研究和实践创新提供了有益的思路和经验,可以帮助完善初中英语课程思政的教学设计和评价体系,使初中英语课程教学更加全面、科学地覆盖马克思主义基本原理和社会主义核心价值观。

然而,纵览上述著述,固然不乏对初中英语教育教学改革和未来发展进行创新性思考并提出远见性建议的研究,但遗憾的是,并没有关注英语作为一种语言学习以及英语在我国作为外语学习的特殊性,没有充分体现初中英语教学与思想政治教育之间的直接关联性。德育教育、素质教育、核心素养培养与课程思政之间虽存在交叉，但也有明显差异。德育教育强调通过学校教育对学生进行人格、道德、价值观等方面的培养和引导，培养学生美好的品格和道德情感；素质教育强调在知识传授的基础上，培养学生的创新能力、实践能力、社会责任感、团队协作能力等综合素质；核心素养培养的重心是在学科教育中，注重培养学生的批判性思维、创新能力、沟通能力、合作能力、信息素养等，让学生具备综合的、灵活的、能应对未来挑战的能力；而课程思政则是将马克思主义基本原理贯穿于各学科教学中，把爱国主义、集体主义等社会主义核心价值观贯穿于课程全过程，着重培养学生的思想道德品质和社会责任感。因此，这些研究成果并没有实现对初中英语课程思政研究的预期效果。

1.2.2　国外研究现状

1.外语教学研究

外语教学是一项内涵非常复杂的教育活动，涉及各个方面的问题。国外对外语教学的研究浩如烟海。学者们有的从应用语言学、教育学、心理学的角度对外语教学的某一方面予以分析和探究，如马丁·韦德尔（Martin Waddell）的《外语教学与学习——理论与实践》（*Language Teaching & Learning from Theory to Practice*）、帕特西·莱特朋（Patsy M. Lightbown）和尼娜·斯帕达（Nina Spada）的《语言学习机制》（*How Languages are Learned*）、斯特恩博士（H. H. Stern）遗作《语言教学的问题与可选策略》（*Issues and Options in Language Teaching*）等；有的围绕某一教学法流派进行研究，如威廉·利特尔伍德（William Littlewood）的《交际语言学教学论》（*Communicative Language Teaching*）、威尔格·理弗斯（Wilga M. Rivers）的《交互式语言教学》（*Interactive Language Teaching*）等；有的针对外语教学的原则和概念进行讨论，如布朗（D. H. Brown）的《语言学习与语言教学的原则》（*Principles of Language Learning and Teaching*）、斯特恩博士（H. H. Stern）的《语言教学的基本概念》（*Fundamental Concepts of Language Teaching*）等；还有的从课堂教学、评估与测试、学习方法等角度进行研究，如翠西亚·赫吉（Tricia Hedge）的《语言课堂教学中的教与学》（*Teaching and Learning in the Language Classroom*）、雷德（Joy M. Reid）的《ESL/EFL英语课堂上的学习风格》（*Learning Styles in the ESL/EFL Classroom*）、罗伯特·伍德（*Robert Wood*）的《评估与测试：研究综述》（*Assessment and Testing：A Survey of Research*）、米歇尔·格勒恩菲乐（Michael

Grenfell)的《跨课程的现代外语教学》(*Modern Languages Across the Curriculum*)、约翰·克拉普尔(John Klapper)的《沉浸式外语学习》(*Foreign Language Learning Through Immersion*)等①。

以上文献的写作时期跨度大，既有早期的，也有近期的，涵盖内容广泛，既有理论探究，又有课堂实践，它们一方面表明学者们对外语教学的研究怀抱着一贯的热情，另一方面说明外语教学覆盖范围广，内容丰富多样。由于初中英语课程思政的实施与推进和外语教学方法息息相关，所以笔者将简要梳理国外外语教学法的研究脉络。

国外关于外语教学法的研究可以追溯到 15~19 世纪欧洲的语法翻译法，即一种用语法讲解加翻译练习的方式来教授外语书面语的传统外语教学法。语法翻译法经历了两个发展时期，分别是雏形时期(也称古典语法翻译法时期)和近代语法翻译法时期。古典语法翻译法盛行于 15~17 世纪的欧洲，当时德国语言学家奥朗多弗(H. Ollendorff)主张以教授语法作为外语教学的基础，先学字母的发音和书写，接着开设语法课，然后进行阅读训练。该方法的基本特点是熟记语法规则和例句，通过翻译巩固和练习语法规则。法国外语教师雅克托(J. J. Jacotot)和英国汉密尔顿(James Hamilton)主张利用内容连贯的课文进行语义分析和翻译，以此方法教授外语。教师先用母语介绍课文内容或阅读课文的母语译文 2~3 遍，接着讲解每个词的意思、语法形式和句子结构，然后逐句重读课文，并做标准翻译，分析归纳语法规则，通过将母语译成外语的练习巩固课文，最后进行阅读原文著作的训练。该方法的基本特点是通过母语和外语的对比，对课文语言材料进行细致分析，以实现对课文的理解。近代语法翻译法在古典语法翻译法的基础上变化发展而成，西欧一些国家在 18~19 世纪确立了翻译法的教学地位。近代语法翻译法遵循以下基本原则：以母语为教学中介，运用母语翻译课文；以语法讲解为外语教学的核心，用语法为阅读和翻译服务；阅读能力优先。

19 世纪下半叶日益密切的贸易往来和文化交流使人们更加需要直接的交际技能，即外语实际口语应用能力。语法翻译法不以培养口语能力为教学目标，甚至否定口语作为教学手段的必要，因此无法满足新的社会需要。在这样的背景下，外语教学直接法产生。外语教学直接法是对语法翻译法的彻底改革，它通过外语本身进行会话、交谈和阅读来教外语，而不用学生的母语，不用翻译，也不用语法分析(第一批词是通过提示实物、图画或演示动作等方法

---

① 袁春艳. 当代国际外语教学法发展研究[D]. 南京师范大学, 2006.

来讲授）。直接法的产生还有着语言学、心理学和教育学的理论基础。德国语言学家保罗（H. Paul）在《语言历史诸原则》一书中提出"类比"在语言学习中有重要作用，为直接法崇尚模仿、替换提供了语言学的理论根据。现代实验心理学奠基人冯特（W. M. Wundt）在其名著《语言》中指出，"语言心理中起主要作用的，不是思维，而是感觉。因此，引入意识中的概念和表象所伴随的刺激应当尽可能的有感觉的成分，而最强有力的感觉又是由音响表象所引起的"。直接法的"以声音为本""以口语为基础""以模仿为主"的教学主张，直接或间接地受到这一理论的影响。夸美纽斯（J. A. Comenius）、卢梭（J. J. Rousseau）、裴斯泰洛齐（J. H. Pestalozzi）、第斯多惠（A. Diesterweg）等先后提出了"教育适应自然"的思想。夸美纽斯说"实例先于规则"；卢梭认为教育要"身临其境、身体力行"；裴斯泰洛齐反对机械的教育方式，强调教育应顺应孩子的发展规律，让他们在自然情景中发展潜能；第斯多惠指出人生来具有各种能力，如观察、感觉、思维、语言等，自动性是个人发展和教育活动的主观条件。"自然教育观"的观点表明，人拥有无与伦比的语言能力，它在婴孩时期表现得最为有效，只要我们在其他时期找到这种语言习得能力的能量源，我们的外语学习就能获得成功。

　　德国外语教育家菲埃托（W. Vietor）是直接法的先驱之一，他的小册子《语言教学必须彻底改革》（*Der Sprachunterrichtmup Umkehren*）被视为对古典语法翻译法的宣战书。菲埃托主张语音为语言之本，语言教学应把古典语法翻译法的教学程序颠倒过来，首先重视语音教学。语音教学除着重模仿外，还应告诉学生每个音如何发音。直接法的另一位先驱是法国外语教学法专家古安（F. Gouin）。他试图应用儿童习得母语的方式来改进当时的外语教学，由此找到一种语言自然习得的捷径。古安创建了系列外语教学法，要求学习者直接地而不是通过翻译学习语言，概念性地理解学习相互有联系的整个句子，而不是学习和解释语法规则。德国教师贝力子（M. D. Berlitz）是闻名全球的直接法教学践行者。贝力子在其编写的外语课本《现代语言教学方法》（*Method for Teaching Modern Language*）中提出，外语教学的基本原则是"概念、思想同外语说话、声音直接联系"和"随时随地只用外语"；外语教学的三种基本方式是"用实物来教具体词语""用联想来教抽象词语""用实例和演示教语法"。除此之外，贝力子声称，"翻译作为掌握外语的一种手段，被彻底摒弃"，外语教学需努力创造与幼儿学母语的自然环境和条件相仿的环境和条件，并采用与幼儿学母语自然方法所一致的方法。贝力子创办了"贝力子外语学校"，学校遍布欧美各国，完全采用直接法教学。在第一次世界大战前夕，贝力子外语学校在世界各地曾达到 340 多所，外语语种达 20 余种，影响很大①。

20 世纪 40~60 年代的美国盛行听说法。听说法有一些别名，如口语法、结构法、语言学法、句型法、军队教学法、耳口法，它们的实质是一样的，都以结构主义语言学为基础研究外语教学问题。在外语教学中，听说法是一种旨在掌握口语的教学法体系，它奉行的教学途径是先用耳听，后用口说，经过反复口头操练，最终达到自然运用所学语言材料将听到的外语用口语表达的目标。听说法的理论基础是美国结构主义语言学和行为主义心理学。

结构主义语言学是 20 世纪 20 年代美国学者在调查美洲印第安语的基础上逐步形成的语言学理论，以注重对语言结构形式的描写而著称，其先驱是弗朗兹·博厄斯(Franz Boas)和爱德华·萨丕尔(Edwand Sapir)，核心人物是莱昂纳德·布龙菲尔德(Leonard Bloomfield)、肯尼思·派克(Kenneth Pike)、尤金·奈达(Eugene A. Nida)和查尔斯·库尔特·弗里斯(Charles Curtis Fries)等人，最为谨严的代表作是泽利塔·萨尔茨曼·哈里斯(Zellig S. Harris)的《结构语言学的方法》(*Methods in Structural Linguistics*，1951)。弗里斯是研究如何把结构主义语言学运用到外语教学实际之中的集大成者。弗里斯注重语言实际运用能力的培养，认为外语教学的目标应该是使学习者熟练运用外语进行交流和表达，而不是仅仅停留在对语法知识的掌握上。他主张外语教学内容应紧密结合语言的实际运用，注重语音、词汇、语法和语用等方面的综合训练，以及对真实语言环境的理解。他强调教材的选择应该符合学习者的实际需求和兴趣，注重实用性，使学习者能够通过教材获得丰富的语言实践机会。他倡导多样灵活的教学方法，鼓励学生在真实语境中进行语言实践，同时关注学生的个性化需求。这些原则和方法至今仍是听说法的指导原理。

行为主义心理学强调通过观察和测量可观察行为来研究个体的心理活动，强调外部刺激与行为之间的关系，认为行为是对环境刺激的反应，并可以通过条件化和塑造来改变。约翰·B. 沃森(John B. Watson)是行为主义心理学的创始人之一，伯尔赫斯·F. 斯金纳(Burrhus Frederic Skinner)是其代表人物，他提出了操作性条件作用和强化等概念，并强调环境对行为的塑造作用，爱德华·L. 桑代克(Edward L. Thorndike)是其先驱，提出了"效果定律"和"连接主义"理论。

结构主义语言学家认为，语言是高度结构化的体系，但人们用语言交流时只知道说什么，却不知道为什么这么说。人们只意识到说话的内容，却没有意

---

① 章兼中. 国外外语教学法主要流派[M]. 上海：华东师范大学出版社，1983.

识到话语中的语言结构。因此，外语教学应当让学生通过模仿、操练等大量强化性实践活动，把所学的外语语音、词汇、语法变成新的语言习惯，最终学会无意识地运用所学外语的语言结构。

第二次世界大战前，美国外语教学十分落后，第二次世界大战爆发后，外语人才数量少、质量低的现状不仅与美国的国际地位极不相称，也阻碍了国家发展。在这样的背景下，20 世纪 40 年代初，美国结构主义语言学家意识到改革外语教学的必要性，提出了集中语言教学方案（ASTP）。美国军队依据该方案组织语言教学，采用听说法，在 3 个月至 1 年的时间内强化外语教学，8 ～ 10 人小班授课，每周 6 天课，每天不少于 5 课时，学员绝大部分时间学习外语，很少学习别的课程，取得了良好的教学效果。1950 年开始，美国结构主义语言学家对美国语言教学进行了一场改革，先后发布《外语方案》《语言学简明书目》《语言分析与语言教学》《外语教学九点方针》等方案或报告，提出将集中语言教学原则用于学校语言教学之中，用集中语言教学方案来改革一般学校的外语教学。于是，美国一般学校也广泛采用听说法教授外语，听说法在理论和实践方面都取得了很大进展。

20 世纪 50 年代在法国产生了视听整体结构法（audio-visual global and structural method），后来称为视听法（audio-visual method）。视听法来源于直接法和听说法，而且它吸收了两种方法的长处，并创造了自己独特的教学方法体系。总的来看，直接法、听说法和视听法都注重口语交际和听力理解能力的培养，强调通过实际语言使用来增强学习效果。但是，直接法侧重于真实环境下的语言学习和避免使用母语，以提高学生的口语表达能力。听说法侧重于通过反复模仿、重复练习和对话训练的方式，增强学生对语音、语调和语法结构的敏感度，提高学生的口头表达和听力理解能力。视听法则将视听材料和语言结构整合起来，通过使用现代化的设备、手段和措施，如声、光、电、图、音响、情景再现等，将具体的语言、词句、内容与现实的形象、情景相结合，让学生边看边听边说，身临其境地学习外语，把看到的情景和听到的声音自然地联系起来，产生对语言的感知和理解，促进他们在听说方面的能力发展。

视听法由萨格勒布大学语音研究所主任古布里纳（P. Guberina）于 1954 年提出，最初由法国圣克卢高等师范学院的全世界普及法语研究所负责具体研究，该所负责人古根汉（G. Gougenhein）组成了一个有古布里纳参加的委员会，制定了视听法原则，编写了视听法教材《法国的声音和形象》，并进行长期和系统的教学实验，取得了良好的教学效果。视听法在当今世界应用广泛。根据 20 世纪 70 年代中期联合国教科文组织统计的资料，国际上采用视听法学习外语的约占 50%，并出版了大量的视听法教材。①

　　视听法重视结构，但不管意义，很快受到多方质疑，随之认知主义外语教学法(以下简称认知法)出现在历史舞台。认知法是一种将认知心理学的理论和方法、认知语言学的原则和技术应用于外语教学的方法。它强调以学生为中心，认为学习者是积极主动的，应充分发挥学生的主观能动性和智力作用，在理解和思考语言知识规则(语法规则)的基础上进行有意义的操练，全面发展听说读写技能。认知法的理论基础是诺姆·乔姆斯基(Noam Chomsky)的转换生成语法、让·皮亚杰(Jean Piaget)的认知发展理论、杰罗姆·布鲁纳(Jerome S. Brunner)的基本结构和发现法。美国语言学家乔姆斯基在 20 世纪 50 年代基于语言学习天赋论的研究提出转换生成语法，对语言学和心理学领域产生了深远的影响。语言学习天赋论挑战了行为主义者关于语言习得仅仅是环境刺激和习得的观点，指出人类天生具有学习和使用语言的能力，语言习得能力是人类基因的一部分。乔姆斯基指出，语言习得是天生的，而非完全依赖于环境因素的过程。人类语言具有一种普遍的语法结构，这种结构是有限的、递归的，且可以生成无限多的句子。这一语法结构由一组基础规则和转换规则组成，基础规则即语言句子在思维中的原始形式，也被称作语言的基本结构或深层结构，而转换规则则负责将深层结构转换为表层结构，即我们实际说出的句子。如果说乔姆斯基全盘否定了行为主义心理学理论认为"语言是一种行为，是人类后天经过反复刺激—反应形成的习惯的产物"的观点，瑞士著名心理学家和教育家皮亚杰则从根本上动摇了行为主义心理学的"S-R"(刺激—反应)学习理论。皮亚杰提出了发展心理学中的认知发展理论，也被称作发生认识论。认知发展理论不同于行为反应论，后者着重于外部可观察的行为反应，强调环境刺激对行为的影响，认知发展理论对此表示认同，同时指出人不同于动物，人是有智慧的，个体在接收和处理信息时，会积极地参与思考、推理和对现实进行建构。无论是接受刺激还是对刺激做出反应，都是受认知结构支配的。

　　美国著名认知心理学家和教育家布鲁纳运用结构主义的方法论和认知心理学的研究成果，构筑了以认知心理学研究为基础的教学理论，并亲身参与了美国 20 世纪 50 年代末到 60 年代初期的中小学课程改革运动。布鲁纳特别重视学科的基本结构，以之为教学理论的核心，认为无论教授什么学科，都应使学生理解该学科的基本结构。他还提出了"以学习者为中心"的教学理念，指出教育的核心任务是促进学生的认知发展，而不是传授知识。在教学过程中，教师

---

① 章兼中. 国外外语教学法主要流派[M]. 上海：华东师范大学出版社，1983.

不应把学科基本结构(概念、基本原理、规则)灌输给学生,而应该引导学生通过对所学对象的观察、分析和归纳等逻辑思维活动自己发现,主动地形成和构建认知结构。学习是学习者主动构建知识体系的过程。

认知法与之前的教学法都不一样,它使教学不再是一种"教的方法"。它一反过去忽视对教学对象——学生的研究,注重在研究"学"的基础上研究"教"的问题,使教和学有机地结合起来。认知法认为学习外语不仅仅是养成语言习惯,而且是创造性的语言获得。学生学习外语应以理解语言知识和规则为基础,进行有意义的学习和有意义的操练。外语教学应首先使学生理解所学语言的规则,由教师提供易于使学生发现规则的语言材料,在教师引导下,学生自己从中发现规则、理解规则,并在特定的交际场面、情景以及实际生活中操练和运用语法规则。听说读写齐头并进、全面发展。认知法一经出现,就受到广大外语教学法专家和教师的重视,20世纪60年代中叶,美国广泛开展认知法的试验,后来多用于教授本国人学外语。

20世纪70年代,交际语言教学法(以下简称交际法)在西欧共同体国家问世,中心是英国。交际法,又称意念法、功能法或意念—功能法,是以语言功能项目为纲,培养在特定的社会语境中运用语言进行交际的教学法体系。交际法认为语言教学的目的是培养学生使用目的语进行交际的能力,语言教学的内容不仅要包括语言结构,还要包括表达各种意念和功能的常用语句。

交际法的理论基础是社会语言学和心理语言学。社会语言学是研究语言与社会关系的学科领域,它探讨语言和社会之间的相互作用,研究语言使用者如何在不同社会环境中运用语言,并探索语言与社会因素之间的相互影响。社会语言学的奠基人之一戴尔·海姆斯(Dell Hymes)认为,一个学语言的人的语言能力不仅体现在他能否造出合乎语法的句子,还体现在他能否恰当地使用语言。海姆斯在其著作《论交际能力》(On Communicative Competence, 1972)中首次提出交际能力的概念,指出交际能力不仅包括语言能力,即语法和词汇知识,还包括语言运用能力,即在特定社会语境中有效地使用语言进行交际的能力,这种能力包括传递信息、交流思想、表达感情等。海姆斯提出的交际能力的概念和内涵构成了交际法的目标和根本依据。

心理语言学是一门交叉学科,研究语言活动中的心理过程。它探讨人类如何掌握和运用语言系统,如何在实际交往中使语言系统发挥作用,以及为了掌握和运用这个系统应具有什么知识和能力。心理语言学认为人们运用语言进行交际的过程有两个重要方面,一是运用语言表达思想,即表达内容,或称意念;二是怎样运用语言表达思想,即表达方式。不同民族的语言有着共同的意念范畴，各个意念范畴又可分为若干意念项目，意念项目还可分为细目。常用意念项目以及常用的语言表达方式构成了某种具体语言的共核，交际法就在意念理论的基础上编写教学大纲。

交际法的代表人物有英国语言学家威尔金斯（D. A. Wilkins）、英国语言教育家威多森（H. G. Widdowson）、荷兰学者范埃克（J. A. Van Eck）等。他们指出语言是一个意义表达的系统，语言的基本功能是人与人的交往和交流，语言结构是为语言功能服务的，语言知识是培养语言运用能力的手段，外语教学就是让学生在真正的交际活动中参与有意义的活动，完成一定的学习任务以达到培养语言交际能力的目的。交际法打破了原来按照语法体系呈现语言的方式，试图把语义与语法、功能与语法结合起来，它对语言现象及其本质、特点、功能的认识和研究体现了历史的进步。

任务型教学法兴起于 20 世纪 80 年代，是一种强调在"做中学"的语言教学方法。它以任务组织教学，在任务履行过程中，学生以参与、体验、互动、交流、合作的学习方式，充分发挥自身的认知能力，调动自身已有的目的语资源，在实践中感知、认识、应用目的语。

任务型教学法从交际法中派生出来，它的理论基础包括社会语言学、认知心理学和二语习得理论。社会语言学把语言看作社会交往的意义、社会的符号和社会的行为，指出语言是人类社会最重要的交际工具，交际是语言最本质的功能。英语是国际社会、国际交往中非常重要的工具，语言学习的目标不仅在于造出合乎语法的句子，更重要的是句子符合具体的真实情景、符合特定对象、使用恰当。认知心理学强调人的潜能，提出学生在原有基础上主动构建知识的原理，指出学习是情感、认知参与自我指导的过程。二语习得理论指出第一语言、第二语言和外语，以及"习得"和"学习"外语的不同。第一语言是母语，第二语言指在所学语言国家学习该国的通用语言，外语指在非目标语国家的课堂教学中学习和使用的语言。第二语言一般都是在所学语言国家的环境中习得的，而外语则是在非所学语言国家的课堂中学习掌握的。习得第二语言的目标要求能够在所学语言国家使用目标语言进行日常生活、学习、工作，以及从事政治、经济、文化领域的交际活动，而外语学习要求的水平较低，如学会使用 3000 个左右的单词和 500 个习惯用语等。史蒂芬·克拉申（Stephen krashen）提出了第二语言习得的概念，认为习得语言是在自然语言情境中无意识地掌握语言，通过语言交际活动获得交际经验并在无意识中习得语法的一般规则。

任务型教学法的代表人物有 N. S. 普拉布（N. S. Prabhu）、迈克尔·朗（Michael Long）、大卫·努南（David Nunan）、简·威利斯（Jane Willis）和彼特·斯

凯汉（Peter Skehan）。印度教育学家普拉布是任务型教学法的首创者。他于1979年至1983年在印度南部加罗尔小学进行了五年的 Bangalore Project，首次提出任务型教学法，把学习内容设计成各种交际任务，让学习者通过完成各项任务进行学习，"在用中学"。美国语言学家郎被誉为任务型教学法的关键人物之一，他提出了"任务依存性"原则，即任务的设计应当使学习者充分关注语言的形式，并据此对任务进行了分类。他还进一步阐释了任务型教学法的特点，包括任务的意义是首要的，任务是真实的，任务涉及信息的差距，学习者应使用语言做事，任务完成是首要的，评估基于任务完成与否等。新西兰语言学家和教学家努南被誉为任务型教学法的奠基人。他阐述了任务型教学法的定义、特点，指出任务型教学法的"交际性任务"和"教学性任务"的分类，提出了一系列任务设计原则，如任务应该具有真实性和实用性，应该能够激发学生的学习兴趣和积极性，应该有助于提高学生的语言能力和交际能力等，为任务型教学法在教学实践中的应用提供了重要的指导和支持。英国语言学家威利斯提出了任务型学习框架，详细阐释了前任务、任务环和语言聚焦三个阶段的具体内容和教学实施步骤。澳大利亚语言学家斯凯汉则提出了认知任务分析法，为任务设计提供了科学的依据。20世纪末，任务型教学法在欧美获得进一步发展，尤其是努南编写的任务型教学法教材《领先英语》出版后，欧美的第二语言教学界掀起了一股任务型教学法的热潮并席卷世界。

除了任务型教学法，20世纪80年代在加拿大还兴起了内容型外语教学法（content-based instruction）。内容型外语教学法，顾名思义，是一种将语言教学和内容教学相结合的教学方法。它强调在学习特定学科内容的过程中提高语言水平，而不是将语言作为单独的技能进行教授。其核心理念是，通过学习和理解特定学科的知识，学生可以更好地掌握目标语，并在实际情境中运用语言进行交流。

内容型外语教学法的理论基础主要是前文提到的认知心理学理论、克拉申的第二语言习得理论和维果茨基的交互理论。认知心理学为内容型外语教学法提供了知识建构理论的支持。认知心理学认为学习是学生主动建构知识的过程，而不是被动地接受知识。内容型外语教学法注重学生的主动性与参与性，鼓励学生通过互动、合作和探究学习来建构自己的语言知识体系。第二语言习得理论认为成功地掌握第二语言主要依靠意义，而不是依靠语言形式。克拉申的"可懂输入假说"强调教师需要提供大量的有意义的第二语言环境才能促进学生的二语习得。内容型外语教学法借鉴了这一观点，强调在语言教学中提供有意义的、真实的语言输入和输出机会，使学生在学科内容学习中自然地习得语言。克拉申的理论持"心理中心"的方法观，得出了"意义是语言学习的重心"的结论。维果茨基持"社会中心"方法观，认为语言是认知发展的主要媒介，个人通过语言参与社会活动，在运用语言的过程中确立与社会的关系并认识世界，发展个人的思维能力，同样得出了"意义是语言学习的重心"的结论。维果茨基提出了"最近发展区"概念，表明学生的发展是通过与他人的互动和合作来实现的，同时强调社会互动、真实语境和教师的引导作用在语言学习中的重要性。这些理念为内容型外语教学法提供了理论基础和指导。

内容型外语教学法始于加拿大 20 世纪 60 年代的浸入式语言教学实验，即通过目标语对学生进行诸如数学、自然科学和历史等学科的教学来获得外语运用能力。这一实验的成功经验引起了专家和研究人员的极大兴趣。默汗（Mohan）1986 年在其专著《语言与内容》中首次提出内容型外语教学法，随后专家和研究人员纷纷在美国、加拿大、荷兰、法国、德国、英国、芬兰等国家推广实验，促成了内容型外语教学法在世界的风行。

内容型外语教学法引入了"社会中心"的方法，以克拉申的"可懂输入假说"和维果茨基的交互理论为基础，应对形式与意义的冲突，可以看作反语言学的一种方法。它以学科内容为出发点，试图协调语言内容和意义之间长期存在的冲突，改变以往各种教学流派偏重语言、忽视内容的做法，改变为教语言而教学、为工具性目的而教学的教学法定位，从而走向发展人的思维能力的转变。在外语学习的过程中，学生获得语言能力(语音、词汇、语法、语义、功能意义)和认知过程(理解、分析、应用、综合、评价)之间存在密不可分的关系。随时代的发展，外语教学的目的除了语言能力的发展，还有思维能力的发展。内容型外语教学法的研究表明，通过增加学生对丰富内容的接触，可以发展学生语言能力的同时也能促进思维的发展。虽然内容型外语教学法的研究和实践多围绕非语言类学科开展，如数学、历史、地理等，在实施过程中也存在着师资、教材等各方面的不足，还处于青涩阶段，但是它对于英语学科课程思政的开展有一定的启发作用。

关于英语教学法的研究在一些非英语国家也取得了很大发展。瑞典的整体教学法提出英语教学方法在小学、中学、大学三个学段是基本相同的，应兼顾学生的听说读写能力。只有将听说读写作为一个整体进行教学，才能取得理想的英语教学效果。印度则倡导情境教学法，强调英语学习的关键是创建英语语言环境，使学生在用中学，重视英语在日常生活中的应用。日本自 20 世纪中叶以后开始重视语言作为交际工具的重要作用，提出交际能力的培养是语言教学的重要目标之一①。

综上所述，除内容型外语教学法，国外学者长期以来把外语教学法的研究重心放在语言学方面，关注语言的本质和结构问题。这些理论成果和实践探究是外语教学不断走向成熟和完善的坚实基础。然而，固然语言学，尤其是应用语言学、二语习得理论等对外语教学的指导和理论基础的核心地位毋庸置疑，但随着时代的变迁、学科观念的改变，国家对外语教育教学的目标和要求也相应转变。已有研究明显缺乏对这些问题应有的重视，对时代变迁、国家政策对外语教学的实施和发展会提出怎样的新要求、会产生怎样的作用更缺乏研究。

2.课程思政相关研究

国外学界明确针对思想政治工作的研究较少，但关于思想政治（或意识形态）教育，尤其是学校思想政治教育的研究成果却很丰富。比较有代表性的有：①"文化领导权理论"，意大利共产党领袖葛兰西提出统治阶级通过文学艺术等方式对被统治阶级进行理论灌输，从而达到"文化霸权"的目的；②迈克尔·W.阿普尔在《意识形态与课程》一书中强调教育者是意识形态再生产过程的主体，要通过显性课程和隐性课程来进行意识形态渗透，启示各类学校要充分发挥教育者的主导作用，不仅要通过显性课程还要通过隐性课程来开展意识形态工作。此外，世界各国在学校的德育形式、德育方法以及德育途径中都提到了在德育工作中要发挥各个学科、每门课程的德育功能，这与我国的课程思政理念存在相关性。由于涉及国家较多，本书主要探讨美国、英国、日本和新加坡的德育情况。

美国历史上有两次著名的学校德育改革。第一次发生于1890年，以杜威为主要代表的进步主义德育抨击农业社会古典宗教德育的做法，主张学校德育应随着工业社会价值观的到来向以注重现实生活为核心的方向转变，应通过各学科教学来进行。"学校教学的所有教材都应以道德教育的社会性标准为标准进行编选"，必须从现实社会生活出发，紧贴人们的社会生活，不能单纯重学术性，轻社会性和道德性。第二次发生在1920年，学者们展开了学校德育的直接法和间接法之争。直接法主要通过说教、训诫、口号、誓言、信条、准则和示例、问答教学等传统方法，向学生头脑中植入某种具体的道德概念和道德规范。间接法提倡不能只将德育看作一门课程，而要在所有课程中都体现德育。任何学科，只要它能增强学生对社会生活的感知和理解，它就是有道德意义

---

① 刘妍. 初中英语课堂教学方法调查[D]. 济南：山东师范大学，2016.

的。如地理是一门关于人类生活与自然界相互影响的学科，在教育教学中应充分体现人类为什么要依赖自然环境，怎样敬畏自然，如何通过自身努力改变自然环境，要充分挖掘地理课程中的德育因素。数学、语言等科目也具有道德教育的价值，同样需要挖掘。杜威还主张只在课程和教学方法上体现德育是远远不够的，学校应多组织一些集体性质的活动，使各项工作建立在道德基础上①。

美国学校虽然没有专门的"德育"或"思想政治教育"课程，但它建立了一套完善的体系来培养个人价值观念、民族团结意识和国家精神。这一体系贯穿于美国大、中、小学整个教育过程，依靠社会实践活动、显性课程和学科课程发挥作用，旨在培养具备本国意识形态和参与政治和社会生活的基本知识、管理能力的合格公民，被美国学者称为"公民教育"或者"政治社会化"。

美国大、中、小学显性德育课程主要有公民课、社会课、历史课、人文课等，这些课程的教材虽有很多版本，但涵盖内容相似。如公民课的内容包括美国国家政体的基本内容和准则、作为美国公民应承担的社会责任、作为美国公民应具备的道德品质；社会课的课程内容包括自己、学校、社区、家庭、家族、近邻、社区、州史、社区地理、世界文化等。美国小学历史课是结合语言课来上的，主要学习美国历史上的伟人故事和英雄传说；美国中学历史课主要学习美国历史、美国宪法基本原则、世界历史等，教科书主要弘扬美国人努力奋斗、爱国奉献、为国牺牲的精神。

隐性课程教育，或曰渗透式教育，是美国德育的主要特色。美国中小学的各门学科课程，如语言、科学、社会、音乐、体育、舞蹈和戏剧等都渗透着美国精神和爱国主义教育。《纽约时报》曾记载了美国新泽西州一位女教师的语法课堂教学过程，称她在正式上课前都要花半小时的时间讲授责任心、毅力和同情心②。总的来看，语言艺术课有关于美国伟人的传记，科学课有介绍美国科学家的事迹，社会课注重美国价值观的培养，音乐课有爱国歌曲汇报演出，大型体育比赛前都要唱国歌等。在美国的中小学校里，美国国家象征物，如国旗、总统画像、国歌到处可见可闻。有 26 个州明文规定，从幼儿园起，美国师生第一节课前必须向着教室内的国旗宣誓，要永远热爱并效忠于美利坚合众国。还有很多州虽然没有明文规定，但宣誓也是学生必须做的一件事情。2017 年美国得克萨斯州温芬高中的一名非裔女高中生因为拒绝起立、拒绝向美国国旗宣誓效忠而被学校开除。

① 袁桂林. 当代西方道德教育理论[M]. 福州：福建教育出版社，1995.
② 陈洪涛. 美国的爱国主义教育及其经验借鉴[J]. 全球教育展望，2004(8).

除了显性和隐性课程，美国学校还非常重视爱国主义实践教育。美国社会各个层面，如公立科研机构、博物馆、政府机构都免费对中小学生开放，这些机构成立了专门的教育宣传办公室，积极配合学校进行爱国主义教育①。很多美国人在其学习生涯中，有机会在学校组织下集体参观首都华盛顿，通过对美国政治制度和强大国力的直观认知增强政治自信。此外，美国各地优秀的高中生和大学生每年都有机会到国会或者白宫实习，了解国家政治体系的运作情况，从中获得政治参与感②。

英国的学校德育经历了一番传统与现代的激烈对抗和斗争。二战前，英国的学校德育基本上由宗教教育和古典绅士教育主宰。随着社会的发展和科学技术的进步，宗教教育和古典绅士教育力的影响逐步下降，学校德育日益向世俗化、科学化以及人性化的方向发展，越来越强调学生个人和社会品质的培养。1988 年英国出台教育改革法，在第一节中明确提出学校有责任通过其整体课程体系，为学生们全面发展提供机会，包括精神、道德、社会和文化方面的成长。同时，学校应帮助学生，为成年生活做好准备，培养他的机会意识、责任感，并丰富其生活经验。1992 年英国成立教育标准局（Ofsted），督导学校学生在精神、道德、社会和文化等方面的发展。1993 年英国国家课程委员会发布关于精神和道德发展（spiritual and moral development）的讨论文件，明确提出了学校德育的目标。1996 年召开以"价值在教育与社会中"为主题的全国讨论会（National Forum for Values in Education and the Community），确定了学校应向学生传授的价值标准，即自我、关系、社会和环境。2000 年出台国家课程目标，指出国家课程的目标是促进精神、道德、社会和文化发展。全部国家课程都旨在为学生提供促进其精神、道德、社会和文化发展的机会。此外，学校的宗教教育、健康教育、公民教育、文化氛围、有效的人际关系以及其他的课程活动也都是指向促进学生上述四方面的发展。今天，英国的学校德育可谓宗教性和世俗性并存，一方面，传统的宗教教育和集体礼拜仍然占有一席之地，另一方面，个人与社会教育以及公民教育占据着重要地位③。

英国学校德育体现了社会化和网络化的特征，其主要德育形式如下：第一，宗教教育。依据 1944 年的巴特勒教育法案"学校有义务实施集体礼拜和宗教教学"的规定，英国学校遵循"协议教学大纲"开展宗教教学，以合唱赞美歌、

---

① 黄宁宁. 美国中小学爱国主义教育的途径和启示[J]. 教育视界, 2019(5).

② 周鑫宇 苏溢. 美国如何进行爱国主义教育[J]. 中国德育, 2017(10).

③ 林亚芳. 英国的学校德育[D]. 杭州：浙江大学, 2022.

校长训话、学生代表讲话和祈祷的方式进行集体礼拜。然而，除少部分由教会创办的学校外，现在英国大部分中小学已取消了宗教课程。第二，德育教育。英国中学课程体系中有个人、社会与健康教育课，通常每周 1~2 次课，课程以个人品质与态度、社会责任感、道德思想和行为、社会能力、物质的使用和误用、性教育、健康锻炼、环境与心理等为核心内容。2002 年又开设了专门的公民教育课程，规定其为 11~16 岁学生必修的国家教学大纲基础课程。公民教育课程的课程目标是"发展学生的德行和自主性，帮助他们成为一个公平社会中的有责任心和关爱心的公民"。第三，学科课程。英国学校很注重在文学、艺术、历史、体育等课程中渗透德育。如文学课上关于偏见、贫穷、战争、动物权利以及死刑的讨论，历史课程对学生爱国主义的情感教育，地理课程引发和解答学生对人与自然的疑问，艺术课程激发学生探索艺术家、工匠作品中蕴涵的思想和意义的兴趣，音乐课程帮助学生理解自己，并与家庭、学校和广泛的世界间建立密切的联系，体育课程促使学生对活动、健康的生活方式树立积极的态度。第四，课外和校外活动。课外活动有开学、毕业典礼、学生会活动、俱乐部活动、读书会、辩论会等，校外活动有在医院、政府部门、社区、工地等公共环境内的活动。英国许多初中学校甚至将学生在这些活动中的表现列入升学和毕业考核的范畴，并为了配套这些实践活动，着力培养具有实践和理论双重指导能力的教师队伍，并在学校教育中积极利用家庭和社会资源，实现对学生思想价值的综合培养和教育。[1~3]

日本的学校德育由政府指挥，文部科学省操作执行。第二次世界大战前日本实施国家主义教育体制、军国主义教育体制，第二次世界大战后，由于美国的作用，日本确立了全面主义道德教育体制，后来，在经济恢复、高速发展时期，又确立了特设道德教育体制。日本学校德育的目标在明治维新之后，以"和魂洋才"为指导方针，和魂，即以日本大和民族的"魂"为特征的日本传统民族文化，洋才，即以西方文化和科技为特征的现代西方文化。其宗旨是，在坚持日本固有的道德精神、民族精神的基础上，吸取西方近代以来先进的科学技术，并为其所用。第二次世界大战后，日本学校德育课程改革更是把西方民主主义思想和日本的道德传统融为一体。1982 年日本修改了中小学教学大纲，新大纲规定："道德教育的目标，是把尊重人的精神和对生命的敬畏之念体现在

①　刘晓畅. 新时代我国初中"课程思政"研究[D]. 北京：中国石油大学(北京)，2021.
②　郭艺倩. 中英两国中学德育课程比较研究[D]. 乌鲁木齐：新疆师范大学，2016.
③　刘琳. 英语德育评述及其对我国德育教育的启示[J]. 前沿，2006(4).

家庭、学校和社会的具体生活之中，为培养创造富有个性的文化、致力于民主社会和国家的发展、主动为和平的国际社会作出贡献的具有自主性的日本人奠定道德素质基础。"

今天日本学校已经营造了一个以学校为中心，呈辐射状的全方位"道德教育"网络，在充分发挥学校德育功能的同时，有效地利用家庭、社区、企业资源，为学校德育服务。其具体实施体系如下：第一，建立各级政府领导下的学校的一体多元道德教育管理体系。文部科学省、都、道、府、县和市、町、村教育部门以及学校、社会、家庭、大众传播媒体在道德教育方面达成共识，强化公民馆、公共图书馆、博物馆、青年之家、少年自然之家、妇女会馆、综合社会教育设施、体育场馆、市民会馆、文化会馆、俱乐部等的教育导向，强化道德教育意识。第二，构建完善的学校德育运作机制，使道德课、各学科教学、特别活动等相互作用，发挥相应的德育功能。道德课每周一节，是日本中小学特定的道德教育时间。文部科学省实施的《学习指导要领》对各科应培养学生何种思想品质作出了明确规定，通过各学科教学激发学生求知欲，引导学生形成科学的思维方式和坚毅的品格，彰显德育目的。特别活动包括课外学习室活动、学生会活动、俱乐部活动以及仪式性活动。在课外学习室活动中，教师指导学生处理个人与集体的关系，解决学业与就业的困惑，进行人生观教育。学生会活动以锻炼学生的自我教育能力为基础，以弘扬优良校风、遵守校规校纪、绿化校园为重要内容。俱乐部活动囊括了学生在知识、艺术、体育以及劳动方面需要学习的全部内容。仪式性活动如国庆日、校庆日、文化祭、避难训练等，为提升德育工作的有效性发挥了重要作用。第三，充分利用家庭和企业资源，形成共同体开展学校德育。举办家庭教育讲座与父母讲座，增设家庭课堂，加强学校与家庭的沟通和联系。加强企业精神教育，进行企业文化建设，形成易被企业职工及其家庭成员接受的企业精神，将学校、家庭、社会有机联系起来，达到道德教育的目的。[1][2]

日本学校的德育内容呈现出板块状和阶段性的双重特点。这种结构化的教育方式，不仅确保了德育教育的系统性和完整性，也确保了德育内容的层次性和连贯性。所谓板块状，是指日本学校道德教育的内容被精心划分为个人道德习惯、人际关系道德、社会公共道德和国家民族道德四大板块。这四个板块相对独立又彼此关联，共同构成了日本学校德育的完整的内容框架。阶段性则体

① 杨金铎. 中国高等院校"课程思政"建设研究［D］. 长春：吉林大学，2021.
② 陈俊珂. 日本和新加坡学校德育特色之比较［J］. 比较教育研究，2002(12).

现在各个教育阶段对德育内容的侧重点上。这些侧重点是根据学生的年龄、心理发展特点以及社会期待来确定的。小学阶段德育的重点在于培养学生的基本生活习惯，如生活勤俭、衣着整洁、做事诚实、学会自立、树立安全意识等。进入初中，德育的焦点转向人际关系的建立，引导学生敬爱他人、团结同学、理解包容他人、健康发展异性关系、学会感恩和合作。到了高中阶段，德育内容的重点则转向社会公共道德，着重加强学生的伦理道德教育，指导他们的生活方式，如热爱自然、保护环境、体验生活、珍惜生命、遵纪守法、维护公共秩序、参加社会劳动、爱护公物等。到了大学阶段，德育目标则进一步升华，着重强化公民意识和国民素质，包括以虔敬天皇、忠于国家、熟知乡土为核心的爱国主义，基于集体式资本主义形成的团队意识和集体精神，国际视野，民主主义理念，日本宪法根本精神，民主政治的本质等。①②

新加坡德育教育的目标可谓与时俱进，始终紧密贴合国家发展的需要和时代潮流。在建国初期的 20 世纪 60 年代中后期，新加坡德育教育的重心在促进民族团结、合作，推动国家经济繁荣与发展。70 年代末至 80 年代初，新加坡工业化进程初显成效，城市国际化步伐加快，西方文化大量涌入，学校德育的目标转向弘扬传统文化，恢复忠孝纲常，弘扬东方传统美德，以抵御西方消极腐朽思想的侵蚀。尽管新加坡学校的德育目标在不同时期有所不同，但其核心目标始终明确且直接，即强调国家至上和文化多元的利益关系，培养具有国家意识、社会责任感、科学价值观和实用性的新加坡公民。

这一目标的实现并非一蹴而就，而是具有层次性和阶段性的特点。层次性体现在实现目标的渐进性上，主要分为三个层次：首先，整合思想，认同自己的民族及文化传统；其次，克服西方文化殖民的影响，树立亚洲人的观念；最后，也就是最高层次，即培养具有"一个国家，一个民族"认同感的"新加坡人"。阶段性则体现在实践目标的分年级性上，即不同年级的德育目标有所不同。例如，对于爱国主义的德育要求，小学一年级的学生要求会唱国歌、敬仰国旗，五、六年级的学生则需要具备爱国精神，理解爱国是一种责任，并了解国民服兵役的重要性、军人和警察的职责。高中毕业后，学生要参军服役两年，亲身体验保卫国家安全的神圣感。这种层次性和阶段性的安排，使得新加坡德育教育更加贴近学生的实际需求，更有效地实现了其目标③。

① 张社强. 日本、韩国、新加坡学校道德教育比较研究［J］. 思想政治教育研究, 2012(1).
② 王珊珊. 日本学校德育对我国的启示［J］. 吉林省教育学院学报, 2015(7).
③ 同①。

在实施德育教育过程中，新加坡学校一方面坚持通过开设道德课向学生讲解系统的道德伦理知识，另一方面强调将德育目标贯彻到学校全部课程的教学和各项工作中，并渗透到社会各个领域，形成全方位德育格局。其实施德育教育的主要途径包括：第一，课堂教学。虽然在不同时期，德育课的课程名称和课程内容不同，但它一直是新加坡中小学的必修课。如新加坡中学一、二年级的德育课程为"生活和生长"，偏重个人价值和品德修养，三、四年级的德育课程为"新公民学"，重点培养学生的公民意识和社会意识。除德育课外，其他各学科教学也强调道德教育，尤其是历史、地理、语言文字、宗教知识等科目，都设定了德育目标。第二，课外辅导。新加坡中小学普遍开展了五项辅导活动，以更有效实现公民与道德教育的目标：①榜样——以能够把公民与道德教育课程所提倡的价值观身体力行的人作为学生学习的楷模；②阐释——通过对话，教师向学生解释社会规章制度和道德规则的意义，使他们理解并内化为自身的价值观；③规劝——教师与学生谈话，激励和规劝他们把所学到的价值观付诸实践；④环境——营造良好的人际关系和道德教育氛围，使学生受到潜移默化的影响；⑤体验——创造机会，让学生在实践中获得正面经验和积极的体验，进一步了解道德要求的合理性、正确性。第三，社区服务活动。1990年新加坡教育部制订和推行了一项学生社区服务计划，旨在培养学生形成正确的价值观，养成服务精神。该计划包括六个方面的活动，分别是"好朋友"、关怀与分享、负起校内领导责任、福利收养所和儿童组织服务、清洁环境、临时服务（如春节慰问、慈善乐捐等）。第四，立体的德育网络。将学校教育、家庭教育、社会教育有机结合，形成纵横联系的立体德育网络。新加坡学校在实施德育过程中，强调学校应与家长建立良好的联系，各学校都要建立家长联谊会。与此同时，建立广泛的社会教育网、教育监督站，创立融学校和社会机构为一体的互动合作文明社区①。

综上所述，美国、英国、日本、新加坡等国都非常重视道德教育。通过不断改进和完善学校德育的内容、途径与方法，它们的德育教育在弘扬民族精神、提高公民道德素质、增强国家认同感和凝聚力方面发挥了重要作用。尤其值得重视的是，在各学科教学中渗透德育元素已经成为美国、英国、日本、新加坡等国德育教育的主要形式之一，其学科德育经过长期实践积累已不断臻于成熟和完善。我国"课程思政"理念刚刚兴起，其本质内涵是所有课程发挥育人

---

① 张鸿燕. 新加坡德育途径与方法浅析[J]. 首都师范大学学报, 2003(3).

作用，因此，美国、英国、日本、新加坡等国的德育经验，尤其是对学科德育的探索，能为我国课程思政建设提供一定的借鉴。

1.3 研究思路与方法

1.3.1 研究思路

本书基于认识论的向度，围绕"课程思政"在初中英语教学中何以可能的问题，以课程思政概念内涵阐释—初中英语教学价值蕴含—初中英语教学课程思政的现状与问题—教学设计原则与策略—教学典型案例为主线展开分析、论证和说明，力求达到对在初中英语教学中实施课程思政基础的逻辑的明证，使相关论证具有逻辑完备性，激发相关领域教师对英语课程教学理论及其实践的反思自觉，发掘新的英语学科生长点，完善学科知识和思政教育体系的建设。第2、4、5 章是本书的研究重点，也是研究难点所在。

全书共分为 6 章。第 1 章绪论部分主要包括选题的背景与意义、研究综述、研究思路与方法、研究创新与不足之处。新时代背景下社会发展的新特点以及国内主要矛盾的转化是本书选题的现实依据。思政教育的实然与应然之间存在的矛盾是本书选题的理论依据。新时代中国特色社会主义社会建设对初中英语课程的现实诉求是本书研究的立足点。国内外基础教育阶段英语学科教学研究现状和课程思政融入英语学科教学的现状是本书研究的出发点。革新思政教育理念，推动课程思政理念与中学英语学科课程教学融合，对实际问题进行解读和分析是本书的创新点。通过知识教育和价值观教育在教学过程中的融合统一，培养德智体美劳全面发展的社会主义建设者和接班人是本书研究的落脚点。本章通过选题的背景分析，明确了本书研究的理论和实践指向，结合初中英语教学与课程思政的研究现状梳理了研究思路，选择了研究方法，最后对写作创新和不足之处进行了说明。

第 2 章，基于课程思政理念的初中英语教学的价值蕴涵。由课程思政概念的理论来源、基本内涵的阐释切入，分析课程思政理念引发的新时代思政教育观念的革新，直面传统教育体系中学科专业教学与思政教育相分离的问题，再结合初中生年龄特征和英语学科特点，解读基于课程思政理念的初中英语教学的价值蕴涵。该部分研究旨在界定和阐释相关概念和范畴，厘清课程思政的内涵、初中英语课程思政的价值涵蕴，找准初中英语课程思政的切入点，为后续研究奠定理论基础。

第3章，初中英语课程思政的问题与建设路径。调研初中英语教学的现状、初中英语课程思政建设的现状，发现初中英语课程思政建设的特点和存在的问题，分析这些问题产生的原因，探索解决这些问题的方法，为本书后续研究廓清思路。

第4章，基于课程思政理念的初中英语教学设计。本章尝试解决初中英语教学课程思政建设存在的问题，对初中英语课程进行创新改革，针对英语学科特点从教学目标的设置、教学内容的选用、教学活动的设计、教学评价的开展四个方面呈现对通过初中英语课堂培养学生思想道德素养和爱国情怀的思考。

第5章，基于课程思政理念的初中英语教学典型案例。本章尝试从社会主义核心价值观、中华优秀传统文化、心理健康教育、信息技术四个维度，结合初中英语教学材料和具体内容，设计、制作初中英语课程思政教学案例，涵盖教学目标、重难点、教学活动、教学方法、教学过程评价与反思等环节，以供参考借鉴。

第6章是结论与展望。本章对研究的核心观点进行概述和梳理，从理论和实践两方面对研究的开展进行总结。

1.3.2 研究方法

本书在研究的过程中主要运用了文献研究法、跨学科研究法，以及理论与实践相结合的方法。

文献研究法。首先，明确"基于课程思政理念的初中英语教学"为研究主题，通过图书馆、数据库、网络平台等途径收集与研究与问题相关的各种文献资料，包括期刊论文、学位论文、专著、报告、教材和课程标准等。线上资料的收集主要是利用中国知网、人民网、新华网、中华人民共和国教育部网站、中国共产党资源数据理论数据库、国家中小学教育资源网以及校内网络图书馆内的各类文献资源网站。线下资料的收集主要是利用校内图书馆进行查询。通过上述两种途径，将收集的资料进行整理归纳，基于对文献的阅读和分析，从整体上把握课程思政理念及其在初中英语教学中的应用和实践情况，发现其中的共性、差异和问题，形成自己的观点和看法，建立起本书的基本架构。

跨学科研究法。"基于课程思政理念的初中英语教学"是一个跨学科的研究课题，它既与思政教育相关，更与教育学、英语学科教学相关，还与心理学、政治学等知识相关。它的本质是挖掘初中英语课程知识中蕴含的思想政治教育资源，进而进行协同育人的教育实践活动，推动思政教育工作建设。本书将使用跨学科研究法，拓展思维，厘清课程思政与思政课程的区别，从英语学科的视角分析在初中英语教学中融入课程思政的必要性和可行性。同时，在课程思政设计部分，笔者也将学习和借鉴其他相关学科的教学方式、相关知识、思维方式等，从教学目标、教学内容、教学活动和教学评价四个方面进一步研究怎样合理有效地构建初中英语"课程思政"教学的框架，切实落实好立德树人根本任务，增强科学研究的实效。

理论与实践相结合的方法。"基于课程思政理念的初中英语教学"需要结合思政教育和学科教育，只有通过对理论的深入探讨，才能为教师提供相关知识和方法，指导教师有效地设计和开展教学活动。与此同时，实践是检验理论的重要手段，将理论应用到具体的教学实践中，才能真正检验理论的可行性和有效性，增强教学效果，实现课程思政的目标。本书的理论研究部分以马克思主义理论为指南，基于思想政治教育专业相关教育学科知识，借助国家政策文件和相关学术论文论著等资料，厘清学理脉络，掌握理论知识，为更好地解决现实问题提供学术支撑。实践部分则着眼于目前初中英语教学中出现的问题，基于理论研究成果，以人教版初中英语教科书课文为教学内容，设计和实施符合课程思政理念的初中英语教学方案，涵盖教学目标、教学内容、教学活动、教学评价等，将思政教育贯穿到英语教学的各个环节中。

1.4 研究创新与不足之处

1.4.1 研究创新

新时代在义务教育阶段开展课程思政建设是一项长期而且艰巨的任务，是新时代背景下中学思政教育开展的全新理念、全新模式。在这一过程中，只有将理论分析和实践探索有机结合起来，才能使课程思政逐步在中学落地。本书展开了关于课程思政理论和实践的思考，在理论和现实层面都有一定的创新意义。

第一，教育教学理念指导层面的创新。传统英语教学注重语言知识的传授和语言技能的培养，而忽视文化和价值观念的传递。本研究通过引入课程思政理念，强调英语教学不仅应关注语言技能的培养，更要强调学生的价值观念以及文化素养、思维能力等综合素质的培养，从而促进学生的全面发展和人格塑造，推动教育教学改革。从理论指导层面看，它使知识的价值得以实现，具有一定的创新性。

第二，为破解课程思政建设过程中的难题提供了依据和参考。在课程思政落实过程中，部分教师和学生可能因为对其理解不足而产生疑虑和不信任的情绪，甚至出现抵触心理。因此，要切实落实课程思政，关键在于解决"愿不愿""能不能""行不行"的问题，这是课程思政在建设过程中面临的最大挑战。本书的研究思路从教育主体的心理排斥到专业课程合理融入课程思政元素的原则，再到课程思政潜移默化融入的方式方法，直击课程思政建设问题的症结，它有助于激发教师进行教育教学改革的积极性、主动性和创造性，在教学中探索如何转变角色，以培养学生的综合素质和政治品质为目标，达到更好的教学效果。传统上，教师主要扮演知识传授者的角色，而在基于课程思政理念的初中英语教学中，教师需要发挥引导者和学习促进者的作用，鼓励学生参与课堂、感知世界和形成自我，从而对课程思政的教学效果起到关键的提升作用。

1.4.2　研究不足之处

虽然课程思政是近几年的热门课题，但其提出的时间较短，且多围绕高等学校课程思政展开，本课题可供借鉴的相关理论文献资料和研究成果相对较少。因此，在进行课题前期研究时，无论在理论指导方面还是实践经验方面，都遇到了较多的困难。这可能对研究的深度和广度造成一定的限制。

本研究需要对跨学科知识有一定的了解和应用能力。研究涉及的跨学科知识包括但不限于教育学、心理学、政治学等，在进行研究时，需要将英语教学与思政教育相结合，理解并应用相关教育理论、心理学原理及政治学相关概念。本书作者的学术背景多为英语语言文学和教育学，因此在写作过程中对相关问题可能存在研究不够深刻的问题。

本研究是一个相对长期的过程，需要进行长期的追踪研究，以了解其对学生发展的影响和效果。尤其第5章是将理论知识转化为实际应用的成果呈现，需要长期课堂实践的摸索。本书作者虽然具备丰富的实践教学经验，但围绕本研究教育理念的实践时间较短，可能导致对问题的把握不够全面。

针对以上问题和困难，团队通过深入研究相关理论文献，进行案例分析；与其他领域专家进行讨论和交流，获取他们的观点和经验；与其他教师交流或合作，学习他们的教学经验和方法等来弥补不足，进行更全面、深入的研究。这些不足之处也成为我们后续研究的动力和方向。

第 2 章
基于课程思政理念的初中英语教学的价值蕴涵

　　课程思政理念的提出和兴起使初中英语教学的内涵得到了拓展。课程思政理念强调将思政教育融入各类课程中，通过教学内容、教学方法和评价体系的创新，在提升学生学科素养和能力的同时，培养学生政治品质，形成正确的价值观和道德观。初中英语教学作为基础教育阶段的重要组成部分，不仅承载着传授语言知识的任务，更肩负着促进学生全面发展的使命。将课程思政理念融入初中英语教学，对于提升学生综合素质、增强国家认同感和民族自豪感具有重要意义。本章首先探究了课程思政的理论来源，解读了课程思政的内涵，继而分析了初中生学龄特点和英语学科特点，探讨了基于课程思政理念的初中英语教学的价值蕴涵，厘清了初中英语教学建设的依据和现实意义，为后续研究做好铺垫。

2.1　课程思政的理论基础

　　任何一种理念或者思想都不是凭空诞生的，它们有着深厚的理论根源，课程思政理念也是如此。课程思政的核心理念在于育人，旨在推动学生全面发展，它的理论来源是多元化的。马克思主义教育哲学思想为课程思政提供了深刻的洞见和指导，思想政治教育学为课程思政提供了直接的理论支撑，中国共产党领导人关于青少年思政教育的论述为课程思政提供了重要的思想基础。除此之外，教育学和课程教学论等相关学科的理论也为课程思政建设提供了有力的理论指导。

2.1.1　马克思主义教育哲学思想

　　课程思政作为一种综合教育理念，它的核心任务是立德树人，促进学生全面发展。马克思主义教育哲学思想中关于教育本质观、人的全面发展、教育同生产劳动相结合等核心思想，为课程思政提供了坚实的理论基础，为我们理解课程思政的本质、目标和实施方式提供了有力的理论支撑。课程思政正是基于这些理论，强调将思政教育与专业课程相结合，实现全员全程全方位育人，促进学生全面发展。

马克思主义教育哲学思想是一个深刻而全面的理论体系，它关注人的全面发展，强调教育的社会功能，坚持实践的原则，承认教育的阶级性和社会性，并体现科学性与革命性的特点。人的全面发展观是马克思主义教育哲学思想的核心。人的全面发展观从人的本质出发，探讨了人在社会、文化、经济等各个方面的全面发展，强调了人发展的多维性和全面性，深刻揭示了教育的根本目的和价值所在。在马克思主义看来，人的全面发展不仅仅是知识的积累和技能的提升，更是一个人的思想、道德、情感和身体等多方面的综合发展。这种发展是在特定的社会关系中进行的，受到社会、文化、经济等多种因素的影响。

第一，从思想层面来看，马克思主义强调人的思想的独立性和创造性。教育应当培养学生的思考能力和创新精神，帮助他们形成科学的世界观、人生观和价值观。这样的教育不仅仅是灌输知识，更是引导学生独立思考、自我批评，形成独立的思想体系。第二，道德发展在人的全面发展中占据举足轻重的地位。道德是社会关系的基石，也是个体行为的规范。教育应当注重培养学生的道德品质，包括诚信、公正、善良等，让他们成为有道德良知、能够承担社会责任的公民。第三，情感、态度的发展也是人的全面发展的重要组成部分。情感是人类内心世界的重要组成部分，它影响着我们的行为和态度。教育应当关注学生的情感需求，培养他们的情感表达能力和情感调节能力，帮助他们培养健康、积极的心态，以便更好地面对生活的挑战。第四，身体发展是全面发展的物质基础。一个健康的身体是实现其他一切发展的前提。教育应当注重学生的身体健康，通过体育锻炼和健康教育等方式，帮助他们增强体质、提高身体素质，为他们的全面发展打下坚实的基础。此外，人的全面发展是在特定的社会关系中进行的。人作为社会的一员，其发展受到社会、文化、经济等多种因素的影响。教育应当紧密结合社会现实，反映社会需要，培养学生的社会责任感和公民意识，让他们能够适应社会的发展变化，为社会作出积极的贡献①。

马克思在《资本论》中明确指出："未来教育对所有已满一定年龄的儿童来

---

① ［德］卡尔·马克思·弗里德里希·恩格斯.《德意志意识形态》［M］.上海：上海辞书出版社，2023.

说，就是生产劳动同智育和体育相结合，它不仅是提高社会生产的一种方法，而且是造就全面发展的人的唯一方法。"这句话深刻揭示了教育实践性原则的价值和举足轻重的地位。马克思主义强调，理论与实践应紧密结合。在教育过程中，学生应通过实践活动来深化对理论知识的理解。实践不仅是学习的手段，也是创新的重要来源。通过实践学生可以发现问题、提出问题、尝试寻找解决方案，培养解决问题的能力。

马克思主义教育哲学思想不回避教育的阶级性和社会性，明确指出教育在传承和发展统治阶级文化方面扮演着至关重要的角色，不仅是文化传承的纽带，更是统治阶级维护其统治地位、加强社会凝聚力的关键工具。第一，教育是社会意识形态的体现。在阶级社会中，教育不仅仅是一个单纯的知识传授过程，还是一种深深打上了阶级烙印的社会现象。它承载着特定阶级的价值观念、道德标准和文化传统，并通过教学内容、教育方式等，将这些意识形态灌输给社会成员。这种意识形态的传递和灌输，有助于巩固统治阶级的统治地位，维护其阶级利益。第二，教育服务于统治阶级的利益。在阶级社会中，统治阶级总是通过教育来培养符合自己利益的人才，以维护其统治地位。教育的内容、目标和方式都受到统治阶级的控制和影响，以确保教育的产出符合统治阶级的需求。教育还通过传播统治阶级的意识形态来增强社会成员对统治阶级的认同感和归属感，从而巩固其统治基础。第三，教育是社会阶级斗争的重要工具之一。教育是阶级社会中阶级斗争的一个重要战场，其背后反映着不同阶级之间的利益冲突和斗争。统治阶级通过控制教育资源、制定教育政策等手段来维护自己的利益，而被统治阶级则通过争取教育权利、推动教育改革的方式来反抗统治阶级的压迫。第四，教育的内容、形式和组织方式受到社会阶级关系的制约和影响，呈现出阶级性的特征。在阶级社会中，社会阶级关系是影响教育发展的重要因素。不同阶级的经济地位、政治权力和文化资本等因素，都会影响到教育的资源配置、教育机会的分配以及教育内容的选择。

教育的阶级性具有双面性的特点，即教育既可能被统治阶级利用来维护现有秩序，也可能成为被统治阶级争取利益和推动社会变革的重要力量。第一，教育的核心功能在于传播和强化统治阶级的意识形态。统治阶级通过教育体系，将自身的文化传统、历史记忆、价值观念以及道德规范等融入教育内容中，并通过教师、教材、课程设置等多种渠道传递给下一代。这种灌输式教育让被统治阶级不仅在知识上接受统治阶级的意识形态，更在思想上产生认同和内化，增强对统治阶级的认同感和归属感。这种文化的传承和认同有助于维护社会的稳定和秩序，确保文化的延续性和稳定性，同时，也能增强社会成员之间的凝聚力和向心力，使他们在面对外部挑战和内部矛盾时，能够团结一致，共同应对。第二，教育在维护社会阶级秩序方面发挥着重要作用。统治阶级通过教育使被统治阶级接受并遵守统治阶级制定的社会规范和制度，也可以通过筛选和排斥机制将不符合统治阶级意识形态的人才排除在主流社会之外，进一步巩固阶级秩序。第三，教育在传承统治阶级文化的同时，也为其注入了新的活力和元素。随着社会的不断发展和进步，统治阶级需要不断地适应新的时代背景和社会环境，对自身文化进行更新和改造。教育是实现这一目标的重要途径。通过教育，统治阶级可以将新的思想观念、价值观念、科技知识等融入自身文化中，使其更加符合时代发展需要，更加具有生命力和活力。

马克思主义教育哲学思想还强调教育的社会功能，即教育在社会发展中的重要作用。教育是社会变革的推动者，是社会意识的重要表现形式，它不仅能够传承和弘扬人类文化的精华，还能够传播新的、符合社会发展需要的思想观念。通过教育，人们可以接触到先进的思想和文化，学习到新知识、新技能和新方法，形成创新思维和创新能力，推动社会的进步和革新。教育同时是社会公平的促进者。教育是社会公平的重要体现。通过提供平等的教育机会，可以缩小社会阶层之间的差距，促进社会的和谐稳定。因此，社会主义国家的教育应关注广大劳动群众的根本利益，为实现社会的公平和正义服务，应致力于培养符合社会发展需要的人才，推动社会的进步和繁荣。

综上所述，马克思主义教育哲学思想为课程思政理念提供了坚实的理论支撑和明确的指导思想。它强调了教育的本质在于促进人的全面发展，为课程思政理念中知识教育与思政教育的有机结合提供了理论依据。在这一理论指导下，课程思政不仅强调全员全程全方位育人的教育理念，还明确要求教育者关注学生的全面发展，尤其注重培养学生的思想政治素质，引导他们树立正确的世界观、人生观和价值观。此外，马克思主义教育哲学理论还强调教育的实践性，要求在实践中进行教育，为课程思政的实施提供了具体的方法论指导。

2.1.2 思想政治教育学的基础理论

思想政治教育学作为一门理论与实践相结合的学科，为课程思政提供了理论基础和方法论的指导。它不仅研究思政教育的基本理论、教育目标、内容、方法和规律，还探讨如何在教育实践中有效实施思政教育。课程思政是这一理论在实际教学活动中的具体应用，是思想政治教育学理论与基础教育、高等教育各学科、专业课程教学实践相结合的产物。

思想政治教育学的基础理论是多维度、多层次的，它既包含了对教育对象思想形成与变化规律的深入探索，也涵盖了教育目标、内容、方法的理论构建，以及在新的历史条件下如何创新和发展教育方法，实现学科建设的现代化。思想政治教育学的基础理论涉及人的思想产生、形成和变化的规律，以及思想与行为活动变化的基本原理，它不仅阐释了个体认知结构、信念体系及价值观等核心思想元素自孕育至成熟的发展轨迹，揭示了思想从无到有的孕育过程，还探讨了这些内在心智动态与外显行为表现之间的双向互动作用，揭示了思想如何在复杂的社会互动与个体经验积累中逐步深化与拓展①。它认为思想的孕育与成熟虽然建立在生物学与遗传学的基础之上，但更深层次地受到外部环境与社会文化的塑造与调适。从早期的家庭熏陶与初级社会化，到正规教育的系统输入，再到广泛社会实践中获得的体验与反馈，每一环节均在个体思想图谱上刻下了独特的痕迹②。思想的变化，作为思想形成进程的延伸，是一个持续的适应性调整过程，涉及对既有认知结构的反思、修正乃至重构。这一过程受到社会学习理论的深刻影响，观察学习、模仿行为以及社会反馈机制在人的思想变化中起着核心作用。思想与行为之间的交互作用，呈现为一种复杂的双轨机制，其中，个体的思想体系作为内在导向，指导并影响其外在行为表现；而行为反馈，包括实践结果与社会评价，又反向作用于思想体系，促使其进行适应性调整与优化。人的思想的持续演变过程既体现了思想的可塑性，也彰显了教育干预的潜在价值。

思想政治教育学的基础理论还涉及教育与管理原理。教育与管理原理旨在揭示教育活动与管理实践之间的复杂互动，以及这种互动如何共同促进教育目标的有效达成。它不仅关注教育内容的科学设计、教学方法的创新应用，还侧重于如何通过高效的组织与管理机制，确保教育活动的顺利开展与质量提升，实现教育与管理的有机融合与协同发展。第一，从教育目标的设定来看，它不仅追求知识的传递和技能的掌握，更重视培养受教育者的道德品质、社会责任感和公民意识。教育与管理在这一过程中需要确保教育目标的明确性和可操作性，同时根据受教育者的年龄、性别、文化背景等因素，制定个性化的教育方案，使教育目标更加贴近受教育者的实际需求。第二，在教育内容的选择上，它强调内容的时代性、科学性和系统性。教育内容要紧跟时代步伐，反映社会发展和科技进步的最新成果，要结合受教育者的认知特点和兴趣爱好，具有启发性和引导性，要经过严格的筛选和审核，确保其符合教育目标和受教育者的

---

① 郑永廷. 思想政治教育基础理论研究进展与综述[J]. 思想教育研究，2014(4).

② PIAGET J. The Psychology of the Child[M]. New York：Basic Books，1952.

实际需求，同时避免不良信息的传播和误导。第三，在教育方法的选择上，它注重方法的多样性和灵活性，提出应秉持因材施教的原则，根据受教育者的不同特点选择合适的教育方法。同时，教育管理要监督和评估教育方法，确保其科学、有效，并鼓励教师在实践中不断探索和创新教育方法。第四，注重教育管理的科学性和人性化，将教学管理视为对教育过程的监督管理，以及对教育资源的整合和优化。关注受教育者的心理需求和情感体验，为他们提供温馨、和谐的学习环境，激发他们的学习热情和创新精神。更为重要的是，教育管理还需要与其他部门和领域建立密切的合作关系，共同推进教育的全面发展①。

思想政治教育学的基础理论的两大支柱是价值论和规律论。价值论和规律论深度探讨了教育的内在目的、价值导向、本质特征、结构组成和运行规律，同时分析了其在推动社会进步、促进人的全面发展中的关键作用。价值论旨在从哲学的高度理解思政教育为何重要、它追求何种价值目标，以及如何通过教育活动实现这些价值目标。它包括以下几个关键方面：第一，思政教育的本体论问题。它认为思政教育的价值本质在于引导和促进人的全面发展，包括道德品质、政治素养、文化认同、社会责任感等方面的成长，使之成为社会进步的积极参与者和推动者。第二，教育目标的设定应基于对社会理想和人的全面发展需求的深刻理解，这包括培养正确的世界观、人生观、价值观，强化爱国主义、集体主义和社会责任感，以及提升个人的道德判断力和道德实践能力。第三，教学策略和方法以及教育环境对价值目标的实现非常关键，应在教育内容和方法上进行创新，营造有利于个体价值观形成的校园文化、家庭氛围和社会风气。第四，价值目标具有动态性和社会适应性的特征。教育者要密切关注社会变革，及时调整教育内容和策略，确保教育价值目标与社会需求的同步②。规律论是专注于揭示思政教育活动内在的、本质的、稳定的联系及其运动发展的一般法则，旨在为教育实践提供科学的指导原则和方法论的基础。它包括以下几个核心方面：第一，教育过程的基本规律，即教育活动的主体（教育者）、客体（受教育者）、介体（教育内容和方法）、环境（社会文化背景）等要素之间的相互作用和内在联系。如教育者需依据受教育者的思想品德状况，采用适宜的内容和方法，通过教育实践，促进受教育者的思想品德向符合社会要求的方向发展。第二，社会适应规律，即教育活动必须与社会发展的要求相适应，确保教学内容、目标与社会进步的方向一致，教育出来的个体能够满足社会发展

---

① 刘基. 高校思想政治教育论[M]. 北京：中国社会科学出版社，2006.

② 项久雨. 思想政治教育价值与人的价值[J]. 教学与研究，2002(12).

的需要，实现个人与社会的和谐发展。第三，主体客体认同规律，即在教育过程中，教育者（主体）的教育内容和方法必须被受教育者（客体）认同和接受，形成教育者与受教育者之间的良好互动，促进教育效果的最大化。教育成功与否很大程度上取决于教育内容与方法能否让受教育者产生共鸣和接受。第四，客体思想选择规律。受教育者思想的形成和变化并非被动接受外界影响，而是具有主观选择性。教育者应尊重和利用这一规律，重视受教育者的内在需求和思想中的积极因素，引导其做出有利于个人成长和社会进步的选择。第五，实践转变规律。思想的教育与改变必须通过实践活动来实现。教育者应设计实践活动，让受教育者在具体的社会实践中体验、验证和深化理论知识，实现思想的真正转变和行为的积极塑造①。

2.1.3　中国共产党领导人关于青少年思政教育的论述

中国共产党历代领导人都高度重视青年学生的成长与发展，将思政教育工作视为培养德智体美劳全面发展的社会主义建设者和接班人的关键环节。毛泽东首倡"德智体全面发展"的教育理念，邓小平提出"四有新人"的总目标，江泽民、胡锦涛、习近平等围绕青年学生思想道德和理想信念教育进行了细致深入的理论探索和实践指导，强调在当前复杂多变的国际国内环境下，青年学生思政教育工作尤为紧迫，意义重大。

毛泽东认为青少年教育的首要问题就是要引导他们解决好为谁服务的问题，并将这一问题提到防止"和平演变"的高度来对待。他指出，政治决定一个人的发展方向，社会主义教育培养的年轻一代必须是为人民服务的，为社会主义建设服务的，必须具有坚定的无产阶级立场和共产主义世界观②。他说："不论是知识分子，还是青年学生，都应该努力学习。除了学习专业之外，在思想上要有所进步，政治上也要有所进步，这就需要学习马克思主义，学习时事政治。没有正确的政治观点，就等于没有灵魂。"③青少年一要学习马列、学习时事政治，二要接受阶级教育和革命传统教育，三要接受理想前途教育。针对部分青少年学生没有处理好政治和业务关系的问题，毛泽东提出青少年要"又红又专"。"红"，即树立为人民服务的态度和坚定为人民服务的立场，"全心全意地为人民服务，一刻也不脱离群众"④；"专"，即在共产主义世界观指导下，重

---

① 陈万柏，张耀灿. 思想政治教育学原理[M]. 北京：高等教育出版社，2007.
② 黄英. 毛泽东青少年教育思想初探[J]. 江汉大学学报，1994(2).
③ 中共中央文献研究室. 毛泽东文集：第七卷[M]. 北京：人民出版社，1999：226.
④ 中共中央文献研究室. 毛泽东选集：第三卷[M]. 北京：人民出版社，1991：1093.

视文化学习，掌握系统的科学知识，拥有为人民服务的真实本领。他说："红与专、政治与业务的关系，是两个对立物的统一……不注意思想和政治，成天忙于事务，那会成为迷失方向的经济家和技术家，很危险。"①

在反复强调青少年要坚定正确的政治方向、学习科学文化知识的同时，毛泽东还提出了"健康第一"的方针。1916 年，他在给好友黎锦熙的信中说："古称三达德，智、仁与勇并举。今之教育学者，以为可配德智体之三言。"② 1917 年他在《新青年》发表文章《体育之研究》，阐明了"体"是"载知识之车""寓道德之舍""德智皆寄于体，无体是无德智也"的思想。1946 年，他在给前往苏联留学的青年学生的信中，表达了希望他们勤于锻炼、身体健壮、不断进步，将来报效祖国的期望。中华人民共和国成立后，他要求各个学校要注意学生身体健康，坚持健康第一、学习第二，要让青少年在德、智、体三方面得到发展。

毛泽东关于青少年思政教育的论述为课程思政提供了宝贵的理论和实践指导。他强调青少年教育的首要问题是为谁服务，注重引导青少年树立正确的世界观、人生观和价值观，为课程思政建设提供了重要的思想资源。他提出的"健康第一"方针，德、智、体均衡发展的教育理念，"又红又专"的人才培养目标，以及青少年既要学习理论知识又要接受实践锻炼的观点，对于明确课程思政的建设目标、优化教育内容、创新教学方法和手段都具有重要的指导意义。

邓小平非常重视青少年的成长和培养教育。1978 年，他在科学和教育工作座谈会上提出，要培养青少年具有爱劳动、守纪律、求进步等好风气、好习惯，增长他们的知识和志气，推动他们全面发展；同年 4 月，他在全国教育工作会议上提出了"新人"思想，指出"我们要大力在青少年中提倡勤奋学习、遵守纪律、热爱劳动、助人为乐、艰苦奋斗、英勇对敌的革命风尚，把青少年培养成为忠于社会主义祖国、忠于无产阶级革命事业、忠于马克思列宁主义毛泽东思想的优秀人才"③。1979 年 10 月，他进一步对具有革命理想和科学态度、有高尚情操和创造能力、有开阔眼界和求实精神等崭新面貌的新人形象做了深刻概括。1980 年六一节前夕，邓小平为《中国少年报》和《辅导员》杂志题词："希望全国的小朋友，立志做有理想、有道德、有知识、有体力的人，立志为人民作贡献，为祖国作贡献，为人类作贡献。"1982 年 5 月 4 日，《人民日报》发表社论

---

① 中共中央文献研究室. 毛泽东文集：第七卷[M]. 北京：人民出版社，1999：351.

② 中共中央文献研究室、中共湖南省委《毛泽东早期文稿》编辑组. 毛泽东早期文稿[M]. 长沙：湖南人民出版社，1990：59.

③ 邓小平. 邓小平文选：第二卷[M]. 北京：人民出版社，1994：106.

《当代青年的历史使命》，把邓小平的题词延伸为"培养青年成为有理想、有道德、有文化、有纪律、有强健体魄的新一代"。1985 年，全国共青团思想政治工作会议上提出：要加强和改进新时期的青年思想政治工作，在四化建设的伟大实践中培养和造就一代有理想、有道德、有文化、有纪律的共产主义新人。

具体来说，"四有新人"的内涵包括：有理想，就是要树立在中国共产党领导下走中国特色社会主义道路、实现中华民族伟大复兴的理想和信念，它是青少年成长成才的精神支柱；有道德，就是要将共产主义道德的原则和规范逐步转化为自己的道德意志和行动，它要求青少年爱党、爱社会主义、爱人民、爱劳动、爱科学；有文化，就是要具备良好的科学文化素质，拥有为社会主义现代化服务的科学文化知识和本领，它要求青少年打好文化根基，紧跟时代步伐，为国家和社会的进步奉献力量；有纪律，就是要严格遵循法律法规，展现强烈的组织意识和纪律观念，它要求青少年自觉遵守社会规范、法律法规，维护社会的稳定和秩序。

"四有"目标是邓小平教育理论的重要组成部分，也是我国青少年思政教育的重要内容。教育部《高等学校课程思政建设指导纲要》指出，需加强学生在政治认同、家国情怀、文化素养、宪法法治意识及道德修养等领域的培养，由此实现课程思政内容的优化供给。由此可见，"四有新人"的理念内涵与当前课程思政建设的内容和宗旨契合，能够为课程思政建设与改革提供一定的理论指导①。

江泽民对青少年教育问题进行了多方面的科学论述，涵盖了其重要性、目标、内容和主要方法方面，形成了较为系统的青少年教育观。他指出："从一定意义上讲，青年兴则国家兴，青年强则国家强，青年有希望，未来的发展就有希望。"②1990 年至 1996 年，他数次强调，"学校要坚持正确的政治方向，培养四有新人"，要"培养一代又一代有理想、有道德、有文化、有纪律的献身有中国特色社会主义事业的建设者和接班人"③，明确把培养"四有"新人确定为社会主义教育事业的目标和青少年教育的目标。

在深入分析和准确判断国内外形势的基础上，江泽民清晰地看到国际环境的复杂多变和国内改革开放的逐步深化已经以及未来可能导致的问题，指出必须在青少年中旗帜鲜明地进行理想信念教育，爱国主义、集体主义和社会主义

①　杨金铎. 中国高等院校"课程思政"建设研究［D］. 长春：吉林大学，2021.

②　陈维伟，张宿堂. 树立崇高理想坚定信念为中华民族复兴而奋斗［OL］. 光明日报. 1998-06-25. https://www.gmw.cn/01gmrb/1998-06/25/GB/17734%5EGM1-2545. HTM.

③　江泽民. 论社会主义精神文明建设［M］. 北京：中央文献出版社，1999：27，370.

教育，现代科学知识教育，艰苦奋斗的创业精神教育，纪律法治教育，审美教育，身体素质教育和心理教育等。他强调理想教育应"从娃娃抓起，从基础抓起"，"一定要从小树立远大理想，立志为民族争光，为国家争光"，青少年不仅"要有理想，还要有实现理想的坚定信念和脚踏实地、百折不挠的奋斗精神"。① 他赋予爱国主义教育新的时代内涵，他关于爱国主义的论述体现了一种兼具全球视野与本土根基的个体认知模式。在致李铁映、何东昌的信中，江泽民指出，"要对小学生（甚至幼儿园的孩子）、中学生一直到大学生，由浅入深、坚持不懈地进行中国近代史、现代史及国情教育"②，提高青少年的民族自尊心、自信心，防止崇洋媚外思想的抬头。在对待外来文化和本土传统的关系上，他秉持"两点论"，鼓励兼容并蓄，既要积极汲取世界各地文明的卓越成就，也要构筑防线，防止有害观念的渗透。在传承中华传统文化时，要采取精炼的态度，去芜存菁，去粗取精。他重视青少年科学素养的提升，视科学精神为新时代青少年不可或缺的素养，激励青少年钻研科学、热爱科学、追求真理、终身学习，激发创新意识，强化创新能力，尤为关键的是，要从马克思主义理论中汲取智慧，塑造科学的世界观，掌握科学的方法③。

关于青少年教育的方式方法，江泽民也有着深入的思考。他说："教育是个系统工程，就是说对教育事业，全社会都要来关心和支持……这项工作不仅教育部门要做，宣传思想部门、政法部门以及其他部门都要做，全党、全社会都要做。"他指出，"加强和改进教育工作，不只是学校和教育部门的事，家庭、社会各个方面都要一起来关心和支持。只有加强综合管理，多管齐下，形成一种有利于青少年学生身心健康发展的社会环境，年轻一代才能茁壮成长起来"。他重视实践锻炼的方法，强调："人才的成长最终要在社会的伟大实践和自身的不断努力中来实现。""不能整天把青少年禁锢在书本上和屋子里，要让他们参加一些社会实践，打开他们的视野，增长他们的社会经验。""如果只是让学生关起门来读书，不参加劳动，不接触社会实践，不了解工人农民是怎样辛勤创造社会财富的，不培养劳动人民感情，是不利于他们健康成长和全面发展的。"④以上这些论述和思考与课程思政在目标、理念、内容、实践路径等方面相融相通，直接或间接地指导了课程思政的建设与落实。

---

① 江泽民. 论社会主义精神文明建设[M]. 北京：中央文献出版社，1999：347，360.
② 江泽民. 论社会主义精神文明建设[M]. 北京：中央文献出版社，1999：246.
③ 唐春波. 论江泽民的青少年教育观[J]. 教育探索，2008(2).
④ 毛泽东，邓小平，江泽民. 论教育[M]. 北京：中央文献出版社，人民教育出版社，北京师范大学出版社，2002：289，287，331，330，288.

　　胡锦涛针对青少年的思政教育提出了一系列新思想和新论断。他强调：
"未成年人是祖国未来的建设者，是中国特色社会主义事业的接班人。""他们
的思想道德状况如何，直接关系到中华民族的整体素质，关系到国家前途和民
族命运。"①2006 年，在主持中共中央政治局第 34 次集体学习时，针对青少年理
想信念迷茫、集体意识淡薄、价值取向偏移等问题，他指出："全面实施素质教
育，核心是要解决好培养什么、怎样培养人的重大问题，这应该成为教育工作
的主题。"②在重视青少年思想政治教育的同时，他分析总结了我国人才培养的
客观需求和终极目标，强调教育要以坚持育人为根本宗旨，德育应位于教育的
首位，学校应将思政教育摆在人才培养的首要位置。他说："从未成年人抓起，
培养和造就千千万万具有高尚思想品质和良好道德修养的合格建设者和接班
人，既是一项长远的战略任务，又是一项紧迫的现实任务。""必须按照党的教
育方针，把德育工作摆在素质教育的首要位置，贯穿于教育教学的各个环节。
要把弘扬和培育民族精神作为思想道德建设极为重要的任务，纳入中小学教育
的全过程。"③在青少年思政教育内容方面，他说："要加强理想信念教育和道德
教育，把社会主义核心价值体系融入国民教育全过程，深入推动中国特色社会
主义理论体系进教材、进课堂、进头脑，引导学生形成正确的世界观、人生观、
价值观，坚定学生对中国共产党领导、社会主义制度的信念和信心，培养学生
团结互助、诚实守信、遵纪守法、艰苦奋斗的良好品质，树立社会主义民主法
治、自由平等、公平正义理念。"④在青少年思政教育方式方法方面，他指出要
关心和尊重青少年，"要树立以人为本的教育理念，坚持全面、协调、可持续的
发展要求，促进青少年德、智、体、美全面发展。着力提高学生服务国家服务
人民的社会责任感、勇于探索的创新精神和善于解决问题的实践能力"。"要把
德育融入学校课堂教学、学生管理、学生生活全过程，创新德育观念、目标、内
容方法，充分体现时代性，准确把握规律性，大力增强实效性。"

　　胡锦涛关于青少年思政教育的论述与思考把德育置于素质教育之首，强调
将社会主义核心价值体系融入国民教育全过程，倡导以人为本，全面发展与个

---

　　① 十六大以来重要文献选编(上)[G]. 北京：中央文献出版社，2005：790.

　　② 教育部关于印发《教育部 2009 年工作要点》和周济部长在教育部 2009 年度工作会议上的讲话
的通知[DB/OL]. http://www. moe. gov. cn/srcsite/A02/s7049/200901/t20090107_180453. html.

　　③ 十六大以来重要文献选编(上)[G]. 北京：中央文献出版社，2005，792-795.

　　④ 胡锦涛在全国教育工作会议上的讲话[DB/OL]. https://baike. baidu. com/item/% E8% 83%
A1%E9%94%A6%E6%B6%9B%E5%9C%A8%E5%85%A8%E5%9B%BD%E6%95%99%E8%82%B2
E5%B7%A5%E4%BD%9C%E4%BC%9A%E8%AE%AE%E4%B8%8A%E7%9A%84%E8%AE%B2%E8%
AF%9D/61289594? fr=ge_ala.

性发展相结合，鼓励教育工作者创新教育方式方法、加强实践能力培养、采用更加贴近时代、符合青少年认知规律的方式进行思想政治教育①，这些理念为课程思政提供了必要的指导，起到了一定的导向作用。

习近平在继承毛泽东、邓小平、江泽民、胡锦涛等前辈领导人的青少年教育思想的基础上，创造性地提出了立德树人、圆"青春梦"的任务。党的十八大报告将"立德树人"确立为教育的根本任务，党的十九大报告进一步指出，要"落实立德树人根本任务"，"培养德智体美全面发展的社会主义建设者和接班人"。2018年9月，习近平总书记在全国教育大会上指出要坚持社会主义办学方向，立足基本国情，培养"德智体美劳全面发展的社会主义建设者和接班人"。同年，他指出："新时代青年要乘新时代春风，在祖国的万里长空放飞青春梦想，以社会主义建设者和接班人的使命担当，为全面建成小康社会、全面建设社会主义现代化强国而努力奋斗，让中华民族伟大复兴在我们的奋斗中梦想成真！"②

在青少年思政教育的内容方面，习近平总书记重视以中国梦为内核的理想信念教育。正确的理想信念是青少年的思想支柱，坚定理想信念才能明辨方向。习近平总书记强调：没有理想信念，理想信念不坚定，精神上就会"缺钙"，就会得"软骨病"。③他融合共产主义远大理想、中国特色社会主义共同理想和中华民族的历史命运，提出中华民族伟大复兴的中国梦，并指出中国梦的内涵是国家富强、民族复兴、人民幸福，要通过中国梦教育、激励和引导全体人民团结一致，为国家的繁荣建设贡献力量。习近平总书记同时强调社会主义核心价值观教育。习近平总书记说："人类社会发展的历史表明，对一个民族、一个国家来说，最持久、最深层的力量是全社会共同认可的核心价值观。"④"青年的价值取向决定了未来整个社会的价值取向，而青年又处在价值观形成和确立的时期，抓好这一时期的价值观养成十分重要。这就像穿衣服扣扣子一样，如果第一粒扣子扣错了，剩余的扣子都会扣错。人生的扣子从一开始就要扣好。"⑤社会主义核心价值观是当代中国精神的集中体现，是国家、社会和个人

① 柳礼泉，周文斌.试析胡锦涛对青少年思想政治教育的理论贡献[J].思想教育研究，2013（2）.

② 中共中央党史和文献研究院.《十九大以来重要文献选编》（上册）[M].北京：中央文献出版社，2019.

③ 中共中央宣传部.习近平总书记系列重要讲话读本[M].北京：人民出版社，2016：106.

④ 中共中央宣传部.习近平总书记系列重要讲话读本[M].北京：人民出版社，2016：189.

⑤ 习近平.青年要自觉践行社会主义核心价值观：在北京大学师生座谈会上的讲话[N].人民日报，2014-05-05.

共同的价值追求和行为准则，它包含三个层面的价值目标：国家层面，富强、民主、文明、和谐；社会层面，自由、平等、公正、法治；个人层面，爱国、敬业、诚信、友善。习近平总书记还高度重视中华优秀传统文化的教育与传承。他指出，"中华优秀传统文化是中华文明的智慧结晶和精华所在，是中华民族的根和魂，是我们在世界文化激荡中站稳脚跟的根基。""中华优秀传统文化教育抓早抓小、久久为功、潜移默化、耳濡目染，有利于夯实传承中华优秀传统文化的根基。""泱泱中华，历史悠久，文明博大。……要把我国历史文化和国情教育摆在青少年教育的突出位置，让青少年更多领略中华文明的博大精深，更多感悟近代以来中华民族救亡图存、发愤图强的光辉历程，更多认识新中国走过的不平凡道路和取得的巨大成就，更多理解'一国两制'与坚持和发展中国特色社会主义、实现中华民族伟大复兴中国梦的内在联系……"他强调在新时代新特点下，要以时代精神激活中华优秀传统文化的生命力。"我们坚持把马克思主义基本原理同中国具体实际相结合、同中华优秀传统文化相结合，不断推进马克思主义中国化时代化，推进了中华优秀传统文化创造性转化、创新性发展。要坚持守正创新，推动中华优秀传统文化同社会主义社会相适应，展示中华民族的独特精神标识，更好构筑中国精神、中国价值、中国力量。"①在法治教育方面，他强调："普法工作要在针对性和实效性上下功夫，特别是要加强青少年法治教育，不断提升全体公民法治意识和法治素养"，"要坚持法治教育从娃娃抓起，把法治教育纳入国民教育体系和精神文明创建内容。"法治化是国家治理现代化的题中应有之义，青少年群体的法治素养是衡量一个国家社会文明程度和法治建设进程的重要指标。在全面推进依法治国的工作格局中，青少年法治教育工作发挥着基础性、先导性作用②。

在青少年思政教育的方式方法上，习近平总书记指出："要努力构建德智体美劳全面培养的教育体系，形成更高水平的人才培养体系。要把立德树人融入思想道德教育、文化知识教育、社会实践教育各环节，贯穿基础教育、职业教育、高等教育各领域，学科体系、教学体系、教材体系、管理体系要围绕这个目标来设计，教师要围绕这个目标来教，学生要围绕这个目标来学。凡是不利于实现这个目标的做法都要坚决改过来。"③

---

①　学习语｜加强对中华优秀传统文化的挖掘和阐发［DB/OL］. https://baijiahao. baidu. com/s？id=1791485355507372084&wfr=spider&for=pc.

②　鲁篙，郭子圣. 不断提升青少年群体的法治素养［N］. 光明日报，2024-03-22.

③　习近平：坚持中国特色社会主义教育发展道路 培养德智体美劳全面发展的社会主义建设者和接班人［DB/OL］. https://baijiahao. baidu. com/s？id=1611223299373934492&wfr=spider&for=pc.

习近平总书记关于青少年思政教育的系列讲话，紧扣新时代青少年思想实际，提出和重申了一系列紧扣时代主题的思政教育新观点和新思想，为在新时代背景下开展青少年思政教育提供了坚实的理论基础与实践指南，在教学目标、教学方式方法、课程内容等多个方面对课程思政起着重要的指导作用。

2.1.4 其他学科相关理论

课程思政，即将思政教育有机融入所有课程之中，不局限于传统的思政课程，旨在全面培养学生的国家认同感、道德品质和社会责任感。从邻近学科的视角看，"教育性教学"理论和课程文化发展理论为课程思政理念及其落实提供了一定的理论指导和支持。

约翰·弗里德里希·赫尔巴特(Johann Friedrich Herbart)是 19 世纪德国著名的教育家和心理学家，被誉为"现代教育学之父"。他的主要著作《普通教育学》被视为现代第一本教育学著作，标志着教育学作为一门规范、独立的学科正式诞生。赫尔巴特指出，道德是人类的最高目的，也是教育的最高目的，伦理学是教育学的基础。知识与道德有直接和内在的联系，教育(即道德教育)是通过而且只有通过教学才能产生实际作用，教学是道德教育的基本途径。在赫尔巴特之前，教育学家们通常把道德教育和教学分开进行研究和阐述，教育和教学通常被赋予不同目的和任务。赫尔巴特的开创性贡献在于阐明了教育和教学之间的关系。他说："不存在'无教学的教育'这个概念，正如反过来，我不承认有任何'无教育的教学'，德育问题是不能同整个教育分离开来的，而是同其他教育问题必然地、广泛深远地联系在一起的。"由此，赫尔巴特将道德教育落实在学科教学的坚实基础上，也使学科教学具有了道德教育的任务，成为教育的基本原则①。

"教育性教学"理论是赫尔巴特教育思想的核心，它强调了教学在道德教育中的重要作用。教育性教学，即通过教学进行道德教育。赫尔巴特认为："从知识方面出发比从观念方面出发更容易教育人……一个人首先要具备一定的知识，进而具备一定的理解力，才易于接受一定的观念。"②教学应致力于培养学生广泛的兴趣爱好，以此为基础让道德观念扎根，然后再通过训育，激发学生的善行，促使善的生长，同时让不良习性逐渐消退。赫尔巴特道德教育思想的

---

① 约翰·弗里德里希·赫尔巴特[DB/OL]. https://baike. baidu. com/item/%E7%BA%A6%E7%BF%B0%C2%B7%E5%BC%97%E9%87%8C%E5%BE%B7%E9%87%8C%E5%B8%8C%C2%B7%E8%B5%AB%E5%B0%94%E5%B7%B4%E7%89%B9/5742171? fr=ge_ala.

② 李其龙. 赫尔巴特文集·教育学卷第 1 卷[M]. 杭州：浙江教育出版社，2002：215，218.

突出特点是道德教育与学科知识教学相结合。他说："德育应把其他部分作为先决条件，只有在进行其他方面教育的过程中才能有把握地开展德育。"①他认为应将道德教育融入学科知识教学之中。尽管知识并非直接等同于德行，但知识的拓展却能拓宽学生的思维和视野。思维和视野的拓宽不仅有利于道德意识的萌发和形成，更深化了学生对道德准则的理解，为道德行为、道德实践的产生铺平了道路。具体而言，教学需要兼顾知识和道德观念的渗透，确保各学科内容能引导正确的审美观念，抑制、纠正不当欲望与行为，修补个性缺陷，为"内心自由、完善、仁慈、正义、公平"五种道德观念的形成奠定必要的思想基础。在具体实施方面，赫尔巴特要求教学目的与整个道德教育的最高目的保持一致。而为了实现养成德行的教学目的，教学需要培养"多方面的兴趣"，包括经验的兴趣（观察和认识事物）、思辨的兴趣（思考事物背后的原因和规律）等，同时还要注意教学方法的多样性，如单纯的提示教学、分析教学和综合教学等②。"教育性教学"理论揭示了教学与道德教育之间的内在联系，为课程思政实践提供了一定的理论基础和实践指导，推动了思政课程与各类学科课程的深度融合。

　　课程文化发展理论是一个综合性很强的教育学理论，它涉及教育学中的一个核心议题，即课程的设计、实施与评价如何反映和促进特定的文化价值、社会需求和个人发展。它强调课程内容不仅是一种知识的传递，更是文化、社会价值观、历史传统和社会变迁的载体。

　　1979 年，美国教育学家迈克尔·W. 阿普尔（Michael W. Apple）在他的著作《意识形态与课程》中提出了"谁的知识最有价值"的问题。他分析了课程中的权力关系和意识形态斗争，揭示了课程政策和实践中的政治性，即课程并非中立或客观的知识传递，而是深深嵌入社会、政治和经济背景中的一种文化实践。课程是不同群体价值观和利益的竞技场。"学校课程总是陷于阶级、种族、性别和宗教冲突的历史泥沼"，"学校所教的与'大社会'之间有必然的联系"③。英国著名的课程理论家和教育学者丹尼斯·劳顿（Denis Lawton）在其著作《课程研究与教育计划》（*Curriculum Studies and Education Planning*, 1983）和《教育、文化与国家课程》（*Education, Culture and the National Curriculum*, 1989）中将课程定义为"文化选择"，他说："教育不可能无涉价值，不同的价值体系或思想

---

① 李其龙. 赫尔巴特文集·教育学卷第 1 卷 [M]. 杭州：浙江教育出版社，2002：36.
② 李岩. 赫尔巴特道德教育思想及其现实价值解读 [J]. 湖北社会科学，2008(7).
③ M. W. 阿普尔著. 意识形态与课程 [M]. 黄忠敬译. 上海：华东师范大学出版社，2001：1, 128.

会产生不同的课程。"①他强调，课程不仅仅是知识的堆砌或技能的训练，更是一种深刻的社会文化现象，它承载着特定的价值观念、思维方式和社会期待。教育体系的每一门课程都是对广泛文化内容的精心筛选与重构，这一过程不可避免地受到特定历史时期、社会背景、政治经济制度以及主流意识形态的影响。

劳顿首先指出文化是社会成员共享和传递的知识、态度和习惯行为方式的总和，包括人类创造的一切事物，如工具、技术、语言、艺术、科学、态度和价值等。在简单社会中，文化通过家庭直接传授；在复杂社会中，文化传递的任务由正规教育承担。接着，他明确文化的目的是将文化中最有价值的方面传授给下一代。由于学校的时间和资源有限，必须通过"文化分析"认真筛选、规划课程，将课程规划建立在对文化的合理选择的基础上。继而，他提出了作为社会生存和发展的基础的九种文化子系统，即社会政治系统、经济系统、交流系统、理性系统、技术系统、道德系统、信仰系统、美学系统和成熟系统。在分析英国社会的九种文化子系统过程中，他指出没有一所英国学校制订有发展学生道德自律的教学计划，这也许是学校课程中最严重的缺陷。他建议在课堂上组织学生讨论生活中的道德问题，并且学校其他学科，如英语、历史等，都应对学生的道德发展作出贡献。他同时指出英国社会的信仰系统也出现了与道德系统类似的问题，建议学校有责任从国家或国际的角度去承担向学生灌输价值观的任务，并尽可能在这方面取得共识②。

综上所述，赫尔巴特的"教育性教学"理论凸显了教学中道德教育的核心作用。在赫尔巴特看来，教学不仅是知识传递的途径，更是塑造学生价值观和道德观念的关键环节。教学目的与道德教育目标是一致的，教学应通过尝试多样化的教学方法，培养学生的广泛兴趣，为道德观念的内化奠定基础。课程文化发展理论则揭示了课程内容选择背后的权力关系和意识形态斗争，厘清了课程作为文化实践的本质，即课程不是知识的简单堆砌，而是深刻反映特定社会文化价值、历史传统和社会期待的载体。劳顿的课程文化发展理论更进一步将课程定义为"文化选择"，指出教育体系的每一门课程都是对广泛文化内容的精心筛选与重构，这一过程不可避免地受到特定历史时期、社会背景、政治经济制度和主流意识形态的影响。以上理论涉及教学与道德教育的统一、课程内容的

---

① Denis Lawton. Curriculum studies and education planning[M]. London：Hodder and Stoughton，1983. P. 14.

② 石伟平. 劳顿的"文化分析"课程理论及其应用[J]. 外国教育资料. 1998(5).

价值导向、教学过程的道德渗透、课程的政治性认识、教师角色的重塑、教学方法的多样化以及课程评价的道德维度等方面，在一定程度上为课程思政的实施提供了理论基础、文化资源和路径方法，可以更好地推动课程思政的落实和发展。

2.2　课程思政的概念界定和价值蕴涵

课程思政是以创新性思想政治教育教学和实践模式呈现的新型综合教育理念，对于培养德智体美劳全面发展的社会主义建设者和接班人具有重要作用。广泛性、隐蔽性、全员性和创新性是课程思政的特点。课程思政的价值蕴涵在于建立一种全员全程全方位育人的教育生态，通过专业课程的思政教育元素，实现知识传授和价值引领的有机统一，培养既有深厚专业知识又具有高尚道德情操的高素质人才。课程思政建设的主要内容围绕坚定学生理想信念、推进习近平新时代中国特色社会主义思想进教材进课堂进头脑、培育和践行社会主义核心价值观等核心内容与价值导向展开。

2.2.1　课程思政的定义

课程思政是以创新性思想政治教育教学和实践模式呈现的新型综合教育理念。从字面上理解，课程思政就是在课程教学中加强思想政治教育，使两者相互融合、相互促进，共同服务于人才培养[①]。"课程"，狭义上讲，指教学科目，即学生所学的全部学科以及在教师指导下的各种活动的总称，它涵盖了学科及其目的、内容、范围、活动、进程等，以及进程安排的计划体系；广义上讲，指学校一切有目的的活动，排入教学计划内的课程是显性课程，没有进入教学计划内的，如环境、制度、理念、社团活动等都是隐性课程。"思政"是"思想政治教育"的简称，指社会或特定社会团体运用一系列既定的思想理念、政治立场及伦理准则，对个体进行有意识、有策略、有结构的引导与塑造，促进个体思想品德建设，使之与社会主流价值体系相契合，促使人们树立正确的世界观、人生观和价值观，以及培育良好的道德情操和社会担当精神。"课程思政"，就是"课程"和"思政"的有机结合。它融合了广义课程教学与思想政治教育的核心要素，倡导在显性、隐性课程的教学全体系、全过程渗透思想政治教育的理念与内容，尤其在专业课程的教学过程中渗透思想政治教育元素，促进思想政

---

① 王尧. 再论课程思政：概念、认识与实践[J]. 中国大学教学，2022(7).

治理论课与各学科课程间的协同，共同促进学生的全面发展。它体现了教育领域内跨学科整合与价值导向教育的趋势，强调在知识和技能传授过程中同步实现价值引领，确保教育内容与目标的综合性与统一性。

课程思政、思政课程、思政教育三个概念各具特色，相辅相成。思政教育为课程思政和思政课程提供了广泛和全面的支撑和保障，课程思政是思政教育在专业课程教学中的具体体现和延伸，思政课程则是思政教育体系中的核心组成部分。三者的本质联系主要体现在：第一，任务和目标的一致性，无论是课程思政、思政课程还是思政教育，都是为了实现"德育为先、知行合一"的教育目标；第二，方法与功能的多样性，无论是课程思政、思政课程还是思政教育，都注重采用多样化的教育方式，如课堂教学、实践活动、小组讨论、案例分析等，以提高教育的针对性和实效性；第三，内容和要求的契合性，无论是课程思政、思政课程还是思政教育，都包含马克思主义理论、中国特色社会主义理论体系、社会主义核心价值观、国家法律法规、国家安全和国防知识及道德伦理等方面的知识，并将其应用到实际生活当中。同时，它们也都要求学生具有批判性思维、创新性思维、实践能力等。但是，三者又有着实施范围、实施主体、教育形式等方面的不同。思政教育的范围最广，覆盖所有社会成员，包括学校教育、家庭教育、社会教育等多个领域；课程思政主要集中在学校教育体系内所有学科的课程教学，包括传统的思政课程；思政课程则聚焦特定的课程设置，依托专门设立的思想政治教育课程，如"马克思主义基本原理""毛泽东思想和中国特色社会主义理论体系""思想品德与修养"等，是思政教育体系中的一个组成部分，通常在学校教育体系中作为必修课程存在。思政教育的实施主体最广，包括思政课教师、辅导员、学生工作者等，还可能是各种社会机构；课程思政主要由专业教师来实施，他们需要在传授专业知识和技能的同时，注重在教学过程中挖掘和融入思政教育元素；思政课程则由专门的思政课教师授课，他们通常具有政治学、哲学等相关学科背景，在思政教育方面有着深厚的理论基础。思政教育可采用多种教育形式，包括思政课程、日常思想政治教育、社会实践等，强调全面性和系统性；课程思政主要通过专业课程的教学过程渗透和隐蔽实现思政教育的目标，侧重思政教育与专业知识的有机结合；思政课程则提供系统化的理论学习，通过专门的思政课程教学培养学生的政治意识、法律意识和历史责任感①。

---

① 陆道坤. 课程思政推行中若干核心问题及解决思路：基于专业课程思政的探讨[J]. 思想理论教育，2018(3).

　　课程思政是新时代教育改革对传统学科德育的深化继承与创新发展。传统学科德育指教师在各学科的教学活动中,利用学科本身的内涵和外延,有意识地、系统地将道德教育的内容和目标融入课程教学中,实现促进学生道德认知、情感、意志和行为全面发展的目标。它强调在学科教育全过程中,有机地嵌入道德教育元素,通过教材内容、教学方法、师生交流等多元化的教学策略,确保学生在汲取学科知识的同时,逐步具备良好的道德品格、健全的人格结构以及强烈的社会责任意识。由此来看,学科德育和课程思政都注重知识传授与价值引领的结合,在目标上有所重叠。但是,两者的侧重点和实施路径有所不同。传统学科德育更多地关注在学科教学中自然融入道德教育,侧重于道德品质的培养,强调学生个体的道德成长;课程思政则除了道德教育,还包括政治觉悟、国家认同等方面的教育,强调政治意识形态的引导和国家主流价值观的传播。在实施路径方面,学科德育多通过人文学科内容本身的道德教育元素,如文学作品中的人物品德、历史事件中的道德抉择等来实现道德教育;课程思政则是在更广泛的层面上,包括但不限于人文社科类课程,强调在所有课程中都应体现国家和社会的政治、文化导向。总的来看,传统学科德育提供了道德教育的具体路径,课程思政则在更宏观的层面上,确保教育内容与国家和社会主流价值观一致,是对传统学科德育精髓的深化提炼与创新发展①。

　　课程思政的核心功能在于实现知识传授和价值引领的有机融合。它超越了传统思政课程的局限,将思想政治教育渗透至所有学科的教学过程之中,通过显性思政(如思想政治理论课程)和隐性思政(如综合素养课程和专业课程)的有机结合,构建了一个全方位、立体化的育人体系②。课程思政的价值在于其对人才培养模式的根本性变革,对教育理念的创新。它倡导将学科资源转化为育人资源,将学科学习与人才培养相结合,以实现知识传授与价值塑造的双重目的。通过课程思政,各门课程都能够承担起思想教育的责任,形成协同育人效应,避免了专业教育与思政教育的割裂。此外,课程思政还体现了教育的社会责任,即培养具有社会责任感、国家认同感和文化自信的社会主义建设者和接班人,为国家长远发展奠定人才基础。这一模式不仅符合中国特色社会主义教育的内在要求,也为全球高等教育和基础教育提供了有益的参考和启示③。

---

　　① 葛卫华.厘定与贯连:论学科德育与课程思政的关系[J].中国高等教育,2017(8).

　　② 田鸿芬,付洪.课程思政:高校专业课教学融入思想政治教育的实践路径[J].未来与发展,2018(4).

　　③ 高德毅,宗爱东.课程思政:有效发挥课堂育人主渠道作用的必然选择[J].思想理论教育导刊,2017(1).

2.2.2 课程思政的特点

广泛性、隐蔽性、全员性、创新性是课程思政的四大特点。

课程思政的广泛性首先体现在其覆盖的课程数量上。思想政治课程门数有限，在各学段教育的课程总量中只占很小的一部分，而大量含思想政治元素的课程则如同繁星般散布于教育体系的各个角落，涵盖人文、科学、艺术、社会等众多领域，构成了课程体系的主体。更直观地看，思想政治课程好似处于其他各类课程的"环绕"之中。这样的包围式布局如果得到充分利用，就会成为一种巨大的优势。如果其他课程与思想政治课程同向同行，那么这种"环绕"就是一种极大的关心和支持，就是一个坚强的后盾，就能由此形成一个以思想政治课程为核心，包括其他课程在内的广义思想政治教育系统，形成一种系统集成的思想政治影响力。相反，如果其他众多的课程对思想政治教育持一种淡漠甚至冷淡的态度，让思想政治课程孤军奋斗，甚至有的课程还与思想政治课程反向而动，如有极少部分教师在课堂上传播不良政治信息和态度，就会抵消思想政治课的作用①。因此，确保各类课程与思想政治课程同向发力，形成合力，是充分发挥课程思政广泛性优势的关键所在。

课程思政的广泛性还体现在其深度和影响的全面性上。在教育体系中，几乎所有课程都蕴含着丰富的思想政治教育资源，这些资源通过不同学科的视角和方法，以多样化的形式呈现给学生。从基础的公共课程到专业的学科课程，再到实践性的实验、实训和社会实践活动，课程思政如同一张无形的网，将思想政治教育渗透到学生学习和生活的每一个角落。

隐蔽性是课程思政的第二个特点。课程思政并不是新增设一门课程或者新开设一种活动，而是将思想政治教育元素隐性地渗透到具体课程的教学过程中，使学生在潜移默化中受到教育，避免了显性教育可能引发的逆反心理。这种隐蔽性、渗透性和不易察觉性，使课程思政具有很强的亲和力和感染力，有助于学生从内心深处认同和接受思政内容②。具体而言，课程思政的隐蔽性特点主要体现在以下几个方面：之一，教育信息的非直接性。课程思政不直接讲授思想政治理论，而是通过将思政教育元素巧妙融入各学科课程的知识传授和技能培养之中，使受教育者在获取专业知识的同时，自然而然地接受思想政治教育。之二，教育过程的潜移默化。课程思政的教学方法主要是渗透式、浸润

---

① 刘建军. 课程思政：内涵、特点与路径[J]. 教育研究, 2020(9).
② 巩茹敏，林铁松. 课程思政：隐性思想政治教育的新形态[J]. 教学与研究, 2019(6).

式，通过将思政教育内容融入课程教学的各个环节，使学生在学习过程中不知不觉中受到熏陶和感染。之三，教育效果的深远持久。课程思政是隐性教育，虽然可能不直接体现在学生的显意识中，但很可能深入其潜意识甚至无意识层面。因此，其教育效果往往不是立竿见影的，而是需要一段时间的积累和沉淀。它所产生的影响也是深远持久的。

全员性是课程思政的第三个特点，强调的是教育体系中所有的参与者——教师、学生、管理者、校园内的每一个工作人员、校园外教学场所工作人员、学生的家庭成员——都在思想政治教育过程中扮演着不可或缺的角色。课程思政的全员性特点应建立在以下几个要点之上：之一，管理者统筹规划。学校管理层需要制定相关政策和措施，包括对课程体系的整体规划、教师培训的安排、教学评估体系的建立等，确保思想政治教育能有机融入教学活动各个环节。之二，教师全员参与。所有课程的教师，无论其教授的专业内容是什么，都应该承担起育人职责，将思想政治教育元素融入日常教学中。每位教师不仅要精通自己专业领域的知识，还需要具备一定的思想政治教育素养，能够在传授专业知识的同时，引导学生树立正确的世界观、人生观和价值观。之三，学生全面受益。课程思政的目标是让学生在学习专业知识和技能的同时，接受到全面的思想政治教育并产生认同。这并非限于思想政治理论课，而是要覆盖所有课程。通过这种方式，学生在不同学科的交叉学习中，深化对国家、社会和个人责任的理解。之四，校园文化营造。全员性还体现在校园文化之中，学校通过校园活动、社团组织、校园媒体等多种渠道，营造积极向上的校园氛围，使学生在日常生活中也能受到思想政治教育的熏陶。之五，社会和家庭的配合。人的交往活动具有流动性特征。学生不断受到除校园以外的家庭、社会等环境的影响。因此，课程思政全员性特点落地的关键还需要家庭和社会的配合，形成家校社联动、齐抓共管的良好机制[①]。

课程思政的第四个特点——创新性，不仅在于它突破了传统的教育理念和思维方法，更在于它在教学方法和手段上的不断创新与探索。课程思政要求教育者跳出传统的显性教育模式，从更宽广的视角审视教育的本质，实现教育方式的革新和教育效果的提升。它将思想政治教育的责任承担者的范围从专门的思政课程教师扩展到所有课程的教师，打破了以往思想政治教育与专业教育割裂的局面。它同时鼓励跨学科的知识和方法融合，通过不同学科之间的交叉渗

---

① 王学俭，王岩. 新时代课程思政的内涵、特点、难点及应对策略[J]. 新疆师范大学学报(哲学社会科学版)，2020：41(2).

透、丰富和完善思想政治教育的形式和内容，在拓宽学生视野的同时，增强思想政治教育的吸引力和感染力。在落实课程思政的过程中，教师应不断创新教学方法和手段，以适应时代发展和学生需求的变化。随着信息技术的快速发展，课程思政也需要教师不断探索新的教学模式，如充分利用现代信息技术手段，如网络课堂、在线讨论、虚拟现实技术等，为学生提供更加便捷、生动、有趣的学习体验①。

2.2.3　课程思政的价值蕴涵

课程思政旨在构建一种全员全程全方位育人的教育生态，它的价值蕴涵丰富而深远，既是新时代教育理念的深化，又是思政内涵的转型，还是思政体系的重构，对于塑造学生的世界观、人生观和价值观，增强学生的社会责任感和使命感，提高学生的综合素质和创新能力，推动学科知识与思政教育的有机融合，创新教学方法以及构建大思政育人体系等方面都具有重大意义。

第一，课程思政指向一种新的思想政治工作理念②，体现了"因势而新"的思政教育理念的升华。它的产生并非偶然，而是在当今时代背景下，对教育本质和目标的深刻反思与积极回应。其核心价值在于对"以人为本"教育理念的深度挖掘与升华，以及对马克思主义教育思想的坚定继承与创新发展，充分体现了马克思主义关于人的全面发展学说的精髓。它基于对思想政治教育规律与本质的揭示与把握，明确了教育的本质要求是"育人"。在这一理念的指引下，教育不再仅仅局限于单纯的知识传授或者技能训练，而且将促进人的全面发展作为根本目的。这意味着教育要关注学生的整体成长，不仅要培养学生的认知能力和专业技能，更要注重塑造学生的思想道德品质、社会责任感和创新精神等综合素质。课程思政以人的全面发展为核心，高度重视人的思想道德素质的培养。它摒弃了传统思政教育过于"学科中心"的做法，将重心转向立德树人这一根本任务。它通过多种途径和方法，引导学生在追求真理的道路上不断探索，培养他们的批判性思维和创新能力；鼓励他们向善而行，树立正确的价值观和道德观，懂得关爱他人，奉献社会；激发他们对美的追求，提升审美情趣和文化素养，培养高尚的情操。在实际教育过程中，课程思政正视人的需要，充分认识到每个学生都是独一无二的个体，具有不同的思想、人格特点和个性

---

① 高德毅，宗爱东. 课程思政：有效发挥课堂育人主渠道作用的必然选择[J]. 思想理论教育导刊，2017(1).

② 敖祖辉、王瑶. 高校"课程思政"的价值内核及其实践路径选择研究[J]. 黑龙江高教研究，2019(3).

需求，充分尊重学生的思想差异、人格和个性，积极发挥人的主体性。它遵循学生的思想规律和行为规律，不强行灌输，而是通过启发引导的方式，激发学生的内在动力。它注重启发学生的自觉性，通过丰富多样的教学内容和形式，让学生在学习中逐渐认识到自身的责任和使命，自觉地追求进步和成长①。

　　第二，课程思政恰到好处地将学科知识与思想政治教育内容有机结合②，实现了"因事而化"的思政内涵转型。这一转型首先体现在从单一化向多学科融入的路径转型，标志着思想政治教育体系的重大革新。长久以来，除思想政治理论课程外，其他学科潜在的思想政治教育功能没能获得充分的挖掘与利用。在某些学科范围内，不同程度地存在着主流思想和主导价值在教学中"失语"、教材中"失踪"、交流中"失声"的现象，甚至在教学实践中，还出现了思政课的教育成果被其他哲学社会科学课程教学中的某些观点削弱的现象③。然而，学科教学的育人功能不可小觑，它不仅助力学生构建科学的思维方式，对于学生个体身心和谐与人格健全发展、道德品质与精神境界的提升都发挥着至关重要的作用。课程思政以其对人的全面发展的终极追求为指引，根植于中国特色社会主义的伟大实践，为思想政治理论课和其他学科课程之间架设了一座桥梁，实现了彼此间的互补、互促和互利，在理论深度上形成有序衔接，在内容上达成相互补充，形成了思想政治教育的协同效应，进而充分释放了各学科的育人潜能，增强了思政教育的实效性。"因事而化"的思政内涵转型还体现在教育路径和方法方面从显性灌输向隐性渗透的深刻转型。隐性教育是中西方教育哲学中共同认可的重要范畴，被视为培育个体道德情操与精神境界的宝贵策略。中国古代极为推崇"润物无声"的教育方式，如"孟母三迁"的典故，无不昭示环境对人格潜移默化的影响。西方的道德教育也始终强调渗透性。苏格拉底的对话法，通过提问与反问激发学生的内省与自我认知，旨在培养理性与美德并重的公民。亚里士多德则强调德育并非生硬的教条灌输，而是通过体验与实践，使美德内化为个人的快乐源泉。杜威的"做中学"理念，倡导教育应贴近生活，强调在解决实际问题中锻炼思维，培养综合能力。课程思政的实施正是基于上述教育智慧的启示，全方位把握学生的学习与实践过程，构建一个包括思想政治理论课、专业课程等在内的课程体系，旨在形成一个全员参与、全程覆盖、全领域渗透的教育生态系统。它将教育的过程比作一场细雨，倡导在知识

　　① 董勇. 论从思政课程到课程思政的价值内涵［J］. 思想政治教育研究，2018(5).
　　② 谭晓爽. 课程思政的价值内涵与实践路径探析［J］. 思想政治工作研究，2024(7).
　　③ 吴倬. 构建思政课与哲学社会科学课程相互配合的德育机制［J］. 中国高等教育，2006(11).

传授中穿插思辨训练，鼓励学生从身边的人与事中汲取营养，学会独立思考，培养批判性思维能力。它倡导将教育内容与学生日常生活、社会交往、实践活动紧密结合，鼓励他们在知行合一中深化理论认同、政治认同和情感认同[①]。

第三，课程思政从内容体系、传播体系和队伍体系三个方面推动了"因时而进"的思政体系重构。首先，它明确界定了思想政治理论课、通识课程和专业课程在育人体系中的定位与功能，从内容体系方面重构了思政体系。思想政治理论课是马克思主义理论教育与社会主义核心价值观传播的主渠道。通识课程则坚持以马克思主义为引领，让学生在文化历史、自然科学、社会科学、艺术鉴赏、文学解读等多元领域的知识探索中领悟真理。专业课程的中心在于知识传授与价值观塑造的和谐共振。哲学社会科学领域的课程应牢固确立马克思主义的指导地位，挖掘并发挥课程内的思政教育潜能，自然科学类课程则需着重于科学素养与职业道德的培养，确保知识传授与价值引领的同步推进。其次，它基于当前教育环境和学生成长特点的必然需求，从传播体系方面重构了思政体系。随着互联网技术的飞速发展，学生的成长环境、学习生活方式、信息接收模式、思维逻辑及思想观念都发生了深刻的变化。课程思政强调载体的生活化，即通过优化社会文化生活，利用与人们日常工作、学习和生活紧密相连的场所、家庭、网络、传媒、社区活动等载体，对学生进行思想政治教育。如它考虑到当代学生是互联网的"原住民"，在传播体系的设计方面更加注重与互联网的融合，通过网络课程、在线论坛、社交媒体等多种数字化手段，增强教育的互动性和吸引力，使思想政治教育更贴近学生的生活实际，提升教育的实效性。最后，它突破传统思想政治教育队伍的局限，从队伍体系方面重构了思政体系。在传统模式下，思想政治教育往往被认为主要是思想政治理论课教师、辅导员和党团组织的责任，其他课程的教师主要专注于传授专业知识，忽视了育人使命，导致思想政治教育与学科教育分离，协同育人效应难以充分发挥作用。而课程思政强调全员参与，各角色间紧密协作和互补，确保学生在课堂内外、学习生活的方方面面都能得到全面而细致的关怀与引导。思想政治理论课教师负责意识形态教育与理论知识的传授；专业教师在专业领域内融入思政教育元素，实现知识传授与价值引领的有机结合；班主任、辅导员和党团组织是先锋队，密切关注学生思想动态和生活状况，有针对性地开展思想政治教育活动；社区导师、成长导师等为学生提供社会实践、职业规划等方面的指导；

[①] 董勇. 论从思政课程到课程思政的价值内涵[J]. 思想政治教育研究，2018(5).

心理健康导师关注学生的心理健康；体质训练导师助力学生体能发展；管理、服务部门作为这一体系的坚实后盾，提供必要的支持与保障①。

2.2.4　课程思政建设的主要内容

依据教育部 2020 年印发的《高等学校课程思政建设指导纲要》，课程思政建设内容要紧紧围绕坚定学生理想信念，以爱党、爱国、爱社会主义、爱人民、爱集体为主线，围绕政治认同、家国情怀、文化素养、宪法法治意识道德修养等重点优化课程思政内容供给。具体涵盖以下几个方面。

第一，推进习近平新时代中国特色社会主义思想进教材进课堂进头脑。习近平新时代中国特色社会主义思想是马克思主义中国化的最新理论成果，它系统回答了新时代坚持和发展什么样的中国特色社会主义、怎样坚持和发展中国特色社会主义这个重大时代课题②。它针对新时代中国特色社会主义事业在实践、创新、经验等方面的变革予以了系统的理论阐释，是马克思主义和中国发展实际不断结合的重要成果。《高等学校课程思政建设指导纲要》指出："坚持不懈用习近平新时代中国特色社会主义思想铸魂育人，引导学生了解世情国情党情民情，增强对党的创新理论的政治认同、思想认同、情感认同，坚定中国特色社会主义道路自信、理论自信、制度自信、文化自信。"③

第二，培育和践行社会主义核心价值观。强化价值观教育是推动社会发展进步与个人成长成才的需要。由于价值观对于个体的健康成长具有重要的指导作用，所以，学生价值观是否正确将直接影响其个性和良好德行的形成④。《高等学校课程思政建设指导纲要》指出："教育引导学生把国家、社会、公民的价值要求融为一体，提高个人的爱国、敬业、诚信、友善修养，自觉把小我融入大我，不断追求国家的富强、民主、文明、和谐和社会的自由、平等、公正、法治，将社会主义核心价值观内化为精神追求、外化为自觉行动。"课程思政应将社会主义核心价值观的基本内容——富强、民主、文明、和谐、自由、平等、公正、法治、爱国、敬业、诚信、友善作为课程设计与教学实施的重要参考和评价标准。通过挖掘各门课程蕴含的思政元素和育人功能，如历史课程中讲述国家富强、民族复兴的奋斗历程，法律课程中阐释法治精神与公平正义，人文社科课程中强化爱国情感与公民责任，理工科课程中融入科学精神与诚信品质等，让

---

① 董勇. 论从思政课程到课程思政的价值内涵[J]. 思想政治教育研究，2018(5).

② 邸乘光. 习近平新时代中国特色社会主义思想[J]. 新疆师范大学学报，2018(2).

③ 杨金铎. 中国高等院校"课程思政"建设研究[D]. 长春：吉林大学，2021.

④ 同③。

学生在学习专业知识的同时，深刻理解并认同社会主义核心价值观。

第三，加强中华优秀传统文化教育。中华优秀传统文化教育在课程思政的建设内容中占据着举足轻重的地位。《高等学校课程思政建设指导纲要》指出："大力弘扬以爱国主义为核心的民族精神和以改革创新为核心的时代精神，教育引导学生深刻理解中华优秀传统文化中讲仁爱、重民本、守诚信、崇正义、尚和合、求大同的思想精华和时代价值，教育引导学生传承中华文脉，富有中国心、饱含中国情、充满中国味。"在这一框架下，我们不仅要深入挖掘和传承中华文化的瑰宝，更要将其精髓融入教育各个环节，使之成为滋养学生心灵、塑造民族灵魂的深厚土壤。具体而言，课程思政须将中华优秀传统文化教育系统化、常态化，使其贯穿于哲学社会科学、自然科学以及各类通识教育课程之中。通过开设专门的文化课程、举办中华优秀传统文化讲座与设立工作坊、组织文化体验活动等形式，让学生近距离感受中华优秀传统文化的博大精深与独特魅力。同时，鼓励教师在专业教学中融入文化元素，如在文学作品中探寻古人的智慧与情怀，在科学史中讲述先贤的探索与奉献精神，使学生在掌握专业知识的同时，也能领略到中华优秀传统文化的独特韵味和深远影响。在加强中华优秀传统文化教育的过程中，还要将中华优秀传统文化与时代精神、与现代社会的发展需求相结合，创造出具有时代特色、民族风格的文化成果。要特别注重培养学生的文化自觉和文化自信，鼓励学生积极传承和弘扬中华优秀传统文化，将其内化为自身的精神追求和行为准则，外化为推动社会进步和文明交流互鉴的实际行动。

第四，深入开展宪法法治教育。宪法法治教育不仅是培养法治社会建设者和接班人的关键一环，也是深化学生综合素质教育、促进全面发展的重要途径。《高等学校课程思政建设指导纲要》指出："教育引导学生学思践悟习近平全面依法治国新理念新思想新战略，牢固树立法治观念，坚定走中国特色社会主义法治道路的理想和信念，深化对法治理念、法治原则、重要法律概念的认知，提高运用法治思维和法治方式维护自身权利、参与社会公共事务、化解矛盾纠纷的意识和能力。"课程思政中的宪法法治教育首先聚焦于习近平全面依法治国新思想新战略的学习和领会，同时注重强化学生对法治理念、法治原则和重要法律概念的认知，在此基础上，引导学生学会运用法治思维去审视社会现象、分析问题，培养他们依法办事、依法维权的意识和能力。值得一提的是，它还鼓励学生将所学法律知识应用于实践，通过模拟法庭、法律援助、社区服务等实践活动，让学生在实践中锻炼自己的法律技能，提高解决实际问题的能力，由此加深他们对法律知识的理解，亲身体验到法治的力量和价值，从而坚定走中国特色社会主义法治道路的理想和信念。

　　第五，深化职业理想和职业道德教育。深化职业理想和职业道德教育旨在引导学生从理论到实践，全面塑造适应未来职业发展需求的职业人格，为他们步入社会、投身各行各业奠定坚实的道德基础，筑牢精神支柱。《高等学校课程思政建设指导纲要》指出："教育引导学生深刻理解并自觉实践各行业的职业精神和职业规范，增强职业责任感，培养遵纪守法、爱岗敬业、无私奉献、诚实守信、公道办事、开拓创新的职业品格和行为习惯。"首先，深化职业理想和职业道德教育，是引导学生深刻理解各行业的职业精神和职业规范，感受不同职业领域的职业风采和使命担当，理解每种职业背后所承载的社会责任和价值追求，帮助学生树立正确的职业观念，激发他们对未来职业的热爱和向往。其次，深化职业理想和职业道德教育，还意味着培养学生的职业责任感，让他们明白每一个职业岗位都是社会运转不可或缺的一环，自己的每一个行为都可能对社会和他人产生影响，因此自己对待工作要认真负责、精益求精，确保自己的职业行为符合社会期待和职业道德要求。最后，深化职业理想和职业道德教育，还关注学生的职业品格和行为习惯的培养。遵纪守法、爱岗敬业、无私奉献、诚实守信、公道办事、开拓创新等职业品格，是现代社会对职业人的基本要求。这些品质被融入课程思政的教学内容和教学方法之中，让学生在模拟的职业环境中体验和践行这些品质，逐渐内化为自己的行为习惯。

2.3　初中生学龄特点和英语学科特点分析

　　对初中生学龄特点及英语学科特点的准确把握是探讨初中英语教学如何有效融入课程思政理念，以提升其教育价值的重要前提。初中生正处于身心迅速成长的阶段，面临认知发展、情感波动及社会适应等多重挑战。他们的认知、情感、意志和学习特点将共同作用于英语学习过程，影响学习成效，更决定了教师在实施课程思政时需要采取的教学策略和方法。同时，新时代英语学科在全球化的背景下承载着更为重要的教育使命。它不仅要求学生掌握语言知识与技能，强调跨文化交流能力和人文素养的培养，更注重培养学生的全球视野、文化自信、家国情怀与社会责任感，让学生成为推动构建人类命运共同体的使者。

2.3.1 初中生学龄特点

1.初中生身心发展特点

初中生是身体急骤生长、智力迅猛开发、容易接受新鲜事物、可塑性强的特殊群体，正处于世界观和人生观初步形成的关键时期。从生理上看，初中生正处于青春发育期，也是由儿童发育到成人的过渡时期。他们生理上蓬勃的生长、急骤的变化主要表现在身体外形的改变、内脏机能的改变、性的成熟三个方面。这些变化，使学生感到自己长大了，产生了强烈的"成人感"，但学生还是处于从不成熟到成熟的过渡阶段。青春期生理发育的迅猛变化，形成了人生中迅猛发育的第二高峰，初中生不仅在形态和生理上都发生了巨大的变化，心理上也进入了自觉性和幼稚性、独立性和依赖性并存的充满矛盾的时期。初中生的这些变化特点必然会对他们的学习态度、动机和行为习惯，以及道德修养与健康成长产生深刻的影响。

德国现代著名的精神分析学家埃里克森（E. H. Erikson）把人的心理发展分为八个阶段，中学生正处于第五个阶段：角色同一性对角色混乱的青少年期（12～18 岁）。个体此时开始体会到自我概念问题的困扰，即开始考虑"我是谁"这一问题，体验着角色同一性与角色混乱的冲突。这里的角色同一性是有关自我形象的一种认知，它包括有关自我的能力、信念、性格等的一贯经验和概念。在埃里克森看来，自我既与个体过去的经验相联系，又与个体当前面临的任务有关，自我同一性的形成与职业的选择、性别角色的形成、人生观的形成等有着密切的联系。如果个体在这一时期把这些方面很好地整合起来，他所想的和所做的与他的角色概念相符合，个体便获得了角色同一性。[①] 中学生这些年龄特点对他们认识一系列复杂的社会问题不可避免地产生了直接或间接的影响。在高中阶段，中学生品德逐渐走向平稳发展的时期。这时，他们世界观、人生观初步形成，可以较为自觉地利用一定的道德原则和道德信念来调节自己的行为。而在初中阶段，学生逐渐形成一定的道德理念，并用来指导自己的行为，但由于他们的心理发展跟不上生理的成熟速度，所以，他们容易出现对抗与叛逆心理。

初中生的道德品质是逐步发展起来的，它是由知、情、意、行四种要素构成的。《教育大辞典》认为，知，即道德认识，是指"对现实社会道德关系和处

---

① 陈琦，刘儒德. 当代教育心理学［M］. 北京：北京师范大学出版社，2007：3.

理这些关系的准则、规范的认识，是人们对待客观事物态度和行为准则的内因，产生道德情感、道德意志和道德行为的必要条件"①。初中生道德认识的提高，通常通过伦理谈话、学生集体生活、交往以及团队活动等各种活动来实现。情，即道德情感，是指"根据一定道德需要、道德原则感知、理解、评价现实时所产生的一切情绪体验，是个体的道德认识转化为道德信念和道德认识、道德信念转化为道德行为的必要因素"②。道德认识是道德情感的基础，而道德情感反过来又可以影响人的道德认识，一方面可以促进道德认识，另一方面也可以阻碍道德认识。因此，许多人认为道德的核心是道德情感。意，即道德意志，是指"人们为了完成预定道德目的自觉地克服一定障碍，坚持或改变道德行为方式时所表现出来的意志品质，在促使人们道德动机斗争和把道德认识、道德情感变为道德行为中具有特殊作用"③。道德意志坚强的人才能坚定不移地履行自己的道德义务。初中生道德意志的培养主要是通过组织集体实践活动的方式进行。行，即道德行为，是指"与个人的道德意识、道德动机相联系的行为举止，是思想品德的外在表现"④。评价一个人的道德品质，既要听其言，又要观其行。初中生道德成长的过程，也就是道德品质四种要素"知、情、意、行"的养成过程。由于"品行的形成更多是无意识的、内隐习惯的形成过程"⑤，"品德更多是内隐学习的结果"⑥，所以中学生的道德不能靠"填鸭式"的灌输，要在他们的学习与生活中养成与发展。

古人云："蓬生麻中，不扶而直；白沙在涅，与之俱黑。"苏霍姆林斯基曾说过："用环境，用学生创造的周围环境，用丰富的集体精神生活的一切东西进行教育，这是教育中一个微妙的领域。"⑦由此可见，环境的优劣对人的健康成长的影响是巨大的。德育不同于其他方面教育的最大特点，就是必须使受教育者的知、情、意、行相互统一。这就要求教育者要能使受教育者从主观上接受道德教育，其效果才能进一步显现。

因此，依据初中生的身心发展特点，遵循他们道德成长的规律，分析他们学习特点，充分挖掘初中英语学科独特的育人功能，特别是有效发挥新时代英语学科的核心素养对学生健康成长的作用，促进其全面发展，尤为关键和重要。

---

①　顾明远. 教育大辞典：增订合编本[M]. 上海：上海教育出版社，1998：238.

②　顾明远. 教育大辞典：增订合编本[M]. 上海：上海教育出版社，1998：238.

③　顾明远. 教育大辞典：增订合编本[M]. 上海：上海教育出版社，1998：241.

④　顾明远. 教育大辞典：增订合编本[M]. 上海：上海教育出版社，1998：240.

⑤　杨治良，刘素珍，钟毅平，等. 内隐社会认知的初步实验研究[J]. 心理学报，1997(1).

⑥　杨治良. 记忆心理学[M]. 上海：华东师范大学出版社，1999.

⑦　王邦虎. 校园文化论[M]. 北京：北京大学出版社，2002：80.

2.初中生学习特点

如前所述，初中阶段是一个过渡阶段，是个体从儿童期向青春期乃至成年期过渡的关键时期。在这一阶段，初中生的学习呈现出三个突出特点，分别是注意力管理的波动、思维方式的提升和学习情感的丰富。

初中生摆脱了小学的稚气，身体和心智都在飞速成长着，思想趋于成熟，学习能力和理解能力也有了显著的提高。但相较于小学阶段，他们在注意力管理上的特性表现出一定的波动性；相较于高中阶段，他们往往更难以维持长时间的注意力集中。初中生的注意力可以分为外向注意力和内向注意力两种主要类型。外向注意力主要指的是学生对外界环境干扰的敏感度，内向注意力则涉及个体内部的心理活动对其注意力的影响。简单来说就是一类学生的注意力容易受到环境，如教室内的噪声、同学的行为等的干扰，另一类学生的注意力则容易受到其内部心理，如个人的情绪波动、思绪飘散或自我反思等的影响，容易走神。

初中生在注意力管理上的波动性主要体现在两个方面：一是注意力的持续时间较短，难以长时间专注于某一学习任务；二是注意力转移频繁，容易受到外界干扰而分散注意力。这一现象背后蕴含着生理、心理和环境三重因素的影响。青春期是大脑结构与功能迅速发展的关键时期，特别是前额叶——负责决策制定、问题解决及自我控制的关键脑区——尚未完全成熟①。生理上的不成熟使得青少年更难以调控注意力，难以长时间维持对单一任务的专注。同时，个体的心理成熟是一个渐进的过程，涉及情绪稳定性和自控力的增强②。尽管初中生的认知能力和理解能力有了显著提升，但他们的情绪调节和自我监控能力仍在发展中。他们可能会因为情感问题或压力而分心，难以维持长时间的专注。另外，中学的学习环境相较于小学更为复杂多样，充满了各种各样的干扰因素，如班级规模增大、课程种类增多、课外活动更丰富，又如社交媒体、电子游戏以及其他娱乐形式等，这些都增加了信息处理的负担，都可能干扰初中生的注意力。

初中生学习的另一个显著特点是思维方式的提升，尤其体现在逻辑推理能力、批判性思维能力和问题解决能力的发展上。随着青春期的到来，初中生不

---

① 丹尼尔·西格尔. 青春期大脑风暴：青少年是如何思考与行动的[M]. 杭州：浙江人民出版社，2015.

② STEINBERG L. Cognitive and Affective Development in Adolescence [J]. Trends in Cognitive Sciences, 2005, 9(2).

仅在生理和心智上经历了快速的成长，在认知能力上的进步也很显著。他们不再满足于单纯的知识接受，而是开始寻求更深层次的理解和应用。他们的抽象思维能力得到提升，能够更好地处理假设、概念以及理论等非具象的信息。这种能力的提升使得他们可以进行更为复杂的逻辑推理，如演绎推理和归纳推理。例如，在英语阅读课上，初中生开始通过上下文线索推断词义，理解文章的隐含意义，并从多个角度审视作者的观点，在掌握知识的同时展现出他们的探究精神和创新能力。同时，初中生的批判性思维能力也开始形成和发展。他们不再盲目接受既定规范，而是更加主动地质疑信息来源的可靠性，评估证据的质量，并识别论证中的逻辑漏洞。例如，在英语课堂上，学生会主动质疑某个语法点的实际应用场景，或是深入探讨不同语境下词汇意义的微妙变化。他们不再满足于课本上的标准答案，而是勇于提出自己的见解，对所学内容持怀疑态度，评估信息的真实性和可靠性。此外，初中生还表现出更强的问题解决能力。他们开始意识到自己的责任和能力，更愿意主动承担起解决问题的任务，而不是依赖他人。在学习上，他们会尝试自己查找资料、分析题目，以期找到最佳解决方案。

学习情感的丰富是初中生学习的第三个特点。初中生在学习过程中有着复杂多变的情感体验。这一时期的青少年正处于情感发展的关键阶段，他们的学习不仅仅是对知识的认知加工，更是情感投入与体验的过程。初中生在学习过程中可能会经历从好奇探索的兴奋感，到面对难题时的挫败感，再到解决问题后的成就感等多种情绪状态。这些丰富的情感体验不仅塑造了他们对学习的态度，也影响了他们学习策略的选择和学习效率的高低。积极的情感体验，如兴趣和乐趣，能够激发初中生的内在学习动力，促使他们更加主动地参与学习活动，享受探索知识的乐趣。相反，消极的情感体验，如恐惧和厌倦，则可能导致他们学习动力的下降，甚至产生逃避学习的行为。例如，在良好心情下，他们往往更容易识别出事物之间的关联，进行创造性思考，并且记忆效果更好；反之，消极情绪可能会导致他们思维僵化，限制问题解决的能力，并影响长期记忆的形成[1]。当取得学习进步或成功时，他们会感到喜悦和自豪，从而激励自己继续努力；当遇到学习困难或挫折时，他们会感到沮丧和焦虑，从而使自己的学习积极性减弱。

从社会的角度看，初中生学习情感的丰富性还体现在其社交互动和同伴关

---

[1] ASHBY F G, ISEN A M, TURKEN U. A Neuropsychological Theory of Positive Affect and Its Influence on Cognition[J]. Psychological Review, 1999, 106(3).

系对学习情感的深刻影响上。初中生在学习过程中的情感体验往往与同伴的互动紧密相连，同伴的支持、鼓励和竞争成为他们情感体验的重要来源。正面的同伴互动，如同伴间的相互帮助、共同解决问题，能够增强初中生的学习信心和动力，促进积极的情感体验的积累。而负面的同伴关系，如嘲笑、比较和排斥，则可能引发焦虑、自卑等消极情感体验，对学习产生负面影响。此外，初中生在学习过程中的归属感需求也尤为强烈，他们渴望在同伴群体中找到自己的位置，获得认同和尊重。这种归属感的需求不仅影响着他们的学习情感体验，也塑造了他们的学习行为和态度。

综上所述，初中生正处于生理、心理和社会性发展的关键转型期，这一阶段对学生个体成长与发展的至关重要性进一步凸显了教育策略、教学设计、教学方法需要与之相适应的意义和紧迫性。教师应敏锐捕捉到学生在注意力集中、逻辑思维与创造性思维培养，以及情感管理上的需求，设立明确的社会价值导向和学习目标，激发学生的内在动力；采用多样化的教学方法和互动环节来维持他们的注意力集中度；鼓励学生从多角度思考问题，参与讨论和进行社会调研，锻炼其批判性思维和创新能力，拓宽认知视野；关注并引导初中生的学习情感体验，通过创造富有吸引力的学习环境、提供个性化的学习支持，以及开展情感教育活动，帮助他们培养积极的学习情感，提高学习的愉悦性和有效性。

2.3.2　英语学科特点

人类以群居为基本生存方式，不同群体的边界不是生物性而是文化性。正所谓"千里不同风，百里不同俗"，全球人类在宗教信仰、语言文化、历史底蕴等方面皆存在较大的差异，无法统一定调。一种语言承载着一个国家的文化传统和一个民族的思想方式。即使在人工智能高速发展的今天，语言当中的情感色彩和人文内涵亦是无法替代的。习近平主席在2014年3月29日同德国汉学家、孔子学院教师代表和学习汉语的学生代表座谈时指出，一个国家文化的魅力、一个民族的凝聚力主要通过语言表达和传递。掌握一种语言就是掌握了通往一国文化的钥匙。学会不同语言，才能了解不同文化的差异性，进而客观理性看待世界，包容友善相处。

在历史发展演变的过程中，英语逐渐成为当今世界各国交往的主要通用语言，是全球最多国家采用的官方语言、第二语言和第一外语，是国际合作与交流的主要媒介。这意味着，掌握英语，则多了许多交流的机会，拥有与世界文化往来的最便捷的桥梁。作为一门国际通用的语言，英语不仅承载了英美国家的文明与生命，还在"周游"各个国家时，沾染了独属于那个地域的生动色彩。英语绝不是简单排列的单词与语法，而是来自不同国家的文化呐喊。学生在学习英语的过程中，为了更好地理解英语的语境和释义，需要对英语国家的文化背景进行深入了解。而通过这个学习过程，学生可以形成多元的逻辑体系，并开阔思维与眼界。

英语学科，作为基础教育的重要组成部分，与其他学科一样具有明显的基础性、实践性和综合性特征。然而，对于教书育人而言，教书只是手段，育人才是目的。因此，每个学科都应该育人，而且每个学科有自己独特的任务和优势。英语学科教育强调在发展语言能力的基础上，发展文以载道、百科皆涉的综合人文素养和科学素养。

外语语言的学习常常伴随着文化意识的影响，这对于初中学龄的学生来说是一种极大的文化冲击。初中生正处于对各种事物充满探索欲和好奇心的阶段，此时他们对新事物、新挑战的接受能力强。与此同时，初中阶段也是学生逐步建立正确的思想价值体系的关键阶段，学习英语可以帮助学生更加深刻、详细地去了解英语国家的文化背景，增强跨文化交流和理解能力，将来与不同文化背景的人无论是交流还是贸易往来，都能高效地沟通。从发展角度来讲，英语也能助力学生在今后的人生拥有更广阔的视野和格局。

但值得注意的是，文化交流也并非全无弊端，任何风俗文化都有糟粕与精华之分，且有些民俗、价值观等是依据当地历史背景所衍生的，并不一定适用于我国国情。意志不坚易受环境干扰的人，容易被不同的文化价值体系干扰。所以，在初中英语学习阶段，学生应该打好基础，在深入了解他国文化背景的同时，发现中西文化的差别，特别是发现中华文化的优秀，树立正确是非观，坚定文化自信。由此可见，在基础教育体系中，英语学科有着区别于其他学科的独特性。英语学科育人的优势在于跨文化意识与能力培养，这是其他学科无法替代的。在世界多极化与经济全球化、国际合作与交流日益广泛、跨文化沟通与交际日趋重要的时代背景下，英语对学生的跨文化交际意识的培养显然具有非常重要的作用。

在人工智能时代，英语作为语言学科的优势越来越有限，但是英语的优势在于其人文学科属性，特别是跨文化素养教育，这或许是英语学科更深远的社会价值。英语学科的跨文化素养教育以英语语言素养培养为基础，以跨文化能力和跨文化情感态度价值培养为目的，引导学生理性了解文化异同，在尊重文化异同的基础上，相互学习、相互了解、相互借鉴，从而形成更好的文化理解，培养爱国情怀、国际视野、全球意识、跨文化比较意识与文明互鉴意识、多元思维认知与审辨能力、中外人文交流对话与合作的能力、直接学习并汲取世界文化精华与文明进步成果的能力，同时也为学生未来参与国际事务、传播中华文化、讲好中国故事、阐释中国特色、参与构建人类命运共同体奠定必要的胜任力基础。

2.3.3　新时代英语学科的核心素养要求

我国目前正处于改革的攻坚阶段和发展的关键时期，严峻复杂的国际形势、世界范围内各种思想文化交流交融交锋和接踵而至的风险挑战自然会给我们的思想政治教育工作带来大量棘手的新问题。与此同时，英语学习需要了解英语国家的本土文化，在初中生还不能够深刻地认识到自己民族文化的优势时，受到外来文化的影响，容易全盘肯定他国文化，而丧失文化自信。这显然不利于"立德树人"根本任务的有效落实。

义务教育英语课程体现工具性和人文性的统一，具有基础性、实践性和综合性特征。学习和运用英语有助于学生了解不同文化，比较文化异同，汲取文化精华，逐步形成跨文化沟通与交流的意识和能力，学会客观、理性看待世界，树立国际视野，涵养家国情怀，坚定文化自信，形成正确的世界观、人生观和价值观，为学生终身学习、适应未来社会发展奠定基础。[①] 我国的课程改革经历了从双基目标、三维目标到核心素养的演变。"双基"指的是基础知识和基本技能。它强调教育的基础性和工具性，关注学生对学科知识的记忆和掌握以及相应技能的训练，偏重知识获取而容易忽视个人发展。随着教育理念的发展，人们逐渐意识到仅关注基础知识和基本技能不足以培养全面发展的学生。于是，在2001年左右开始推进新的基础教育课程改革，提出了"三维目标"。"三维"即"知识与技能"——继续强调基础知识和基础技能的重要性；"过程与方法"，关注学生的学习过程，鼓励探究式学习、合作学习等多样化的方法，培养学生的问题解决能力和创新思维；"情感态度和价值观"，重视学生的情感体验和个人成长，培养积极的学习态度和社会责任感。在基础知识和技能的基础上增加了"过程与方法"和"情感态度和价值观"，这使得素质教育在课堂实践中有了更具体的指导。而核心素养则是对三维目标的传承和发展，它决定了个人的发展方向，体现了以人为本的教育理念。近年来，为适应全球化、信息化时代的需求，进一步推进素质教育，依据《新课标》培育学生的英语核心素养，提

[①]　中华人民共和国教育部. 义务教育英语课程标准：2022年版［M］. 北京：北京师范大学出版社，2022.

升教学质量，成为教师教学的重要目标。英语核心素养包括语言能力、文化意识、思维品质和学习能力四个方面。语言能力是英语核心素养的基础，它涉及听、说、读、写四个方面的基本技能；思维品质是英语核心素养的提升，它包括逻辑思维、批判性思维、创新思维等方面，主要体现在学生运用英语进行思考、分析和解决问题的能力上；文化意识是英语核心素养在语言能力和思维品质上的深化和拓展，不仅强调学生在学习英语时深入理解英语国家的历史、风土人情、社会习俗等，以培养对西方文化的理解和尊重，同时高度重视对中国文化的热爱的培养，要求学生在掌握英语语言能力的同时，深植本土情怀和文化自信；学习能力是英语核心素养的"催化剂"，它主要包括制订学习计划、选择合适的资源、自我监控和调整学习策略等，使学生形成终身学习的意识和习惯，同时，与他人合作学习也是提升学习效果的重要途径。由此可见，英语核心素养是一个完全贴合学生自身发展和社会发展需求的综合性概念，涵盖了学生学习英语所必须掌握的关键能力。在新时代背景下，教师想要完成学生核心素养的培养，就要实现有质量的教学改革，发现传统教学模式的缺点，转变教学方式，适应时代发展，促进学生全面发展。

中小学必须把德育工作摆在素质教育的首要位置，树立"育人为本"的思想，将"思想政治素质是最重要的素质"的要求落实到教育工作的各个环节中。当前的国际局势是开放交融的，这自然意味着我们不能故步自封。而英语这门国际通用的语言，显然是走向世界的敲门砖，它作为中外文化交流沟通的一座重要桥梁，有着不可替代的作用。因此，培养学生的英语语言学习能力、文化意识必然会成为个人成长与社会发展必不可少的一项教育活动。但因为教育的功利性仍然存在，英语教学现实中仍常以考出好成绩为基本目标，英语的学习重点自然就基本落在语言知识与能力的教学上，对于价值观体系的塑造和文化意识的培养还有许多不足之处。在英语教学中融入课程思政理念，有助于帮助学习英语的学生建立正确的价值观体系，增强文化意识培养效果，促进学生的健康成长与全面发展。

以往的英语学习更多侧重于书面知识，带领学生不断攻克语法难题，而容易忽略英语作为一门语言，首要的学习任务就是开口说出来。这也导致部分学生走到社会之后，发现自己学了十几年的英语，但是连基本沟通都难以做到。随着英语教学改革的深入推进，这种状况已经有了很大改观，现在的英语课堂对学生知识与能力的培养给予了足够的重视，并取得了不错的效果。

新时代初中英语教学的问题，主要还是英语教师的育人意识不够强和对英语学科育人元素挖掘力度不够，以致未能充分发挥英语学科的独特育人功能。

造成以上这些现象的因素较多，但我们应该先从教学方式上入手，深入剖析学生心理特征，探索符合新时代学生特点的学习模式，丰富教学方式，增加趣味性，在生动的实际事例中有机融入课程思政理念，让学生不只是把学习英语当成一项应试任务，还深刻了解到英语对于今后自己的人生发展以及视野拓展的重要性。教师应当正视新时代英语教学所遇到的问题，积极拥抱改变，用追求创新的、积极的、昂扬的精神去探索。

英语作为一门国际化的学科，教学的方式当然不能一成不变。在新时代，英语教学拥有更多创新的机遇。如今的信息技术逐渐发展成熟，在教育领域的使用越来越多。信息技术在全国各个区域的教学实践中，都逐渐得到推广和普及，这已然成为一种不可或缺的教学手段。其中，多媒体技术的影像效果更为直观生动，可以辅助学生理解知识，搭配动画、图片等，让重点一目了然，利用人对于图像的记忆原理，能够加深学生对知识的记忆，而且趣味性强的教学也更能够吸引学生的注意力。教学中，还可以利用音频、图片、视频等信息技术手段，将抽象复杂的语法知识、句子形式的变化更加直截了当地呈现出来，从而提升学生对事物的认知能力和理解能力。信息技术在初中英语教学中具有重要的促进作用，不但丰富了教学内容，还能激发学习兴趣，不但能让学生更好地掌握英语知识，还能增强他们的自信和能力。

通过在英语教学中高效使用信息技术，英语教师可以对学生进行更加有效的、适当的情境教学，使学生能够积极地参与到课堂之中，体验英语学习的乐趣，同时，师生互动与生生交流也更加高效、更加流畅。信息技术给英语教学带来的改变会越来越多，教师应当学习恰当运用信息技术，提升自己的技能，帮助学生更好地理解和掌握知识。

为了更好地适应时代需求，培养学生的文化自信，英语的教学早已不是停留在表面的知识点上。将课程思政融入英语教学，是当今教育事业的大势所趋，课程思政的目的与关键在于落实教育立德树人根本任务。

社会的发展进步，也在不断地革新着许多社会准则，教育作为一项育人的事业，其对于如何培养人的核心素养也是有所改变的。课程思政的出现，符合事物发展的规律，也代表教育事业的新方向。英语本身就是一个外来产物，在学习过程中，心智尚未成熟的学生容易受其背后的文化冲击影响。初中正是一个可塑性极强的阶段，初中生脱离了小学的懵懂，却又保留着孩童的天真稚嫩，还未像高中生一样成为一个小大人。此时的学生，正在用自己稚嫩的心去感知这个世界的方寸。在这个关键时期，教师应当抓好学生思想教育工作，认真落实立德树人根本任务。英语教师更应当抓住这个时代带来的机遇，在课堂上利用有限的时间,与学生深入挖掘思政教育元素,寻找贴合时代背景的教学资源,跟上时代的步调,发散拓展学生的思维,实现课程思政与英语学科的有机结合。课程思政加入英语教学中,可以让学生对于中华优秀传统文化有更好的认知和了解,将中华优秀传统文化的种子埋在学生心中,更好地传播我国文化。将中国故事与教材结合,让学生在学习英语的过程中不断思考、探索、交流,既可以为学生开口说好中国故事打下基础,也能用潜移默化的方式让学生塑造一个正确的价值观,坚定青少年的信念、使命感与责任感。

同时,也可以将地方特色融入英语课程教学当中,鼓励学生对乡土文化自信,从而更好地弘扬中华优秀传统文化。此外,将地方特色融入课程,也有助于学生将理论联系实践,提升英语课堂教学效率,实现全方位育人,培养德智体美劳全面发展的社会主义建设者和接班人。

2.4　课程思政理念在初中英语教学中的价值体现

基于课程思政理念的初中英语教学的价值蕴涵深远且多维度,它深刻体现了教育在新时代背景下对人才培养的新要求。这一理念强调将思政教育有机融入英语教学之中,拓宽了初中英语教学的视野和领域,是对立德树人根本任务的落实。它还促进了英语学科与思政教育的深度融合,丰富了英语教学的内容,促进了学生跨文化交流能力、创新思维、批判性思维等核心素养的全面发展。更为重要的是,它为初中英语教学改革与创新提供了新的思路和方向,促使教师在教学过程中不断探索和创新教学方法和手段,推动了英语教学改革的深度进行。

2.4.1　强化立德树人教育根本任务

"德"是一个内涵丰富的概念,在不同的语境和文化中有不同的含义。儒家思想中的"德"涵盖了多种道德品质和行为规范,如"仁、义、礼、智、信"五种德目。从更广泛的社会意义上来说,"德"体现为个人的道德素养,包括善良、正直、宽容、谦逊等品质。哲学层面的"德"与人性、人的本质等问题相关。哲学家们围绕人的德性是先天具有还是后天培养的、"德"对于实现人类幸福和美好生活的意义展开了激烈的讨论。

在"立德树人"概念中,"德"特指那些有助于个人发展和社会进步的品质和行为准则。与一般意义上的"德"相比,它更加具体,更加具有导向性的意义。它是一个包含知识美德、精神美德、身体美德、道德品质、政治品德、法律素养在内的综合概念。它要求我们在教育过程中，不仅要注重培养学生的认知能力和理性判断能力、身体素质和健康品质、道德品质和行为习惯，还要加强他们的政治教育和法治教育，使他们成为德智体美劳全面发展的社会主义建设者和接班人。

从 2006 年开始，在我国领导人的讲话中便出现了"立德树人"一词，党的十八大报告明确指出将其作为教育的根本任务。党的十八大以后，习近平总书记提出，立德树人对高等教育的发展具有重要意义，随后在很多场合强调了这一观点。2016 年，在全国高校思想政治教育工作会议上，习近平总书记对立德树人的重要性进行了拓展和深化，将立德树人作为教育的中心环节和立身之本。这一提法的转变对立德树人进行了新时代的新定位，开辟了我国教育工作的新境界①。在此背景下，秉承德育为先，践行全员育人、全程育人、全方位育人的"三全育人"理念，统筹构建课程思政体系，推动各学科与思想政治课形成协同育人效应，是实现立德树人根本任务和铸魂育人总体目标的重要举措。英语作为基础教育阶段的主要课程之一，是课程思政育人体系的重要组成部分②。

教育部 2022 年颁布《新课标》，对义务教育英语课程在新时代的育人使命提出了新方向和新要求③。《新课标》对英语课程性质作了明确阐述："英语属于印欧语系，是当今世界经济、政治、科技、文化等活动中广泛使用的语言，是国际交流与合作的重要沟通工具，也是传播人类文明成果的载体之一，对中国走向世界、世界了解中国、构建人类命运共同体具有重要作用。义务教育英语课程体现工具性和人文性的统一，具有基础性、实践性和综合性特征。学习和运用英语有助于学生了解不同文化，比较文化异同，汲取文化精华，逐步形成跨文化沟通与交流的意识和能力，学会客观、理性看待世界，树立国际视野，涵养家国情怀，坚定文化自信，形成正确的世界观、人生观和价值观，为学生终身学习、适应未来社会发展奠定基础。"它在课程理念的首条也明确指出，"（初中）英语课程以习近平新时代中国特色社会主义思想为指导，全面贯彻党的教育方针，落实立德树人根本任务，以培养有理想、有本领、有担当的时代新人为出发点和落脚点"。它更进一步明确了课程目标的核心素养内涵之一，即"文化意识指对中外文化的理解和对优秀文化的鉴赏，是学生在新时代表现

---

① 杨金铎. 中国高等院校"课程思政"建设研究[D]. 长春：吉林大学，2021.

② 许建华. 立德树人导向下的初中英语课程思政探索与实践[J]. 教学月刊·中学版，2022(9).

③ 蒋京丽. 发挥育人价值　培养"三有新人"：《义务教育英语课程标准（2022 年版）》课程内容对初中英语教学的价值[J]. 教学月刊·中学版（外语教学），2022(5).

出的跨文化认知、态度和行为选择。文化意识的培育有助于学生增强家国情怀和人类命运共同体意识，涵养品格，提升文明素养和社会责任感"。① 以上表述充分体现了初中英语课程的育人功能。第一，学生学习英语的过程是一个奇妙的探索之旅，在这一过程中，他（她）将探索一个全然陌生的语言系统，既会面临遇到障碍和挫折的挑战，也能体验到克服困难后的成就感。这种丰富而复杂的情感体验是其他学科的学习难以比拟的。第二，学习英语不仅能掌握语言技能，更能深入了解和体验不同文化。英语课程既要帮助学生接触多样化的思维方式和价值观念，拓宽他们的国际视野，还要帮助学生增强对本国文化的认同和热爱。在比较和理解不同文化的过程中，学生逐渐形成对国家和民族的深厚感情，坚定文化自信，树立起正确的世界观、人生观和价值观。第三，英语课程学习在提升个人能力的同时，也服务于国家发展的大局。它激励学生为实现中华民族伟大复兴贡献力量，将个人梦想与国家命运紧密相连②。

　　初中英语教学作为学生接触多元文化、培养全球视野的窗口，承载着立德树人的重任。课程思政理念的融入，使英语教学超越了单纯的技能训练，成为塑造学生人格和品格、培养社会责任感和家国情怀的有力路径。在教学过程中，教师通过选取具有正面价值观的教学内容，如环保、友谊、尊重、诚信等主题，潜移默化地引导学生树立正确的世界观、人生观和价值观；通过比较不同文化的异同，引导学生学会尊重和理解多元文化，培养国际视野，牢固树立人类命运共同体意识，使之成为全球化背景下具有全球责任感和包容心的公民；通过人文知识的学习，如对文学作品、历史背景、社会现象等人文知识的探讨，提升人文素养，增强文化自信，培养家国情怀；通过课堂教学和社会实践，如讨论环保、公益等话题，参与环保、公益等活动，引导学生关注社会问题，激发他们的社会参与意识，培养他们的社会责任感和使命感；通过强调形成性评价与终结性评价相结合，注重评价对学生学习过程的促进作用，关注情感、态度、价值观的发展。

　　综上所述，基于课程思政理念的初中英语教学主要通过核心价值观融入、跨文化交流、批判性思维培养、人文素养提升、社会责任感激发以及"教—学—评"一体化设计等多个方面，有效地强化了立德树人的教育目标。

---

① 中华人民共和国教育部. 义务教育英语课程标准：2022 年版[M]. 北京：北京师范大学出版社，2022.

② 梅德明. 正确认识和理解英语课程性质和理念：基于《义务教育英语课程标准（2022 年版）》的阐述[J]. 教师教育学报，2022（3）.

2.4.2 促进英语学科与思政教育的有机融合

英语学科与思政教育学科在教育体系中扮演着不同的角色，在学科性质、教学内容、教学目标和教学方法等方面存在着显著的差异。从学科性质来看，英语学科属于语言学习领域，其核心在于语言技能的培养，包括听、说、读、写四个方面的能力。它要求学生掌握英语语言的基础知识，如词汇、语法，并通过不断的实践和运用，提高语言交际的准确性和流利性。而思政教育学科属于人文社科领域，侧重于意识形态和价值观教育。它关注人的思想、道德和精神文明建设，更侧重于理论性和思想性的探讨，旨在培养学生的价值观念、道德品质和社会责任感。在教学内容方面，英语学科的内容广泛而具体，涉及英语词汇、语法、句型、篇章结构等多个层面的语言知识和技能，同时还包括英语国家的文化背景和社会习俗。而思政教育学科的内容更加抽象和宏观，涉及哲学、政治、经济、社会等多个领域的基本理论、观点和方法，以及与之相关的社会现实和热点问题。在教学目标上，英语学科注重培养学生的语言能力和跨文化交际能力，使学生能够在实际生活中有效地运用英语进行交流和沟通。而思政教育学科更侧重于学生的思想品德教育和价值观塑造，通过引导学生深入思考和理解思想政治理论，培养他们的价值观念、道德品质、政治意识和社会责任感。在教学方法方面，英语学科多采用情境教学、任务型教学、合作学习的方式，激发学生的学习兴趣和积极性，促进他们的语言实践和运用。而思政教育学科更注重通过案例分析、小组讨论、社会实践等方式，让学生将思政理论与现实生活相联系，加深对理论的理解和认识，提高他们的思辨能力和解决问题的能力。

英语学科与思政教育学科看似领域迥异，实则在深层次上存在相通之处。英语学科不仅是语言学习课程，还肩负着文化交流、历史理解以及跨文化交际能力培养的责任。而思政教育学科则旨在教育学生理解国家的意识形态、政治制度和社会价值观，促进个人道德修养和社会责任感的形成。两者都强调对不同文化和价值观的理解和尊重，这便构成了它们之间的一个重要交集。在教学目标上，英语学科与思政教育学科都致力于培养学生的批判性思维和独立判断能力。英语学习中的阅读理解、文章分析和写作训练，与思政教育学科中的理论分析、时事评论有着相似的方法论，都是为了培养学生独立思考、勇于质疑、形成自己的观点并清晰地表达出来的能力。此外，两门学科都重视历史和现实的联系。英语学科通过对文学作品、历史文献的学习，让学生了解西方社会的历史变迁和文化背景；思政教育学科则从中国乃至世界历史的角度出发，帮助学生理解社会主义制度的演变及其在全球化进程中的地位。这种对历史的共同关注，使学生能在更广阔的时空框架内审视和评价不同的政治、经济和文化现象。英语学科与思政教育学科之间存在的深刻内在联系是两个学科融合的前提和基础。通过两个学科间的融合，可以进一步丰富学生的知识体系，提高他们处理复杂问题的能力，从而更好适应多元化现代社会的需求。

在当今全球化与数字化交织的时代背景下，英语学科与思政教育学科的融合显得尤为必要。随着世界一体化的加速，国与国之间的交流变得日益频繁，英语作为国际通用语言，已经成为连接不同文化、促进国际合作的重要桥梁。同时，中国提出的"一带一路"倡议、人类命运共同体理念，以及对外开放的经济、文化、教育政策，都迫切需要培养既精通外语又熟悉本国文化和政策的复合型人才。这些人才能够在国际舞台上更好地传播中国声音，讲述中国故事。从教育发展的视角看，学科融合已成为新时代教育改革的必然趋势。传统学科之间的界限正在逐步被打破，跨学科和跨领域的综合性人才培养正日益成为教育的主流方向。英语学科与思政教育学科融合，不仅能够增强学生的语言能力，还能加深他们对国家的历史、文化和政治体制的理解，从而培育出既具有国际视野又能坚守国家立场的新时代青年。这种融合教育模式，有利于学生在国际交往中既能准确地传达中国声音，又能理性、客观地吸收和借鉴他国优秀文化与先进经验，促进个人全面发展。从学科发展的视角看，英语学科与思政教育学科的融合意味着教学内容和方法的创新。例如，将英语学习与思政教育紧密结合，引入国际视角下的思政案例，开展跨文化比较分析，使学生在提高英语水平的同时，增进对全球多元文化的理解和尊重。同时，英语教学中的批判性阅读与写作训练，可以与思政教育学科的理论探讨相辅相成，提升学生运用英语进行高水平思辨的能力。

基于课程思政理念的初中英语教学，即在初中英语课程教学中融入思政教育元素，是将英语学科教学与思政教育相结合的一种创新尝试，旨在通过初中英语课程学习促进学生的全面发展。这一融合不仅提升了英语教学的人文性和思想性，也使学生在掌握语言技能的同时，能够培养正确的世界观、人生观和价值观。第一，在教学材料的选择方面，初中英语教学将深挖、拓展初中英语教材中与思政教育相关的知识，为思政教育注入更新鲜、更灵动、更生机勃勃的内容。初中英语课本章节中的阅读资料、英语小故事、精简的人物图片等都蕴含着丰富的思政内容，涉及个人、人际、社会、生态四个维度，涵盖认识自我、了解自我，尊重他人、友爱团结，健康习惯、严于律己，热爱祖国、热爱集体、热爱劳动，关爱自然、保护环境，严于律己、遵守规则等具体类目①。如通过介绍中国的传统节日、历史故事或当代中国的发展成就，既让学生学习地道的英语表达，又潜移默化地增强其文化自信和爱国情怀。如通过拓展时事素材，将实时的新闻案例作为课程案例情境，教育学生热爱祖国、感恩祖国，教导学生乐于奉献，尽自己所能回报社会②。第二，在教学方法方面，初中英语教学将构建新型思政育人模式，通过策划多样化的、以思政教育为主题的英语活动，让学生在轻松愉快的氛围中接受道德教育的熏陶。思政学习不再是被动接受，而是融于生活的主动汲取。如从初中生喜爱综艺节目的背景出发，教师可借鉴和套用时下最受学生欢迎的热门综艺节目的形式，将思政教育内容融入其中。仿照《朗读者》节目，让学生在课堂上借助英语文字这一载体，通过真实的故事传达爱心、责任、道德等品质。仿照《奇葩说》节目，将环保、公平正义、责任担当等话题引入教学之中，以辩论赛的形式，提高学生的责任感，做好价值引领。仿照《戏剧人》节目，教师设置不同角色，学生通过扮演不同角色，将语言能力、文化意识、思维品质和学习能力通过语言的运用体现出来，从不同角度进行思维碰撞，提高课程思政的实效③。第三，在评价体系方面，初中英语将实现过程性评价和终结性评价的和谐统一。传统的评价体系主要围绕语言测试进行，而基于课程思政理念的初中英语评价体系增加了对学生思辨能力、合作精神、创新意识等方面的考核。如组织学生进行小组项目，要求他们用英语探讨社会热点问题，提出解决方案，这不仅锻炼了他们的语言综合运用能力，也培养了团队协作和解决问题的能力。

综上所述，基于课程思政理念的初中英语教学有助于实现英语学科和思政教育的有机统一。一方面，思政教育可以丰富英语学科的人文内涵，使其不仅停留在语言技能的训练上，更关注学生的精神成长和人格完善；另一方面，思政教育也可以借助英语学科的工具性特点，通过语言实践活动来提升学生的道德认知和情感体验。

① 陶芳铭，张筱菲. 初中英语教科书中课程思政的内容分析与价值实现[J]. 北京教育学院学报，2024(1).
② 秦小梦. 人教版初中英语教材的课程思政实证研究[D]. 湘潭：湖南科技大学，2021.
③ 曾艳. 德智融合 润物无声：初中英语课程思政的实践研究[J]. 校园英语，2024(4).

2.4.3　提升学生英语学科核心素养

核心素养(key competency)由经济合作与发展组织①于 2003 年提出，强调个人适应社会发展所需的知识、技能和态度的整合。欧盟和美国分别提出了类似概念，旨在满足学生未来职业发展需求。在我国，核心素养主要指学生应具备的，能够适应终身发展和社会发展需要的必备品格和关键能力，是当代社会对人的素养发展的要求，指向的是对"教育应培养什么样的人"这一问题的回答②。北京师范大学林崇德教授领导的团队于 2016 年发布了《中国学生发展核心素养》总体框架，全面定义了核心素养。该框架强调科学性、时代性和民族性，旨在培养全面发展的人，具体包括文化基础、自主发展和社会参与三个方面，细化为人文底蕴、科学精神、学会学习、健康生活、责任担当、实践创新六大素养，具体可以细化为人文积淀、人文情怀、审美情趣、理性思维、批判质疑、勇于探究、乐学善学、勤于反思、信息意识、珍爱生命、健全人格、自我管理、社会责任、国家认同、国际理解、劳动意识、问题解决、技术运用共 18 个基本要点。③ 该框架为各学段、各学科发展学生核心素养提供了指导。

学科核心素养指的是某一门学科在其独特的教育价值中，培养学生关键能力的核心部分。这种价值直接体现在学生个人的成长和发展上，是学科本质属性和价值内涵的集中体现，也是指引学科教育模式与学习方式革新的重要风向标。学科核心素养的培育，旨在通过对课程知识的精挑细选、课程内容的优化设计、实施过程的细致规划以及评价体系的量化改进，来实现教育质量的提升。这一过程要求教育理念从传统的"以知识为本"向"以人为本"的方向转变，意味着教育不应仅限于知识的传授，还应更重视知识如何转化为学生内在的核心素养，从而展现学科的特色与魅力。以学科核心素养为导向的教学改革，强调的是教育过程中对人的全面关注，而非仅仅聚焦于知识的积累。这要求教师不仅要传授专业知识，更要引导学生发展批判性思维、创新精神、解决问题的能力以及良好的人际交往技巧，从而使学生在掌握学科知识的同时，也能获得

---

① 经济合作与发展组织(Organization for Economic Co-operation and Development, OECD)，简称经合组织。它成立于 1961 年，是由 38 个市场经济国家组成的政府间国际经济组织，旨在共同应对全球化带来的经济、社会和政府治理等方面的挑战，并把握全球化带来的机遇。总部设在法国巴黎。

② 林崇德. 21 世纪学生发展核心素养研究[M]. 北京：北京师范大学出版社，2016：30.

③ 学生发展核心素养体系研究工作报告[DB/OL]. https://www.renrendoc.com/paper/164314564.html.

适应未来社会所需的综合能力①。我国学生核心素养的培养主要通过基础教育阶段各学科的教育教学来实现。各学科课程都要为发展学生的核心素养服务，都要结合学科内容帮助学生形成关键能力和必备品格。因此在核心素养的大概念下，衍生出各学科核心素养的概念，如语文核心素养、数学核心素养、英语核心素养等②。

《新课标》明确指出："核心素养是课程育人价值的集中体现，是学生通过课程学习逐步形成的适应个人终身发展和社会发展需要的正确价值观、必备品格和关键能力。英语课程要培养的学生核心素养包括语言能力、文化意识、思维品质和学习能力等方面。语言能力是核心素养的基础要素，文化意识体现核心素养的价值取向，思维品质反映核心素养的心智特征，学习能力是核心素养发展的关键要素。核心素养的四个方面相互渗透，融合互动，协同发展。语言能力指运用语言和非语言知识以及各种策略，参与特定情境下相关主题的语言活动时表现出来的语言理解和表达能力。英语语言能力的提高有助于学生提升文化意识、思维品质和学习能力，发展跨文化沟通与交流的能力。文化意识指对中外文化的理解和对优秀文化的鉴赏，是学生在新时代表现出的跨文化认知、态度和行为选择。文化意识的培育有助于学生增强家国情怀和人类命运共同体意识，涵养品格，提升文明素养和社会责任感。思维品质指人的思维个性特征，反映学生在理解、分析、比较、推断、批判、评价、创造等方面的层次和水平。思维品质的提升有助于学生学会发现问题、分析问题和解决问题，对事物作出正确的价值判断。学习能力指积极运用和主动调适英语学习策略、拓展英语学习渠道、努力提升英语学习效率的意识和能力。学习能力的发展有助于学生掌握科学的学习方法，养成良好的终身学习习惯。"不同学段的英语学科素养呈现出不同的特征。初中阶段英语课程核心素养的综合特征是："能理解日常生活中的简单语言材料，有一定的语感；能在日常生活或一般社交场合中用所学语言与他人交流信息，表达自己的观点和情感态度。尊重与包容不同文化，具备分析、比较、判断文化差异性和相似性的基本能力，树立国际视野，涵养家国情怀；理解与感悟优秀文化的内涵，有正确的价值观、健康的审美情趣和良好的品格。能根据获取的信息，综合、归纳、概括、辨析、判断主要观点，发现规律，建立逻辑关联，独立思考，发现问题、分析问题并创造性地解决问题。能积极尝试运用不同的英语学习策略提高学习效率，找到适合自己的英语

---

① 周超. 初中英语学科核心素养初探[D]. 温州：温州大学，2017.
② 程晓堂，赵思奇. 英语学科核心素养的实质内涵[J]. 课程·教材·教法，2016(5).

学习方法，学会反思，养成良好的学习习惯；能进行自主学习、合作学习和探究学习。"①

基于课程思政理念的初中英语教学巧妙地将思政教育与英语学科教学深度融合，形成了一种全新的、以学生为中心的教育模式。这一模式将语言技能培养的课程目标与促进学生思想品德、文化意识、国际视野和跨文化交流能力的全面发展的目标有机结合，实现了英语学科核心素养的全面提升。

2.4.4 推动初中英语教学改革与创新

我国英语基础教育自改革开放以来经历了深刻的变革。这一历程大致可以分为三个阶段，每个阶段都伴随着政策调整，进行了课程改革、教材更新以及教学方法的革新。早期的英语课程发展从 1978 年至 1989 年，是从稳定教学秩序到组织编写新的教学大纲和教材的起步阶段。教育部于 1978 年和 1980 年颁布了《全日制十年制中小学英语教学大纲》，明确了英语教学的目标和要求。随后，教育部不断修订教学计划，从十年制改为十二年制，恢复了六三三学制，并编写了初中六册、高中三册英语课本（试用本），要求在初中阶段打好英语基础。这一阶段的教育重点在于英语基础知识的传授和口语训练，采用句型操练和语法知识归纳相结合的教学方法，强调语言的准确性和模仿记忆，在交际功能和学生主动学习方面存在局限。从 1990 年至 2000 年，初中英语教学进入了一个新的阶段。这一阶段的改革受到交际教学思想的影响，采用结构与功能相结合的方法，强调培养学生运用语言进行交际的能力。1990 年颁布的《全日制中学英语教学大纲（修订本）》降低了教学要求，更加注重语言的实际运用。同时，为了解决初、高中衔接问题，高中英语大纲提前于 1993 年单科编制，保证了中学英语课程改革的完整性和顺利性。这一阶段的特点是明确了英语教学的交际目的，提出了"提高中华民族的思想道德素质、文化科学素质和身体心理素质"的教学目标，并注重发挥教师的主导作用，调动学生的学习积极性。进入 21 世纪，随着基础教育课程改革的全面推进，初中英语教学进入了一个全新的发展阶段。《新课标》的出台，明确了英语课程的工具性和人文性双重属性，强调了英语课程在培养学生基本英语素养、发展思维能力和提高核心素养方面的作用。《新课标》提出了各级目标体系，并与高中课程相衔接，统筹考虑了义务教育小学、初中与高中的课程设置。同时规定课程目标是通过英语学习使学

① 中华人民共和国教育部. 义务教育英语课程标准：2022 年版［M］. 北京：北京师范大学出版社，2022.

生形成初步的综合语言运用能力，并且对形成这一能力的语言能力、文化意识、思维品质和学习能力等方面提出了具体的描述性的目标要求。此外，这一阶段的改革还带来了一系列新的教学理念，如突出学生自主性、探究性、合作性学习，采用"任务型"活动、形成性评价，开发课程资源等。《新课标》指导下的教学不仅重视知识与技能，更重视学习的过程和方式，以及正确情感态度和价值观的形成①。

改革开放以来三个阶段的基础英语课程发展主要体现在从突出双基到强调能力培养，从以学科知识为主到以素质教育为主，从以知识为本到以育人为本的变化②。课程思政理念的引入为 21 世纪初中英语教学改革提供了全新的思路和方向，不仅深化了英语教学的内涵，还进一步拓展了其教育功能。两者相互支撑，共同推动初中英语教学从知识传授向能力培养、从单一学科教学向核心素养教育的转变。

课程思政理念强调将思政教育融入学科教学之中，形成协同效应。在初中英语教学中，这一理念促使教师不再仅仅关注语言知识的传授和语言技能的培养，更注重成为学生思想的引领者和成长的指导者。为了有效实施课程思政，教师需要不断提升自身的思想政治素质和跨文化交际能力，以更好地引导学生形成正确的世界观和价值观。同时，教师还应具备创新的教学设计能力，能够灵活运用多媒体技术和网络资源，为学生创造生动有趣、富有启发性的学习环境，使英语学习成为一种愉悦和有意义的体验。课程思政理念还推动了初中英语课程内容的优化与整合，使之更加丰富多元。传统的初中英语教学往往侧重语法、词汇、口语和阅读技巧的训练，忽视了语言背后所承载的文化内涵和社会价值。在课程思政理念的引导下，初中英语教材开始融入更多中国传统文化元素和社会主义核心价值观的内容，让学生在学习英语的过程中同步了解中国的悠久历史和社会发展，增强文化自信和国家认同感。

为了更好融入思政教育元素，教师也需要对课程内容进行精心设计和编排。如选取具有时代感、教育意义的英文阅读材料，如名人传记、社会热点话题等，让学生在阅读中学习语言的同时，感受到思想的启迪和道德的熏陶。除此之外，课程思政理念也推动了教学方法的创新。传统的英语教学模式偏重语言知识的灌输，教师讲授，学生被动接受。而课程思政视角下，教师更加注重

---

① 刘道义，郑旺全. 改革开放 40 年中国基础英语教育发展报告［J］. 课程·教材·教法，2018（12）.

② 同①。

互动性和参与性,鼓励学生主动思考和表达,设计的教学活动更加多元,如情境教学、合作式学习、项目式学习等,让学生在实践中学习,在体验中成长。通过设计具有思想性和教育性的教学活动,如英语演讲比赛、辩论赛等,不仅可以锻炼学生的语言表达和逻辑思维能力,还能激发他们的爱国情感和社会责任感。最后,课程思政理念下的英语教学改革还强调家校合作与社区参与的重要性。家庭是学生思想道德教育的第一课堂,社区服务和文化交流活动能让学生在实践中运用英语,增进对社会的认识和责任感,更好地实现英语教学的社会化和生活化。

综上所述,课程思政理念的引入为初中英语教学改革和创新注入了新的活力和动力。它不仅是教育理念的更新,更是教育实践的深度变革。它强调在传授知识和技能的同时,注重学生思想政治教育和道德品质培养,使英语教学不再局限于语言本身,而成为塑造学生世界观、人生观、价值观的重要途径。通过课程思政的融入,初中英语教学得以实现从单一语言技能训练向核心素养培养的跨越,构建了一个更加全面和立体的教学框架。

第3章
初中英语课程思政的问题与建设路径

3.1 初中英语课程思政建设的现状

党的十八大以来，以习近平同志为核心的党中央全面加强思想政治教育工作，要求各级各类学校将思想政治教育摆在突出位置①，课程思政建设作为各学科课程落实立德树人根本任务的关键环节受到高度重视。

3.1.1 政策与制度的支持和导向促进教师落实课程思政

2014年4月，教育部《关于培育和践行社会主义核心价值观　进一步加强中小学德育工作的意见》指出：各级教育部门和中小学校要充分发挥课程的德育功能，将社会主义核心价值观的内容和要求细化落实到各学科课程的德育目标之中②。2017年2月，中共中央、国务院印发《关于加强和改进新形势下高校思想政治工作的意见》，明确提出全员全过程全方位育人的观念。同年8月，教育部印发《中小学德育工作指南》，再次强调：充分发挥课堂教学的主渠道作用，将中小学德育内容细化落实到各学科课程的教学目标之中，融入渗透到教育教学全过程，充分挖掘各门课程蕴含的德育资源，将德育内容有机融入各门课程教学中③，即中小学所有课程的教学必须进行"课程思政"，形成全课程同向同行，协同育人。2020年，教育部印发的《高等学校课程思政建设指导纲要》更是明确了各类课程要与思政课同向同行。2022年4月，教育部印发的《义务

---

① 新华社.中共中央、国务院印发《关于加强和改进新形势下高校思想政治工作的意见》[J].社会主义论坛,2017(3).

② 中华人民共和国教育部.教育部关于培育和践行社会主义核心价值观　进一步加强中小学德育工作的意见[J].中国德育,2014(9).

③ 中华人民共和国教育部.教育部:发布《中小学德育工作指南》[J].基础教育课程,2017(19).

教育课程方案（2022 年版）》进一步明确：义务教育课程必须全面落实习近平新时代中国特色社会主义思想，将社会主义先进文化、革命文化、中华优秀传统文化、国家安全、生命安全与健康等重大主题教育有机融入课程，增强课程思想性①。同年 7 月，教育部等十部门印发《全面推进"大思政课"建设的工作方案》，提出全面推进大中小学思政课建设一体化②。因此，课程思政已成为中小学德育独具中国特色的教育模式，体现了中国特色社会主义教育体系在培养学生道德品质与价值观念上的创新。

初中英语课程作为义务教育核心课程之一，在塑造初中生的人文情怀与培养核心素养方面发挥着无可替代的关键作用。初中英语使初中生接受人文主义精神的滋养，为其接触多元文化提供平台，助其培养跨文化交际的能力，从而实现学生核心素养的全面提升。因此《新课标》明确提出，英语教学应坚持育人为本，教师应将落实立德树人作为英语教学的根本任务，准确把握核心素养的内涵，培养学生的核心素养，充分发挥基础英语学科的育人价值。党和政府发布的国家政策和教育方针要求各级各类学校推进思政教育融入学科课程的建设，促使初中英语教师在初中英语中融入思政教育，发挥初中英语课程育人作用。

3.1.2　教师的认知和态度

近年来，课程思政在我国各学段教师中的传播较为广泛，大部分初中英语教师接触了这一新的教育理念。根据相关调查数据得知，大部分初中英语教师听说或了解过课程思政，对于课程思政理念具备一定程度的认知，大部分的初中英语教师认同将思政元素融入日常初中英语知识学科教学的必要性③~⑧，认为外语教育的本质是育人教育，外语教育是塑造学生价值观的教育活动，而初中阶段，是人生发展的关键时期，是思想观念、道德意识、价值观形成的初级阶段，面对迅速变化的时代形势，这个阶段的学生最需要得到正确引导和悉心

① 中华人民共和国教育部. 义务教育课程方案：2022 年版［M］. 北京：北京师范大学出版社，2022.

② 教育部等十部门关于印发《全面推进"大思政课"建设的工作方案》的通知［OL］. http://www.moe.gov.cn/srcsite/A13/moe_772/202208/t20220818_653672.html 2022-08-18.

③ 徐阳. 课程思政融入初中英语教学的现状调查和策略研究［D］. 厦门：集美大学，2024.

④ 黄陈涛. 初中英语教师课程思政的认知与实践路径研究：基于《义务教育英语课程标准（2022 年版）》［D］. 上海：上海师范大学，2023.

⑤ 宫晓琪. 课程思政融入初中英语教学现状的调查研究［D］. 天津：天津师范大学，2023.

⑥ 秦莎莎. 中学英语"课程思政"建设问题研究［D］. 哈尔滨：哈尔滨理工大学，2023.

⑦ 靳润斌. 中学英语学科德育现状研究［D］. 上海：华东师范大学，2023.

⑧ 田超. 课程思政在初中英语教学融入的现状调查研究［D］. 伊犁：伊犁师范大学，2022.

栽培。初中英语学科提供平台让学生得以接触不同国家不同地域的多元文化，旨在培养学生的跨文化交际能力，授课对象为处于意识形态易受外界影响的青春期学生，因此初中英语教学融入课程思政的重要性尤为凸显。教师应在传授初中生语言知识和培养其语言技能的同时，引导初中生更正确地理解和接受主流思想，初步形成正确的世界观、人生观和价值观，发挥初中英语课程的育人功能。越来越多的教师转变传统的以语言教学为主的观念[①]，积极尝试将课程思政融入初中英语教学，在具体实施中，发现将课程思政融入初中英语教学，使得教师的日常教学和学生课堂反应都发生变化，课程思政的知识吸附和凝聚共识功能使得教师的教学内容更加丰富多样，促使教师不断反思，从而促进教师的自我成长，而课程思政的价值引领和行为规范功能更有助于学生激发学习兴趣，更主动地参与课堂活动，更愿意表达自己想法[②]。

3.1.3　教学实践探索

习近平总书记关于教育的重要论述和全国教育大会精神的深入贯彻落实，大中小学课程思政建设一体化工作的全面推进，使得越来越多的初中英语教育工作者在初中英语课程思政建设上下功夫，从课堂教学组织、课堂活动设计、教材使用、课外拓展活动设置等多方面不断探索实践如何将课程思政融入初中英语教学，充分发挥初中英语课程的育人作用。

初中英语课堂是初中英语实施课程思政的主要渠道，课程思政融入初中英语教学成功的判断依据是学生思想受启迪、内心情感受触动从而实现发自内心的向上向善的行为转变。薛晋梅（2023）的研究表明，使用人教版 *Go for It*! 教材的部分初中英语教师通过多轮行动研究不断反思改进，最终以九年级"Unit 11 Sad movies make me cry."的阅读部分"The Winning Team"作为范例实施了思政教育渗透的初中英语教学，教学效果突出，成功验证：教师通过对教材文本的分析，找到文本蕴含的思政元素，基于将思政教育渗透到整堂课的教学设计思路，本着以学生为主体、教师为主导的宗旨，设计层层推进的问题链衔接整个课堂，这种将课程思政有机融入初中英语教学的方式改变了学生的课堂参与状态，实现文本主题、语言知识与思政教育的融合，真正做到了英语课堂的思想教育和学生思维品质的训练，有效达成了语言和能力训练目标，培养了学

①　吴月明. 初中英语教材中课程思政内容使用情况调查研究［D］. 呼和浩特：内蒙古师范大学，2022.

②　潘诗扬，石路. 课程思政的功能要素及其整合性路径［J］. 中学政治教学参考，2021（5）.

生的核心素养，充分实现了初中英语课程的德育价值；同时教师通过反思发现在教学设计中有意进行思政元素的挖掘、整合和渗透，使教学设计在思维上拥有深度和广度，强化了教师的教学设计能力、提升了教师的文本分析能力，还提高了教师的课堂管理能力，一定程度避免了在初中英语教学实施课程思政过程中教师的课堂表现和课堂控制的随意性①。为了更好地发挥学生在初中英语思政课堂中的主体作用，教师会设计一些互动性和参与性强的课堂活动，如根据课文主题及涉及的思政元素设计英语情景教学活动，通过角色扮演和模拟活动让学生获得直观真实的学习体验，加深理解和认知。再如组织学生就思政主题进行讨论，鼓励学生用英语表达自己的看法，培养其思辨能力和团队合作能力。抑或是让学生通过小组合作方式完成包含思政元素的任务，然后用英语向全班同学展示小组研究成果②。

英语教材作为一种富含文化意义与教育价值的独特媒介，其文本中所蕴含的思政元素对于塑造青少年正确的道德品质和健全的人格具有不可估量的作用。《新课标》进一步明确了英语学科落实立德树人根本任务的基本要求，强调教材"在内容选取和教学活动设计等方面应体现英语课程的育人价值"③，"教学内容应涉及人与自我、人与社会、人与自然三大范畴，内含生活与学习、社会服务与人际沟通以及自然生态等 10 个主题群，每个主题群中又蕴含相应的子主题内容，这都是教材本身具备的课程思政元素"④。2024 年 9 月启用的根据《新课标》进行全新修订的初中英语教材，更能体现立德树人的宗旨，更充分挖掘育人价值，更明确单元育人目标和教学主线，以不同方式呈现了丰富的中国文化内容，不仅包括中华优秀传统文化，还有现代社会的发展成果、人类命运共同体理念的体现等，旨在培养学生的文化自信，强化学生的国家认同感，运用中西方文化的对比手法，帮助学生深化对多元文化的理解，有效拓展学生的国际视野，推动学生核心素养在义务教育全程中持续发展⑤。

课程思政的"课程"并非仅专指学科课程，也包括第二课堂、综合实践、户外研学等课外活动课程，课程思政既要发挥学科课程的思政育人作用，也要注

---

①　薛晋梅. 课程思政视域下初中英语教材中中国文化融入路径的行动研究：以人教版 Go for It!教材为例[D]. 重庆：西南大学，2023.

②　胡群. 融入课程思政的初中英语教学实施策略研究[J]. 海外英语. 2024(4).

③　中华人民共和国教育部. 义务教育英语课程标准：2022 年版[M]. 北京：北京师范大学出版社，2022.

④　钱成旭. 初中英语教材课程思政研究：以牛津版"Reading"部分为例[J]. 英语广场. 2023(2).

⑤　2024 年 9 月英语新教材全面改革，一文读懂十大变化[N/OL]. https://www.sohu.com/a/787559809_681047.

重课外活动课程的思政育人作用①。部分学校通过对课外活动课程的多方探索，鼓励教师创新课程思政教学形式，开设"行走的思政课堂"，将课堂搬到了户外，将课程思政教学移入社会和自然，将博物馆、商业城区、科技园区、青山绿水等转化为立德树人的生动课堂，实现了思政与多学科的有机结合，让学生在行走中感悟学科与家乡、国家与社会、历史与未来的关系。这类学校的英语教师选择当地具有历史意义的场馆，深入挖掘文化、外交历史和创新实践等思政元素，将其与英语语言文化知识自然融合，从学生感兴趣的点入手讲述相关故事，因地制宜设计英语任务，在潜移默化中增强学生的文化自觉和文化自信，激发了学生将英语学以致用的热情。这类创新的实践教学形式，创设了机会让学生在亲身参与中认识国情、了解社会，润物无声地将思政教育理念传递给了学生，真正做到了让课程思政入脑入心，使得教师和学生在学科实施课程思政的教学实践中得以共同成长。

3.1.4　学生的反馈和成效

学生是初中英语实施课程思政的核心对象，他们的接受程度、理解程度、综合素养的提升程度对于初中英语课程思政教学是否能取得成效有着重要影响。

在将思政教育融入初中英语教学的具体实施中，大部分学生对融入思政教育的初中英语教学持赞同的积极态度，认为内容更丰富，对主题知识的了解更深刻，学习兴趣更强，能更好地调整对英语课堂的态度，比之前更喜欢英语课，课堂参与度更高，表达个人观点的积极性更高，但同时也有学生提出尽管支持将思政教育融入初中英语教学，但教师要尽量避免将英语课上成思政课，要合理化安排思政教育在英语课堂的比例。大部分学生对课程思政的概念有基本的了解，但对其涵盖的相关内容和精神内核缺乏深度认知。尽管许多学生能够感受到课程思政的存在，感知到课程思政对他们的情感态度和价值观带来的正面影响，但这种影响仍停留在简单的认知层面，无法进行深入思考并运用到实践中，因此对学生情感和价值观的影响难以表现出更显著的效果。例如，尽管他们能通过学习感受到父母的爱，却无法将其提升到和谐的家庭文化对社会发展的重要性；尽管他们通过学习认识到中国通过保护环境来改善环境所做的巨大努力却无法理解其中原因，因此无法就此培养国家认同感；尽管通过学习"full moon, full feelings"理解中秋团圆的核心内涵，却难以延伸到国家团圆，无

---

① 潘希武. 中小学课程思政：育人向度及其建设［J］. 教育学术月刊, 2021(10).

法理解人类命运共同体的理念。此外，课程思政对学生综合素质提升的实际成效的评估相对主观，相应的标准不明确，缺乏客观科学的测评体系①~③。

3.1.5　学校的探索和创新

近年来，各级学校在各级教育部门的领导下，全面贯彻党的教育方针，深入落实立德树人根本任务，持续推进大中小学思想政治教育一体化建设，全面推进学校课程思政建设，促进各学科课程与思政教育同向同行，不断创新思政教育模式，积极探索思政教育新渠道、新路径，如推出"行走的思政课""场馆中的思政课"等"沉浸式课堂"，探索"知行合一"课堂强化实践教学，基于中学生不断发展的学段特征，改"硬灌输"为"善启发"，让中学生的思政教育接地气，使中学思政教育内容更鲜活、形式更多样，不断提高思政教学的针对性和吸引力，持续强化学生成长成才的思想基础，汇聚为党育人、为国育才的强大力量，现阶段学校思政建设取得一定成效。

有中学在初中英语课程思政建设中坚持发挥英语学科特色优势，不断推动"思政小课堂"与"社会大课堂"相结合，调动一切资源拓展实践教学，让学生在实践活动中获得思想启迪、本领提升，传承红色基因，赓续红色血脉，如依托本地的军事历史纪念馆，培养"英语小小讲解员"，开展革命传统教育。有学校利用区域内丰富的红色资源，充分发挥学生主体作用，开展形式多样的研学活动。如"跟着课本去旅行"，以英语教材内容为蓝本，组织学生寻访家乡文化，记录独特历史区域的变迁，设计中英版导览手册，雕琢时代记忆。有学校依托实践教育基地开展专题教育和实践教学，善用请进来的社会"他"力量。还有些中学探索大学—中学英语课程思政教育联动的新机制，通过大中小学外语学科思想政治教育一体化建设的路径，打造"大学—中学"人才培养共同体，表现为：大学、中学共同将讲好中国故事或讲好当地故事融入教学实践中，深化学生的家国情怀和人文素养，努力培养具有中国情怀、国际视野和跨文化沟通能力的社会主义建设者和接班人。高校提供优质资源赋能中学英语地方与校本特色课程建设，开展中学教师能力提升培训，中学提供平台让英语师范生深入中

① 黄陈涛. 初中英语教师课程思政的认知与实践路径研究：基于《义务教育英语课程标准（2022 年版）》[D]. 上海：上海师范大学，2023.

② 宫晓琪. 课程思政融入初中英语教学现状的调查研究[D]. 天津：天津师范大学，2023.

③ 李晓楠. 课程思政元素融入初中英语课堂教学的现状调查研究[D]. 武汉：中南民族大学，2022.

小学课堂、特色活动开展专业实习实践，选拔中学英语学科专家进高校课堂等①~⑤。

3.1.6　初中英语课程思政实施效果评价

评价与实施分属两个必不可少的课程要素，评价通常用以判断课程实施的结果，即课程目标的达成情况⑥。"评价本身不是目的"，而是为了确定教学的有效性，准确定位课程教学的不足之处，通过信息反馈，进而做到对课程教学的引导和教学质量的提升。评价体系的正常运行有助于学校教育管理者从宏观层面上对英语课程思政的教学质量，及其同思政课程的结合状况进行动态把握，使其能在管理实践中做到有的放矢，在不断破解课程思政与思政课程"两张皮"问题的过程中，为实现二者的稳态结合提供技术保障⑦。

初中英语教学实施课程思政，意味着以"立德树人"为本质的课程思政这种长期的育人教育将始终贯穿语言教育全过程，思政理念与学科课程的融合，将为高质量实现语言教育目标保驾护航，促进学科核心素养的发展，体现国家意志和主流核心价值观⑧，真正实现初中英语课程工具性和人文性的高度统一，因此课程思政不应该是独立于英语课程之外的个体，课程思政元素应纳入英语课程评价体系。但由于目前我国的英语考试成绩纳入量化评价管理体系，受地方教育管理部门和学校影响，现有的初中英语课程评价体系对教师的考核评价主要落脚点在课程开设班级的学生的成绩、学生获奖情况、中考升学率及教师的教研学术成果等，评价课程教学的优劣与教师所带班级的最终分数密不可分，"唯分数、唯成绩"的功利性教育忽视了对学生思维品质和三观的培养，同时由于课程思政育人教育的效果不具即时性和客观性，较难确定课程思政的评价标准，导致现有体系对于课程思政的评价缺位。

---

① 办好思政课落实立德树人根本任务：近年来学校思政课建设成效显著［N/OL］. http://www. moe. gov. cn/jyb_xwfb/s5147/202405/t20240511_1129892. html.

② 探索中学"大思政课"实践育人新路径［N/OL］. https://baijiahao. baidu. com/s? id = 1780869652351542558&wfr=spider&for=pc. 2023-10-27.

③ 将思政小课堂融入社会大课堂，黄浦区善用"大思政课"，擘画立德树人新蓝图［N/OL］. https://baijiahao. baidu. com/s? id=1767192032093871276&wfr=spider&for=pc.

④ 大中小学校融合联动开展"用英语讲巴渝之美"英语学科思政特色培育［N/OL］. http://www. cq. xinhuanet. com/20240711/0eda1ed0836e46bda6c65669a231b7c7/c. html.

⑤ 福州八中："行走"的思政课活起来了！［N/OL］. https://www. fjdaily. com/app/content/2023-12/12/content_2229721. html.

⑥ 王少非，崔允漷. 试论评价对学校课程实施过程的影响［J］. 教育发展研究，2020(10).

⑦ 胡洪彬. 迈向课程思政教学评价的体系架构与机制［J］. 中国大学教学，2022(4).

⑧ 梅德明. 新时代外语教育应助力构建"人类命运共同体"［N］. 文汇报，2018-02-09.

3.2 初中英语课程思政建设存在的问题

尽管目前初中英语课程思政的理论阐释和实践研究已经引起学界的关注，激发一线教师的思考，但由于处于初步探索阶段，思政教育融入初中英语教学仍存在一些问题，主要表现在以下几个方面。

3.2.1 初中英语课程思政建设的相关文件及政策不全

尽管要求推行课程思政的国家政策和文件层出不穷，为各级各类学校各门课程实施课程思政创设了政策环境，为初中英语教学改革指明了方向，在一定程度上引导初中英语课程思政的实施，但由于过于笼统，具体指导意义不大。另外，针对初中英语课程思政建设，地方教育行政管理部门未能根据地方特色和学段的特征制定相应的初中英语课程思政建设纲领性文件及政策①，缺乏初中英语课程思政建设的制度性及指导性文件，缺乏初中英语课程思政建设的实施方案，导致其未能在思政教育融入初中英语教学的建设过程中充分发挥示范和引导作用，无法为学校和教师的初中英语课程思政建设工作提供参考借鉴，无法为学校和教师在初中英语学科教学中深度融入思政教育提供针对性指导。

3.2.2 初中英语教师课程思政素养仍相对欠缺

课程思政是一种要深入挖掘思政课程以外的其他课程蕴含的思政教育资源，将思政教育渗透、融入各学科课程及教学，实现全员全程全方位育人，使思政教育全面覆盖学生的学习和生活、全方位地融入学生的成长历程的课程教育新理念，它重视学生的全面发展。初中英语教学实施课程思政，意味着教师不但要注重学生对英语语言知识和技能的习得，还要重视学生核心素养的全面发展。在此前提下，教师作为初中英语课程思政建设的教学主体，不仅要深化专业知识的钻研，还应加强课程思政相关知识的学习，努力提升个人课程思政素养。教师课程思政素养包括教师课程思政认知程度和课程思政教学能力两方面，初中英语教师课程思政认知薄弱和课程思政教学能力不足导致初中英语教学实施课程思政的情况并不尽如人意，未能有效凸显英语学科的人文属性以及

---

① 陈剑飞. 小学数学课程思政现状及管理对策研究[D]. 通辽：内蒙古民族大学，2023.

充分发挥英语学科育人功能①~⑥。

　　一方面，初中英语教师课程思政认知薄弱。尽管在当前要求全面推进大中小学思想政治教育一体化建设时代背景下，各学段各级学校举办了种种关于课程思政的会议与讲座，印发了各种文件。通过参加学校的会议与讲座、学习学校下发的文件及网络搜索，大部分初中英语教师认识到了课程思政这一新理念，但对于课程思政这一教育理念的认知仅停留在表层，处于"知其然不知其所以然"的状态，对课程思政的概念内涵、价值蕴涵、功能与价值、特点和难点等理论知识缺乏深入认识，对课程思政融入初中英语教学的实施方法和路径缺乏全面学习，因此初中英语教师对课程思政的认知不深入，无法做到课程思政的入脑、入心。初中英语教师课程思政认知程度不高导致以下问题的出现：第一，不少教师对于在初中英语教学中融入思政教育的重视程度并不高，对如何在初中英语教学中有效实施课程思政感到困惑，对如何落实课程思政的理念缺乏主动探索思考，导致在初中英语教学中实施课程思政的实际行为或进行课程思政的教学环节较少，思政教育融入初中英语教学的程度相对较低。第二，教师容易出现心有余而力不足的状况。面对思政教育融入初中英语教学时遇到的问题，缺乏科学解决问题的能力，影响其实施课程思政的教学效果，打击其实施课程思政的积极性，导致其产生消极逃避心理，选择回归擅长的传统英语教学模式。第三，面对课时任务重、中考压力大的现状，初中英语教师轻视学生品德、情感、态度和价值观的培养与发展，偏向追求学生的分数表现，过于关注语言文化知识的灌输和应试技巧的训练，认为实施课程思政影响正常教学活动，不愿冒险践行课程思政教育理念。第四，未能打破初中英语教师对于思想政治教育的僵化思维定式，部分教师仍然认为既然课程思政强调的是立德树人，则应该属于思想政治课程的任务，将课程思政简单地理解为政治思想的灌输，误认为课程思政的实施会弱化英语课程教学效果，没有意识到课程思政能提升英语教学的思想性和人文性，不知道其有助于提升英语教学效能，因而缺乏提升课程思政教学能力的动力，甚至产生消极懈怠心理，导致其在初中英语

①　徐阳. 课程思政融入初中英语教学的现状调查和策略研究［D］. 厦门：集美大学，2024.

②　黄陈涛. 初中英语教师课程思政的认知与实践路径研究：基于《义务教育英语课程标准（2022 年版）》［D］. 上海：上海师范大学，2023.

③　宫晓琪. 课程思政融入初中英语教学现状的调查研究［D］. 天津：天津师范大学，2023.

④　秦莎莎. 中学英语"课程思政"建设问题研究［D］. 哈尔滨：哈尔滨理工大学，2023.

⑤　靳润斌. 中学英语学科德育现状研究［D］. 上海：华东师范大学，2023.

⑥　田超. 课程思政在初中英语教学融入的现状调查研究［D］. 伊犁：伊犁师范大学，2021.

教学中出现思政教育"懒"融入的现象。第五，面对上级部门落实课程思政的要求，部分教师无法深挖教学内容中的课程思政元素、未能遵循课程思政的潜隐性特点，强行将思政内容、思政理论嫁接到初中英语教学中，牵强附会，把初中英语课上成了思政课，造成了不少初中英语和课程思政"两张皮"的现象，让学生产生反感和抵触心理，使"课程思政"的细水长流、润物细无声的育人效果大打折扣。除了前述对课程思政系统理论学习不够深入导致初中英语教师课程思政认知程度不高外，初中英语教师课程思政认知程度还受到个人工作资历、教育背景、思想政治素养和政治理论水平的影响。

另一方面，初中英语教师课程思政教学能力不足。教学能力是教师的核心素养，是决定教学效果与教学质量的关键因素，是提升课堂教学效果和人才培养能力的重要保障①。英语课程思政教学能力集中体现为英语教师将思想政治理论教育融入所授专业课程的能力②。因此，要将课程思政融入初中英语教学，发挥英语学科课程的育人功能，初中英语教师除了需要夯实英语专业素养和能力，提高课程思政认知水平，还需具备较强的课程思政教学能力。然而，当前很多英语教师是"专才"——对英语语言和文化知识、教学法知识以及学习理论等专业知识有着丰富的储备，却非"全才"——思政教学综合能力不足，因此难以实现思政教育与英语教学的有机融合。教师的课程思政教学能力是提升课程思政教学质量的决定性要素。课程思政教学是国家教学改革重要内容，部分教师响应国家和政府的号召在初中英语教学中实践课程思政，但大多数教师难以在实践教学中得心应手，做不到将其与初中英语教学深度融合，无法充分发挥初中英语课程的育人功能。教师课程思政教学能力不足主要体现在以下两方面。

第一，课程思政元素挖掘和融入能力不足。每个学科都承载着其独特的学科特性，这些特性是学科的核心和基础。在推进初中英语课程思政教学建设的过程中，我们必须尊重并坚守英语学科的学科属性，深入研究英语学科教学资源，细致观察、挖掘并提炼其中蕴含的思想政治教育资源，将其与初中英语教学内容有机结合，避免将英语课上成思政课程。然而，在初中英语的教材和教学内容中深挖蕴含的课程思政资源，并将其有机融入初中英语教学，是初中英语教学实施课程思政理念的难点所在。教育部《高等学校课程思政建设指导纲

---

① 张文霞，赵华敏，胡杰辉. 大学外语教师课程思政教学能力现状及发展需求研究[J]. 外语界，2022(3).

② 李小霞. 新时期高校外语教师"课程思政"教学能力提升路径研究[J]. 湖北经济学院学报（人文社会科学），2021(3).

要》明确指出"课程思政建设内容要紧紧围绕坚定学生理想信念，以爱党、爱国、爱社会主义、爱人民、爱集体为主线，围绕政治认同、家国情怀、文化素养、宪法法治意识、道德修养等重点优化课程思政内容供给"，深化个体对中国特色社会主义道路、理论、制度、文化的自信[①]。据此，课程思政要素主要涵盖政治认同、家国情怀、文化素养、法治意识、道德修养这几方面。英语学科的文化特性使得大部分教师对文化素养涉及的人文素养和中华优秀传统文化较为关注，这方面的挖掘和融入能力较强。然而，对于其他思政元素以及和政治有关的政治时事热点，大部分教师对其内涵缺乏认识，在思政元素挖掘和融入方面表现出以下问题：很难超越教材的主题知识进行审视和思考，难以发掘或深入挖掘其中蕴含的思政元素；对于思政元素的准确性和科学性把握不到位；难以找到相关思政元素与教学内容结合的具体切入点；挖掘出的思政元素在融入实际英语教学过程中，运用不当、比例欠妥，无法达到预期效果；缺乏结合学生实际将英语教学内容与思政元素相联系以及收集课程思政素材辅助资源的能力，故未能充分发挥英语教学资源的思政教育价值，无法将思政元素的意义赋予英语学科知识，做不到思想及内容的统一，做不到思政主题意义在英语教学中的拓展延伸，英语课程思政教学效果不佳。

第二，未能深入了解学生的思想状态和年龄特点，不够明确授课内容的思政育人目标。初中生处于身体和心理的快速发展时期，他们对新事物充满好奇心，渴望认识世界、了解社会，也渴望得到他人认同。英语作为一门非本国人使用的语言，由于缺乏自然的语言环境，给大多数初中生的学习带来了不小的挑战。应试教育体制下，过分强调考试成绩形成的压力，往往阻碍了学生英语综合素养的全面提升，导致许多初中生在英语学习过程中产生了畏难情绪和厌学心理。因此在初中英语学科实施课程思政时，教师需观察和深入了解学生英语学习和生活交往的情况、了解学生的思想状态、密切关注学生的身心发展变化、把握学生的成长规律和认知特点，结合他们的兴趣点或关注的热点问题，尊重他们的知识需求和心理需求，有针对性地选取课程思政内容并根据学生实际情况明确思政育人目标，基于学生的英语能力设计切实可行的教学活动。课堂上，教师除了进行生动的讲解，还需引导学生深入思考与讨论，尊重学生主体地位，引导学生弄通弄透思政内容，让学生发自内心地认可初中英语课程思政教学，全身心地融入课堂教学，使其受到思想熏陶、心灵启迪，如此才能提升初中英语课程思政教育的针对性和有效性。但是当前，大多数初中英语教师

---

① 潘诗扬，石路. 课程思政的功能要素及其整合性路径[J]. 中学政治教学参考. 2021(5).

仅通过教学内容所呈现出来的价值观对学生加以教育和引导，忽视初中生不同阶段的成长规律和心理特性，缺乏对学生在不同阶段的思维方式和行为模式特点的探究，未能对学生的成长发展需求和期待给予充分的重视和关注，造成课程思政教育重点存在缺失现象，未能提升思想政治教育亲和力和针对性。

3.2.3　初中英语教材课程思政内容分布不均、融入不足

2024 年 9 月，根据《新课标》全新修订的初中英语教材已启用，但目前发布的仅为七年级上册，其余年级仍继续沿用旧版教材，因此本节陈述的教材问题均指的是《新课标》发布前审定出版的正在使用的初中英语教材中出现的问题。尽管现行初中英语教材以一定的教学理论和编写理念为指导，为英语课程思政提供了基础，但由于编写英语教材需要耗费大量的时间和精力，且由于教材对学生意识形态影响的重要性，教材在出版前需要经过教育部门的审定，而语言是有生命的，其发展和更新是持续不断的。故教材最终出版使用时，部分语篇内容可能落后于时代，难以达到与时俱进的要求，因此目前正在使用的初中英语教材存在一定的问题。

首先，目前使用的初中英语教材大多参考 2011 版课程标准，即使是最新版也多在"课程思政"理念提出前就已审定出版，尽管涵盖人与自我、人与社会、人与国家和人与自然主题，且富含课程思政元素，但课程思政元素的编排缺乏系统性、内容的分布不均衡、内容的呈现不合理。人与自我中的"个人成长"较为突出，占了极大的比例，文学艺术、科学精神、影视文化等人文素养的元素较丰富，占比不低，但中国精神、爱国主义、中国传统文化、法治精神等元素所占比例较低，而政治认同、家国情怀、民族精神未曾涉及，甚至某版本的初中英语教材在七年级的教材中没有涉及中国文化的内容。其次，课程思政内容的呈现较为隐性，课程思政内容不明确，教师不易识别。初中英语教材中的思政内容大多不会直接呈现在单元或模块主题、文章标题以及教材内容中，缺乏明确的关键词或主题描述，无法直接从教学材料的语言表达层面获取，而是需要教师在深入理解教学内容的基础上对文本的深度挖掘，才能获取相关的思政元素。课程思政内容和思政教育目标不明确，导致教师难以充分运用教材中的思想政治内容，给初中英语教师实施课程思政教学带来了很大的挑战。再次，教材中的课程内容与思政元素融合不足，教材有些内容较少涉及课程思政元素，需要教师从课外搜寻资源进行补充并拓展。如某版九年级教材"Unit 8 Have you read *Treasure Island* yet?"的话题是"Literature and Music"，课本中涉及的内容主要是西方经典文学，教师若要将思政教育融入这一教学内容，需要从课外

补充中国经典文学著作的内容，通过讲述作品内容、对比中西经典文学作品，学生能更了解我国的经典文学，从而增强文化自信，同时通过对名著作品的学习阅读感悟提升个人文化素养。最后，教材中的思政元素挖掘不够深入、与英语教学内容结合不紧密。教材中挖掘了众多思政元素融入教学内容，但在深度及与英语教学内容结合方面仍有待进一步提升。初中英语教师多依赖于教材内容发掘思政元素，并依据单元主题进行思政教育，教材思政元素挖掘不深入容易导致教学涉及的思政内容较为单一肤浅，同时由于教材中的思政元素与英语教学内容结合不紧密，初中英语教师实施课程思政时选择的切入点相对固定，倾向于选择具有典型思政教育特色的单元主题展开。如实施中国传统文化教育，多选择以"节日"为主题的教学内容，这类教学内容挖掘的思政元素为表层的中国传统文化，但若要引申至爱国主义、人类命运共同体的深度，则需要教师由浅入深层层引导①~⑤。外语类课程的一大特点在于语言是教学的重要内容、途径和目标，因此英语作为一门外语课程，语言应用能力培养始终是课程的重要教学目标之一⑥。在英语教学中实施课程思政，不能脱离英语教学内容进行思政教育，同时由于语言与意识形态紧密关联，英语教师通过语言教学培养学生的价值观，因此初中英语教材的思政内容建设应紧密结合英语教学内容，重点挖掘社会主义先进文化、革命文化、中华优秀传统文化等思政资源，凸显品格塑造和价值引领的课程思政目标。比如某版九年级教材"Unit 13 We're trying to save the earth！"的教学内容围绕环境污染与绿色主题展开，教学内容与课程思政元素结合并不紧密，教师若要在此单元实施课程思政，需要补充课外资源。如引导学生学习我国实施绿色发展的可持续发展战略取得显著成就的英语视频资源，启发学生进行独立和批判性思考，鼓励学生分享观点，在提高学生语言能力的同时，激发学生对祖国锦绣河山的热爱和伟大中华民族精神的崇尚，使学生潜移默化受到爱国主义教育和社会主义核心价值观教育，增

① 吴月明. 初中英语教材中课程思政内容使用情况调查研究[D]. 呼和浩特：内蒙古师范大学, 2022.

② 张婵娟. 初中英语教材中渗透课程思政元素的现状分析与策略研究[D]. 天水：天水师范学院. 2022.

③ 李晓楠. 课程思政元素融入初中英语课堂教学的现状调查研究[D]. 武汉：中南民族大学, 2022.

④ 薛晋梅. 课程思政视域下初中英语教材中中国文化融入路径的行动研究：以人教版 Go for It! 教材为例[D]. 重庆：西南大学, 2023.

⑤ 张学卫. 初中英语教学渗透思政教育的设计思路[J]. 教育理论与实践. 2021(41).

⑥ 徐锦芬. 高校英语课程教学素材的思政内容建设研究[J]. 外语界. 2021(2).

强民族自豪感和对国家的认同感。

3.2.4　初中英语课程思政教学方法单一、缺乏创新

初中英语教学实施课程思政时，教师将文化自信、爱国情怀、国际视野等思政元素融入英语教学，立足于学生的实际语言基础和发展特点，选择一定的教学方法，引导学生树立社会主义核心价值观所倡导的价值观念，形成良好的道德素养。由于初中生年龄及理解能力的现实原因，教师需要对思政内容有意识地进行教育引导，提高学生的认可度和参与度。

现阶段初中英语教师在实施课程思政教学时，方法相对传统和单一，缺乏创新，多以利用教材文本或借助图片、视频等教育资源直接讲授和问答法为主。不少教师虽意识到课程思政的重要性，但更倾向教师讲、学生听，只注重对学生单向输入思政内容。这类教学方法偏重教师的灌输说教，不注重发挥学生的主体作用，且对知识的内在逻辑梳理有限，相关教学素材和资源的整合不足，难以实现思政内容与英语学科内容的有效结合，无法深入学生内心促其深入思考，容易出现课堂沉闷、学生学习兴趣不高的局面。尽管有教师在讲授的同时辅以讨论法，或者创设情境使学生感同身受，但受限于学生知识储备和语言能力以及教学时长的现实因素，这些方式最终多以教师依据个人水平机械而缺乏深度地对单次课所涵盖的思政内容进行提炼、总结从而结束对学生的思政教育，故常出现学生在课堂上学得很热闹，但是却无法将知识应用到实际生活中的情况，如教师在课堂上讲的法治内容，学生在课外无法主动利用自己所学的法治知识规范自己的举止言行。此外，部分初中英语教师实施课程思政教学时，缺乏英语学科知识与学生实际生活、社会时事热点的链接，未能兼顾中学生强烈的探索心，无法满足学生的学习需求，不易激发学生情感，触动其心灵；学科知识教学倾向碎片化，未能打破学科知识壁垒、重新整合学科内部知识及跨学科知识，学生整体认知建构难，无法提升至对情感、态度、价值观的认知。另外，部分初中英语教师只注重课堂的思政教学输入，忽视课后学生通过作业或实践任务的输出反馈，不注重发挥科技力量实施线上线下融合的教学方法，未能实现课内外初中英语课程蕴含的课程思政内涵的自然衔接。

3.2.5　学校管理有待完善

尽管学校在初中英语课程思政建设的工作中取得了一定成效，但学校管理方面仍存在一定不足。如何高效地发挥管理的职能作用，确保学校的各单位部门以及其他与教育相关的人或组织，深刻理解课程思政的深刻内涵，坚持各类

课程与思政课一盘棋，摒弃偏见，打破壁垒，共同服务于课程思政的建设，形成协同效应，构建课程思政的育人大格局，共同促进学生的全面发展，是新时代全面推进课程思政建设需要突破的难点。

目前在推进初中英语课程思政建设过程中，学校管理层面表现的问题有学校对课程思政的宣传工作力度不够，宣传手段不够丰富，课程思政的理念未深入师心，无法激发广大教师的责任感和使命感。学校没有建立课程思政的常态培训机制，缺乏对教师课程思政认知和课程思政教学能力提升的各种培训。学校未针对初中英语课程思政建设进行总体规划，未以课程思政理念为统领对课程体系进行梳理与重塑，未完善现有课程教学大纲，未将思想价值引领贯穿于教学计划、课程标准、课程内容、教学评价等主要教学环节，在教学目标中没有增加课程思政维度的目标要求，教师无法根据课程思政目标设计相应教学环节，无法在设计和落实学生的学习任务时，有机融入课程思政的理念和内容。学校教学质量和教学管理改革工作不到位，没有建设和确立各级初中英语课程思政示范课程、课程思政精品示范课堂和课程思政教学团队的计划和举措，没有组织课程思政教学比赛考核教师的课程思政意识、能力及教学效果，无法发挥"以赛促教"的作用，不积极筛选和培养课程思政教学骨干，没有组织英语学科教研组对融入学科课程的思政教育元素集体把脉探讨，没有开展课程思政精品示范课堂观摩听课。学校课程思政教学示范中心的作用没有得到充分发挥，不注重挖掘在课程思政教学改革中涌现出来的先进典型，未给予高度肯定和充分认可，未及时发掘和总结推广成效好、反响佳的课程思政优秀教学案例，无法为教师树立榜样，教师对于课程思政融入初中英语教学的实践难以从学校获取成功案例进行学习借鉴和模仿，无法通过借鉴模仿提升课程育人效果，未营造浓厚氛围鼓励教师有效地进行课程思政的研究和实施，无法实现"以研促教"，无法带动教师转变观念和教学方式，从而把政治认同、国家意识、文化自信、人格养成等思想政治教育导向与英语课程固有的知识、技能传授有机融合。学校管理层面未能搭建平台，为英语、思政及其他学科的教师互相交流、学习和研讨提供必要支持。

3.2.6 评价体系不够健全

课程思政教学评价是提升课程思政建设质量和教学效果的核心环节，其有效实施将为外语课程思政的高质量发展奠定坚实的基础、提供明确的方向和有力的支撑。英语教学评价涉及的评价内容（评什么）、评价方式（怎么评）、评价主体(谁来评)三个方面均能体现思政功能①。故英语课程思政评价应全面覆盖评价内容、方式、主体、标准等多个方面。评价内容方面，教师应注重对课程思政元素的挖掘、补充和提供，润物细无声地将其融入教学设计；评价方式方面，课堂形成性评价应该成为一种常态；评价标准可以结合各个学校的人才培养定位与特色，针对不同类型的课程特性，构建课程思政评价的框架②。此外，实现评价主体的多元化也是思政育人的重要体现方式，除教师外，评价人还应包括学生个体和同伴、同行等不同主体。基础教育课程改革的核心目标是立德树人，其核心聚焦于培养学生的"关键能力"和塑造"必备素质"，旨在推动学生的全面发展，进而培养出能够适应社会需求、具备创新精神和实践能力的优秀人才。在此教育背景下，课程思政应当构建起一个全面且多元的评价机制，确保能够全面、准确地评估学生的思政学习效果和全面发展情况。

然而，现行的初中英语课程沿用的教学质量管理体系并未针对课程思政进行改革，导致初中英语课程思政教学质量评价体系缺乏。在初中英语教学实施课程思政的过程中，传统的初中英语教学质量管理体系存在的问题表现为以下几点：一是评价内容单一。当前的初中英语教学评价主要采取的是各类英语考试的形式，偏向对学生英语语言知识和英语语言技能掌握程度的测评，过于注重英语专业知识的学习成果评估，很少考查学生思维能力、创新能力、价值观等核心素养的发展变化，缺乏对学生思政学习成效的考核。同时，教师的课程思政认知程度、课程思政教学能力、课程思政实施效果、参与课程思政教学改革情况等均未纳入评价体系进行考评，无法体现评价的客观性和全面性。二是评价主体单一。主要是教师对学生单向的评价，缺乏学生自评、同伴互评、同行评价等多元主体的评价。三是评价方式单一。现行的评价方式以强调学生英语专业知识学习成效的终结性评价为主，缺乏强调过程学习的形成性评价。同时未能把课程思政教学质量管理当成一项长远的工作来落实，没有建立常态化的评价模式，实施动态管理。四是评价标准模糊。现有的评价体系缺乏明确、具体的课程思政评价标准，无法为课程思政教学质量的改进提供有效的指导。五是缺乏健全的评价反馈机制，无法及时为教师等提供对课程思政的反馈意见和建议，无法及时调整教学策略和改进教学方法。

① 文秋芳. 大学外语课程思政的内涵和实施框架[J]. 中国外语, 2021(3).
② 何莲珍. 从教材入手落实大学外语课程思政[J]. 外语教育研究前沿, 2022(2).

3.3 初中英语课程思政建设问题产生的原因

3.3.1 地方教育行政管理部门支持力度不足

地方教育行政管理部门作为学校的上级管理部门，未能充分发挥领导职能作用，未能组建相关部门及组织专业人士研究和解读国家关于课程思政的政策，导致地方教育行政管理部门对国家的方针政策研究不足，无法根据本地实际学情出台不同学段的初中英语课程思政建设的纲领性文件及政策。此外，地方教育管理部门对辖区内学校的初中英语教学课程思政建设支持力度不足，未能结合本地区实际情况深入学校展开调研，无法针对学校及教师在实施课程思政过程中出现的普遍性问题、无法结合地域特色制定本地区不同学段初中英语课程思政标准和课程思政建设具体实施指南等相关的政策文件，助力学校及教师提升实施课程思政的成效。

3.3.2 初中英语教师教育理念僵化与课程思政认知偏差

课程思政"是每个教师必须承担的责任"[①]，教书育人是教师应承担的神圣使命。初中英语课程思政建设中出现的教师课程思政认知不够和课程思政教学能力不足的问题归根结底是初中英语教师的教育理念僵化和课程思政认知出现偏差，究其原因有以下几点。

（1）部分初中英语教师教育理念僵化，固守传统的外语教学观念。英语教师接受的专业教育主要以英语语言文化的学科知识、课程论和教学法的专业知识为主，没有接受过系统的课程思政理论学习。传统的外语教学观念强调词汇、语法、听力、口语、阅读、翻译及写作等语言知识和技能的教学，而实施课程思政理念需要初中英语教师将外语教学观念转变为外语教育观念，着重全面培养学生外语能力和综合素质。长期以来，传统教学观念根深蒂固的影响使得众多初中英语教师仍然习惯于将英语课程的教学重点放在英语语言文化知识和语言技能的讲授上，认为育人不属于英语学科的教学内容，应该是思想政治老师的职责。这类教师未能领会与课程思政相关的会议精神和基本知识，未能意

---

① 教育部关于印发《高等学校课程思政建设指导纲要》的通知［OL］. http://www. moe. gov. cn/srcsite/A08/s7056/202006/t20200603_462437. html.

识到英语教师同样肩负着"育人"的重担,未能认识到"传道授业解惑"对于新时代教师意味着要做到育才与育人的有机结合,意味着要注重知识传授、价值引领和能力培养的内在统一。因此这部分教师对于课程思政融入初中英语教学的建设不愿意主动学习、参与,将其看成是额外的负担,存在逃避心理,消极应付了事。

(2)初中英语教师缺乏对课程思政内涵、目标及实施路径等相关理论全面系统的了解。首先,尽管"课程思政"这一概念早在 2014 年由上海市委和市政府提出,是指以构建全员、全程、全课堂育人格局的形式,将各学科与思想政治理论课协作,形成协同效应课①。而且十年间课程思政在高等教育各领域所取得的丰硕成果也证明了在高等教育阶段将这一教育理念融入教育教学实践活动的科学性和可行性。但对于初中英语教师而言,课程思政目前仍是新生事物,课程思政在义务教育阶段学校的理论探索和实践落实的相关研究还处于起步阶段,教师所能获取供借鉴学习的初中英语课程思政研究成果和优秀的初中英语课程思政教学资源不多,教师可以查阅和参考的初中英语课程思政案例有限,且多为片面式、局部性的学习,教师对课程思政理论及其有效实施了解有限。

其次,初中英语教师日常教学任务繁重,无法保证课程思政相关理论的有效学习。现行的初中英语教学内容广泛涉及科技、经济、政治等各方面的专业知识和时政热点信息,对一线英语教师的跨学科教学能力是一大挑战,绝大多数教师存在跨学科知识储备匮乏的问题,因此需要花费大量时间和精力针对涉及的内容查漏补缺。此外,初中英语教师还承担班级管理、学生辅导、家长沟通、第二课堂指导、社团辅导、教学研讨等其他工作。课程思政理念要求教师将知识传授和价值观引导有机结合,深入探讨如何培养学生的政治认同、家国情怀、文化素养、法治意识、思辨创新、理想信念和公民意识等道德品质和价值观。对思政元素的深入探讨以及课程与思政的有机融合,唯有在初中英语教师对其深入学习并掌握其内核知识的基础上才能实现,而大部分初中英语教师的大部分时间和精力都花费在对不熟悉的课程主题内容的"充电"以及日常的学校事务工作上,难以保证有充足的时间和精力对课程思政的相关理论进行学习。

再次,教师的工作资历和政治理论水平影响着初中英语教师课程思政认知深度。一方面,尽管新入职教师对于强调全面育人的新英语教育观念接受程度

---

① 肖香龙,朱珠."大思政"格局下课程思政的探索与实践[J]. 思想理论教育导刊,2018(10).

较高、实施课程思政主动性较强，但其课程思政认知相比资深教师要浅薄。资深教师在课程内容、教学组织、实践教学、学生心理活动的把握、师生交往互动等方面经过多年实践已形成一定的风格，找到了相对成熟的教学实施方式，能腾出更多的精力学习思政相关理论，因此其对课程思政的认知更全面完善，更有意识地将语言教学目标和思政教育相结合，也更愿意寻求有效手段将其付诸课堂教学的各环节，切实提升在初中英语教学中实施课程思政的教学效果。刚入职的教师不仅要花费大量的时间熟悉教学、重构知识体系、积累教学经验，还需要承担诸多任务提升个人综合能力，缺乏心力全面学习课程思政理论，难以深入反思个人课程思政的融入实践。另一方面，初中英语教师的政治理论水平也对其课程思政认知程度产生影响。非党员教师的课程思政认知相比党员教师的弱，这是因为党员教师需定期参加党和国家相关政策、会议及文件精神等思想政治方面的前沿知识的集体学习和个人学习活动，并进行个人学习心得汇报，因此党员教师的政治理论水平在不断提高，自身政治思想素养较高，课程思政基础知识扎实，其在初中英语教学中主动融入思政元素的意识更强，更注重引领学生的价值导向，更倾向提升学生的综合素质。

最后，初中英语教师课程思政相关理论的培训效果不佳。一方面，大范围的课程思政常规培训由于缺乏对培训效果的监督，教师普遍对课程思政的相关内容缺乏主动深入的理解和探索，缺乏对其内涵和目标的准确把握。另一方面，针对初中英语教师举办课程思政相关理论的专项培训，尽管对于课程思政理论、课程思政实施路径、实施效果评价等能进行系统深入的培训，但受时间、经费、参训名额及教师教学任务的限制，参加人数少，无法普遍提升初中英语教师的思政认知度。

3.3.3 课程思政建设教学资源仍相对匮乏、开发受限

课程思政教学资源仍相对匮乏且开发受到一定的限制是导致初中英语课程思政建设面临困境的原因。一方面，课程思政教学资源匮乏主要表现为基于2011年版课程标准编写的初中英语教材受限于编排、英语学科不同学段教学内容侧重点等因素，教材本身涉及的思政内容的广度和深度有所局限，限制了思政教育与初中英语教学的深度融合；在快速发展的社会背景下，新思想、新观念层出不穷，然而，初中英语部分课程思政教学资源却未能及时更新，导致教学内容与现实生活脱节，缺乏时代感和针对性；部分教师过度依赖教材和教辅资料，忽视了对网络资源、生活实例、时事热点、社会实践等多元化资源的挖掘与利用，实施课程思政时缺乏系统、生动的思政案例与多媒体辅助材料，学

生的学习兴趣不高，思政教育的渗透力较弱，影响课程思政教学效果。另一方面，课程思政教学资源开发需要教师具备较高的专业素养和创新能力。然而，部分教师在这一领域存在能力短板，难以有效整合和开发课程资源。他们可能缺乏现代教育技术、课程设计等方面的知识和技能，导致资源开发效果不佳，影响教学质量。此外，在课程教学资源开发过程中，学生的主体地位往往被忽视，他们更多的是被动接受者而非主动参与者，导致学生参与思政学习的积极性和程度受限。

3.3.4　教育功利化对教学方法仍存在较大负面影响

课程思政的核心理念在于巧妙地通过隐性教育的方式，将课程本身蕴含的思政教育元素自然而然地融入专业知识传授和学生能力培养的全过程之中[①]，实现润物无声、如盐入水的育人成效，为学生的全面发展奠定坚实的基础。然而，现今社会教育功利化的趋向使得本是反映学生成长过程和状况的重要工具"分数"和"升学"承载过多，本末倒置，把它们当成学生成长的目标，忽视了学生个体差异，没有看到教育过程对学生全面发展的支持以及对学生长远发展的积极影响，造成学生的"全面发展"落空，使得育人目标实际指向"单向度的人"。在"唯分数""唯升学"的教育功利化的趋向下，教育教学实践过于偏重智育，忽视品德塑造和审美素养的提升，过分夸大分数的重要性；学习节奏被打乱；教育节奏被扰乱，教育规律被忽视，教育过程被异化；不少中小学校教育教学急功近利[②]。在这种教育功利化的负面影响下，初中英语教师课程思政教学方法的创新受到束缚，仍以传统说教式的单一教育方法为主，难以满足学生的学习需求、调动学习积极性，导致现阶段初中英语实施课程思政教学效果并不尽如人意。在教育功利化的负面影响下，初中英语教师的课程思政教学方法单一、缺乏创新主要有以下几方面原因。

（1）教师思政认知薄弱，思政知识储备不足。身处功利化的教育环境，教师不注重提升自身思政素养，无法深入挖掘教材思政元素，使得教师无法有效传递思政教育的理念和价值观，无法将思政教育与英语教学内容有机结合，难以在保证英语课程内容讲授的同时，对学生实施思政教育。如某版九年级课本"Unit 6 When was it invented?"的话题与科技创新改变生活有关，涉及诸多改变

---

① 孟子敏，李莉. 课程思政教学实践中的若干问题及改进路径. 中国大学教学［J］. 2022（3）.
② 破除功利化 让教育回归育人本位［N/OL］. https：//epaper. gmw. cn/gmrb/html/2019－12/10/nw. D110000gmrb_20191210_2－13. htm.

人类生活的发明和发明家，然而涉及中国的发明和发明家的元素较少。教师思政认知薄弱，思政知识储备不足，则难以找到合适的补充资源，难以借助本单元话题使用有效的教学方法引导学生认识中国著名发明家及重要发明给全世界带来的重大影响，无法通过这一内容增强学生的民族自豪感和对国家的认同感。

（2）教师创新课程思政教学方法的时间和精力不足。巨大的中考压力、繁重的教学任务、紧张有限的课时、过大的班级规模以及教学外庞大的工作量，使得教师花费大量的时间和精力来备课、上课、批改作业、管理学生，在艰难达成语言教学目标的同时，难以再花费更多的时间和精力有针对性地对思政内容和思政教学方法进行创新改革。

（3）教师创新教学方法和手段的动力不足。部分教师认为传统的教学方法较为安全，有利于其把控教学节奏，保证初中英语课程教学任务的高效达成，使其得以游刃有余地面对学校对教师"率"的评价；而过多发挥学生的主体作用让学生参与互动，对教师的应变能力要求较高，给教师授课带来较大的精神压力，且难以把握教学进度。

（4）教师课程思政教学方法的创新能力不足。相关部门和学校尽管在思想上高度重视课程思政，但在教育功利化的影响下，落实课程思政的行动力度仍不足，如在与课程思政相关的培训工作方面有所欠缺，一线教师关于课程思政教学方法和策略的培训缺乏，导致教师缺乏足够的课程思政教学技巧，难以有效引导学生主动学习和提升能力，如部分教师可能不了解项目式学习，不懂如何引导学生围绕思政主题开展项目研究、如何激发学生兴趣和创造力。

（5）教师创新教学方法所需的课程思政教学资源不足。由于相关教学资源保障不足，且信息技术手段应用不足，缺乏对学生学习需求、心理特征、成长规律和价值取向的关注，难以改进教学方法，有效实施教学。

3.3.5　学校相关制度缺位、管理育人成效不彰

初中英语教学课程思政建设不仅事关初中英语教师的课程思政意识和课程思政教学能力，还与学校的组织体系、管理制度建设、保障机制和重视程度有着密不可分的关系。尽管全国各级各类学校普遍响应党和国家的号召积极推进课程思政建设，但推进的力度和效果不容乐观，学校的制度体系建设不健全，管理育人成效有待提升，究其缘由有以下几点。

（1）缺乏课程思政的组织管理体系，没能发挥学校层面的顶层设计对思政教育融入学科教学的统筹和引领作用。课程思政是党和国家思考"怎么培养

人"这一问题做出的全国性教育改革，尽管在国家和部分地方政府层面的上下一体课程思政组织管理体系已初步形成①，但在学校层面，尤其是中学，其课程思政组织管理体系并不完善或未充分发挥作用。课程思政不是单一的一门课程，更不是孤立的一项活动，而是要将思想政治教育融入教育教学的各个环节、各个方面，充分挖掘隐性元素，发挥隐性教育的育人功能。所以，教师、学校的各单位部门以及其他与教育教学相关的人或组织都应深刻领会课程思政的核心理念，摒弃偏见，打破壁垒②，构建课程思政建设组织框架，共同服务于课程思政的建设。部分学校没有成立专门的课程思政建设领导小组，缺乏指导课程思政建设工作的领导机构和负责推进工作的组织架构，缺乏实施课程思政教学的详尽规划，没有制定实施课程思政建设的一系列规章制度，更没有针对英语学科编制课程思政教学的指导性文件，也没有依据学校的实际情况，结合本校特色制定具体的初中英语课程思政实施细则和英语课程思政建设标准，没有建立健全从学校管理层到各部门之间上下贯通、责任明确、有机联动、狠抓落实的组织管理体系，致使各方协调作用发挥不足，无法为实施课程思政教学提供服务，缺乏对课程思政教学的引导。

（2）缺乏针对初中英语课程思政教学的教学管理体系，无法实施对课程思政建设的监督管理。学校并未针对课程思政重新修订英语学科课程培养方案和教学大纲，对于实施课程思政教学的课堂管理、教学安排、教学方法和组织形式、课程考核内容和课程教案课件编写等没有制定规范，未能对课堂教学实施随机旁听督查、考评教学效果的约束机制。这导致关键教学环节的监督管理缺位，无法提升初中英语课程思政的教学效能，难以确保初中英语课程思政建设平稳有序推进。

（3）缺乏针对初中英语课程思政教学的激励机制。学校在现行的教师职务（职称）晋升、评优评先、业绩考核、津贴分配活动中，并未将教师开展课程思政相关工作的情况和效果纳入其中作为重要考核标准，缺乏激励保障措施，无法促使初中英语教师积极主动实施课程思政教学和参与课程思政建设，导致学校在课程思政建设过程中出现动力不足问题，严重影响课程思政建设的有效开展。

（4）缺乏初中英语课程思政教学团队、初中英语课程思政示范课和课程思

---

① 陆道坤. 新时代课程思政的研究进展、难点焦点及未来走向[J]. 新疆师范大学学报（哲学社会科学版），2022：43（3）.

② 王学俭，王岩. 新时代课程思政的内涵、特点、难点及应对策略[J]. 新疆师范大学学报（哲学社会科学版），2020：41（2）.

政教学骨干的建设和遴选机制。学校没有组织开展针对课程思政的赛课活动，为教师搭建学习、借鉴他人经验和进行自我思考的平台，无法为课程思政建设遴选课程思政教学骨干，缺乏能够理解课程思政深层内涵与重要意义并有能力在实践中落实课程思政的英语学科课程思政建设带头人[①]，无法带领、指导和组织一线教师的学习、研究和提升。对于在英语教学中实施课程思政且教学效果突出、学生反响热烈的教师，不注意挖掘培养，没有组织开展英语课程思政教学优秀教师示范观摩课活动，未能发挥这类优秀教师的示范、引领、带动作用。

（5）缺乏针对初中英语教师的课程思政培训制度。初中英语教师课程思政意识薄弱的原因之一，是缺乏系统全面的课程思政理论培训，缺乏对培训质量的考核，培训质量难以保障。

（6）缺乏针对课程思政的宣传机制。学校为一线教师在英语学科中实施课程思政教学提供的支持力度不足，未能建立课程思政的宣传机制。课程思政宣传机制的不足表现为学校对课程思政的宣传形式单一，宣传力度不够，宣传途径有待创新。宣传机制的不足带来的宣传不到位的后果，导致教师普遍对课程思政的认知不深入，学生对课程思政不了解，课程思政的影响力不大。

（7）缺乏课程思政建设专项经费管理制度。学校管理主体对课程思政缺乏足够重视、学校教育经费的不足和上级行政管理部门未提供相应的资金保障，使得大部分学校并未设立课程思政建设的专项基金，无法实现课程思政建设专款专用的管理。课程思政建设专项经费的设立，有助于深入推进学校课程思政建设，有效发挥各类课程育人作用，保证学校课程思政建设的顺利开展。同时专项经费有助于保障课程思政教学科研工作的开展，能鼓励和引导教师聚焦课程思政建设和课程"育人"效果，以教学或教学管理过程中的问题为研究对象，着力于解决或探究教育教学过程中存在的问题，提升教师课程思政建设的意识和课程思政的教学科研能力，从而切实提高教学和人才培养质量。

（8）教研组缺乏常态的研讨机制。由于学校没有强制要求教研组对课程思政形成常态化的研讨机制，教研组并未充分发挥职能作用，未定期组织学科内教师讨论课程思政元素的挖掘、与主题内容融入的方式、课程思政教研课题充分的开展，也未能广泛收集意见来制定符合校情的初中课程思政教学指南，指导本校英语教师更好开展课程思政。另外教研组未健全不同学科组教师协作与交流的机制，未有效促成英语学科与思政学科之间的跨学科联合教研活动，无

---

① 肖琼，黄国文. 关于外语课程思政建设的思考[J]. 中国外语，2020，17（5）.

法让英语教师通过学科组的研讨活动对思政理论知识进行更深入的学习和更准确的把握，未能充分发挥作用为教师搭建互相学习、借鉴、交流研讨和共同进步的平台。

（9）组织与管理群体的课程思政素养不足影响了相关制度的建设。学校领导、职能部门负责人、学科组长属于课程思政建设的领导者及管理者，他们中有部分人对课程思政的理解不深，对课程思政建设逻辑的掌握程度不高，课程思政设计与规划、建设管控能力、评价能力、对"同向同行"的把控能力、资源协调能力不足等，影响了课程思政组织、管理、保障运行等制度体系的建设，影响了课程思政建设的方向和效果。

（10）教育功利化在一定程度上造成了学校相关制度建设滞后。中考与学校招生、财政资金分配与拨付、全体教职工绩效评定与奖励以及学校管理人员的职务晋升有直接关系①。而课程思政内容不是中考的考核内容，且目前课程思政仍处于改革实施阶段，并不强制施行，学校管理层面对其重视不足，再加上受制于有限的经费，学校必然将大量的资金、教育资源、优良的师资全力用于提升学生的术科成绩。对于学校管理者而言，继续沿用现行的教学方式为实现既定中考成绩目标提供了相对稳定的保障。然而，彻底改革教学方式、管理体制和保障机制，虽然具有潜在的长远益处，但也伴随着更高的不确定性，可能带来无法实现教学目标的风险。在当前学校间激烈的生源、资金、教学资源等竞争中，对改革成果的不确定性和潜在风险的担忧，使得他们普遍缺乏进行冒险性改革的动力，不愿重新设计和制定相关体系制度。

（11）地方教育行政管理部门的引导不足、监管不到位，使得学校课程思政相关体系建设缓慢。地方教育行政管理部门未能充分发挥组织领导、协调管理职能，对学校课程思政建设相关工作的管理不到位，未发挥教育行政管理部门的监督职能作用，未组织相关人员深入学校就学校的课程思政相关体系制度建设进行考核，对课程思政这一新理念在学校的实践推进工作缺乏上级管理部门的监督、考核和引导；没有结合本地区实际情况展开调研，没有结合地域特色制定本地区不同学段不同学科课程思政标准和具体教学实施指南，未能给辖区内的学校实施课程思政教学提供方向性指导，使得学校在制定课程思政教学质量管理体系时无章可循；未能组建相关部门人员对党和国家政策进行解读与研

---

① 喻忠明. 课程思政融入初中英语阅读教学的现状分析及提升策略研究［D］. 天津：天津体育学院，2023.

究，制定出符合各学段特征的英语课程思政建设纲领性文件及政策①，无法为学校的课程思政宣讲工作提供助力；未能充分整合辖区内各类学校资源，推进跨校跨区多领域多维度的课程思政建设，构建各学科教师共建共享互惠的优秀资源教学平台，助力课程思政教学师资培训，从培训融通机制入手形成工作合力，加速推动课程思政改革的发展。

(12)学校缺乏健全的家、校、社协同育人机制，家、校、社共育成效不显著。人的思想、行为、价值观的塑造不仅受学校教育、家庭教育、传统文化等的影响，还会受到社会其他各种环境因素的影响，这些社会环境因素通过公共媒介等方式影响人们的行为思想。当前多重的社会环境问题对学校的思政教育提出了很高的要求，给学校的初中英语课程思政建设带来了诸多挑战，影响了学校管理育人成效：网络负面消息泛滥，而青少年的生理、心理、阅历、知识等个人主观因素与网络生态异化、教育偏误等客观因素交互作用，使初中生容易对网络负面新闻产生一定的偏好，对学生心理健康及价值观构建构成潜在威胁，给初中英语课程思政教学增加了难度；信息技术高速发展，中外各种文化交流加快，多种思潮相互交错、相互激荡，形成各种民族文化、生活方式、价值观念和伦理道德的矛盾冲突和相互渗透，初中生所接触的知识量多、信息量大，心智尚未成熟的青少年可能缺乏辨别是非的能力②，给学校引导学生树立正确的世界观带来巨大冲击；而家校合作不紧密，思政教育中家庭的作用未能发挥，则导致学生在课堂内外价值观引导的连续性和一致性难以保障。

3.3.6　学校评价体系对思想引领育人导向重视不够

教学质量评价对于初中英语课程思政的有效开展起着至关重要的作用，是必不可少的一个重要环节，是保障和提升初中英语课程思政教学效果的重要手段。教师课程思政教学能力的提升作为课程思政建设的关键要素，除了与教育主体和管理主体的课程思政认知和管理引导等密切相关外，同样也需要有科学健全的初中课程思政教育质量评价体系确保对其进行客观全面的考核，引导和督促教师改进课程思政教学，从而提升个人课程思政教学能力。尽管国家发布的纲领性文件强调课程思政建设质量评价的重要作用，为推进课程思政教学质量评价体系及其机制建设指明了方向，《新课标》为初中英语课程育人的效果评价提供了标准，强调英语课程的评价坚持以人为本的理念，评价内容要做到全

---

① 陈剑飞.小学数学课程思政现状及管理对策研究[D].通辽：内蒙古民族大学，2023.
② 闫冰红.网络时代高中思想政治课存在的问题及对策研究[J].学理论，2013(15).

面而多维,明确指出英语教学的评价重点是学生英语学科核心素养的变化与发展①。但实际情况是各级学校并未重视对课程思政教学质量评价规范体系的系统性和专业性建设,普遍缺乏课程思政教育质量评价体系,原因分析如下。

(1)学校现行的教学质量评价体系中的各基本要素并未将与课程思政有关的元素纳入其中,大多机械套用已有的评价模板,难以全面反映课程思政教学成效。①评价内容未结合课程思政教育理念重新设计,未针对教师的思政元素挖掘能力、教师有机融入思政元素的教学能力、学生思政素养的发展和变化等设计评价目标。②评价方式缺乏多样化,仅针对学生英语学科知识学习内容进行测验、考试等终结性评价,重分数轻教育过程,违背思政素养的培养规律。③评价主体缺乏多元化,评价主体仅为授课教师,多为教师对学生英语语言综合能力的评价,也存在教师在课堂内外基于自身的观察对学生进行道德和品质的单向主观评价,存在片面性,其评价结果的效度有待商榷。除此外,鲜见学生对教师的课程思政教学效果进行评价,学生对课程思政学习成效的自我评价与同伴互评也十分少见。实质上,学生的自我评价促使其主动进行内观反思,使其更了解自身状态,明晰个人目标,有助于其明确未来努力的方向。同伴互评,亦称为生生互评,可以让学生相互合作、相互评价,从而培养团队合作精神,可以让学生客观地认识到自己的优点和不足,培养自我认知,可以让学生了解他人好的学习方法和技巧以提升自己的学习效果,还能通过评价反思提高自己的批判思维能力。另外,初中思政课教师对初中英语课程思政教学的专业性评价、英语教研组对初中英语教师课程思政教学质量的评价以及初中英语教师的自评也并不多见。思政课教师基于其专业角度,可助力初中英语教师深入挖掘思政教育元素,提升思政理论素养;英语教研组可发挥集体力量,共同就教学内容融合和教学过程开展等内容进行分析探讨;教师自评促使教师对课程思政教学主动反思。如此多元化的评价主体才能确保课程思政教学评价的全面性。④评价标准单一,无针对性,只重语言教学效果,不重课程思政育人效果;没有结合学校的人才培养方案和校本特色,针对初中英语课程,征集教师和学校相关部门意见,制定符合本校实际情况的评价标准。

(2)学校现行的教学质量评价体系未凸显有效评价反馈的重要性。评价提升教学效果的重要环节,在于将评价结果作用于教学反馈,促进学生主动学习和思考。何莲珍(2022)特别强调提升评价反馈的有效性,对于学生在课堂教学活动过程中表现出来的价值取向、对不同文明文化的鉴赏力、团队合作意识、

---

① 徐阳. 课程思政融入初中英语教学的现状调查和策略研究[D]. 厦门:集美大学,2024.

反思及思辨能力等方面予以反馈，有助于激发学生学习兴趣，引导学生深入思考，进一步提升课程思政育人的针对性和实效性，发挥评价对教学的积极导向作用①。

（3）学校未能建立公开透明、规范公正的课程思政教学质量评价体系，无法保证评价过程的透明化、规范化，难以彰显评价公信力。如部分现有的教学评价，尽管学生对教师的教学进行评价，但没有任何手段和措施确保学生进行客观公正的评价，且教师对评价内容和评价指标并不清楚，从而无法发挥评价结果对教学的积极作用。

（4）学校课程思政教学质量管理评价体系缺乏实时评价监测。课程思政强调价值塑造和能力培养，要实现科学全面的评价必须涉及能力发展长期动态监测和实时评价监测，如此大的工作量若仅靠传统人工处理，非常烦琐且费时费力。人工智能（artificial intelligence，AI）技术的出现，尤其是生成式 AI 的运用，深刻改变了语言学习的方式与模态，为英语教学与测评带来了前所未有的机遇和挑战，影响了英语教学与测评的未来②。AI 赋能的初中英语课程思政教育质量评价能实现科学化的精准评价，实现多元化实时评价，并能及时提供直观的可视化反馈，助力课程思政教学。

（5）初中英语教师自身对课程思政评价的重要性认识不足。尽管课程思政注重的是盐溶于水、血液流淌于骨髓中的潜隐性的效果，注重学生的健康心智成长、观念引领和行为习惯的养成，但并不意味着教师只需教而不需重视教的效果。相反，通过对课程思政教学质量进行评估，教师可以发现在英语教学中实施课程思政对学生的影响程度，实施方式、实施的量与语言内容融合度是否存在问题和不足，通过对评价数据的分析，可实现对初中英语课程思政教学的主动反思，形成相应的改进措施和方案，提升课程思政教学效能。

（6）学校及上级教育行政管理部门未要求对教师的课程思政教学质量进行评价，未实施任何手段鼓励教师主动对课程思政教学效果进行评价，同时教师缺乏一套明确可供采用的课程思政的评价标准实施初中英语课程思政教学评价。

（7）学校课程思政评价体系建设的推进工作，在一定程度上存在应付式的"阶段性"和"短期化"的现象，体系的制定缺乏将常态性评价作为课程思政教学管理日常工作内容的意识。

---

① 何莲珍. 大学外语课程思政之"道"与"术"[J]. 中国外语，2022(4).
② 何莲珍. 在强国建设中彰显大外作为[J]. 外语教育研究前沿，2024(5).

（8）学校未能意识到课程思政教学质量管理评价体系的建设具有动态性和相对性的特点，未能意识到课堂教学并非初中英语教学课程思政建设的单一阵地，未将教师相关的思育育人实践行为也纳入评价体系。

（9）地方教育行政管理部门未作为评价对象纳入评价体系。地方教育行政管理部门肩负政策解读，制定执行方案，统筹、监督和指导辖区内各级学校课程思政教学的职责，属于课程思政建设的上级管理机构，其是否发挥职能作用、履行职责使命对学科课程思政的推进有重要作用，而缺乏这一评价对象的评估体系是不健全的。

3.4　初中英语课程思政的建设路径

3.4.1　完善相关配套政策和制度，提高课程思政建设支持力度

尽管国家关于课程思政的各项方针政策的颁布为课程思政的落地奠定了政策基础，满足了基本框架的政策需求，但要实现其全面深化与长效发展，还需在多个维度上持续完善配套政策和制度体系。具体而言，需进一步强化党建的核心引领作用，通过党建与课程思政的深度融合，确保教育方向的正确性；同时，针对课程思政在初中阶段英语课程的实施情况，要出台具体的建设指南；此外，建立健全初中英语课程思政的教学质量评估机制，实施动态化、精细化的管理，确保思政教育内容的有效融入与高质量实施。这要求我们在实践中不断探索课程思政的内在规律，针对现有政策制度的空白点，及时制定补充性政策，填补漏洞，逐步构建起一个系统化、制度化、规范化的课程思政建设框架。通过这一系列努力，推动初中英语课程思政建设向更高水平、更深层次迈进。

3.4.2　促进教师更新教育理念，提高教师课程思政能力与素养

教师是促进学生全方位成长、肩负并践行立德树人这一核心教育使命的关键角色与实践者。教师的育人能力和思政意识是影响课程思政教学实效的关键性因素[①]。初中英语教师的课程思政素养是影响初中英语课程思政育人效果的重要因素，如前文所述，部分初中英语教师的课程思政素养不足，主要表现为

---

① 苏茜. 如何将铸牢中华民族共同体意识融入课程思政[J]. 中南民族大学学报(人文社会科学版)，2023，43(12).

课程思政认知程度不足，课程思政融入初中英语的教学能力不足。因此提升初中英语教师的课程思政认知程度和课程思政教学能力是提高初中英语课程思政建设质量的重要保障。

（1）提升思政素养，发挥引领示范作用。教师个人课程思政素养影响思政教育融入初中英语的教学成效。因此，教师要定期学习党政理论，努力提高自身的政治理论水平，树立坚定不移的政治信仰，保持正确的政治立场，牢记为中国特色社会主义社会培养全面发展的人的光荣使命①。此外，初中英语教学实施课程思政不仅要求教师培养学生运用外语进行有效交际的能力，更重要的是在学生理想信念的树立、价值观的塑造上起到引领作用。"德高为师，身正为范"，教师若要有效引导学生树立积极的情感态度和正确的价值观，首要任务在于提升自身的道德修养与情操，以身作则，为学生树立典范。教师是处于成长中的初中生效仿的标杆，必须时刻审视自己的言行举止，展现自身的高尚品德与深厚的道德修养，发挥表率作用，润物无声地教化学生，引领学生的道德品格正向发展和心灵健全成长。

（2）更新教育观念。传统的强调英语语言知识传授的外语教学观念抑制了初中英语教师提升课程思政认知程度，遏制了思政教育融入初中英语的教学实践，影响了初中英语课程思政教学的育人效果。因此，初中英语教师应将外语教学观念转变为外语教育观念，明确新时代的英语教育的目标应是培养具备综合素质的全面发展的人，而非单纯考试拿高分的"分数人"。立德树人根本任务赋予教师育人的责任担当，因此初中英语教师不应满足于英语语言文化知识和教学法的理论学习，更要对思政理论及其他学科的知识进行学习，成为致力于促进学生全面发展的全才，教学观念不再局限于英语学科知识的传授，而致力于对学生道德情操、智力发展及思维能力等综合素质的培养。

初中生处于生理和心理迅速成长的青春期阶段，他们逐渐形成自我意识，开始独立思考和探索自我，看重同学之间的同伴关系，但很容易受外界影响，形成不健康的道德观念。因此初中英语教师应实现与其他学科之间的跨界融合协同发展，守护心灵阳光，共同构建初中生道德标准和正确的价值体系，培养学生的社会责任感、公民意识和道德品质，引导其成为德智体美劳全面发展的社会主义建设者和接班人。

（3）丰富课程理论知识，提升思政教学能力。教师应当把握好不同层次的课程思政培训活动，积极学习与课程思政相关的国家政策和教育方针，不断更

---

① 黄明俊，张美茹. 教师课程思政育人能力提升研究［J］. 中学政治教学参考，2023（27）.

新课程思政知识，提高个人课程思政认知程度。多听课、多参加集体备课和各种形式的教研活动，多与同行就课程思政的内涵理解与融合实践交流心得体会，互相学习，相互促进。多观摩课程思政教学比赛、学习优秀的课程思政教学范例，积极反思，取长补短。积极开展课程思政的教学研究或科学研究，主动对课程思政的理论进行探索研究，以研促教，提升课程思政教学能力。课程思政在初中英语教学中的有效实施，需要教师集体携手合作共进，在这个过程中，教师们通过深入研讨与交流，能汲取来自不同视角的宝贵见解，能在团队协作中整合资源，共享课程思政成果，有助于教师优化个人教学，促进其专业成长。

3.4.3　充分挖掘初中英语思政元素，完善课程思政资源库建设

初中英语课程和教材需要更进一步明确英语思政的目标，凸显初中英语课程思政教学品格塑造和价值引领的重要作用，在注重学生英语语言能力训练的同时，还应加强英语课程的思政教育渗透，通过强化英语课程思政的落实力度，确保初中英语课程不仅传授知识，更能在学生价值观塑造上发挥重要作用。初中英语教材可以根据《新课标》的要求和教材编排体例的特点，在语言应用能力培养目标中增加思政维度，精心设计教材中每一单元甚至每一课的情感态度与价值观目标，并在教师用书上对这些目标提出具体的规定和要求，努力培养学生的人文素养、道德品质、社会责任感、使命感和奉献精神等。另外，基于英语学习规律，结合情感态度与价值观的目标要求，充分挖掘初中英语教材和教学中的课程思政素材和育人点，在心智训练的基础上，充分挖掘知识中的思想、情感和价值观成分，让初中英语教材和教学真正起到培根铸魂、启智增慧的作用。同时，初中英语教材中的课程思政内容要注重选文的前后关系，平衡课程思政不同元素的比例，每册中课程思政内容既要做到有针对性，又要兼顾全面性，还要注意不同学段教材的衔接，做好铺垫、逐步扩展、螺旋上升①。

初中英语教师作为落实课程思政理念的具体执行者，要保持对社会热点与时事政治的敏锐度，深挖富含时代精神与前瞻思考的思政元素，并自然融入初中英语教学。相关调查显示，许多初中英语教师在将思政教育融入初中英语教学的过程中很少将社会时政热点与英语学科内容相结合。教师在深度剖析

---

① 陶芳铭，张筱菲. 初中英语教科书中课程思政的内容分析与价值实现［J］. 北京教育学院学报，2024（1）.

教材内容、挖掘思政元素的同时，还应将当前社会现实的元素融入其中，鼓励学生关注并思考社会时政热点，培养其成为具备社会责任感与使命感的公民①②。

初中英语课程思政教学资源的匮乏、教材开发及教学内容的更新相对滞后，教师个人获取及整合初中英语课程思政资源的手段相对有限，难以高效准确选取恰当的思政资源的种种问题，为课程思政理念在初中英语落地实施带来了诸多挑战，因此初中英语课程思政资源库建设的迫切性日渐凸显。构建完善的课程思政资源库，是深化教育教学改革、落实立德树人根本任务的重要举措。第一，这有助于推动初中英语育人工作提质增效，改变初中英语课程思政内容过于随意、主观，缺乏系统性、科学性的局面，为初中英语提供课程思政教育的标准化素材和教学指导。第二，初中英语课程思政资源库的建设，能提高教师备课效率，解决教师难以获取有效课程思政教学素材的困难，提升初中英语教师的课程思政素养。第三，初中英语课程思政资源库的建设还能为学生提供丰富的学习资源，实现课程思政教学线上与线下、课内与课外的有效衔接，拓展学生的学习深度与广度③。初中英语课程思政资源库的建设需要学校统筹、组织协调不同部门参与建设，如技术方面，需要信息技术专业人员结合具体校情和实际教学需求进行科学设计，依托开放的网络平台创设和管理门户网站，提供课程思政资源的分类存储、浏览检索、上传下载功能，便于教师随时查阅和调用资源，便于师生随时学习交流。同时地方教育行政主管部门、学校积极发挥教育共同体的作用，同其他地区、学校合作，构建跨地区、跨学校、跨专业教师共建共享互惠的优秀资源教学平台，扩大资源库应用范围。内容方面，初中英语课程思政资源库需涵盖各类蕴含课程思政元素的文档资料，如课程教学大纲、电子教案和课件、教材、论文等；各类反映教学团队、教学场景等课程思政教育教学图形、图像；学习视频资料，如网络上搜集的各类教育教学的视频资源，帮助学生学习知识、开阔视野，或是根据教学任务录制的微课视频、网络课程视频等，助力突破学习重难点，完成教学任务；初中英语课程思政教学案例库，收录初中英语课程思政示范课、初中英语课程思政精品课、初中英语课程思政优质课、初中英语课程思政优秀教学设计、初中英语课程思政教学比赛、初中英语思政教学案例比赛等的获奖文本或视频。除此之外，资源

① 徐阳. 课程思政融入初中英语教学的现状调查和策略研究[D]. 厦门：集美大学，2024.
② 宫晓琪. 课程思政融入初中英语教学现状的调查研究[D]. 天津：天津师范大学，2023.
③ 罗宪芬. 高校英语课程思政教学资源库建设研究[J]. 海外英语，2024(6).

库的建设还应整合各种网络资源,拓展外部思政教学资源,如人民网的"人民课程思政资源教育库"和光明网的"高校课程思政资源数据库"提供的国家最新时政热点、楷模人物及学科建设等方面资源①;部分学校和平台推出的思政精品慕课资源;"学习强国"平台、中国国际电视台、中国日报网、新华网等权威媒体收录的大量关于时事和国家政策等的最新解读的外文资源。以上种种,都可从中挖掘同初中英语课程教学内容有关的思政资源并加以整合,充实课程思政资源库②。此外,教材中历史名人故事、"时代楷模"事迹、优秀传统文化案例等也是较好的课程思政素材,亦应将其梳理整合纳入初中英语课程思政资源库。上述种种优秀课程思政资源的有效累积,有助于完善初中英语课程思政资源库的建设,形成多元化、高质量的初中英语课程思政资源库。

3.4.4　创新教学方法和手段,提升初中英语课程思政建设成效

思政教育具有鲜明的时代特征,初中英语课程思政教学过于依赖传统的讲授和问答法,师生互动不足,学生缺乏参与感,难以引起兴趣,难以深入理解和体验思政教育的核心理念,难以培养独立思考和批判性思维能力,初中英语课程思政教学质量和效果不佳。因此,思政教育融入初中英语的教学方法需要创新,采用更多互动的教学方法,让学生的被动学习转化为主动思考。

比如情境教学法,创设贴近学生生活、富有教育意义的情境,让学生从内心深处产生共鸣,激发学生基于情境的批判性思维,通过情境下的讨论、体验对法治精神、国家认同等思政内容进行反思感悟,从而提升个人的道德修养和思维品质,塑造正确的价值观,达到更好的教育效果。如某版九年级课本"Unit 5 What are the shirts made of ?"通过创设"品牌"寻找的情境,让学生理解、尊重中西文化差异,了解国家尊严,感受社会主义制度的优越性,增强爱国主义情感,培养为实现中华民族伟大复兴的中国梦而不懈奋斗的信念③。

又如项目教学法,亦可称为项目式学习(project-based learning, PBL),"项目式学习可以被理解为一种教与学的新理念、新方式——在此过程中,学生在教师的帮助下,面对来自真实世界的挑战性项目任务,开展一定周期的探究、合作学习,完成项目成果,获得知识、能力、素养的协调发展"④。在项目式学

---

① 缪珂,高文静,秦雪英,等. 课程思政资源库建设相关研究现状[J]. 医学教育管理. 2023, 9(2).
② 罗宪芬. 高校英语课程思政教学资源库建设研究[J]. 海外英语, 2024(6).
③ 王江华,罗敏. 初中英语教学融入课程思政教学的策略:基于思政元素的分析[J]. 教育科学论坛,2023(12).
④ 桑果元,叶碧欣,王翔. 项目式学习:教师手册[M]. 北京:北京师范大学出版社,2023.

习中，学生接受教育，共同合作，在教与学的过程中，学生英语的掌握程度与应用能力得到了提高；通过多元文化的持续输出，学生拓宽了国际视野，增强了文化包容性，提升了跨文化交际能力，增强了文化意识；面对复杂多变的项目挑战，学生学会了从不同维度审视问题，增强了逻辑思维的严密性和批判性思考的独立性；通过团队合作与交流，学生能及时察觉并修正个人在学习中的不足，有助于培养个人的学习能力，落实对核心素养的培养。如某版九年级"Unit 10 You're supposed to shake hands."的主题为"人与社会"，根据 Section B 部分 2d 阅读话题，围绕"文化自信"的思政主题开展"中国与法国餐桌礼仪对比调查"项目研究，旨在让学生深入探索中国与法国在餐桌礼仪方面存在的差异，剖析这些礼仪所蕴含的社会文化，培养学生的跨文化交际能力，通过理解、尊重他国文化，建立文化自信，增强本国文化认同感与自豪感[①]。

再如案例教学法（case-based teaching），一种以真实或者虚构的案例为教学内容，围绕教学主题，通过讨论、问答、角色扮演、辩论等方式进行师生互动，从而让学生了解与教学主题相关的概念或理论，提高学生的思维能力和解决问题能力，提升综合素养。如某版八年级下册"Unit 1 What's the matter?"的主题是"关爱健康、珍惜生命"，其 Section A 3a Bus Driver and Passengers Save an Old Man 的内容与当今社会热议的"扶与不扶"现象非常吻合，教学内容涉及的思政教育点明确，教师可通过引入真实案例，组织班级辩论或依据学生的认知水平，设计层层深入的问题，引导学生由案例到教学内容、由案例到思政教育内容，思考讨论"扶与不扶"的话题，帮助学生形成正确的救人价值观。

除了上述提到的三种教学方法外，还可通过对比分析、实践教学、榜样教学或剧本表演等方法进行创新式教学。通过教学方法的改革创新，学生的主体性和参与度更高，有助于学生独立思考，培养学生的批判性思维和创新能力，而且教师通过与学生的互动，可以更好地了解学生的需求，调整教学内容和方式，提高教学效果。此外，教学手段也需要创新，初中英语课程思政教学可以充分利用现代信息技术手段，如多媒体教材、在线课程、教育应用程序等丰富教学资源，提升初中英语课程思政教学的吸引力和感染力。

---

① 刘静蕾. 融入课程思政的项目教学法在初中英语教学中的应用研究［D］. 延安：延安大学，2024.

3.4.5　优化学校管理制度，保障课程思政建设实施与有力推进

初中英语课程思政建设仅凭教师之力难以实现，在学校内需要教师、学校各部门、教研组之间相互协调、合作共同推进，才能发挥英语学科育人的最大效能。

第一，学校领导要提升思政素养，重视发挥学校的顶层作用，统筹和引领初中英语课程思政建设，由校党委牵头成立专门的课程思政建设领导小组，颁布初中英语课程思政建设的指导性文件，结合本校特色制定初中英语课程思政建设实施细则和实施标准等相关文件，健全从学校管理层到各部门之间的组织管理体系，明确责任，发挥各部门作用，引导、保障初中英语课程思政教学的有效实施，监督管理初中英语课程思政建设，提升初中英语课程思政教学的效能。

第二，学校应制定课程思政培训制度，要从培训对象、培训方式、培训内容等方面进行建设。在岗在职教师的在职培训和新入职教师的岗前培训都要加入课程思政理论和课程思政教学的内容，受限于培训内容和培训时长，两者应有所区分。培训方式可采用线上线下混合式教学的方式，以期给教师减负的同时激活更多教育能量。为了避免流于形式，要注重对教师培训质量的考核，切实提升教师课程思政素养。

第三，学校要重视初中英语思政教学团队、初中英语课程思政示范课堂等的建设，开展课程思政的赛课和课堂观摩活动，挖掘培养初中英语课程思政建设中涌现出的优秀教师，发挥其示范引领作用。

第四，学校要加大课程思政的宣传力度，充分利用学校的平台和资源设计多样化的活动，如可让校园广播站做一期有关课程思政的内容，扩大课程思政的影响力，再如举办课程思政主题黑板报大赛，发动学生和老师主动了解课程思政的相关内容，深化对课程思政的认知①。

第五，学校要建立初中英语课程思政教学的激励机制，确保教师得到适当的激励，主动提高个人思政教学能力和研究水平；设立课程思政建设的专项基金，保证学校课程思政建设的顺利进行，更好推动初中英语课程思政建设。

第六，英语教研组应针对课程思政教学制定常态化的集体备课制度，定期召开思政教育融入英语教学的主题教研活动，组织课程思政教学观摩和经验分享，提供平台使英语教师得以就课程思政内容的挖掘、课程思政与日常英语教

---

① 徐阳. 课程思政融入初中英语教学的现状调查和策略研究［D］. 厦门：集美大学，2024.

学融入的结合点与融入量等课程思政实践教学中出现的困难和问题定期进行深入交流研讨，彼此相互借鉴，实现组内教师课程思政教学能力的相互促进、共同提升；积极联合思政学科等其他学科开展跨学科联合教研活动，促成不同学科组的教师协作与交流，让英语教师突破自身专业背景的限制，增加思政理论知识深度和其他学科知识广度。

　　学校外还需通过密切家校沟通、开展家长培训、组织多元活动等，构建家、校、社协同育人机制，推动家庭教育、学校教育、社会教育凝聚育人合力，方能保障初中英语课程思政教学对学生价值观引导的连续性和一致性，呵护学生向阳成长。在初中英语课程思政建设中，学校可积极推行家、校、社协同育人的"三位一体"工作机制，成立家庭—学校—社会教育共同体，努力把学校的主导作用、家长的主体责任、社会的有效支持体现出来，将家庭教育、学校教育与社会教育有机结合，共同探索协同育人新路径，全面加强未成年人成长环境和思想道德建设，促进学生德智体美劳全面发展。家长是学生的第一任教师，他们的理念和态度对学生的思想政治觉悟有着重要影响。除了利用学校原有的家校培训机制外，社区可以联合各类学校、企事业单位、科研机构开设社区家长学校、家长夜校、家长课堂，通过家庭教育讲座及家长沙龙等方式，为家长提供思政理论知识、教育方法、亲子沟通技巧、青少年心理特点等内容的培训，帮助家长更新家庭教育理念，转变家庭教育方式方法，鼓励他们在遵循学生成长规律和教育规律的前提下积极践行相关理念，提高家庭教育的科学性，实现家长对学生的正面管教、与学生的有效沟通，做到亲子一起成长、共同进步。如此家长能更好地理解和支持学校的教育工作，与学校、社会形成教育合力，共同营造良好的成长环境，携手关爱学生健康成长，努力培养更多让党放心、爱国奉献、担当民族复兴重任的时代新人。此外，学校除了通过原有的家校沟通渠道，实现教师与家长之间的双向沟通、了解学生的思想学习动态外，还可联合社区工作人员，为特殊学生群体送教上门、保持定期联系，给予学生和家长更多的关心和帮助。同时还可以借助社工、社区服务机构的专业知识及高等院校师生的优势资源，深入开展心理素质拓展、情绪管理、生命教育、校园霸凌防治、未成年人保护等活动和课程，使其成为学校教育学生成长的有益补充，促进学生的健康全面发展。实践作业方面，学校可以通过家庭综合实践作业和亲子研学活动等方式，利用社会各种实践资源，让家长参与学生的思政教育。家庭综合实践作业可以设计相关题目，引导学生与家长一起讨论和思考。如可以组织家长和学生一起阅读、一起运动、一起劳动、一起观看红色电影的亲子活动，使家长在陪伴孩子温暖成长的同时，以家规为抓手着重培养孩子良好的习惯、品德和崇高的道德观念。社会教育是家庭教育、学校教育的延展地和有益补充，学校可以组织家长和学生利用多种社会教育资源，如各类博物馆、主题公园、科普基地、劳动社会实践基地开展各类研学活动，拓宽育人维度，实施习近平新时代中国特色社会主义思想、社会主义核心价值观、中华优秀传统文化、法治、职业理想和职业道德等方面的教育①。

3.4.6　健全课程思政考核与评价机制，突出思想引领育人导向

在当前国家领导人多次强调"各类课程与思政理论课同向同行，协同推进"、党和国家发布文件大力推进大中小学课程思政一体化建设，以及《新课标》强调培养学生核心素养的新时代大背景下，传统的只关注成绩的初中英语课程评价体系已不再适应当前时代的发展，初中英语课程评价需要更新，课程思政侧重价值理念的引领，而人的价值观的形成也非一蹴而就之事，故对于课程思政评价体系的建设应该立足长远，必须认识到课程思政评价体系的建设具有全面性和延续性的发展要求②。现有的评价体系应加入课程思政教学评价标准，反映以人为本的教育理念，将学生的语言知识和技能的学习成效、思政素养、情感态度和跨文化交际能力等学生学科核心素养的发展变化以及思政学习成效均作为评价内容纳入评价体系。评价主体应多元化，综合利用教师自评、同行互评、专家评价相结合的促教功能，提升教师的课程思政教学综合能力；综合利用教师评价、学生自我评价和同伴互评相结合的促学功能，引导学生积极进行自我评价和反思③，培养其自我认知、自我调节、自我发展、合作学习等能力。评价方式应多样化，实施形成性评价和终结性评价相结合的评价方式，思政素养的培养不是一蹴而就的，它的提升是一个循序渐进的过程，因此对课程思政教学质量的评价应关注学生的学习过程，采用一定学习时期内的动态课堂观察、作业记录等进行形成性评价。但终结性评价可以评价出教学的有效性，鉴于当前对学生的英语学习采用的终结性评价主要考查英语语言知识和语言技能的学习成效，缺乏对学生思政学习成效的考核，故需进行优化，通过在学生学业终结测试中融入思政内容的题目，测试课程思政教学效果。然而，初中英语课程思政教育质量评价体系仅用改良后的终结性评价或者仅用形成性评

---

① 昆明市积极构建家校社协同育人机制：画好同心圆护航成长路［N/OL］. https：//www. yn. gov. cn/ywdt/zsdt/202409/t20240909_304461.html.

② 周松，邓淑华. 高校课程思政建设存在的问题及路径优化［J］. 学校党建与思想教育，2021（10）.

③ 文秋芳. "师生合作评价"："产出导向法"创设的新评价形式［J］. 外语界，2016（5）.

价并不足以确保对学生学习成效的科学评估，因此为了避免单一化的评价方式，应该将两者相合，以形成性评价为主、终结性评价为辅。评价结果要及时反馈到教学双方，初中英语教师在实施课程思政评价时尤其需要发挥反馈的导向作用，对学生参与任务产出的思想性内容给予适当的干预性评价，并采用显性反馈这种方式，积极引导学生形成正确的价值观。教师除了在课后基于课程思政教学目标和评价标准，分析学生的语言产出内容，及时开展思政育人反馈，还要善用课堂即时性促学评价①。而对于教师的教学质量评价，在保证公开公正的前提下，实施评价的机构应及时将评价结果反馈给教师，以供教师调整教学内容，改进教学方法。此外，评价体系的建设还应包括借助信息化技术手段实现实时动态跟踪评价以实现对课程思政教学效果科学精准的评价，以及将学校及地方行政管理部门作为评价对象纳入评价体系等，如此才能建立全面科学的评价机制，方可促进课程思政在初中英语教学中的有效实施，避免其停留在空喊口号的阶段。

① 胡杰辉. 外语教师课程思政教学评价理念与实践策略[J]. 中国外语, 2024(1).

第 4 章
基于课程思政理念的初中英语教学设计

4.1 教学目标的设置

4.1.1 教学目标设置的原则

教学目标指的是教师在进行教学活动时所设定的方向和期望达到的效果。教育是一种有目的的社会行为，而教学目标是教学设计的核心。通过教学目标，可以具体表达教育目的在具体教学中的实施情况。在规划基于课程思政理念的初中英语教学设计时，确立合理的教学目标是确保教育质量和实现育人目标的核心环节。有效的教学目标不仅能促进学生语言技能和知识水平的提升，还重视培养学生的道德品质和社会责任感，为他们未来的学习、工作及社会参与奠定坚实基础。为了达到这一目的，教学目标的设定需严格遵循国家英语课程标准，并充分考虑时代需求、学生年龄特征及英语学科发展趋势，以期在传播语言知识的同时，融入正确的价值观教育，助力学生成长为具有社会责任感的公民。

因此，在设置初中英语教学目标时，主张遵循以下六项基本原则：第一，聚焦思政价值，确立育人目标，将思想道德教育与语言学习有机融合；第二，依据《新课标》与教材，结合学情实际，确保教学内容既符合国家标准又能满足学生的个性化需求；第三，注重目标整体性，实现全面发展，通过综合性的教学活动促进学生德智体美劳各方面成长；第四，明确具体，可衡量与可达成，以便于教师进行有效的评估和反馈；第五，体现层次性，注重梯度提升，依据学生的能力差异设计渐进式的教学路径；第六，与教学活动和评价相一致，确保整个教学过程的连贯性和一致性。

1. 聚焦思政价值，确立育人目标

思想政治教育是当前我国各大中小学坚持走中国特色社会主义发展道路，实现"立德树人"根本任务的有效途径，而初中英语课程蕴含着非常丰富的思政元素，是开展初中生思想政治教育的有效载体，能使学生在掌握世界各国文化的同时，增强文化自信，厚植爱国主义情怀，具有非常积极的意义。课程思政理念强调课程与思政同向同行，形成协同育人效应。

在设置基于课程思政理念的初中英语教学目标时，应聚焦思政价值，根据国家和学校的思想政治教育要求，将思想政治教育融入课程教学中，明确将思政价值作为重要考量维度，确保教学目标具有正确的政治方向和价值导向，不仅关注学生语言技能的提升，更旨在培养学生的思想道德素养、社会责任感和国家意识等综合素质和社会主义核心价值观。例如，通过英语教学，培养学生的国际视野、跨文化交流能力和全球意识，以达到在培养学生的综合语言运用能力和思维能力的同时，引导学生形成正确的价值观和积极向上的思维方式的目标。

2. 依据《新课标》与教材，结合学情实际

教学目标的设置应基于《新课标》的要求，同时紧密结合教材内容和学生实际情况。通过对《新课标》的深入研读和对教材内容的细致分析，明确每单元学生应达到的语言能力水平，确定每单元的教学重点和难点，再根据学生的认知水平、学习习惯、兴趣爱好及学习难点等学情实际，制定既符合教学要求又贴近学生实际的教学目标。结合《新课标》的要求，人教版初中英语教材已于2024年秋季发布七年级上册新版教材，与旧版教材对比，新版教材在思政理念主题上紧密承袭了原教材的核心内容，在保持原有教育目标和核心价值观的基础上，对教学内容进行了优化和更新。在本书接下来的章节中将融合最新教材的案例，深入分析课程思政理念下的初中英语教学设计。

设置基于课程思政理念的初中英语教学目标，教师首先须将学生的独立性置于核心位置，这符合《新课标》与新版教材修订的核心原则，即"凸显学生主体地位"。通过这种方式，教师可以更有效地调动学生的学习热情和参与度，从而让学生更加积极地投入学习过程。

此外，教师应深入了解不同学段学生的年龄相关特征，这对于设置合适的教学目标至关重要。例如，对于低年级的学生，教学应着重于基础知识的构建，而对于高年级的学生，则应更多关注其解决问题的能力和批判性思维的培

养。因此，教师应依据学生的具体特点来精确制定教学目标，以满足他们的具体学习需求。

最后，教师必须详尽掌握学生的知识水平、学习能力及情感态度等多方面信息。对学生知识基础的准确把握可以帮助教师确定教学的初始点。同时，对学生的学习能力和情绪状态的了解，将有助于教师设计出更有针对性和实效性的教学目标。通过这种个性化的教学方法，教师可以更有效地促进每位学生个性化发展和全面进步。

3. 注重目标整体性，实现全面发展

教学目标应具有整体性，涵盖知识、技能、情感态度、价值观等多个方面，确保学生在语言学习的同时也能在思维品质、文化意识、学习能力等方面得到全面发展。这意味着教师在设置教学目标时，不仅要关注词汇量、语法结构等基础知识的传授，还要重视听、说、读、写四项基本技能的培养；更重要的是，要引导学生形成积极的情感态度和社会责任感，使他们在学习过程中体会到成就感和自我价值感。教师应充分考虑学生的全面发展需求，避免片面追求语言技能的提升而忽视其他方面的培养。

在制定基于课程思政理念的初中英语教学目标时，教师需要注重目标的整体性和系统性，充分考虑英语学科核心素养的各项要求。教师应根据英语学科核心素养的指导原则，将语言能力、文化意识、思维品质和学习能力等要素有机融入课程设计中，明确学生在这些方面应该达到的具体目标。通过这种方式，教学目标将更加全面和有针对性，更有助于促进学生的英语能力和综合素质的全面提升，支持其全面发展。

4. 明确具体，可衡量与可达成

教学目标应明确具体，具有可衡量性和可达成性。明确具体的教学目标有助于教师清晰地了解教学方向和学生的学习目标，同时也有利于教学评价的实施。可衡量性意味着教学目标可以通过一定的标准或指标进行量化评估，以判断教学目标的实现程度。例如，"学生能够在日常对话中正确使用新学到的20 个单词"就是一个具体而可衡量的目标。可达成性则要求教学目标应符合学生的实际水平和能力范围，避免过高或过低。

在设置基于课程思政理念的初中英语教学目标时，教师可以以单元整体教学设计为基础，将学生核心素养的培养作为最终目标。在此框架下，以主题为引领，以语篇为依托，通过单元与课时相结合的方式呈现教学过程，以此实现

将思政教育理念自然地融入学生的认知和价值观中。该目标体系涵盖单元教学目标、课时教学目标以及语篇教学目标三个层次，它们相辅相成，共同确保教学活动的全面性与操作性。单元教学目标是宏观层面的教学指引，围绕单元主题，设定学生应达到的核心素养标准，包括语言技能、文化理解、思维品质和学习能力等方面。课时教学目标作为单元教学目标的具体化呈现，需与单元教学目标保持一致，继承并细化单元的整体要求，确保每一节课都有明确的学习成果。语篇教学目标与课时教学目标紧密相连，旨在通过具体文本的学习，使学生不仅掌握语言知识和技能，还能深入探讨文本背后的文化背景和社会价值，增强学生的批判性思考能力和价值观辨析能力。这些目标需要具备可操作性和可测量性，以便于实施评估和提供及时反馈，帮助教师调整教学策略，促进学生学习进步。

5. 体现层次性，注重梯度提升

考虑到不同学段、不同年级段的学生有着不同的认知特点和发展需求，教学目标的设定需要体现出一定的层次性。应根据学生的认知水平和学习能力差异设置不同层次的教学目标，以满足不同学生的需求。同时，教学目标之间应形成递进关系，从简单到复杂、从基础到高级逐步推进，形成一条连贯的、有梯度的学习路径，逐步提升学生的语言能力和综合素质。

在设置基于课程思政理念的初中英语教学目标时，可以以英语学习活动观（图4-1）为指导，体现层次性，注重梯度提升。在英语教育的学习活动观框架下，教师应深刻理解"通过体验学习、实践应用和知识迁移以创新"的教学理念。这要求教师在设计课程时，必须密切结合学生的具体情况和需求，创建真实且具探究性的学习环境和问题。这样的设计使学生不仅能够在多元化的语言应用中实现知识的掌握与运用，还能在深层次上理解和内化核心语言概念。

学习理解类活动	应用实践类活动	迁移创新类活动
·学思结合 ·获取、梳理语言和文化知识，建立知识间的关联	·学用结合 ·内化所学语言和文化知识，加深理解并初步应用	·学创结合 ·联系个人实际，运用所学解决现实生活中的问题，形成正确的态度和价值判断

图4-1 英语学习活动观

通过分层次的学习活动设计，学生的语言能力和认知水平将得以持续提升。此外，这种设计促进了学生创新思维和实际操作能力的培养。递进式学习活动的循环有助于学生逐步建立各知识点之间的联系，形成系统的知识结构，以便更有效地将知识应用于现实场景中，增强学生的英语学习动机和参与度。这也有助于学生逐步识别自身的优势和弱点，并在需要老师帮助时得到及时的反馈和指导，促进自身的持续成长和进步。

6. 与教学活动和评价相一致

教学目标必须与实际的教学活动紧密相连，并贯穿于整个教学评价体系之中。教学目标是教学活动的导向和依据，教学活动应围绕教学目标进行设计和实施。同时，教学评价也应以教学目标为基准，对学生的学习成果进行客观、全面的评估。这意味着所有的课堂练习、作业布置以及考试测评都应该围绕着既定的教学目标展开，以确保学生的学习成果能够被准确地测量出来，并及时给予反馈。只有当教学目标、活动实施和效果评价三者之间形成良性循环时，才能真正实现高效的教学。

《新课标》强调了"教—学—评"一体化的重要性，将教学过程视为教、学、评三者交织的有机整体。在此框架下，"教"指的是基于核心素养的教学设计，"学"是指学生作为主体参与的语言实践活动，而"评"则是对这一教与学过程及其效果进行监控和评估。这三个组成部分相互依存、相辅相成，共同推动教学目标的实现。《新课标》通过增设"效果评价"栏目，进一步突显了评价在教学中的核心作用。评价机制不单是教学目标达成的量度工具，更是促进教与学相互激励的动力源泉。

教师在设置基于课程思政理念的初中英语教学目标时，必须将教学活动与有效的思政评价紧密结合。一方面，教学目标应指导教学活动的设计，并通过这些活动得以具体化和实现；另一方面，教学评价作为反馈机制，应确保全面而客观地反映教学效果，并贯穿于整个教学流程之中，监控每一环节的教学质量。有效的教学评价不仅是衡量教学目标达成情况的重要手段，也是促进教学改进和学生发展的动力源泉。它不仅需要覆盖教学全程，还应当精确评估目标的实现程度。为此，在设计评价活动时，教师需细致考量，确保评价方式既能够准确反映学生的进步，又能够为教师提供有价值的反馈信息，以便及时调整教学策略。这种精细化的评价设计是提升教学成效、确保教学目标有效达成的关键保障。

4.1.2 教学目标设置的内容

教学目标不仅是教学的方向指引，也是衡量学生学习成果的重要标准。在基于课程思政理念的初中英语教学设计中，英语课程应该注重学生的全面发展，而不仅仅是知识的积累、能力的提升。课程思政理念导向的初中英语教学目标设置除了要关注学生语言技能的培养和思维品质的提升之外，还要重视学生文化意识的感知、积极价值观的塑造和健全人格的发展。因此，课程思政理念指导下的教学目标设置的内容，应包含核心素养的全部内容，从语言掌握入手，到知识获取、思维发展、文化意识感知、价值观塑造，致力于个体人格的健全与成熟。单元育人蓝图便是具象化核心素养的综合呈现，展现如何通过一层一层目标体系最终塑造学生核心素养。这和课程思政理念有异曲同工之妙。

《新课标》提出，依据单元育人蓝图实施教学，构建由单元教学目标、语篇教学目标和课时教学目标组成的目标体系，结合学生的认知逻辑和生活经验，使学生逐步构建起对单元主题的完整认知。各层级目标要把预期的核心素养综合表现融入其中，体现层级间的逻辑关联，做到可操作、可观测、可评价。实现语篇教学目标和课时教学目标是达成单元教学目标的前提（如图4-2）。

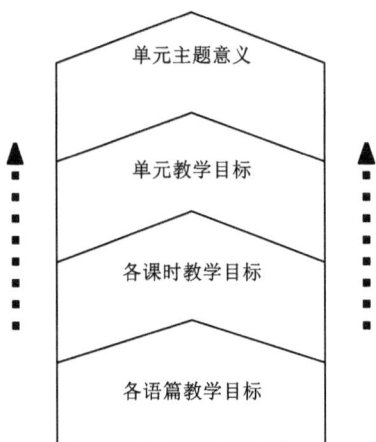

单元主题意义

单元教学目标

各课时教学目标

各语篇教学目标

图4-2 《新课标》目标体系

单元教学目标，指的是探究单元主题意义的单元育人目标，在其中渗透课程思政育人的大目标。而语篇教学目标，则是探究每个语篇所传递的信息。在研读分析整个单元的每个语篇后，依托单元的主题意义，将语篇按不同的语篇教学目标进行整合，分出不同的课时，形成各课时的课时教学目标。一个课时可以是一个语篇，也可以是多个语篇。各课时教学目标的内容则要根据学生学情，遵循英语学习活动观进行设置。正如图 4-2 所示，首先要依循语篇教学目标，完成课时教学目标，进而完成单元教学目标，才能传递单元主题意义，实现课程思政育人。

而要完成单元教学目标与课时教学目标，有效实现育人效果，需要立足语篇，通过有逻辑层次的教学活动循序渐进来实施。这与《新课标》提出的英语学习活动观理念是一致的。在基本的教学分类体系基础上，英语学习活动观将学习活动分为了三个层次九大类：学习理解类，包括感知与注意、获取与梳理、概括与整合；应用实践类，包括描述与阐释、分析与判断、内化与应用；迁移创新类，包括推理与论证、批判与评价、想象与创造。在各类目标的设置中，只有体现出这三种层次的教学活动，才能更有效地促进目标的实现（如图 4-3）。

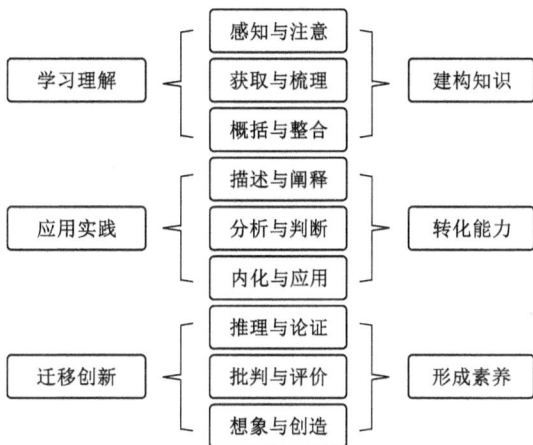

图 4-3　《新课标》英语学习活动观

每个单元都要探索单元的主题意义，而课程思政理念往往就渗透于主题意义的探索过程中。因此，借鉴《新课标》目标体系下的单元育人蓝图，本研究形成了课程思政理念指导下的单元育人蓝图（如图 4-4）。

基于课程思政理念的教学目标设计涵盖思政总理念及单元整体的主题意义，并将培养学生的综合核心素养融入教学目标的各个层次中。具体而言，总目标围绕课程思政的总体理念设定，旨在通过所有单元的教学活动培养学生核心素养，包括思想道德、社会责任感和国家意识等方面。单元总目标是连接总

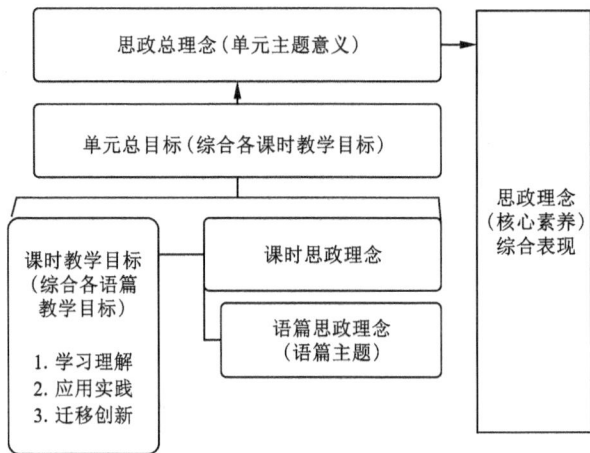

图4-4　基于课程思政理念的单元育人蓝图

目标与课时教学目标的桥梁。单元总目标明确了本单元学习后学生应达到的知识、能力和价值观层面的目标。它整合了各课时的具体教学目标，确保每个课时都能为实现单元总目标贡献力量。课时教学目标根据每个课时的特定思政理念设定，具体化为该课时内学生应掌握的语言技能和应理解的语篇主题意义。它们不仅是单元总体目标的具体分解，也是对每一节课中思想政治教育的落实。语篇教学目标针对每个具体的语篇而设，旨在引导学生探究语篇承载的主题意义和社会价值，它们帮助学生深入理解文本内容及其所传递的思想政治信息，同时促进学生批判性思维和创新能力的发展。

在这一框架下，语篇的思政理念共同构成了课时的思政理念，而多个课时的思政理念又汇聚成为单元的整体思政理念。这种由下至上的设计方法确保了从语篇到课时再到单元的每一层级的目标都能紧密围绕课程思政的总体理念展开，从而保证了思想政治教育与语言学习的有效融合，促进了学生综合素质的全面发展。

4.1.3　教学目标设置的策略

为确保教学活动的有效性和针对性，需要采取一系列策略来优化教学目标的设定过程，确保其既符合教育政策的要求，又能贴合学生的实际需求和发展阶段特征。

1. 结合《新课标》与思政要求

教学目标的设定应当严格依据《新课标》的具体要求，并将社会主义核心价值观和思想道德教育有机融入其中。立德树人是教育的根本任务，要全面贯彻党的教育方针，解决好培养什么人、怎样培养人、为谁培养人这个根本问题。

初中英语教学应深入融合思想政治教育，坚持以培养学生坚定的理想信念为核心，通过英语课堂展示对党、国家、社会主义、人民和集体的深厚情感。教学内容需聚焦于加强政治认同、培养家国情怀、提升文化素养、增强宪法与法治意识及道德修养。通过英语这一国际语言，讲述新时代的中国故事，传播中国声音，展现中国方案，弘扬中国精神，体现中国力量。

《新课标》提出，教师要以研读语篇为逻辑起点开展有效教学设计。在英语课程中，语篇不仅是语言知识的载体，更承载着丰富的文化意涵，深刻地引领着学生的价值取向。作为思政理念传递的主要媒介，语篇以其独特的文本形式和语境内涵，在英语教学中发挥着不可替代的思政教育作用。思政理念在教学目标设置中的融入需立足于单元整体的宏观视角，这就要求教师全面研读单元内的所有语篇，深入剖析各语篇所蕴含的核心思政要素，通过综合考量与提炼，最终确立符合单元整体要求的思政总理念。

在进行语篇研读的过程中，教师应当从语篇的主题、内容、文体结构、语言风格以及作者观点等多个维度进行深入剖析；需清晰界定思政理念，并从语篇中提炼出结构化的知识体系，进而建立起文体特征、语言风格与主题意义所塑造的思政理念之间的内在关联，进行多层次、多角度的意义解读，深入挖掘其蕴含的文化底蕴与教育价值，精准把握教学的核心线索。同时，依据学生对主题已有的认知基础与待探索的未知领域，明确教学目标及教学的重点和难点，为科学设计教与学的活动奠定坚实的基础。

在研读语篇时，需聚焦三大核心问题：其一，确定语篇的主题与内容（即"What"）；其二，解析语篇所传达的主旨意义（即"Why"），涵盖作者的意图、情感态度及价值取向等；其三，探究语篇的文体特征、结构布局及语言特性（即"How"），同时考虑伴随性视觉元素（如图、表）的意义与功能。针对口语语篇，还需分析其呈现形式、语境正式度、表达方式及交际策略。图片分析则着重于人物行为、人物表情、色彩及场景布局等传达的深层含义。对三者进行充分研读剖析后，才能更好地理解语篇所传递的思政理念。

2. 分析学情，定制目标

教学是达到最终目标的一种手段，规划先于教学。因此，成效最高的教学应充分考虑学生的背景信息，如年龄、性别、地域差异、文化背景、个人兴趣、学习障碍等，针对不同层次的学生制定差异化的教学目标。这就要求教学从一开始就明确预期学习结果并且还要有学习真实发生的证据。

初中英语教学获得成效的关键，在于对学生学情的精准把握。从以下多个维度剖析学情，能为教学策略的优化提供有力支撑，助力学生英语能力的提升。

首先，在基础知识储备方面，经历小学阶段的英语学习，学生已经积累了一定的词汇量，但个体之间的差异较为显著。在语法知识上，尽管学生对小学阶段所接触的简单语法规则(如一般现在时和现在进行时)有了一定程度的了解，但在理解和实际运用这些规则的能力上仍存在明显的参差不齐的现象。

其次，在学习能力方面，学生之间差异显著。不同的学生采用了各异的学习方法。一些学生依赖死记硬背来记忆单词，而另一些则巧用联想、词根词缀等高效技巧；有的学生善于整理笔记、归纳错题，形成了系统化的学习规划，而有的学生则缺乏这种有组织的学习策略。此外，学生的学习主动性也存在差异，部分学生能够主动进行课前预习和课后复习，并积极利用课外资源提升英语水平，而另一些学生则更多地依赖课堂教学。学习能力的差异尤其体现在分析思维能力上。通过写作和口语讨论等活动，可以明显看出学生在组织观点、逻辑表达以及创新思考方面的能力高低。

再次，兴趣与动机对英语学习的推动作用不容忽视。学生对英语学习内容兴趣点各异，有的学生热衷于通过英语歌曲和电影来学习语言，而另一些则更热衷于通过游戏和竞赛等活动来激发学习热情。在话题讨论中，学生对校园生活、明星偶像等贴近生活的主题表现出不同的参与度，这也反映出了他们各自的兴趣偏好。在学习动机方面，内在因素和外在因素共同影响着学生的学习积极性。内在动机包括对英语文化的热爱以及自我提升的渴望，外在动机则包括家长期望和考试压力等因素，它们相互作用，共同决定了学生的学习态度和投入程度。

此外，每个学生都有独特的学习风格。视觉型学习者对图片、表格敏感，学习单词和语法时，形象的展示更能吸引他们；听觉型学习者擅长通过听来获取知识，在听力练习和英语广播中表现出色；动觉型学习者则能在角色扮演、小组活动等实践中快速掌握并运用知识。

最后，情感态度同样影响着学生的学习状态。在课堂上，积极参与讨论、主动回答问题的学生，通常表现出对英语学习的积极态度：他们认真完成作业，也反映出高涨的学习热情。自信的学生在口语表达中更加大胆流利，并且能够正确对待测试结果，将其视为改进的机会而非压力源。面对学习中的挑战，不同学生的情感态度也会产生不同的反应。意志力强的学生勇于面对困难，坚持不懈地寻求解决方案，而意志力较弱的学生则可能更容易感到挫败，甚至选择放弃。

　　在进行学情分析时，必须紧密结合教学内容，通过对学生已有基础的深入分析，识别存在的问题和需要提升的方面，探索相应的解决措施，并将这些措施具体体现在教学内容和教学活动中。表 4-1 是以人教版（2024 年版）七年级上册 Starter Unit 1 为例的学情分析。

表 4-1　人教版（2024 年版）七年级上册 Starter Unit 1 单元整体学习学情分析

维度	已有基础	存在问题	解决措施
基础知识储备	学生在小学阶段已经学习过 26 个字母的发音及读写，对英语字母缩写使用的场景有基本的了解。本单元中学生比较熟悉的互致问候用语有：hi, hello, good morning, nice to meet you, goodbye, let's go 等	学生可能不能精准地掌握个别字母的发音，以及相同元音的归类；对于一些常见的英文缩写所代表的意义还不了解；对中文姓名的英文书写方式不熟悉	通过跟唱字母歌、闪卡朗读、跟读等形式巩固字母发音；通过图文配对等学习英文缩写使用场景；通过听写、抄写、对话活动中记录姓名等途径学会中文姓名的英文书写方式
学习和思维能力	学生对于文本有感知注意能力、获取与梳理能力，能根据教师的指导语关注目标语言并获取关键信息	学生还没发现对话逐渐拓展丰富的逻辑，对话的开展应该是跟进提问的多元化而不是程式化的回应	用图形组织器将已学和拓展有逻辑地联系起来，甚至将思维导图留出空间，在学生学习了相关主题的后续单元（如 Unit 1）后还可以继续补充，将思维可视化，训练有逻辑的思维能力
兴趣动机和情感态度	学生在小学阶段已经学会了简单的打招呼用语、如何与人礼貌交谈和简单交流。作为初中入学新生，学生对于身边同学也非常好奇，有结识的欲望	学生对于礼貌社交的渐进式缺乏意识，需要学习如何得体自然地使用交际语言实现和谐的互动对话	课程活动环环相扣，逐级递进给出范例，让学生模仿并进行互动实践；构建和扩充思维导图，逐渐丰富日常的对话用语

分析学情不可以脱离语篇内容和单元的主题意义，在进行不同维度的学情分析时，要紧密联系教学内容。可以通过 SWOT 分析法来剖析学生不同维度的学情。SWOT 分析法是一种基于内外部竞争环境和竞争条件下的态势分析，通过对被分析对象的优势（strengths）、劣势（weaknesses）、机会（opportunities）和威胁（threats）的综合评估，得出一系列具有一定决策性的结论，为制定策略提供依据。

优势是指一个主体（如个人、企业、项目等）内部所具备的、有利于实现目标的积极因素和独特能力。在初中英语学情分析里，学生已有的基础词汇、摸索出的学习方法等都属于优势。劣势是指主体内部存在的、可能阻碍目标达成的消极因素或不足之处。在初中英语学习中，部分学生的知识掌握不均、学习方法不当等情况，就属于劣势。机会是指外部环境中存在的、对主体发展有利的机遇和条件。比如信息技术发展带来的丰富教学资源，就是初中英语教学的机会。威胁是指外部环境中存在的、可能对主体造成不利影响的因素。例如初中阶段学科增多带来的学习压力，就是影响英语学习的威胁。而为了对英语教学目标有更强的指向作用，笔者将 SWOT 改为 SWOS，将威胁（threats）更换为措施（strategies），直接导向教学活动和内容。

表 4-2 是针对人教版（2024 年版）七年级上册 Starter Unit 1 第二课时（听说课）的学情分析示例。

表 4-2　人教版（2024 年版）七年级上册 Starter Unit 1 第二课时（听说课）学情分析

优势（strengths）	劣势（weaknesses）	机会（opportunities）	措施（strategies）
1.学生在数字化环境中成长，对新媒体技术有着天然的亲近感和接受度 2.学生习惯于通过触摸屏、键盘等输入方式进行信息交流，这种习惯也延伸到了语言学习领域 3.语言在社交环境中演变和适应，学生在日常生活中会频繁使用缩略词	部分学生对字母音标的感知较弱，元音、辅音的规则掌握不清，这影响了他们发音的准确性和语言的流利度	1.多模态设置字母练习能够满足不同学生的学习需求，增强学习的互动性和趣味性 2.通过字母歌和键盘输入等学生熟悉的浅显任务，可以有效降低学习难度，提升学生的学习自信心，为后续深入学习打下坚实基础	1.学生通过键盘打字进行实践 2.教师可以利用教室平台组织键盘输入句子的活动，或者进行聊天接龙游戏 3.在黑板上绘制一棵元音树，然后利用磁铁将字母卡片贴在黑板上，将字母与元音树连接起来，学生的学习体验将更加深刻，记忆也会更加牢固

3. 强调实践应用与情境创设

教学目标的设定应当注重语言的实际应用能力，鼓励学生在真实或模拟的情境中使用所学知识。如通过角色扮演等活动形式，让学生在实践中提高语言技能、解决问题的能力和社会交往技巧等。

《新课标》强调教师需秉持学习活动观组织教学，视学生为语言学习主体，引导他们围绕主题学习，强调实践应用与情境创设，经历从基于语篇到深入语篇以及超越语篇的过程，培养核心素养，实现课程思政理念。上一节提到了英语学习活动观的三大层次九大类，而具体可进行的学习活动在教学目标中体现为以下类型：

第一，学习理解类。在此类活动中，教师必须掌握并灵活运用基于语篇的学习活动要求，这些活动要求涵盖了感知与注意、获取与梳理信息，以及概括与整合等多个关键环节。通过精心设计的感知与注意环节，教师能够巧妙地构建出与主题紧密相关的实践应用情境，吸引学生的注意力，并激发他们的既有知识与经验。同时，教师还需为学生提供必要的语言和文化背景知识，为他们搭建起理解新知识的桥梁，并清晰地指出待解决的问题，以此引导学生在既有知识与学习主题之间建立起紧密的联系。在这一基础上，教师应以解决问题为明确导向，引领学生深入进行获取与梳理信息、概括与整合等类实践活动。通过这些活动，学生不仅能够有效地学习和运用语言知识及技能，还能从语篇中汲取丰富的与主题相关的文化知识，建立起信息之间的内在联系，逐步形成新的、更为完整的知识体系。更重要的是，学生能够在这一过程中逐渐领悟语言所承载的深刻意义，从而加深对所学内容的理解与掌握。

第二，应用实践类。在此类活动中，教师需具备深厚的专业功底，熟练掌握描述、阐释、分析、判断及内化运用等一系列深入语篇的学习策略与要求。这些策略不仅是对学习理解阶段成果的深化与拓展，更是学生语言与文化素养培育的关键环节。在学习理解活动扎实开展的基础上，教师应充分发挥其引导作用，激励学生积极调动已构建的结构化知识体系，投身于描述、阐释、分析及应用等多种形式的、富有成效的语言实践活动之中。通过这一系列实践，学生不仅能够将所学的语言和文化知识内化为自身素养的一部分，更能在实践过程中深化对文化内涵的理解，进一步巩固与丰富自己的知识结构。同时，这些活动也是知识向能力转化的重要桥梁，学生在实践中能够不断锻炼与提升自己的语言表达、思维分析、问题解决等多方面能力。值得注意的是，从学习理解到应用实践的过渡并非一蹴而就，而是一个循序渐进的过程。它既可以通过一次集中的实践活动实现质的飞跃，也可以通过多次循环反复的实践，让学生在不断的尝试与反思中逐渐积累经验、提升能力。无论采取何种方式，关键在于确保学生能够真正参与到实践中来，通过亲身体验与感受，实现知识的内化与能力的提升。

第三，迁移创新类。在此类教学活动中，教师应当精通并灵活运用推理论证、批判性评价以及想象与创造性表达等高级学习策略。这些策略超越了单纯的语篇分析范畴，旨在培养学生的综合素养。教师要有意识地为学生创设主动参与和探究主题意义的情境和空间，使学生获得积极的学习体验，成为意义探究的主体和积极主动的知识建构者。教师还应巧妙地创设情境引导学生深入探索语篇所隐含的价值导向、作者或故事主角的立场与行为模式，鼓励学生进行深入的推理论证，学会鉴赏不同文体的独特魅力，精准把握语篇的结构框架，以及语言表达的微妙之处和独特风格。在此基础上，通过细致入微的分析与深刻的思辨过程，学生将被引导去评价作者或故事主角的观点与行为。这一过程不仅能够深化他们对主题意义的理解，还能够激发他们独立思考与批判性思维的潜能。随后，学生将运用所学到的知识与技能、方法论与价值观，以多元化的视角去观察世界、理解生活，展现出创造性的问题解决能力。最终，学生将学会在新情境中创造性地运用所学，理性而富有情感地表达个人观点与态度，这一过程不仅促进了学生知识向能力的有效转化，更是他们由能力提升向综合素养全面提升的关键步骤，为学生成为具有创新精神与社会责任感的未来公民奠定了坚实的基础。

教师应根据不同学段学生的年龄、认知和语言发展水平，设计由浅入深、关联递进、形式多样的学习活动，以及与目标对接的评价活动。评价活动要贯穿教与学始终，注重考查学习结束时学生对所学语言知识和文化知识的综合性运用能力、对主题意义的理解程度、对个人观点和态度有理有据表达的水平，体现正确的价值观，确保达成课程思政理念的终极目标。

4.融合跨学科元素

在教育改革持续深入的当下，教学目标的设定已成为教育发展的关键环节。传统教学目标聚焦单一学科知识的传授，忽视了学科之间的内在联系，使得学生在学习过程中知识体系碎片化，难以形成全面的认知框架，更不利于综合素养与创新能力的培养。因此，打破传统学科界限，将英语与其他学科紧密关联，设置全新的教学目标，成为推动教育进步的必然选择。

从目标导向来看，跨学科教学目标应明确指向学生综合能力的提升。以英语教学为切入点，将其与历史、地理、艺术等学科融合，不再仅仅满足于学生对英语语言知识的掌握，还要培养学生运用英语进行跨学科交流与思考的能力。例如，在讲解环境保护主题时，英语教学目标不应局限于让学生记忆环保相关的英语词汇和句式，还要引导学生通过英语获取科学领域关于环境污染成因、危害及解决方法的知识，同时结合传媒学知识，用英语探讨如何通过媒体宣传增强公众环保意识。这不仅能让学生深入理解环保内涵，还能在多学科知识的碰撞中，培养学生批判性思维与解决实际问题的能力。

在目标内容的设定上，跨学科教学目标要更加丰富多元。以中国文化的英语教学为例，若能结合历史学和人类学观点，教学目标将得到极大拓展。从历史学角度，学生可以通过英语学习中国文化在不同历史时期的演变，如古代丝绸之路如何促进文化交流与传播，这既提升了英语语言能力，又增强了民族自豪感。从人类学视角，学生能深入探究中国文化背后的社会结构、价值观念与民俗风情，有助于理解文化的多样性与独特性。这种跨学科的教学目标设定，使学生能在英语学习过程中深入探索多个学科领域的知识，实现知识的融会贯通。

教学目标的层次设定也至关重要。跨学科教学目标应分为基础、提升和拓展三个层次。基础层次旨在让学生掌握各学科融合后的基础知识，如英语与其他学科相关的基本概念、术语等；提升层次着重培养学生的综合应用能力，例如让学生运用英语整合多学科知识，分析和解决实际问题；拓展层次则关注学生创新能力与批判性思维的培养，鼓励学生在结合跨学科知识的基础上，提出新的观点和见解。

打破学科界限的跨学科教学目标设定，不仅能激发学生的学习兴趣和动力，还符合社会对复合型人才的需求。在全球化和信息化的时代背景下，社会需要具备综合素养和创新能力的人才。通过跨学科教学方式，学生能够学会从不同角度思考问题，培养团队协作精神与沟通能力，这些都是未来走向社会所必备的素质。

综上所述，打破传统学科界限，构建科学多元的教学目标，是一种创新的教学理念与方法。它能拓宽学生视野，丰富知识储备，培养综合素养与创新能力，为学生的未来发展奠定坚实基础。在今后的教学实践中，我们应积极探索跨学科教学目标的设定与实施方案，让这一先进理念在教育领域发挥更大的作用。

5. 持续评估与反馈机制

在设计教学目标时，应当建立完善的评估体系，根据不同学段学生的年龄、认知和语言发展水平，设计由浅入深、关联递进、形式多样的学习活动，以及与目标对接的评价活动，定期对学生的学习进展进行测评，并根据结果调整目标和方法。评价活动要贯穿教与学始终，注重考查学习结束时学生对所学语言知识和文化知识的综合性运用能力、对主题意义的理解程度、对个人观点和态度有理有据表达的水平，体现正确的价值观，确保达成课程思政理念的终极目标。同时，还要建立完善的反馈机制，及时给予正面的反馈，帮助学生认识自己的进步的同时，也指出他们需要改进的地方。

基于课程思政理念的教学目标持续评估与反馈机制的完善，主要体现在学业质量标准的有效落实上。学业质量是衡量学生在完成课程阶段性学习任务后所展现出的学业成就与核心素养发展水平的重要指标，它深刻体现了课程思政理念下对学生全面发展的要求。学业质量标准，作为核心素养与课程内容深度融合的产物，是对学生学业成就具体表现特征的系统性描绘，其核心在于围绕核心素养这一主轴，全面考量学生的综合素质。

在英语学科学业质量标准的构建中，应尤为注重课程思政理念的融入，以学生在语言能力、文化意识、思维品质和学习能力等方面的核心素养及其学段目标为基石，紧密结合英语课程的内容体系与学生英语学习的进阶路径，从学习结果的角度出发，细致描绘各学段学生在英语学业上应达成的典型表现，既体现学生在语言技能上的精进，更彰显他们在文化素养、批判性思维及自主学习能力等方面的成长与提升。基于课程思政理念的英语学科学业质量标准旨在引导学生在学习英语的过程中，不仅掌握语言工具，更要在文化意识的熏陶下，形成正确的世界观、人生观和价值观，不断提升自身的思维品质与学习能力，成为具有家国情怀、国际视野和跨文化交际能力的新时代人才。

基于《新课标》三级（7~9年级）的学业质量标准，可以设定如下的教学目标的评价准则：学生应能在本学段规定的主题范围内，围绕相关主题群和子主题，根据规定的语言知识和文化知识等内容要求，有效地运用听、说、读、看、写等语言技能和学习策略。依据三级内容要求所规定的语篇类型，学生需能够归纳并分析不同的语言和文化现象，并使用较为规范的语言进行口头和书面表达。此外，学生应当定期反思个人的学习状况，适时调整学习计划，培养自主探究的能力，并积极与他人合作，共同完成各项学习任务。三级学业质量标准见表4-3。

表 4-3 《新课标》三级(7~9 年级)学业质量标准

序号	学业质量标准描述
3-1	能听懂相关主题的语篇,借助关键词句、图片等复述语篇内容
3-2	能利用语篇所给提示预测内容的发展,判断说话者的身份和关系,推断说话者的情感、态度和观点
3-3	能理解多模态语篇(如广播、电视节目等)的主要内容,获取关键信息
3-4	能通过图书、影视作品等材料获取与中外文化有关的基本信息,比较文化异同
3-5	能借助基本的构词法知识推测语篇中生词的含义,辅助理解语篇内容
3-6	能运用一定的阅读策略,借助表格、思维导图等工具梳理书面语篇的主要信息,理解大意
3-7	在阅读稍长的语篇材料时,能理解主要内容,推断隐含信息,表达个人看法,提出合理疑问,分析和解决问题
3-8	朗读相关主题的简短语篇时,连读、停顿自然,语音、语调基本正确
3-9	能根据口头交际的具体情境,初步运用得体的语言形式,表达自己的情感、态度和观点
3-10	能选用正确的词语、句式和时态,通过口语或书面语篇描述、介绍人和事物,表达个人看法,表意清晰,话语基本通顺
3-11	能用所学英语,通过口语或书面语篇简单介绍中外主要文化现象(如风景名胜、历史故事、文化传统等),语义基本连贯
3-12	能讲述具有代表性的中外杰出人物的故事,如科学家等为社会和世界作出贡献的人物,表达基本清楚
3-13	进行书面表达时,能正确使用所学语言,格式较为规范
3-14	能参照范例,仿写简短的文段(如回复信函等),语言准确,表意得体
3-15	能结合图片、文字等提示信息,对语篇进行补充、续编或改编,语言基本准确
3-16	善于通过多种渠道获取资料,尝试归纳学习素材中的语言和文化现象,从不同角度分析问题
3-17	积极参与课堂活动,与同伴一起就相关主题进行讨论,合作完成学习任务

6. 强化思政目标的可操作性

在教育不断发展与革新的当下，初中英语教学不再仅仅局限于语言知识的传授，还肩负着培养学生正确价值观、提高学生思想道德素养的重任。在初中英语教学设计中，强化思政目标的可操作性，已然成为教育工作者亟待深入探索的关键课题。

明确思政教育的具体内容是强化可操作性的基石。初中英语教材涵盖丰富的主题，从日常生活到世界文化，从自然科学到社会现象，为思政教育提供了广阔的融入空间。在文化类主题的教学中，教师可以把培养学生的文化自信和对多元文化的包容态度作为思政教育内容。例如，在学习人教版（2013 年版）九年级全一册 Unit 2 Section B 关于中国传统节日的英语课程时，引导学生深入了解传统节日背后深厚的历史文化内涵，让学生知晓春节所承载的阖家团圆、辞旧迎新的美好寓意，以及全世界庆贺春节的不同方式，从而增强学生的文化自豪感。

将思政教育内容转化为可观察、可测量的行为指标是关键所在。以人教版（2013 年版）八年级上册 Unit 6 关于"敬业"思政目标的行为指标设定为例，开展"职业榜样分享会"活动，要求学生提前用英语收集自己敬佩的职业人士（如科学家、教师、医生等）的敬业事迹，在课堂上以演讲的形式分享。演讲过程中，学生需用英语清晰阐述该职业人士的工作内容、面临的困难以及如何凭借敬业精神克服困难取得成就，讲述事例不少于两个。其他同学要认真倾听，做好笔记，待他人演讲结束后能用英语提出有价值的问题或发表自己的见解，与演讲者进行互动交流。教师通过观察学生演讲时英语表达的流畅度、准确性和感染力，分享事迹的丰富性和真实性，以及在互动环节中的参与度和表现出的尊重态度，综合评估学生对敬业精神的理解和表达水平。

项目式教学能更直观地检验学生思政学习效果。比如以人教版（2013 年版）八年级下册 Unit 10 为例，开展"家乡的过去与现在"的项目式教学。教师设定具体的社会实践活动，让学生分组撰写关于家乡变化的调查报告。学生需要运用英语进行资料收集，包括采访当地老人、查阅历史文献等，了解家乡各个层面的变化，如建筑、环境、人文等。在这个过程中，学生不仅提升了英语的实际运用能力，还能深入体会家乡的变迁和社会的进步，增强对本土文化的认同感和自豪感，这正是思政教育中文化自信培养的体现。最终形成的英语调查报告，在内容的丰富度、对家乡文化价值的挖掘深度、英语表达的流畅性等方面，都能反映出学生在文化自信培养这一思政目标上的学习成果。

　　跨学科融合能进一步深化思政目标的落实。英语学科可以与历史、地理、美术等学科相结合。如在学习人教版（2013 年版）八年级下册 Unit 9 英语课文中关于历史博物馆的内容时，结合历史学科知识，让学生用英语讲述丝绸之路和茶的传播历史等，在这个过程中渗透民族自豪感和历史责任感的思政教育。行为指标可以设定为学生能够在英语演讲中，准确运用历史术语介绍茶文化传播的重要事件和文化成就，并表达自己对人类文明传承与发展的思考。再如，在学习人教版（2013 年版）八年级下册 Unit 7 与自然景观相关的英语内容时，结合地理学科知识，让学生用英语描述不同地域的自然景观特点及其形成原因，培养学生对大自然的热爱之情和保护意识。可通过学生绘制的英语思维导图，观察其对地理知识与英语表达的融合运用程度、对自然保护理念的领悟程度来衡量思政目标的达成情况。

　　此外，还可以组织"中外文化交流节"活动。学生分组负责不同国家的文化展示，用英语制作宣传海报、准备讲解内容。在准备过程中，学生深入研究不同国家的文化，培养对多元文化的理解与包容能力。活动当天，学生用英语向其他同学介绍各国文化，锻炼口语表达能力的同时，促进文化交流，检验学生在多元文化包容方面的思政学习成果。

　　在初中英语教学的不同阶段，思政目标的行为指标也应具有层次性。在基础阶段，重点培养学生对基本思政概念的认知和简单英语表达能力，如让学生能用英语说出一些常见的道德准则和价值观词汇。在提升阶段，注重培养学生运用英语分析社会现象中思政元素的能力，例如分析英语新闻报道中社会热点事件所反映的价值观问题。在拓展阶段，则鼓励学生以英语为工具，通过创意作品展示自己对思政理念的深度理解和积极践行，如制作英语手抄报宣传社会主义核心价值观。

　　在初中英语教学设计中强化思政目标的可操作性，需要教育工作者精准把握思政教育内容，巧妙将其转化为切实可行的行为指标，并积极推动跨学科融合，让思政教育在英语教学中落地生根，助力学生全面成长，培养出兼具优秀语言能力和高尚道德品质的新时代人才。

4.1.4　教学目标设置案例

　　根据教学目标设置的原则与策略，以人教版（2024 年版）七年级上册 Unit 1 为例，分析教学目标的设置。

○ **案例**

思政总理念：礼貌地结识朋友；真诚待人，友善待人；团结友爱，融入集体。 → 思政理念综合表现：能与同学礼貌进行对话，真诚得体地介绍自己与他人，并勇敢大方结识更多新朋友，为班级每位同学都写上友好祝愿的话。

输出活动：小项目——整合个人档案，每位同学用英文为同学写上打招呼或是祝愿的话，装订成册。

第一课时目标：角色扮演，根据 Section A 出现的角色进行初次见面的对话创编。

理念1：礼貌地结识朋友。

语篇1：同学初识
语篇2：师生初见
（Section A 1b-1c）

语篇3：Chen Jie 向Smith老师介绍新同学Peter
（Section A 2a）

语篇4：Liu Yun 的自我介绍及对她朋友的介绍
（Section A 3c）

第二课时目标：撰写个人档案。

理念2：真诚待人，友善待人。

语篇5：Pauline Lee 和 Peter Brown 论坛交友帖
（Section B 1b）

语篇6：自我介绍、回复交友帖
（Section B 2b）

语篇7：Andre Kalu 的个人档案
（Section B 3b）

第三课时目标：征集交友建议并在板报上展示。

理念3：团结友爱，融入集体。

语篇8：给出关于同学们如何在学校交朋友的建议。
（Reading Plus）

人教版（2024年版）七年级上册 **Unit 1** 的单元育人蓝图

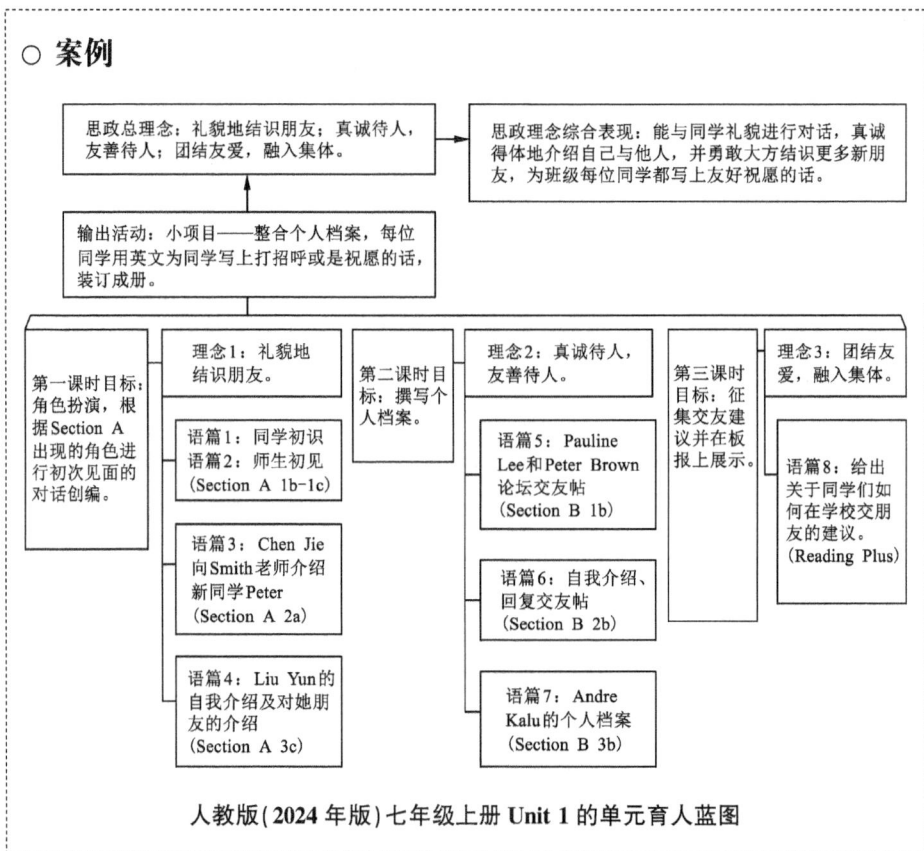

4.2 教学内容的选用

4.2.1 教学内容选用的原则

在基于课程思政理念的初中英语教学设计中，教学内容的选用是实现教学目标、渗透思政元素的关键环节。此环节要求教师在遵循英语教学规律的基础上，精心挑选或改编教学内容，使之既符合语言学习的特点，又能有效融入社会主义核心价值观、中华优秀传统文化、公民道德教育等思政要素。以下是教学内容选用的原则。

1. 依据《新课标》与教材，确保内容规范性

教学内容的选用要严格遵循《新课标》要求，确保所选材料既符合国家规定的语言技能训练目标，又包含必要的文化知识和价值观教育。同时，充分利用现有教材资源，挖掘其中蕴含的思政教育资源，使每一课时的教学都能实现语言学习与思政教育的有机结合。教学内容的选用要确保内容科学、规范，应符合语言学、教育学和心理学的科学原理，以确保教学的有效性和可操作性。教学内容应经过严格的专业审定和评估，确保其能够达到教学目标和要求。

教材更新换代是教育改革的一部分，随着教育改革的深入，中学英语教材也在不断更新换代。新教材注重培养学生的实际运用能力，强调学习策略和交际能力，更加贴近学生的实际需求。新教材会引入更多真实场景下的英语对话和文章，这些内容不仅有助于学生提高他们的英语阅读和写作能力，还能帮助他们更好地理解和使用英语。此外，新教材还包含更多的文化元素，帮助学生了解不同的文化背景，培养他们的跨文化交际能力。

教材的更新换代需要不断跟进学生的需求变化，教材的内容和难度选择需要考虑到学生的年龄、兴趣和学习能力。因此教学内容也需要及时更新和补充新知识，以满足学生的需求。在教育改革和素质教育的要求下，初中英语教学内容需要融入综合实践活动，如英语演讲比赛、英语戏剧表演、英语角等多样化的学习活动，以培养学生的实际应用能力和创新精神，在提高英语技能的同时，培养他们的团队合作能力和自信心。此外，教师还需要设计一些创新的学习方法，如项目式学习、合作学习等，以培养学生的学习能力、思维能力和创新意识。

2. 结合时代背景，体现现代性和多样性

选用教学内容时，要选择反映当代社会发展的新话题和新材料，如科技创新、环境保护、多元文化交流等，让学生接触到最新的信息和技术发展动态。注重引入不同国家和地区的文化元素，展现文化的多样性和包容性。

教学内容应与时俱进，紧跟社会发展和时代进步的步伐。因此教学内容不应局限于教材，可以引入课外资源、网络资源和其他教学资源，丰富教学内容，拓宽学生的视野。可以将一些与当代社会、科技和经济发展相关的话题和内容纳入教学中，使学生了解最新的社会动态和科技进展。此外，初中英语教学内容应该以多样的形式呈现，包括语音、词汇、语法、话题等，同时也要灵活运用各种教学方法和手段，如情景教学、任务型教学、合作学习等，以达到教学效

果的最大化。同时，初中英语教学内容要求按照学生语言水平的递进发展顺序进行安排，从简单到复杂，由浅入深，层层递进，使学生能够逐步掌握英语的基础知识和基本技能。

3.贴近生活实际，增强实用性和趣味性

教学内容要选取贴近生活实际的主题和情境，增强实用性，使学生能在熟悉的环境中学习和使用英语，同时注重增强教学内容的趣味性，提高教学目标的达成度。初中英语教学内容要求注重培养学生实际运用英语进行交流的能力和解决实际生活问题的能力。同时，初中英语教学内容也要与时俱进，反映时代的变化和社会的发展，例如科技、环保、文化等方面，并与未来职业发展密切相关。

随着社会职位结构的变化，各行业对英语沟通能力的要求显著提升。无论是国内外大型企业还是科技、文化、教育等领域，对具备良好英语技能的人才的需求持续增长。为了满足未来职业发展的需要，初中英语教学内容应更加关注学生的实际应用能力和听说技能的培养。学校应当聚焦于提升学生的实际语言运用能力和职业素养，帮助他们提高英语听说能力，以便能够将英语知识应用于实际场景中。这不仅有助于学生在未来的职业发展中更具竞争力，还能使他们更好地适应全球化的职场环境，并为与国际合作伙伴的有效交流和合作打下坚实基础。为此，学校应该加强对学生英语实践能力的培养，提供多样化的平台让学生在真实情境中使用英语。例如，组织英语演讲比赛、模拟联合国等活动，吸引学生积极参与。教师可以通过交际法和情景教学等方法创造互动式学习体验，同时鼓励学生参与跨文化交流项目，并利用多媒体资源和技术工具，如在线对话练习、虚拟现实（VR）情境模拟等，进一步提升学生的语言水平，确保他们为未来的职场挑战做好充分准备。

4.融入思想政治教育，强化育人功能

教学内容的选用应紧密结合课程思政的内涵和要求，选用与社会主义核心价值观、中华优秀传统文化等有关的教学内容，将思政元素巧妙地融入英语教学中，培养学生的爱国情怀、全球视野、正确的价值观和综合素养。

在初中英语教学中，除了培养学生的语言能力，还需要注重人文关怀和全面发展。人文关怀是指关注学生的文化背景、情感需求、人格发展等方面，旨在培养学生的文化素养和社会责任感。在初中英语教学中，可以通过引入不同国家的文化习俗、文学作品等，帮助学生了解世界文化多样性，同时培养学生

的跨文化意识。此外，还可以通过教授英语写作和口语表达等技能，帮助学生培养自信心和表达能力，从而提高学生的综合素质。

教授英语过程中可以通过融入中国的历史故事、传统节日、英雄人物事迹等，潜移默化地对学生进行爱国主义教育；也可以通过融入相关话题和故事，引导学生关注社会热点问题和人类发展问题，培养学生的社会责任感和道德观念。例如，英语教师可以组织学生参与一些英语社会实践活动，如英语志愿讲解员。通过参与这些项目，学生可以亲身体验社会责任，并通过与他人合作，培养团队精神和合作能力。还可以引导学生讨论环境保护、人权平等、教育公平等话题，帮助学生了解社会问题并培养他们的社会责任感。同时，还可以通过在英语课堂教学中介绍一些道德楷模和优秀人物的故事，引导学生树立正确的价值观和人生观。

5. 关注个体差异，提供多层次选择

教学内容的选用应适应学生的年龄特点、认知水平和兴趣爱好，贴近学生的实际生活和经验，在关注学生、关注个体差异的基础上，促进学生语言能力、思维能力、创新能力、道德品质的全面发展。教学内容也应有一定程度的挑战性，以激发学生的兴趣和参与的积极性，还可以根据学生的兴趣爱好推荐相应的课外读物或在线资源，鼓励自主学习和个人成长。

此外，教学内容应按照教学目标和教学计划进行合理安排，在注重知识的系统性和连贯性的基础上，具有可操作性，结合实际的教学需求为学生提供多层次选择，如为成绩优异的学生提供拓展性阅读材料和挑战性任务，为基础较弱的学生安排一些基础练习和简单对话，让学生在实践中运用所学知识和技能，提高他们的语言运用能力及综合素养。

6. 利用信息技术，丰富资源形式

教学内容的选用应借助现代信息技术手段，如网络平台、移动应用程序等，丰富教学内容的表现形式。通过视频、音频、动画等多种媒体方式呈现语言知识，增加课堂的生动性和互动性。同时，利用互联网优势分享优质教学资源，拓宽学生知识面，帮助他们获取更多的学习机会和支持。

随着科技的不断发展，初中英语教学内容需要与时俱进，以适应新的社会现实。因此，初中英语教学内容应该注重科技的融入，利用互联网、智能手机和电子白板等工具，提供丰富的多媒体资源，培养学生的信息处理能力，帮助学生更好地理解和运用英语知识。

此外，英语教师可以充分利用多媒体资源，如影视片段、漫画等，在英语教学中有效融入思政元素，以深入浅出的方式讲解相关知识，激发学生的兴趣和思考行为。在教授重大事件、历史人物或道德品质等内容时，结合电影、纪录片等视觉资料，通过生动的影像，引导学生进行深入思考和讨论。多媒体和互联网资源的应用，不仅可以增强教学的多样性和吸引力，还能促进学生对课程内容的理解和记忆。例如，教师可以利用图片、音频、视频、互动模拟等多种方式来丰富课堂内容，鼓励学生自主探索和研究特定主题，提高他们的信息获取和分析能力，同时培养他们的批判性思维和创新能力。此外，多媒体资源能帮助学生将抽象的概念具象化，使他们更容易理解和接受复杂的思政理念。比如，利用电影中的情节和角色，教师可以引导学生探讨诚信、责任感、团队合作等价值观；借助纪录片，可以介绍重要的历史事件或社会问题，让学生从不同角度审视世界，培养全球视野和社会责任感。

4.2.2　教学内容的分类

教学内容可以根据不同的维度和标准进行分类，一般来说，主要可以分为以下几个类别。

1.知识性内容

知识性内容是教学内容的基础，旨在传授学生特定学科的基础知识和理论框架，它包括事实、概念、原则以及这些知识在实际中的应用。在英语教学中，这将涉及具体的英语词汇、语音、句型，英语语法的基本概念、原理、规律等，以及语篇知识，它们是学生学习的基础。

（1）词汇是语言表达的基础，学生需积累大量常用词汇以实现基础的语言表达，如描述事物、事件和情感。英语的语音内容包括发音规则、语调、连读、弱读等。句型包括简单句型和复杂句型。简单句型如陈述句、疑问句、祈使句等，是学生构建基本句子的框架；复杂句型则有定语从句、状语从句、宾语从句等，帮助学生拓展表达的深度和广度，更准确地表达复杂的逻辑关系和思想。

（2）语法涵盖时态（一般现在时、一般过去时、一般将来时、现在进行时等）、语态（主动语态和被动语态）、词性（名词、动词、形容词、副词等）及它们的变化规则和用法。例如一般现在时用于描述经常性、习惯性的动作；被动语态用于强调动作的承受者等。正确运用语法规则能确保学生构建出结构完整、语义清晰的句子，实现准确的语言输出。

（3）语篇知识涉及如何理解和构建段落、文章等连贯性文本。学生需要学习段落的结构、主题句的撰写、句子之间的衔接与连贯，以及不同体裁文章（记叙文、说明文、议论文等）的特点和写作方法。例如在写记叙文时，要掌握事件的起因、经过和结果的叙述方式；写议论文时，学会提出论点、论证观点和得出结论的方法。

2. 技能性内容

技能性内容是指学生在学习过程中需要掌握的各种技能和技巧。对于英语学习而言，这涵盖了听、说、读、写四项基本技能，它们是学生在学习和生活中必须具备的能力，也是教学内容的重要组成部分。

（1）听力技能。

信息捕捉：训练学生在听力材料中迅速捕捉关键信息，如时间、地点、人物、事件等。例如在一段日常对话听力中，能听出对话发生的时间和地点。

主旨理解：培养学生理解听力内容主旨大意的能力。比如在一段关于校园活动的广播听力里，学生能总结出广播是在介绍即将举办的运动会相关事宜。

推理判断：引导学生根据所听内容进行推理判断，比如通过人物的语气、用词来推断其态度、情绪，从对话细节推测人物关系等。

（2）口语技能。

基本表达：学生要掌握日常交际中的基本口语表达方式，如问候（"How are you?" "Fine, thank you."）、介绍（"This is my friend."）、告别（"Goodbye." "See you later."）等。

话题讨论：针对不同话题，如家庭、爱好、学校生活等，能够运用所学词汇和句型进行有逻辑的表达，阐述自己的观点和想法，例如在讨论"爱好"这一话题时，能说出"My hobby is reading books because it can broaden my horizons."等。

语音语调：学会正确运用语音、语调、连读、弱读等技巧，使口语表达更自然、流畅，符合英语母语者的表达习惯，增强交流效果。

（3）阅读技能。

快速浏览：通过略读（skimming）快速浏览文章，获取文章的主旨大意、文体类型和大致结构，比如在阅读一篇新闻报道时，能迅速知晓事件的核心内容。

细节查找：运用扫读（scanning）技巧，快速在文章中定位特定信息，如在阅读产品说明书时，能快速找到产品的使用方法、注意事项等关键细节。

深度理解：通过精读(intensive reading)，分析文章的语法结构、词汇用法、逻辑关系等，理解作者的意图、观点和态度，如剖析复杂句子的语法构成，理解词汇在语境中的引申义。

(4)写作技能。

句子写作：学会运用正确的语法和词汇写出结构完整、表意清晰的句子，如简单句("I like playing basketball. ")、并列句("I like apples and my sister likes bananas. ")和复合句("I will go to the park if it doesn't rain tomorrow. ")。

段落写作：掌握段落写作的方法，包括如何写主题句、展开句和结尾句，使段落内容连贯、逻辑清晰。例如在写"我的周末"段落时，主题句可写"My weekend was full of interesting activities. "，然后通过展开句描述具体活动，最后写结尾句总结感受。

篇章写作：根据不同的体裁，如记叙文、说明文、议论文等，遵循相应的写作结构和规范进行写作。记叙文要包含事件的起因、经过和结果；说明文需条理清晰地介绍事物的特征、功能等；议论文则要提出论点、进行论证并得出结论。

3.情感态度内容

情感态度内容是指在教学中培养学生的情感态度，包括道德教育、审美教育、人文素养等。这些内容旨在帮助学生在英语学习中确立积极的生活态度和健康的生活方式，培养学生的综合素质，使其成为具有良好品德和正确价值观的公民。

(1)道德教育。

品德培养：教学内容中许多对话和文章以日常生活为背景，展现诚实守信、友善待人、尊重他人等美好品德。如人教版(2013年版)八年级下册Unit 2 "I'll help to clean up the city parks. "这一单元，通过讲述志愿者活动的故事，引导学生树立关爱他人、奉献社会的意识，明白帮助他人是一种高尚的道德行为。学生在学英语知识的过程中，也能从中汲取道德养分，并将这些品德观念融入日常生活。

责任感教育：一些教学内容涉及社会热点问题，如环保、公益事业等。例如，在关于环境保护的单元，学生通过学习相关词汇和表达，了解环境问题的严峻性，认识到每个人都有责任为保护环境贡献力量，培养社会责任感，并在实际生活中积极践行环保行动。

（2）审美教育。

语言美感体验：英语教学内容中精选的诗歌、散文等文学作品，可以让学生领略英语语言的韵律美、节奏美和形式美。像一些经典的英语诗歌，其押韵、格律以及独特的句式结构，让学生在朗读和学习过程中感受到英语语言的独特魅力，提升对语言艺术的审美鉴赏能力。

文化审美渗透：教学内容可以介绍英语国家的文化艺术，如建筑、绘画、音乐等，拓宽学生的审美视野。在学习西方古典音乐或著名建筑相关内容时，学生能了解不同文化背景下的审美观念和艺术风格，学会欣赏多元文化的美，培养对不同艺术形式的包容和尊重态度。

（3）人文素养。

文化理解与包容：教学内容可涵盖跨文化内容，例如英语国家的历史、习俗、价值观等，帮助学生了解不同文化的差异。在学习不同国家节日习俗时，学生能体会到文化的多样性，理解并尊重其他民族的文化传统，培养开放包容的国际视野，增强文化交流与融合的意识。

历史与社会认知：通过拓展课外阅读材料，学生可以了解到世界的历史变迁和社会发展，如人教版（2013 年版）九年级全一册 Unit 3 以路线为主题，涉及地理大发现、航海历史等相关知识，以及不同路线对人类社会发展和文化交流的影响。

4. 实践性内容

实践性内容是指学生需要通过实践活动来学习和掌握的内容，这些活动旨在帮助学生将所学知识应用到实际生活中，提高其解决问题的能力和实践能力。

（1）口语实践。

日常对话：在课堂上，教师创设各种贴近生活的情境，如购物、问路、餐厅点餐等，让学生进行角色扮演，运用所学英语进行日常交流。比如在"购物"情境中，学生分别扮演顾客和店员，练习询问价格、尺码、颜色等相关表达。

英语角活动：学校或班级组织英语角，为学生提供一个自由交流的空间。学生可以围绕热门话题，如电影、音乐、体育等，自由地用英语表达自己的观点和想法，锻炼口语表达的流畅性和灵活性。

（2）写作实践。

书信写作：安排学生写英语书信，包括给笔友的信件、请假条、感谢信等。通过书信写作，学生不仅能巩固语法和词汇知识，还能学会根据不同的写作目的和对象，运用恰当的语言风格和格式进行表达。

日记撰写：鼓励学生用英语写日记，记录日常生活中的点滴，如当天的学习、生活经历、心情感受等。这有助于学生养成用英语思考和表达的习惯，提高英语写作的熟练度。

（3）听力实践。

英语广播与影视：让学生收听英语广播节目，如"BBC Learning English"、"VOA Special English"等，观看英语电影、电视剧或动画片，如《疯狂动物城》《老友记》等。通过多样化的听力素材，锻炼学生的英语听力理解能力，熟悉不同的语音、语调、语速和语言环境。

听力模拟测试：定期进行听力模拟测试，题型可参考中考听力题型，包括选择题、填空题、听写题等。通过模拟测试，让学生熟悉考试形式，掌握听力技巧，提高应对考试的能力。

（4）阅读实践。

英语报刊阅读：组织学生阅读英语报刊，如《21世纪学生英文报》《英语周报》等。这些报刊内容丰富，涵盖时事新闻、文化娱乐、科普等多个领域，既能拓宽学生的知识面，又能提升学生的英语阅读能力，培养学生快速获取信息的能力。

英语原著阅读：推荐适合初中生阅读的英语原著，如《小王子》《夏洛的网》等。在阅读原著的过程中，学生可以深入理解英语语言文化，感受不同的文学风格，提高阅读理解能力，增加词汇量。

（5）项目实践。

英语戏剧表演：学生分组排练英语戏剧，从剧本创作、角色分配到表演，都由学生自主完成。在这个过程中，学生不仅能提高英语听说能力，还能培养团队协作能力、创造力和表演能力。

英语文化调研：让学生以小组为单位，对英语国家的文化进行调研，如节日、习俗、饮食等。学生通过查阅资料、采访外教或留学生等方式收集信息，最后以报告、海报或PPT的形式展示调研成果，加深对英语国家文化的了解，锻炼信息收集和整理能力。

5.综合性内容

综合性内容是指将不同学科领域的知识、技能和情感态度价值观进行整合，形成的具有综合性的教学内容。这种内容旨在培养学生的综合素质和跨学科能力，使其能够适应未来社会的需求。在初中英语教学中融入综合性内容，能够打破学科壁垒，全面提升学生的综合素养。以下是一些具体的综合性教学内容示例：

（1）英语与科学融合。如人教版（2013 年版）九年级全一册 Unit 13 "We are trying to save the earth!"以"环境保护"为主题，可以结合科学课程中关于生态系统、环境污染等的知识。在英语课堂上，学生先学习与环保相关的英语词汇，如"pollution"（污染）、"recycle"（回收利用）等，然后阅读英语科普文章，了解全球环境问题的现状和成因。之后，让学生分组用英语讨论并制订校园环保计划，从科学角度分析不同环保措施的可行性，如垃圾分类对资源回收的影响。最后，学生用英语撰写环保倡议书，向全校师生宣传环保理念，将语言表达与科学知识、环保行动相结合。

（2）英语与艺术融合。开展"英语艺术作品赏析"活动，将英语教学与美术、音乐等艺术学科融合。如人教版（2013 年版）九年级全一册 Unit 2 "I think that mooncakes are delicious!"Section B 听说部分，介绍了中国春节期间的自贡灯会，通过人物对话和展示灯会中的彩灯照片等，将传统艺术与英语学习相结合，增强了学生对本土文化艺术的认同感和用英语描述文化现象的能力。

（3）英语与历史融合。例如人教版（2013 年版）八年级下册 Unit 5 "What were you doing when the rainstorm came?"，在语言学习上，学生通过这一单元掌握过去进行时的结构和用法，如 "I was doing my homework when the rainstorm came."这类表达，学会用英语描述过去某个特定时刻正在发生的动作。这为后续学习历史事件的英文描述打下了基础，当描述历史事件时，能准确使用时态来阐述事件发生的时间背景和人物的行为状态。从历史角度看，暴雨这类自然灾害在历史上屡见不鲜，不同地区和时代都有相关记载。教师可以引导学生去了解历史上著名的暴雨灾害事件，像 1975 年河南板桥水库溃坝事件，当时暴雨引发了严重的洪水灾害。学生了解这些历史事件，不仅能丰富历史知识，还能用刚学到的英语过去进行时来描述当时人们的行为，如 "People were going about their daily lives when the unexpected rainstorm hit."。这种跨学科的学习方式，让学生认识到英语不仅是一门语言工具，还能用来记录和讲述历史。

同时，通过分析历史上人们在面对暴雨灾害时所采取的应对措施，如古代水利设施的建设、救灾物资的调配等，学生可以用英语展开讨论并进行总结，由此锻炼英语表达和逻辑思维能力。例如，表达出"In ancient times, people were building canals and reservoirs to prevent flood disasters when they faced frequent rainstorms."这样的句子。这种跨学科的融合不仅提升了学生对英语学习的兴趣，还能够让他们从历史中汲取宝贵的经验教训，深入了解人类社会在面对自然灾害时的应对策略。

（4）英语与体育融合。围绕"体育赛事"开展教学活动，将英语与体育学科相融合。在学习体育相关单元时，学生学习各类体育项目的英语词汇，如"basketball"（篮球）、"badminton"（羽毛球），以及体育赛事的常用表达，如"championship"（锦标赛）、"final"（决赛）。接着，让学生观看英语体育赛事直播或录像，用英语描述比赛场景和运动员的表现。之后，组织学生进行英语体育新闻播报，报道学校或社区的体育活动。这样，学生在学习英语的同时，也能提高对体育的兴趣和关注度。

6.基于课程思政的教学内容

基于课程思政的教学内容是指英语与思想政治教育有机融合的教学内容。在本书中，基于课程思政的教学内容主要是以龚一鸣教授提出的思想政治要素框架为基础。通过吸收社会主义核心价值观、核心竞争力，以及中国学生发展的核心理念，龚一鸣教授将思想政治要素细化为人与国家、人与社会、人与自我三大关键领域，由此构建了学科思想政治要素框架。这三大领域进一步被划分为六个维度，包括中国精神、国际视野、和谐生活、社会实践、健康生活以及自我价值。这一新模型旨在提供一种全新视角，帮助教育者和政策制定者更深入地理解和实施教育政策，以培养具有全球视野和本土责任感的学生。人与国家主题聚焦于爱国主义，包括深化对祖国的认知与热爱，传承中华优秀传统文化，展现文化与民族自信，守护国家主权。国际视野强调开放思维和全球意识，促进对文化多样性的尊重。人与社会方面，和谐生活强调自然保护和社会诚信，倡导绿色生活和增强法治意识；社会实践着重公益参与和科学探索，培养集体责任感和创新精神。人与自我则涵盖对生命价值的认知、健康行为的养成，以及通过学习和反思实现自我价值。思想政治要素的分类框架详见表4-4。

表 4-4 思想政治要素分类

分类			描述
思政元素	人与国家	国家意识	维护国家主权,树立国家自信,坚定文化自信,传承中华优秀传统文化
		国际视野	树立全球意识,理解人类命运共同体价值,了解中外文化,尊重文化多样性,认同优秀文化
	人与社会	和谐生活	践行绿色生活,秉持可持续发展理念,热爱自然,保护环境,具备安全和自我保护意识,乐于合作,乐于助人,坚守诚信,珍视友谊,慷慨待人
		社会实践	关注社会热点、政治历史事件,树立法治意识,具备奉献精神,参与公益和志愿服务,具有时间管理与创新能力,秉持科学精神
	人与自我	健康生活	理解生命价值,珍惜生命,养成健康生活方式,学会自我管理,保持积极生活态度
		自我价值	热爱学习,善于反思,树立自信,磨炼意志,坚持目标,追逐理想

人教版初中英语教材中融入了许多课程思政要素(如表 4-5 所示)。该教材结构采用单元主题方式,紧密贴合学生的校园生活与家庭环境,旨在将语言学习与品德培养有机结合。通过对人教版初中英语教材(其中七年级上册为 2024 年版)58 个单元的细致分析,可以发现,每个单元都巧妙地融入了丰富的思想政治教育元素。这些元素不仅涵盖了社会主义核心价值观、传统文化精髓,还包括全球视野和跨文化交际意识等内容,体现了全面育人的教学目标。本书旨在从宏观角度探讨这些思想政治要素在教材中的具体应用及其对学生的影响。分析结果按照思想政治要素的类型进行分类,以便更清晰地展现其特征和作用。

表4-5　人教版初中英语教材思政元素分类

分类		单元主题
人与国家	中国精神	8A Unit 10　If you go to the party, you'll have a great time. 8B Unit 4　Why don't you talk to your parents? 8B Unit 6　An old man tried to move the mountains. 8B Unit 7　What's the highest mountain in the world? 9 Unit 2　I think that mooncakes are delicious! 9 Unit 5　Where are the shirts made of? 9 Unit 6　When was it invented? 9 Unit 9　I like music that I can dance to.
	国际视野	7B Unit 11　How was your school trip? 8A Unit 5　Do you want to watch a game show? 8A Unit 7　Will people have robots? 8A Unit 8　How do you make a banana milk shake? 8A Unit 10　If you go to the party, you'll have a great time. 8B Unit 4　Why don't you talk to your parents? 8B Unit 5　What were you doing when the rainstorm came? 8B Unit 6　An old man tried to move the mountains. 8B Unit 7　What's the highest mountain in the world? 8B Unit 8　Have you read *Treasure Island* yet? 8B Unit 9　Have you ever been to a museum? 9 Unit 2　I think that mooncakes are delicious! 9 Unit 6　When was it invented? 9 Unit 10　You're supposed to shake hands. 9 Unit 13　We're trying to save the earth!

续表4-5

分类		单元主题
人与社会	和谐生活	7A Unit 2　We're Family！ 7B Unit 2　What time do you go to school? 7B Unit 3　How do you get to school? 7B Unit 6　I'm watching TV. 7B Unit 12　What did you do last weekend? 8A Unit 1　Where did you go on vacation? 8A Unit 4　What's the best movie theater? 8A Unit 9　Can you come to my party? 8B Unit 1　What's the matter? 9 Unit 4　I used to be afraid of the dark. 9 Unit 8　It must belong to Carla.
	社会实践	7B Unit 4　Don't eat in class. 7B Unit 5　Why do you like pandas? 7B Unit 7　It's raining！ 7B Unit 8　Is there a post office near here? 7B Unit 10　I'd like some noodles. 8B Unit 2　I'll help to clean up the city parks. 8B Unit 3　Could you please clean your room? 8B Unit 10　I've had this bike for three years. 9 Unit 1　How can we become good learners? 9 Unit 3　Could you please tell me where the restrooms are? 9 Unit 7　Teenagers should be allowed to choose their own clothes.

续表4-5

分类		单元主题
人与自我	健康生活	7A Unit 5　Fun Clubs 7A Unit 6　A Day in the Life 8A Unit 2　How often do you exercise? 9 Unit 12　Life is full of the unexpected. 9 Unit 14　I remember meeting all of you in Grade 7.
	自我价值	7A Unit 1　You and Me 7A Unit 3　My School 7A Unit 4　My Favourite Subject 7A Unit 7　Happy Birthday! 7B Unit 1　Can you play the guitar? 7B Unit 9　What does he look like? 8A Unit 3　I'm more outgoing than my sister. 8A Unit 6　I'm going to study computer science. 9 Unit 11　Sad movies make me cry.

注：7A、7B、8A、9分别指七年级上册、七年级下册、八年级上册、八年级下册、九年级全一册。后文也用类似的表述。

在初中阶段的人教版英语教材中，每个单元精心融入了思政教育的三大维度：人与国家、人与社会以及人与自我。具体到"人与国家"维度，教材中融入了"中国精神"与"国际视野"两大主题，其中包含"中国精神"的单元共有8个，涉及"国际视野"的则有15个。在"人与社会"这一维度中，教材通过"和谐生活"与"社会实践"两个主题来进行阐述，每个主题各占11个单元。至于"人与自我"这一维度，则通过"健康生活"和"自我价值"两个方面进行教育，其中"健康生活"相关单元有5个，"自我价值"则有9个。这样的结构安排旨在全面培养学生的国家认同感、社会责任感及个人成长意识。

每个类别的每个单元都包含了许多意识形态和政治因素，从三个大类到六个子类，每一项分类都能在教材中找到。部分单元属于多个类别，例如八年级上册的 Unit 10 "If you go to the party, you'll have a great time."，既属于"人与国家"类别中的"中国精神"，又属于"国际视野"。总之，人与国家的内容在整个教材中相对较多，涉及中国的传统文化和优秀文学作品等方面。关于中国和其他国家之间的生活方式和文化的多样性，也有许多介绍，如九年级全一册的

Unit 10 "You're supposed to shake hands." 讨论了中西方礼仪的差异，属于跨文化交际。

根据《新课标》的理念，其旨在通过创新性的教学方法和材料设计，确保教育的根本任务——立德树人得以有效落实。特别是在教材的编写过程中，《新课标》强调必须将社会主义核心价值观与教材内容紧密融合。不仅如此，《新课标》还特别提出，在教材内容的整合过程中，应巧妙地将社会主义核心价值观通过直接与间接的方式融入教学内容中，实现"春风化雨，润物无声"的教育效果。这种方式旨在潜移默化地影响学生，促进其道德观念和思想品质的内在化，从而自觉地将社会主义核心价值观体现在日常一言一行中。

4.2.3　教学内容选用的策略

选择基于课程思政理念的初中英语教学内容时，可以考虑使用以下策略。

1. 主题整合策略

(1)挖掘教材中蕴含的思政元素。

初中英语教学内容通常围绕多种主题展开，如个人成长、人际关系、社会生活、文化交流等。选择基于课程思政理念的初中英语教学内容时，要在深入分析教材的基础上选定主题相关的单元内容，找出蕴含的思政元素。以人教版初中英语教材为例，九年级全一册 Unit 5 "What are the shirts made of?" 这一单元主要介绍了中国的传统文化元素，如陶瓷、丝绸、茶叶等的制作过程和传播历史，其中蕴含着丰富的爱国主义情感和文化自信的思政元素。

(2)补充加强思政教育的素材。

为丰富教学内容，增强思政教育的实效性，需补充与主题契合的课外资源，如英语新闻报道、英文电影、英语歌曲、英语绘本等。在学习八年级上册 Unit 6 "I'm going to study computer science." 的"梦想与追求"主题时，可引入奥运健儿潘展乐的奋斗故事。让学生思考自己的梦想是什么，以及从潘展乐的经历中得到了哪些启示，如何在面对困难和挫折时保持积极的心态，像潘展乐一样坚定地去追求自己的梦想。至此，依据主题，整合思政元素，帮助学生树立积极的理想，引导学生认识到做好未来规划的重要性，并激励他们为实现人生价值而努力。

(3)融合多学科课程思政。

融合多学科课程思政打破了学科壁垒，在英语教学中融入历史、地理、科学等学科知识。学习八年级下册 Unit 7 "What's the highest mountain in the world?"时，让学生从历史、科学等多维度理解问题，培养批判性思维、问题解决能力以及跨学科融合的思维方式，促进学生全面发展。

（4）结合主题相关时事热点渗透课程思政。

课程思政的核心在于将思政教育渗透到各学科教学中。如在学习九年级全一册 Unit 13 "We're trying to save the earth！"时，引导学生用英语讨论气候变化、能源危机等问题，让学生在语言学习过程中增强社会责任感和全球意识，树立正确的价值观，培养关心社会、关爱地球的良好品德。比如在讨论气候变化时，学生能深刻认识到人类活动对环境的影响，进而形成环保意识和可持续发展观念。

2.文化对比策略

（1）中西文化对比。

介绍西方文化的同时，融入中国文化元素，通过对比中西文化差异，增强学生文化自信和跨文化交际能力。如学习西方节日相关内容时，介绍中国传统节日的英文表达和文化内涵，反之亦然。

在八年级上册 Unit 8 "How do you make a banana milk shake?"中，学生不仅能学到世界各地丰富多样的美食知识，还能深入了解西方感恩节火鸡的制作过程。从课程思政角度出发，这一主题为文化融合与价值引导提供了良好契机。教师可借此与学生一同探讨我国春节的饺子、元宵的汤圆、冬至的饺子或汤圆等节日美食背后蕴含的意义。这些美食不仅是味觉享受，更承载着团圆、传承等深厚文化内涵与情感价值。这样的活动让学生在对比中感受中西方文化魅力，增强文化自信，培养对多元文化的尊重与包容态度。

（2）多元文化交流。

在初中英语教学中，促进多元文化交流至关重要。教师应鼓励学生积极了解并尊重不同文化，通过英语这一语言工具，向他人介绍世界各地的风俗习惯、艺术形式等，以此培养学生的国际视野和包容心态。

七年级上册 Unit 6 "A Day in the Life"以生活为主题，通过呈现不同文化背景下中学生的日常作息，让学生深切体会到多元文化的独特魅力。在单元内容里，学生能看到西方学生早上由于时间有限而紧张的节奏，有的甚至来不及洗澡就出门，也能了解到他们习惯晨浴后再开启一天的生活方式。同时，还学习了新西兰学生的作息，能深入了解不同的地理文化对生活习惯的影响。教师在教授时还拓展不同国家学生、清洁工、医生、护士等的作息时间，这些不同文化背景下的作息差异，使学生仿佛置身于多元文化交流的环境中，真切感受到世界文化的丰富多彩，从而领悟多元文化的魅力，学会尊重和接纳不同文化，拓宽国际视野。

3. 情境模拟策略

（1）生活情境再现。

设计贴近学生生活的英语情境，如购物、旅行、社交等，让学生在模拟情境中运用英语，同时融入思政元素，如礼貌待人、诚信交易、乐于助人等。

例如，在七年级上册 Unit 5 "Fun Clubs" 的学习中，设定学生参加学校举办的社团招新活动，社团包括音乐社、绘画社、体育社等。学生在各个社团摊位前与负责人交流，选择自己感兴趣的社团加入。在交流过程中，引导学生尊重他人对不同社团的选择，不嘲笑、不贬低他人的兴趣爱好。当听到其他同学选择自己不感兴趣的社团时，可以说 "Sounds interesting! I hope you enjoy it." 之类的表达。向学生强调社团活动中的团队合作精神，鼓励他们在社团中积极与他人合作，共同完成社团任务。例如，音乐社要举办音乐会，需要成员们分工合作，有的负责演奏，有的负责组织，有的负责宣传，让学生明白团队合作的重要性。

（2）角色扮演活动组织。

通过角色扮演、辩论赛等形式，让学生在英语交流中体验不同社会角色，如环保志愿者、科学家、导游等，培养他们的社会责任感和职业道德。

在七年级上册 Unit 6 "A Day in the Life" 的教学中，当谈论日常作息时，可引入课外补充阅读材料，展示不同职业人群独特的作息模式。比如，护士由于工作性质特殊，常常需要昼夜颠倒，值夜班是工作常态，只为时刻守护患者的健康；环卫工人则每日清晨便开始工作，在城市还未完全苏醒时就已在默默清扫街道，为大家营造整洁的环境。为加深学生对不同职业作息的理解，可组织学生开展相关活动。一方面，安排学生进行访谈，鼓励他们采访身边的护士、环卫工人等，用英语询问对方的日常工作时间、工作强度以及在特殊作息下的感受。另一方面，组织角色扮演活动，让学生分别扮演护士、环卫工人等角色，在课堂上分享自己的作息时间。通过这些活动，学生不仅能锻炼英语表达能力，还能深刻体会到不同职业背后的辛勤付出，真切感受到社会主义现代化建设中，各行各业的人们爱岗敬业的崇高精神，从而形成对不同职业的尊重和理解。

4. 技术辅助策略

（1）多媒体资源利用。

使用视频、音频等多媒体资源，使教学内容更加生动、直观，同时融入思政教育元素，如通过观看英文纪录片了解中国历史文化。

在学习八年级上册 Unit 8 "How do you make a banana milk shake?" 时，借助 AI 技术询问和完善教材内的食谱，这不仅能提升学生的语言技能，还为课程思政的融入提供了丰富的切入点。当学生运用 AI 技术获取食谱信息时，引导他们思考不同国家饮食文化的差异。比如，同样是制作奶昔，西方可能更注重食材的多样搭配与创新口味，而东方部分地区可能会融入传统养生食材，像枸杞、红枣等制作特色饮品。通过对比，培养学生尊重不同文化习俗的意识，让他们明白文化的多元性是人类社会的宝贵财富，鼓励学生在全球化背景下积极传播和弘扬中华饮食文化。

在利用 AI 完善食谱的过程中，培养学生的劳动精神和工匠精神。食谱的优化需要学生仔细甄别 AI 给出的信息，精确调整食材用量、制作步骤，这一过程如同工匠雕琢作品，要求学生具备专注、严谨的态度。引导学生认识到，无论是简单的奶昔制作还是未来从事任何工作，都需要秉持这种认真负责的态度，只有付出辛勤劳动，才能收获满意成果。

同时，通过 AI 技术获取的食谱信息可能存在不准确或不完整的情况，这就要求学生运用批判性思维去分析和判断。在此过程中，培养学生不盲目跟从、敢于质疑的科学精神，鼓励他们在面对海量信息时保持独立思考，明辨是非真假，形成正确的价值观，提高信息素养。

（2）在线互动平台采用。

在九年级全一册 Unit 10 "You're supposed to shake hands." 的教学中，可充分借助在线学习、交流平台，组织学生开展跨国文化交流活动。聚焦不同国家的社交礼仪，涵盖见面时的问候方式、肢体语言的含义等内容。学生通过学习，能够深入了解各国在人际交往中的文化习俗差异。

借助在线平台，学生得以与外国学生用英语探讨共同关心的话题。在交流过程中，他们不仅能运用所学的英语知识，还能亲身感受不同文化背景下的思维方式和表达习惯。例如在讨论问候礼仪时，学生可以了解到，有的国家见面行拥抱礼，而有的国家则以鞠躬示意，从而深刻体会到文化的多样性。

这样的交流活动有助于学生学会在跨文化交流中自觉遵循相应的礼仪规范，有效避免文化冲突，切实增强跨文化交际能力，也有助于让学生在交流互动中增进彼此间的理解与尊重，培养全球视野和包容心态。

5. 分层次教学策略

（1）个性化选材。

在初中英语教学过程中，教师应当依据学生的实际学情、所处地域特点以及教学内容主题，灵活且有针对性地筛选和增补教学内容。其目的不仅是打造更具真实性和共鸣感的学习情境，助力学生高效学习，更是在其中巧妙融入思政元素，培养学生的正确价值观和良好品德。

从学情出发，教师要精准把握学生的学习状况。比如，在教授七年级上册 Unit 5 "Fun Clubs" 时，如果学校没有社团，学生缺乏直观认知，教师就应着重补充关于社团的详细介绍，涵盖社团的定义、常见类型以及丰富多样的社团活动，让学生拓宽视野，理解团队协作与兴趣培养的重要意义，同时引导学生思考如何在学习生活中主动探索兴趣爱好，提升自我管理与组织能力。此外，教师还可根据实际情况，对教材中采访个人社团活动的任务进行适当删减或优化，使其更贴合学生的实际体验。

结合地域特点，能够有效增强学生的文化自信。以八年级上册 Unit 8 "How do you make a banana milk shake?" 为例，不同地域的教师可以引入有关当地特色菜系的阅读语篇，不仅介绍美食的烹饪方法，更深入挖掘其背后传承的饮食文化，让学生深切感受到本土文化的魅力与价值，激发学生对家乡的热爱和对传统文化的传承意识，在学习英语的同时筑牢文化自信的根基。

围绕教学内容主题拓展跨文化知识，有助于学生构建完整的知识文化体系，培养国际视野和尊重多元文化的意识。在学习七年级上册 Unit 6 "A Day in the Life" 时，教材中 Section B 关于芬兰赫尔辛基初中生的一天的语篇引发了学生对芬兰学生早上 9 点上学、下午 3 点放学这一作息的浓厚兴趣。此时，教师可顺势引入有关芬兰的地理知识，讲解芬兰日照时间短、冬季漫长等特点，引导学生理解这种独特的自然环境对当地学生作息的影响，使学生明白不同国家和地区的文化差异是由多种因素共同作用形成的，从而树立客观看待世界的态度，尊重不同文化，培养包容开放的价值观。

（2）多元化教学。

根据学生的英语水平和学习兴趣，同样的教材内容，要选择不同难度和侧重点的教学内容和活动。以下以人教版（2024 年版）七年级上册 Unit 1 "You and Me" 为例，分析如何进行多元化教学。

针对基础薄弱且兴趣一般的学生，在学习基础词汇（如人物称呼、日常问候语等）、结构简单句型（如 "This is…" "What's your name?"）时，开展单词卡片游戏，制作写有单词和对应图片的卡片，让学生通过认读、拼写单词来巩固词汇。还可以设计简单对话模仿活动，让学生模仿教材对话，两两一组进行问候和介绍练习，增强口语表达自信。

针对有一定基础且对生活话题感兴趣的学生，在学习同一单元的基础词汇时，可以将词汇用于句子中直接进行对话训练或设置真实情境进行对话，并拓展学习"first name""last name""full name"，以及年龄、班级、班主任老师等必要信息，形成较为完整的话轮以进行自然的日常对话。在对话中学习词汇，在沉浸式的交流场景中，自然而然地运用所学词汇，加深理解与记忆。

针对英语水平较高且对文化探索感兴趣的学生，在学习该单元词汇时，引入介绍中国取名字方式与西方国家的差异的语篇。学生在阅读过程中，不仅能巩固词汇的使用，还能深刻体会到姓名背后承载的不同文化。通过对比，理解中式名字里对家族传承、美好寓意的看重，以及西方名字与宗教、历史的关联，拓宽文化视野。

同一班级内，往往三个层次的学生都有，因此，要运用多元化的方式教学同一内容，层层递进，尽量让班级里不同层次的学生都能够参与课堂，学有所得。

6. 反思与评估策略

(1)定期反思。

鼓励学生在学习过程中进行自我反思，思考自己在学习英语和接受思政教育方面的进步和不足。

在完成八年级上册 Unit 3 "I'm more outgoing than my sister."的学习后，学生可以回顾自己在描述人物性格和比较人物特征时，英语表达是否流畅自然。比如，能否自如地运用比较级词汇，如"more outgoing"（更外向的）、"quieter"（更安静的）等。在思政反思上，思考自己通过学习不同性格的描述，是否更加理解和尊重他人的个性差异，在与同学的交往中，有没有因为理解了性格差异而减少冲突、增进友谊的情况。

又如，学习九年级全一册 Unit 13 "We're trying to save the earth!"后，学生要反思自己对环保知识的英语表达是否熟练，如能否准确运用"reduce pollution"（减少污染）、"protect the environment"（保护环境）等短语。更重要的是，反思自己在日常生活中有没有践行环保理念，是否将课堂上学到的思政内容转化为实际行动，如是否做到了垃圾分类、节约水电等。

(2)多元评价。

采用形成性评价和终结性评价相结合的方式，不仅关注学生的英语语言能力，还重视他们在思政教育方面的表现，如团队合作、社会责任感等。

形成性评价包括课堂观察、作业评价和学习档案记录等方面。

在日常英语课堂上，教师密切留意学生的表现。例如在学习八年级下册 Unit 2 "I'll help to clean up the city parks."时，组织小组讨论如何在社区开展环保活动。此时观察学生在小组讨论中的参与度，是否积极用英语表达自己的想法，如提出 "We could organize a weekend cleaning activity and invite more neighbors to join us."等建议。同时，观察学生在团队合作中的表现，是否善于倾听他人意见，是否能协调小组成员间的不同观点，以此评估学生的团队合作精神。对于积极参与且能有效促进团队协作的学生，给予及时肯定，如 "Great job! You not only shared creative ideas but also actively coordinated the team."。

在批改作业时，除了关注英语语法、词汇运用等语言准确性方面，还注重作业中体现的思政素养。以九年级全一册 Unit 10 "You're supposed to shake hands."布置的关于不同国家文化礼仪对比的作业为例，评价学生是否能准确用英语阐述各国礼仪差异，如 "In Japan, people usually bow when they meet; while in the US, a handshake is more common."。同时，看学生是否在作业中展现出对不同文化的尊重和包容态度。对于能体现积极态度的作业，在评语中强调，如 "Well done! Your understanding and respect for different cultures are well presented in this assignment."。

为每位学生建立学习档案，记录他们在英语学习过程中的成长轨迹。收集学生在英语演讲、小组项目展示等活动中的作品，分析学生在语言表达能力提升的同时思政方面的进步。比如在一次以 "My Dream Job" 为主题的英语演讲中，学生不仅要清晰表达自己的梦想职业，还可以阐述该职业对社会的贡献，体现出社会责任感。教师将学生的表现记录在档案中，为后续评价提供依据。

终结性评价则包含单元测试、期中期末考试、初中学业水平测试等。在单元测试、期中期末考试中，除了设置传统的英语知识考查题目，如词汇拼写、语法选择、阅读理解等，还可增加与思政教育相关的题目。例如在阅读理解部分，选取关于志愿者活动、文化交流等主题的文章，考查学生的英语阅读能力的同时，设置问题引导学生思考文章中的思政内涵，如 "What can we learn from the volunteers' spirit in this passage?"，让学生用英语作答，以此评估学生对社会责任感、跨文化理解等思政要点的掌握程度。

学期末，教师根据学生的形成性评价和终结性评价结果，撰写综合评价报告。报告中不仅呈现学生的英语成绩，还详细描述学生在思政教育方面的表现,如团队合作能力、社会责任感、文化包容意识等方面的优点与不足,并给出有针对性的建议,帮助学生在未来的学习中全面提升。

4.2.4　教学内容选用的案例

根据教学内容选取的原则与策略,以人教版(2024年版)七年级上册 Starter Unit 1 为例,分析教学内容的选取。

○ **案例**

1.单元概要

Starter Unit 1 "Hello!"作为本册第一个单元,涉及主题"人与社会",不仅聚焦于人际交往的基本技能,更通过实践活动和互动环节,让学生在模拟真实情境中学习如何礼貌待人、有效沟通,从而培养社交能力和团队合作精神。本单元紧密围绕着"How do you greet people?"与"How do you start a conversation?"这两个核心问题,引导学生"邂逅新友,以礼相待,和谐共学"。恰逢新生满怀憧憬踏入校园之际,本单元将旧知的温习与新知的探索融为一体,为学生们搭建了一个轻松的交流平台,促使他们在相互介绍与交谈中建立关系。学生们不仅能够巩固基础的英语问候语,还能进一步拓展对话技巧,增进彼此间的了解与信任,共同营造一个积极和谐的英语学习氛围。本单元作为初中英语学习的开端,为了夯实学生英语基础,聚焦培养学生的字母书写规范性,以及通过英语字母歌曲引入让学生轻松记忆英文字母,再辅以扎实的基础训练。这不仅是对英语知识的夯实,更是培养学生严谨认真、持之以恒学习态度的过程。在书写练习中,引导学生一笔一画认真书写,培养他们对待学习一丝不苟的精神,助力学生在英语学习道路上自信前行,成长为有知识、有品德的新时代青年。

2.单元教学内容与学情分析

(1)语篇分析。

本单元由三篇对话和一首歌谣组成。各语篇具体分析如下。

人教版(2024 年版)七年级上册 Starter Unit 1 单元整体语篇分析

具体语篇	语篇类型	语篇内容(what)	语篇主题与语言运用(why & how)
语篇 1 Section A 1a	日常对话 (图文)	七名同学在校门口相遇并互相打招呼	思政元素：借简单问候语展现文明素养，结识新同学，融入温暖校园集体；在书写中培养一丝不苟、严谨认真的学习态度 语言知识：在主题语境下用"Hello!""Good morning!"等表达得体地打招呼，掌握英文字母的正确书写和发音
语篇 2 Section A 2c	日常对话 (听力)	高老师与同学们课前互致问候，以及高老师与 Peter 打招呼并询问姓名，同学们互相打招呼和询问姓名	
语篇 3 Section A 2d	日常对话	同学之间打招呼和询问姓名	
语篇 4 Pronunciation 4	歌谣	英文字母歌	
语篇 5 Section B 1b	日常对话 (读写)	两位不相识的同学打招呼并互相询问姓名，以及两位相识的同学打招呼和简单对话	思政元素：巧用简单问候语播撒友善种子，结识新同学，开启互助成长 语言知识：用"What's your name?"询问姓名，用"How do you spell your name?"询问姓名书写，用"Nice to meet you too. Let's go!""Goodbye."等语言表达结束对话
语篇 6 Section B 1d	日常对话 (读写)	两则对话，分别是与熟悉同学和陌生同学之间的不同对话	

(2)语篇间的紧密关联与思政渗透。

本单元语篇紧密围绕"开学认识新同学和新老师"这一充满活力与希望的情境展开，深入探讨"How do you greet people?"与"How do you start a conversation?"两个关键问题，在语言学习过程中巧妙融入思政元素，助力学生全面发展。

· 情境维度：校园生活情境下的思政践行。

在校园生活的多元情境中，各语篇精准定位不同时段，深刻诠释社交礼仪与和谐共处的思政内涵。语篇 1 聚焦课前，学生们在校门口相遇，一句简单的"Hello！"或"Good morning！"，不仅是语言的交流，更是友善与礼貌的传递，体现了尊重他人、积极社交的良好品德，为一天的校园生活营造温暖氛围。

语篇 2 和语篇 3 展现课堂场景，师生间的正式问候如"Good morning, class.""Good morning, teacher."，彰显对教育环境的尊重，构建起尊师重道的课堂秩序；学生间的自我介绍则促进相互了解，培养包容与接纳的态度，为后续课堂互动中的团队合作奠定基础，这是团队协作精神在学习中的初步体现。

语篇 5 和语篇 6 着眼课后，学生们在轻松氛围中礼貌交流，对偶遇同学主动问候、友好交谈，将"以礼待人"的价值观延伸到校园的各个角落，展现出文明素养和友善待人的精神，有助于构建和谐的校园人际关系。

· 主题维度：思政引领下的成长与共学。

从语篇 1 至语篇 3，学生从课前礼貌问候迈向课堂深入交流，完美诠释"邂逅好友，以礼相待，共探英语新程"的主题。每一次问候都是尊重他人的体现，每一次交流都是思想的碰撞，在这个过程中，学生学会尊重不同观点，积极参与课堂讨论，增强了班级凝聚力，营造了积极向上的学习氛围。

语篇 5 和语篇 6 在课后场景中，将"以礼相待"的理念进一步拓展，学生通过礼貌对话结识新朋友，拓展社交圈，培养社会交往能力和情感沟通能力，为构建和谐校园文化贡献力量，让友善与和谐的种子在校园生根发芽。

语篇 4 的英文字母歌包含"now you see, I can say my ABCs"这种积极自我肯定的内容，不仅帮助学生掌握语音基础知识，更传递着自信自强的精神，鼓励学生勇于挑战自我，积极探索英语学习之路。

· 语言知识维度：语言学习与思政融合的进阶之旅。

本单元语篇在语言学习上遵循连续性与渐进性原则，从基础问候到深入交流，从语音基础到社交礼仪，逐步提升学生的语言能力，同时不断强化思政教育。

语篇 1 以简单问候语搭建语言学习基石，让学生在实践中体会礼貌待人的重要性，开启积极社交的第一步。语篇 2 引入询问语句，鼓励学生自我介绍，不仅锻炼语言能力，更培养学生的自信心与自我表达能力，这是思政教育中学生个性发展与自信心培养的体现。

语篇 4 通过歌谣教授英文字母发音，激发学生学习兴趣，培养积极探索的学习态度，让学生在轻松氛围中感受学习的乐趣，为持续学习注入动力。

语篇 5 借助跟进提问和礼貌用语，深化交流内容，使对话更丰富、更礼貌，进一步强化学生的社交礼仪意识，让学生明白在交流中尊重他人、礼貌表达的重要性。

综上所述，本单元以"开学新同学新老师见面对话"为情境，通过多时段语篇展现打招呼与礼貌对话实践场景，在构建真实交流情境的同时，深度融入文明礼仪、和谐共处、团队协作等思政元素。从简单问候到深入交流，从语言学习到品德培养，全方位促进学生语言交流能力与思想道德素养的提升，为学生的英语学习与个人成长奠定坚实基础。

（3）学情分析。

人教版（2024 年版）七年级上册 Starter Unit 1 单元学情分析

维度	已有基础	存在问题	解决措施
基础知识	1. 学生在小学阶段已经学习过 26 个字母的发音及读写，对英语字母缩写使用的场景有基本的了解 2. 本单元中学生比较熟悉的互致问候用语有：hi, hello, good morning, nice to meet you, goodbye, let's go 等	学生可能不能精准地掌握个别字母的发音，以及相同元音的归类；对于一些常见的英文缩写所代表的意义还不了解；不熟悉中文姓名的英文书写方式	通过跟唱字母歌、闪卡朗读、跟读等形式巩固字母发音；通过图文配对等学习英文缩写使用场景；通过听写、抄写、对话活动中记录姓名等途径学习中文姓名的英文书写方式

续表

维度	已有基础	存在问题	解决措施
学习和思维能力	学生对于文本有感知注意能力、获取与梳理；不熟悉能力，能根据教师的指导语关注目标语言并获取关键信息	学生还没发现对话逐渐拓展丰富的逻辑，对话的开展应该是跟进提问的多元化而不是程式化的回应	用图形组织器将已学和拓展有逻辑地联系起来，甚至将思维导图留出空间，在学生学习了相关主题的后续单元（如 Unit 1）后还可以继续补充，将思维可视化，训练有逻辑的思维能力
兴趣和情感态度	学生在小学阶段已经学会了简单的打招呼用语、如何与人礼貌交谈和简单交流。作为初中入学新生，学生对于身边同学也非常好奇，有结识的欲望	学生对于礼貌社交的渐进式缺乏意识，需要学习如何得体自然地使用交际语言实现和谐的互动对话	课程活动环环相扣，逐级递进给出范例，让学生模仿并进行互动实践；构建和扩充思维导图，逐渐丰富日常的对话用语

在以上教学案例中，教师深入剖析本单元语篇，精准把握其核心要点与语言知识分布，同时，充分分析学情，了解学生的知识基础、学习兴趣与学习需求，基于此，科学合理地确定教学内容。随后，在下一小节，将讨论如何进一步进行教学活动的设计。

4.3 教学活动的设计

4.3.1 教学活动设计的原则

教学活动是一种社会实践活动，其目的是培养能够为社会发展作出贡献的人才。教学活动是教育的一部分，相较于其他教育形式，它更强调目的性、计划性和组织性，旨在系统地引导学生掌握知识、技能和树立正确的价值观，以满足社会需求和个人成长[1]。根据《现代汉语词典》的定义，设计是指在正式做

---

[1] 俞婷. 新千年以来国内英语教材研究：现状、反思与建议[J]. 英语研究，2023(1).

某项工作之前，根据一定的目标要求，预先制定方法、图样等。因此，在教学中进行教学活动的设计至关重要，它确保教学过程有条不紊地进行，避免了盲目性和无序性，从而更好地满足人才培养的需要。以下是教学活动设计应遵循的原则。

1. 目的性原则

目的性原则是指为确保教学活动的有效性和针对性，使学生能够高效地达成预期的学习成果，教学活动设计中的所有活动都必须围绕明确的教学目标展开。在现代教育环境中，课堂活动不仅是教学的核心组织形式，更是学生学习的基石，而关键在于如何精心设计这些活动以实现教育的终极目标。根据《新课标》的要求，英语教学活动的设计应当紧密围绕学生英语学科核心素养的全面提升，体现目的性原则。这意味着所有教学活动都必须设定明确、具体且可衡量的学习目标，并确保所有的教学内容、方法和评价手段都直接服务于这些目标。这种基于目的性原则的教学活动设计应涵盖语言能力、文化意识、思维品质和学习能力四个核心领域。

2. 交互性原则

在第二语言的教育领域中，语言不仅仅是信息的载体，更是实现人际互动和社交沟通的关键工具。交互性原则是指在教学活动中，教师和学生之间、学生与学生之间以及学生与学习材料之间的互动交流应当是双向或多向的。这种互动不仅限于言语交流，还包括情感交流、思想碰撞和行为写作，它突显了语言使用中的互动性质，包括语言的节奏、行为表达、意义的共建过程以及对话中的互动结构。有效的互动可以激发学生的积极性和参与兴趣，促进知识的内化和技能的掌握。

3. 整合学习原则

整合学习原则是指在英语教学活动中，应综合培养学生的听、说、读、看、写等多方面的能力，避免单一技能训练。这意味着不仅要将语言知识（如语音、词汇和语法）的学习与语言技能的训练有机结合，还要统筹规划语言输入活动和语言输出活动，确保两者相辅相成。

4. 灵活性原则

教学活动设计的灵活性原则是实现教育创新和提升教学有效性的关键，体现在多个方面。教学目标与内容上，依学生学习进度、兴趣和反馈灵活调整，结合热点与实例，让教学更贴近学生的需求且生动；教学方法与手段上，采用多种形式，借助信息技术，适应不同学生；教学组织与管理上，通过小组合作等形式，鼓励交流合作，提供个性化学习资源；教学评价与反馈上，运用多种评价方式实现教—学—评一体化，及时反馈，助力学生调整学习策略。

5. 多样性原则

设计丰富多样的学习活动是教师的重要职责之一。每个学生都是独一无二、充满活力的认知主体，他们之间存在着显著的个体差异，这些差异体现在学习能力、兴趣爱好、认知风格等多个方面。例如，有的学生擅长逻辑思维，而有的学生则对艺术表现更感兴趣。为了精准契合每个学生的个体需求，有效吸引他们的注意并激发学习热情，设计多样化的活动显得尤为重要。通过设计多样化且有针对性的学习活动，教师不仅可以满足不同学生的独特需求，还可以让每个学生都能在学习中找到乐趣与成就感，在适合自己的环境中茁壮成长，实现全面发展。

6. 新颖性原则

教学活动设计的新颖性原则强调突破常规和经验的束缚，鼓励教师在设计活动时不被传统模式所局限，积极探索创新路径。它不仅体现在活动的形式上，更体现在内容和实施方式上。例如，在英语教学中，摒弃传统的单一讲解模式，采用情景模拟、角色扮演、项目式学习等创新方式，使学生亲身融入课文情境，加深对知识的理解。在活动开展过程中，根据学生的反应及时调整，保持灵活性。这种动态调整不仅能适应学生的需求变化，还能不断涌现新的思路和做法。如此一来，活动往往能收获意想不到的效果。新奇的体验能极大满足学生的好奇心，让他们在新鲜感的驱动下，更积极主动地参与学习，激发学习兴趣与潜能。

4.3.2 教学活动设计的类型

教学活动设计的类型多种多样，主要包括以下几种。

1. 讲解型教学活动设计

讲解型教学活动设计是指教师根据教学目标和学生特点，有目的地组织教学内容，通过系统的讲解、阐述等方式向学生传授知识、技能、观念或态度等，并设计相关的师生互动过程,以帮助学生理解和掌握知识,实现教学目标的一种教学活动设计方式。

随着教育教学理论的不断发展,人们对教学方法和策略的研究日益深入。讲解型教学活动设计是在传统教学的基础上,经过不断总结和改进形成的。它适应了不同学科知识体系的系统性和逻辑性要求,能够高效地向学生传递大量的信息。在学校教育的长期实践中,讲解型教学一直是一种重要的教学方式。在教育史上,许多教育家的思想和理论为讲解型教学活动设计提供了基础。例如,夸美纽斯强调教师的讲授作用,认为教师应该系统地、循序渐进地向学生传授知识;赫尔巴特提出了"四段教学法",即明了、联想、系统、方法,其中明了阶段就主要依赖教师的讲解来呈现新知识。①

讲解型教学活动大致包括导入、讲解新知识、巩固练习、课堂小结、作业布置等环节。例如,教师可以通过播放一段英语视频或歌曲导入新课,然后讲解新的单词、语法和句型,接着让学生进行对话练习或书面练习,之后进行课堂小结,总结本节课的重点内容,最后布置课后作业。教学中利用各种教学资源,如教材、教具、多媒体资料、网络资源等,丰富教学内容,增强教学的趣味性和直观性。

讲解型教学的特点是系统高效、教师主导。教师按照知识的内在逻辑和学生的认知规律,系统地组织和讲解教学内容,使学生能够形成完整的知识体系。此外,讲解型教学让教师能够在较短的时间内向学生传授大量的知识和信息,提高教学效率。教师在教学过程中起主导作用,能够引导学生的学习过程,控制教学进度和节奏。

讲解型教学能够让学生系统地学习和掌握学科知识,为进一步的学习和知识应用打下坚实的基础,也有助于教师在有限的教学时间内完成教学任务,提高教学效率,保证教学质量。

然而,在讲解型教学活动中,教师往往占据主导地位,学生大多处于被动接受知识的状态,参与课堂互动的机会相对较少,容易导致注意力分散、学习积极性不高。学生的学习能力、知识基础和学习风格存在差异,而讲解型教学通常采用统一的教学进度和方法,难以针对每个学生的特点进行个性化教学,可能使部分学生跟不上教学节奏,影响学习效果。这种教学活动侧重于知识的传授,可能在一定程度上忽视了对学生的实践应用能力的培养,学生可能在理论知识上有所收获,但在实际运用英语进行交流、解决问题时会遇到困难。讲

① 许高厚,施铮,魏济华,等. 课堂教学技艺[M]. 北京:北京师范大学出版社,1997.

解型教学往往强调标准答案和固定的知识体系，学生习惯于接受教师传授的内容，较少有机会进行独立思考和探索，不利于培养创新思维和批判性思维能力。

2.互动型教学活动设计

互动型教学活动设计是指在教学过程中，教师精心策划并组织各类教学活动，充分调动学生的主动性和积极性，使师生之间、学生之间形成多向、频繁且有效的互动交流，以此促进知识的传递、理解与应用，培养学生的综合能力，达成教学目标的一种教学设计模式。在互动过程中，信息不再是单向地从教师流向学生，而是在参与者之间循环流动，共同推动教学进程。①

随着教育理念从传统的以教师为中心向以学生为中心转变，互动型教学活动设计应运而生。传统讲解型教学虽能高效传递知识，但学生的参与度和自主性不足。现代教育强调培养学生的综合素养，如沟通能力、团队协作能力、批判性思维等，互动型教学活动为这些能力的培养提供了实践平台。同时，教育技术的发展，如多媒体、在线教学平台等，也为互动型教学活动的多样化开展提供了技术支持。美国著名教育家杜威提出"做中学"的教育理论，强调学生应在实际操作和互动体验中获取知识，认为教育即生活、学校即社会，学生应通过与环境的交互来学习和成长。其社会文化理论强调社会互动在认知发展中的关键作用，认为学生的学习是在与他人的合作和交流中，借助社会文化工具实现知识建构的过程，为互动型教学提供了重要的理论基础。

互动型教学除了知识与技能目标，更注重过程与方法、情感态度与价值观目标的设定。例如在英语教学中，不仅要求学生掌握语法和词汇，还注重培养学生在互动交流中运用英语进行沟通的能力，以及增强学生对英语学习的兴趣和跨文化交流的意识。互动型教学倡导根据教学内容和学生特点设计丰富多样的互动形式，如小组讨论、角色扮演、课堂辩论、项目合作等。

互动型教学的最大特点就是以学生为中心以及创设真实情境进行互动。强调师生、生生之间的多向互动，改变了传统教学中教师单向讲授的模式，使课堂成为一个充满活力的交流场所。它突出学生在学习过程中的主体地位，鼓励学生积极主动地参与教学活动，自主探索知识、解决问题；常创设与实际生活紧密相关的情境，让学生在真实或模拟的情境中运用知识，提高知识迁移能力和解决实际问题的能力。

---

① 田莉. 英语课堂活动的设计与组织[J]. 山东教育学院学报，2001(3).

学生通过积极参与互动，对知识的理解更加深入，记忆更加牢固，学习成绩得到有效提升。它有助于培养学生的沟通能力、团队协作能力、批判性思维能力和创新能力等。这些能力对学生的未来发展至关重要。如在课堂辩论活动中，学生的逻辑思维和语言表达能力可以得到显著锻炼。丰富有趣的互动活动激发了学生的学习兴趣和内在动力，使学生从"要我学"转变为"我要学"。良好的互动氛围促进了师生之间、学生之间的情感交流，营造了和谐的课堂文化，有利于学生的身心健康和全面发展。

然而，在互动型教学活动中，学生开展讨论和交流时往往难以精准把控时间；性格内向或英语基础薄弱的学生可能在互动中参与度不高；学生在互动过程中可能会提出一些与教学目标无关的问题或话题，一旦教师引导不当，就容易使教学活动偏离主题。因此，教师需要具备较强的课堂组织能力、应变能力和丰富的专业知识储备。此外，互动型教学活动的评价往往难以做到全面客观。

3. 实践型教学活动设计

实践型教学活动设计是指教师围绕教学目标，精心策划并组织学生参与各类实践活动，让学生在实际操作、体验、探索中获取知识、提升技能、培养综合素养的一种教学设计模式。在这种教学活动中，学生通过亲身经历，将理论知识与实际应用紧密结合，实现从"知"到"行"的转化。[①]

传统的以理论讲授为主的教学模式逐渐暴露出学生实践能力不足、知识应用能力薄弱等问题，互动型教学活动也仅限于课堂上。当今社会对创新型、实践型人才的需求日益增长，促使教育界更加注重学生的实践能力和创新精神的培养。同时，建构主义学习理论的兴起，强调学习是学习者在一定情境下，借助他人帮助，利用必要学习资料，通过意义建构方式获得知识的过程，为实践型教学活动提供了坚实的理论基础。

我国著名教育家陶行知提出"生活即教育""社会即学校""教学做合一"的教育理论。他认为教育不能脱离生活实践，主张让学生在生活中学习，通过实践活动来获取知识和技能，培养解决实际问题的能力。美国实用主义教育家杜威倡导"做中学"的教育理念，强调学生应在实际操作和体验中获取知识，注重教育与生活、学校与社会的紧密联系。

实践型教学活动不局限于课堂和教室内，而是根据教学内容和学生实际情

---

① 曾慧芳. 初中英语教学课堂中学生参与的调查研究[D]. 上海：华东师范大学, 2010.

况，设计形式多样的实践活动，如实验操作、实地考察、项目制作、社会调研等。其对学生进行合理分组，明确学生在实践活动中的任务和角色，在活动过程中教师及时给予指导和帮助，引导学生解决遇到的问题。比如在小组合作的社会调研活动中，教师指导学生设计调查问卷、选择调研对象、分析调研数据。

实践型教学活动的突出特点是实践性高、自主性强以及跨学科综合。学生亲身参与实践活动，通过实际操作、体验来获取知识和技能，而不是单纯依赖理论学习。学生在实践活动中有较大的自主空间，能够自主选择研究方向、制订计划、实施操作，充分发挥主观能动性。实践型教学往往涉及多个学科知识和多种能力的综合运用，有助于培养学生的综合素养和解决复杂问题的能力。例如在项目式实践活动中，学生可能需要运用数学、语文、信息技术等多学科知识完成任务。

学生通过实践活动，对知识的理解更加深刻，技能掌握得更加熟练，能够将所学知识灵活应用到实际情境中。实践能够有效培养学生的创新能力、实践能力、团队协作能力、沟通能力等，促进学生全面发展。

然而，首先，实践型教学活动对于教学资源要求较高，通常需要特定的场地、设备、材料等资源支持。其次，安全风险性大，部分实践型教学活动存在一定安全风险，如野外考察可能遭遇自然灾害或意外事故，化学实验可能因操作不当引发危险。尽管教师会采取预防措施，但难以完全消除风险，一旦发生安全问题，会对学生身心造成伤害，也给教学带来负面影响。再次，组织管理难度大，实践型教学活动往往需要学生分组进行，且可能涉及校外场所，组织管理工作较为复杂。教师要协调各方资源，确保每个学生都能参与并得到指导，还要维持秩序、保障安全，这对教师的组织能力和精力都是巨大挑战，管理不善易导致活动混乱，影响教学效果。最后，由于学生的个体差异，实践型教学活动可能导致学习效果参差不齐。动手能力强、积极主动的学生能充分参与并收获较多，而部分动手能力弱或积极性不高的学生可能参与度低，收获有限。这种差异可能进一步加大学生之间的学习差距。

4. 探究型教学活动设计

探究型教学设计以问题为导向，引导学生通过探究、发现、解决问题的方式来学习。它强调学生的主动性和创造性，培养学生的探究精神和创新能力。随着社会对创新人才需求的不断增长，传统以教师讲授为主的教学模式逐渐难以满足培养学生创新思维和实践能力的要求，教育领域开始重视学生的主体地位，强调培养学生自主学习和探究的能力。建构主义学习理论的发展为探究型教学提供了理论基础，它强调学习是学生主动建构知识的过程，而不是被动接受知识。[①]

美国教育心理学家布鲁诺提出"发现学习"理论，强调学生应通过自己的探索和发现来学习知识，主张教师要为学生提供丰富的学习材料，让学生自己去发现问题、解决问题，从而培养学生的探究能力和思维能力。他倡导"探究式学习"，认为科学知识不是绝对的真理，而是不断发展和变化的。学生应该像科学家一样，通过探究活动来获取知识，体验科学研究的过程。

探究型教学以问题为向导，教师根据教学目标和学生的认知水平，创设具有启发性和探究价值的问题情境，激发学生的好奇心和探究欲望。然后，学生在教师的指导下，制订探究计划，明确探究目的、方法、步骤和所需资源。这可能包括设计实验方案、确定调查对象和范围、规划资料收集途径等。学生将探究成果以报告、论文、演示文稿、实物模型等形式展示出来，并与同学和教师进行交流。在交流过程中，学生分享自己的探究思路、方法和结论，同时倾听他人的意见和建议，进一步完善自己的探究成果。教师和学生共同对探究过程和结果进行总结反思，评价学生在探究活动中的表现，包括探究方法的合理性、问题解决能力、团队协作能力等。评价方式采用教师评价、学生自评和互评相结合，以促进学生的学习和发展。

探究型教学活动的最主要特点是问题驱动，整个教学活动以问题为核心，学生的探究活动围绕解决问题展开，问题的设置具有启发性和挑战性，能够激发学生的学习兴趣和探究热情。学生自主探究，体验过程并且合作交流。

然而，探究型教学的教学效率是比较低的，耗时较长，知识覆盖面窄。探究型教学强调学生自主探索和发现，完成一个探究项目往往需要较长时间。例如，在进行科学实验探究时，学生从提出问题、设计实验、进行实验到分析数据、得出结论，每个环节都需要充足的时间，这可能导致在规定的教学时间内无法完成既定的教学内容。由于探究活动通常聚焦于特定的问题或主题，可能无法像传统教学那样全面系统地覆盖所有知识点。

5. 任务驱动型教学活动设计

为了让教学效率再提升，同时又能够满足互动和实践等目标，教育技术领域的知名学者乔纳森提出建构主义学习环境设计理论，这对任务驱动型教学有重要影响。他强调学习应在真实情境中展开，通过解决实际问题来促进知识的

---

① 曾慧芳. 初中英语教学课堂中学生参与的调查研究[D]. 上海：华东师范大学，2010.

理解与应用，这与任务驱动型教学理念高度契合。他认为学习者在解决问题的过程中，需要运用多种认知工具和策略，这一观点为任务驱动型教学中任务的设计和实施提供了理论依据。建构主义学习理论强调学习者的主动参与和知识的主动建构，为任务驱动型教学提供了理论支撑。此外，教育技术的飞速发展为设计多样化、情境化的任务提供了技术条件，使学生能在更真实、丰富的环境中开展学习。[①]

任务驱动型教学活动设计是指教师依据教学目标、学生的认知水平和实际生活情境，设计具有明确目标、可操作性和趣味性的任务。任务难度要适中，既要有一定挑战性，又要让学生通过努力能够完成。例如在英语教学中，设计"制作一份介绍家乡旅游景点的英文宣传手册"的任务，就涵盖语言知识运用、信息收集整理、图文排版等多方面要求。教师引导学生明确任务要求，分析任务涉及的知识点和技能点，确定完成任务的计划和步骤。在学生执行任务过程中，教师适时提供指导和帮助，解答疑惑，确保学生顺利完成任务。

任务驱动型教学活动设计的主要特点是每个任务都对应特定的教学目标，学生清楚地知道通过完成任务要获得怎样的学习成果，学习具有较强的针对性。任务的设计通常由易到难，层层递进，符合学生的认知规律，逐步提升学生的能力。

任务驱动型教学活动的教学效果是比较好的。学生在完成的任务过程中，综合运用所学知识和技能，实现知识的融会贯通和技能的熟练掌握。许多任务需要小组合作完成，学生在团队中分工协作、相互交流，团队协作意识和沟通能力得到有效提升。

然而，要设计出既契合教学大纲要求又涵盖多个知识点和技能点，还符合学生认知水平和兴趣方向的任务并非易事。若任务过于简单，无法达到预期教学效果；若任务难度过高，学生可能因无法完成而产生挫败感。在追求任务趣味性以吸引学生参与的同时，可能会出现过于注重形式而忽视教育本质的情况，导致学生在完成任务过程中未能深入理解和掌握核心知识。

6. 基于学习活动观的教学设计

基于学习活动观的教学设计与课程思政理念有更高的吻合度，可以为英语课程思政提供更多的层次选择，更好地提升课程思政效果。根据《新课标》，基

---

① 杨凯. 四环节有效课堂教学模式：初中英语课堂任务型教学的应用研究［D］. 石家庄：河北师范大学, 2012.

于学习活动观的教学设计可细分为三个层次类型，分别是学习理解类活动、应用实践类活动、迁移创新类活动。

（1）学习理解类活动主要涵盖一些基于语篇的学习活动，包括感知与注意、获取与梳理、概括与整合等。

头脑风暴（brainstorming）：头脑风暴是一种集体创造性解决问题的方法，可在任何教学阶段使用。例如，在阅读活动中，可以针对单元主题进行头脑风暴，帮助学生关注和感知单元主题，并进行创造性思考和碰撞；在写作教学中，可以鼓励学生在互相交流过程中表达不同观点，激发创作灵感。

激活已知知识活动（activating prior knowledge）：在听、说、读、看、写活动开始前，设定与主题相关的情境，激活学生的相关知识，有助于融合新旧知识。

建构背景知识（building background knowledge）：背景知识的建构可以通过学生之间的信息交流或教师讲授和提问的方式进行。教师通过讲解背景知识引出解决问题的过程。

预测（making predictions）、细节理解（listening or reading for specific information）、主旨大意理解（listening or reading for gist）等活动也属于学习理解类活动，能帮助学生获取和整理信息。教师可以根据文本特点采用不同策略训练。通过学习理解类活动，学生可以理清文本传递的信息和方式，以及理解文本的文化价值，为语言应用做准备。在课程思政的指导下，学习理解类活动不仅要求学生掌握文本的信息与结构，还要求学生深入探究文本背后的价值观、文化意义及社会责任，促使学生形成正确的世界观、人生观和价值观，为全面发展和终身学习奠定坚实基础。这体现了课程思政在培养学生综合素质和道德情操方面的指导性作用和要求。

（2）应用实践类活动深化了学习理解类活动的成果，通过教师的引导，学生围绕特定主题进行描述、阐释、分析和判断等多层次的语言交流。此类活动不仅仅是语言知识的再现，更是文化知识的深度内化和知识结构的巩固。这一过程有效促进了语言技能的自动化运用，加强了理论与实践的结合。

角色扮演（role-playing）：学生在角色扮演过程中运用语言，注意语言交际功能，有助于将语言知识转化为语言能力。

比较与对比（comparing and contrasting）：学生可以进行语篇内信息的比较，也可以对比作者观点与自己观点。比较与对比活动有助于学生将语篇信息内化、结合实际应用语言，学生思想的自由表达也促使教师审视教学并进行改进。

（3）迁移创新类活动主要包括推理与论证、批判与评价、想象与创造等超越语篇的学习活动。在课程思政理念的指导下，迁移创新类活动不仅鼓励学生进行推理、批判和创造性思考，更要求学生在这些过程中融入社会主义核心价值观，确保思维的深度与广度与社会发展方向相契合。通过这样的活动，课程思政促进了学生创新思维与社会责任感的同步发展，为学生成为具有社会责任感和创新能力的时代新人提供了有力支撑。

推断(making inferences)：在阅读中，学生可以通过语篇表层信息推断其深层意义。

评价(evaluating)：学生可以对语篇信息、作者思想或老师及同伴的观点进行质疑，并提出自己的见解。

调查(surveying)：针对主题进行调查活动，让学生在学习语篇的基础上深入探究。

辩论(debating)：根据主题设计辩题，组织辩论活动，让学生在辩论中练习如何推理论证、评价他人观点和创造性地运用语言。

表演(performing)：针对具有故事性的语篇，可以进行文本改写和表演，让学生运用语言，激发创造性思维。

以上是常见的教学活动设计类型，每种类型都有其特点和适用范围，教师可以根据教学目标、学生特点和教学条件等因素，选择合适的教学活动设计类型。同时，现代教学理念强调多种教学活动的综合运用，以达到更好的教学效果。

4.3.3　教学活动设计的策略

基于课程思政理念的教学活动设计策略，旨在将思想政治教育融入日常教学活动之中，促进学生全面发展。鉴于基于教学目的进行教学活动设计已在前文进行了详细解析，本节侧重于解析课程思政理念视域下的教学活动设计策略。

1.明确思政导向的教学目标与任务

(1)设定具有思政内涵的教学目标。根据课程思政的要求，设定明确、具体、具有思政内涵的教学目标，旨在培养学生的爱国情怀、社会责任感、职业道德等。目标应涵盖知识传授、能力培养和价值引领等多个方面，以促进学生全面发展。

(2)设计具有思政意义的任务。设计与学生生活紧密相关、具有思政意义的任务，如案例分析、角色扮演等，以激发学生的思政学习兴趣。任务应具有一定的挑战性和趣味性，鼓励学生主动思考、探究和发现问题，培养他们的批判性思维和创新能力。

2. 选择融合思政元素的教学方法与手段

(1)多种教学方法并用，融入思政元素。结合讲授、讨论、案例分析、项目式学习等多种教学方法，将思政元素融入其中，以引导学生深入思考、讨论和反思。注重启发式教学，鼓励学生主动思考、探究和发现问题，培养他们的思政素养和批判性思维。

(2)运用信息技术工具，丰富思政教学手段。充分利用多媒体教学资源，如 PPT、视频、音频等，将思政内容以更加生动、形象的方式呈现给学生。利用在线教学平台、虚拟实验室等信息技术手段，打破时间和空间的限制，提高思政教学的效果。

3. 注重学生的思政参与和互动

(1)小组合作与讨论，培养团队协作能力。通过小组合作、分组讨论等形式，鼓励学生之间交流与合作，培养他们的团队协作能力。教师应及时给予指导和反馈，确保讨论的深入和有效，同时引导学生关注思政话题，培养他们的思政素养。

(2)提问与反馈，激发学生的思政思考。教师应设计具有启发性的问题，引导学生思考、讨论和回答，激发他们的思政思考。及时给予学生反馈，肯定他们的进步和努力，指出存在的问题和改进的方向，同时鼓励他们继续深入思考和探索。

4. 创设具有思政意义的教学情境

(1)模拟真实场景，增强思政体验感。通过角色扮演、模拟实验等活动，创设与思政内容相关的真实情境，增强学生的代入感和体验感。鼓励学生将所学知识应用于实际情境中，提高他们的实践能力和解决问题的能力，同时培养他们的思政素养。

(2)结合生活实际，培养思政意识。将思政内容与学生的生活实际相结合，使知识更加贴近学生的生活和经验。引导学生从生活中发现问题、提出问题并解决问题，培养他们的创新思维和实践能力及思政意识。

5. 评价方式的思政化

(1)多元化评价，全面评估思政学习效果。采用形成性评价和终结性评价相结合的方式，全面、客观地评估学生的学习成果。注重过程评价，关注学生的学习过程和表现，及时给予指导和帮助，同时关注他们的思政素养提升情况。

（2）同伴评价和自我评价，培养思政素养。鼓励学生进行同伴评价和自我评价，培养他们的自我评价能力和团队协作能力。通过同伴评价和自我评价，学生可以更加全面地了解自己的思政学习情况，及时调整学习策略和方法，同时培养思政素养。

6.持续反思与优化思政教学设计

（1）教学反思，提升思政教学效果。教师应对教学活动进行及时反思，总结教学效果并分析存在的问题。根据反思结果调整教学设计和方法，以提升思政教学效果和学生的学习体验。

（2）持续优化，适应思政教学需求。教师应不断学习新的思政教学理念和方法，不断优化教学设计。结合学生的反馈和需求，持续改进思政教学活动的内容和形式，以适应不断变化的教学环境和学生需求。

综上所述，基于课程思政理念的教学活动设计策略是多样化的，需要教师根据学生的学情与认知发展规律，以及《新课标》对于英语学习活动观的具体要求，灵活运用各种策略和方法，将思想政治教育融入日常教学之中，促进学生全面发展与健康成长。

4.3.4 教学活动设计的案例

依据《新课标》的学习活动观，并融入思政元素，以人教版（2024年版）七年级上册 Starter Unit 1 的一节听说课为例，呈现出以下教学活动设计，作为案例参考。

○ **案例**

1.教学内容

人教版（2024年版）七年级上册 Starter Unit 1 Section A 1a-1b & 2a-2d。

2.教材分析

本课时共2篇对话，均属于"人与社会"主题范畴下"社会服务与人际沟通"主题群中的"良好的人际关系与人际交往"子主题内容。语篇1是7个主线人物新学期开学在校门口相遇互相打招呼问候的场景对话。本教材出现的几个主线人物首次登场。语篇2是高老师与同学们课前互致问候，以及高老师与Peter打招呼并询问姓名、同学们互相打招呼和询问姓名。在语篇1和语篇2之间还穿插了一张26个字母大小写在四线格上的规范书写图。

编者精心打造这两个语篇，不仅着眼于英语知识的传授，更注重课程思政元素的巧妙融入，力求通过生动鲜活的场景，全方位引导学生融入英语学习情境，实现知识学习与品德修养的协同发展。语篇1以新学期开学的校园场景为切入点，主要人物在这个充满活力与希望的场景中首次登场。这一设计，不仅帮助学生初步建立对角色关系的认知，为后续故事铺陈打下基础，更在潜移默化中培养学生积极向上的心态和对新环境的适应能力。学生在感受校园新学期氛围时，能体会到友善、互助的校园文化，学会主动与新同学打招呼、介绍自己，从而践行文明礼仪，增强人际交往中的礼貌意识。语篇2则进一步聚焦课堂前的互动环节，通过学生之间的交流以及师生互动，逼真地模拟真实学习环境，极大地增强学习代入感。这一过程中，学生间的互动强化了彼此的交流意识，同时也培养了团队合作精神和尊重他人的品德。在与教师的互动中，学生学会尊重师长、遵守课堂秩序，明白良好的师生关系对于学习的重要性。在语篇中巧妙穿插的26个字母规范书写教学，不仅是夯实学生语言基础的关键举措，确保学生在情境学习中准确运用字母，为后续词汇、句子学习筑牢根基，更能培养学生严谨认真、一丝不苟的学习态度。规范书写的过程，就是学生养成良好习惯、磨炼耐心、提高专注力的过程。整体来看，编者通过这一系列精心设计，一方面激发学生的学习兴趣，促进语言技能的稳步提升；另一方面，借助课程思政元素的融入，助力学生社交能力与思想道德修养的同步发展，为学生的全面成长奠定坚实基础。

本课时聚焦于同学间及师生间最基本的问候语与简单的姓名询问，核心语言点包括"Hello！""Hi！""Good morning！""What's your name？""Nice to meet you."等。同时，课程强调26个英文字母在四线格内大小写形式的规范书写。语篇1与语篇2在情境设计上紧密相连，从校门口的初次相遇自然过渡到课堂内的场景，形成流畅的过渡。在内容上，语篇2作为语篇1的补充，通过引入姓名询问等对话内容，丰富了交流层次。两者不断复现关键问候语，通过重复练习加深学生的记忆，提升学生在实际交流中对知识的熟练度和应用能力。

3. 学情分析

人教版(2024年版)七年级上册 Starter Unit 1
Section A 1a-1b & 2a-2d 学情分析

优势(strengths)	劣势(weaknesses)	机会(opportunities)	措施(strategies)
1. 好奇心强。七年级新生刚入学,对于身边的同学和老师都有好奇心,渴望认识彼此 2. 模仿能力强。通过模仿老师和教材中的发音、语调,学生能较快地掌握英语的基本语音特征	1. 基础差异。由于小学阶段英语教学水平的差异,初中生入学时英语水平参差不齐,给统一教学带来挑战。有些学生已经熟练掌握了问候语,而有些学生连字母都还没认全 2. 自信心不足。在面对实际对话时,学生可能因害怕听不懂或不会说而感到沮丧,自信心不足 3. 专注度不够:部分同学可能因为内容过于简单而缺乏专注力和兴趣	1. 预备单元第一课时就是从三年级起始阶段的语言开始进入,鼓励学生参与课堂互动和实践活动 2. 本课时图文并茂,知识由浅入深,循序渐进,有助于培养学生对英语学习的兴趣和树立学习的信心	1. 不同层次的学生将完成不同层次的任务,通过同桌互动、小组讨论等方式,在同伴辅助下,争取所有同学尽快掌握本课时的基础内容 2. 加入多模态的学习方法,如融入电脑键盘认读字母、线上文字聊天、视频介绍缩略词代表的意义等,吸引学生注意力

4. 课时目标

通过本课的学习,学生能够:

(1)看图读对话并正确书写出图中7个主线人物的姓名;

(2)正确认读、书写英文字母;

(3)熟练运用简单问候语、询问及回答姓名。

5. 教学重难点

教学重点:学生能够看图读对话并能够正确书写出图中7个主线人物的姓名以及正确认读、书写英文字母。

教学难点:学生能够熟练运用简单问候语、询问及回答姓名。

6.教学活动设计思路

人教版(2024 年版)七年级上册 Starter Unit 1 Section A 1a–1b & 2a–2d 教学设计

教学活动层次	教学活动+问题链	设计意图
学习理解	1.看图读对话 2.在四线格上按照大小写规律书写出图中 7 个主线人物的姓名(书写时要强调中文姓和名的英文书写方式) Q1：Who are they? Q2：Can you write down their names under their pictures?	复习简单的问候语。通过书写主线人物姓名复习英文的正确书写方式。了解主线人物,为日后学习做铺垫
学习理解	1.认读26 个英文字母 2.在四线格上书写26 个字母的大小写 3.对照检查上一个活动的姓名书写是否正确 Q3：Can you read and write all the letters?	复习英文字母大小写的正确书写方式,为日后学习英语打下基础
应用实践	1.学生选择合适的问题和答语将对话补全 2.学生能够自己书写问题和答语将对话补全 3.学生在班级里尽量多地互相打招呼、询问姓名,并记录在四线格本子上,看谁记的姓名最多 Q4：What's your name? Q5：Can you get as many names as you can from your class?	逐步拓展对话,让学生复习常用的对话用语。补全对话和记录姓名,让学生再次巩固英文的规范书写知识。和同学的简单互动让学生轻松进入学习英语的状态并在真实情境中应用目标语言

4.4 教学评价的开展

4.4.1 教学评价的原则

教学评价应贯穿英语课程教与学的全过程，包括课堂评价、作业评价、单元评价和期末评价等。教师要充分理解评价的作用，明确评价应遵循的原则，基于评价目标选择评价内容和评价方式，将评价结果应用到进一步改进教师教学和提高学生学习成效上，落实"教—学—评"一体化。新教材对教学评价提出了具体要求，在实施教学评价时，应遵循以下基本原则。

1.以学生核心素养的全面发展为出发点和落脚点

教学评价绝非单一的成绩衡量，而是要以学生核心素养的全面发展为根本出发点与最终落脚点，其中思政元素的融入尤为关键。评价时，一方面要考量学生知识与技能的掌握情况，如学科知识的吸收及运用能力；另一方面，着重关注思维品质、文化意识与学习能力的培养。思维品质层面，引导学生用辩证唯物主义和历史唯物主义的观点分析问题；文化意识层面，增强学生对中华优秀传统文化的认同感，坚定文化自信，同时以开放包容的态度看待世界文化多样性；学习能力层面，培养学生的自主学习能力，使其在面对新知识时能主动探索、深入思考。通过这样多维度的评价，全方位推动学生成长，为其未来发展奠定坚实基础。

2.充分发挥学生的主体作用

在教学过程中，教师不仅要传授知识，更要融入思政元素，引导学生成为各类评价活动的设计者、参与者和合作者。借助评价，培养学生的责任意识与团队协作精神，让他们在自我评价时，以社会主义核心价值观为参照，反思自己的行为与思想；在相互评价中，秉持客观公正、友善互助的态度，彼此学习，增进集体荣誉感。学生通过主动反思和评价自我表现，促进自我监督性学习，不仅提升学业水平，更塑造正确的价值观与良好的道德品质，在总结经验与规划学习中实现全面发展。

3. 采用多种评价方式和手段

在教学过程中，教学评价需突显多渠道、多视角、多层次、多方式的特性，同时巧妙融入思政元素。教师在评价时，把形成性评价与终结性评价相融合，不单单聚焦最终成果，更关注学生学习过程中的思想动态与价值取向；将定性评价和定量评价相结合，从知识掌握的量到品德修养、社会责任等质的层面，全面考量。通过全面、准确且灵活的评价，引导学生树立正确的世界观、人生观、价值观，培育爱国主义情怀、集体主义精神，助力学生在知识积累与品德塑造上实现双丰收。

4. 充分关注学生的持续发展

在教学评价进程中，教师要始终营造关爱、信任与尊重的浓厚氛围，紧密结合思政元素，从发展视角出发，以发展的眼光、观点评价学生，不仅关注学生过去的学习成绩，更重视学生在学习过程中展现的坚韧不拔、勇于探索等品质，将其纳入评价体系。同时，着眼学生当下的思想动态与价值观塑造，引导其树立正确的世界观、人生观、价值观，培养他们的社会责任感与家国情怀。通过这样的评价，为学生的未来发展提供有力支持，充分彰显评价的增值性，助力学生全面成长，使其成为担当民族复兴大任的时代新人。

5. 充分关注学生的个体差异

在设计和实施评价时，教师应根据不同学段的教学特点与评价目的，充分考虑学生的年龄、心理特征、认知水平、个性特点和发展潜力，选用合理的评价方式，根据各因素的动态变化情况及时调整评价的主体、内容和形式，注重对学生学习过程、认知过程和成长过程的评价，帮助每个学生在原有基础上实现全面发展。

6. 充分关注学生思政素养的提升

《新课标》关于教学评价的规定，为在课程思政理念指导下的教学评价提供了明确的指导原则。这些原则强调教学评价应全面、客观、公正，注重对学生知识掌握、能力提升、情感态度与价值观等方面的综合评价。在课程思政理念指导下，教学评价不仅要关注学生的学业成绩，更要重视学生的思政素养和道德品质的培养。因此，在进行教学评价时，教师应遵循《新课标》的相关规定，结合课程思政的要求，制定科学合理的评价标准和方法，以全面、准确地评价学生的学习成果和思政素养的提升情况，为学生的全面发展提供有力保障。

4.4.2　教学评价的内容

教学评价的内容主要包括以下几个方面。

1.知识与技能

评估学生对学科知识的掌握程度以及运用知识解决问题的能力。这包括基础知识的记忆、理解、应用、分析、评价和创造等不同层次的能力。例如，教师可以通过作业评价及时了解学生对所学知识的理解程度和语言能力的发展水平，为教师检验教学成果、发现和诊断学生学习的问题、调整和改进教学方法提供依据。

教师还可以创设真实的学习情境，建立课堂所学和学生生活的关联，设计复习巩固类、拓展延伸类和综合实践类等多种类型的作业，如朗读、角色扮演、复述、书面表达、故事创编、调研采访、海报制作、戏剧表演、课外阅读等，引导学生在完成作业的过程中丰富语言知识与技能，发挥学习潜能，促进自主学习。

2.过程与方法

考查学生在学习过程中的参与度、思考深度、探究能力和学习方法的选择与运用。例如，教师可以通过课堂评价对学生课堂学习行为、学习方式和学习表现进行评价。教师应根据课堂教学目标，及时了解学生的学习过程、学习进步情况和学习难点，学生对学习活动是否感兴趣，学生参与学习活动是否投入和专注，学生的思考过程和观点是否合理，学生当前的学习发展水平与学习目标之间存在哪些差距，学生有哪些学习障碍及障碍产生的原因等。教师应采取有针对性的措施，确保课堂教学目标的实现。

教师还可以根据学生回答问题、小组讨论、综述观点、自评互评、随堂检测等环节的具体表现，以口头、书面和肢体语言等反馈方式和量表等评价工具，评价学生对课堂任务的兴趣和投入程度、对任务的适应和完成程度、在解决问题过程中的能力和情感发展水平等，给予学生有针对性的鼓励、指导或建议，并基于学生在具体任务中的学业表现调整下一阶段的教学目标，改进教学方式和方法，提高教学效率。

3. 情感态度与价值观

评价学生在学习过程中的情感体验、学习兴趣、动机、态度以及形成的价值观。这方面的评价关注学生的非智力因素对学习的影响。例如,在课程思政理念指导下,教师应深入理解作业评价的育人功能,坚持能力为重、素养导向。教师应根据不同学段学生的认知特点和学习需求,基于单元教学目标,兼顾个体差异,整体设计单元作业和课时作业,把握好作业的内容、难度和数量,让学生获得积极的情感体验,提升自我效能感,形成正确的价值观,健康成长。

4. 学习习惯与行为

评估学生的学习习惯、自律性、责任感以及在学习过程中的行为表现。例如,教师可以通过明确作业要求,必要时可以给出示例,采用集体讲评、个别讲解和书面评语等方式,提供有针对性的反馈,激励和指导学生不断取得进步。教师还要对学生作业进行跟踪评价,不仅关注学生是否改正了作业中的错误,还要关注学生成长进步的过程,以及良好习惯和态度的养成,为学生的全面发展提供支持。

5. 创新能力与批判性思维

鼓励学生提出新想法、新方法,并能够对现有知识和观点进行批判性思考。这方面的评价旨在培养学生的创新精神和批判性思维能力。例如,教师可以通过单元评价方式考查学生参与各项具体学习活动的表现和完成系列学习任务的质量,重点评价学生在核心素养形成和发展过程中,语言知识与技能发展、文化知识建构、核心策略与方法掌握和运用的程度、思维能力表现,以及学生完成单元学习后,能否综合运用所学的知识技能、方法策略和价值观念有逻辑地表达思想、观点和看法,并对事物作出正确的价值判断,重点评价学生核心素养方面的综合表现。

6. 综合素质与发展潜能

考虑学生的综合素质发展,包括身体健康、心理健康、社会适应能力以及未来发展潜力。这方面的评价关注学生的全面发展和可持续发展。例如,教师可以通过期末评价,采用不同类型的综合性和表现性评价方式,全面有效地考查学生在学期结束时核心素养发展的实际水平,以及学生下一阶段的发展潜能。

综上所述，教学评价是一个全面而复杂的系统工程，需要综合考虑上述各个方面，以确保评价结果的全面性和准确性。在实际操作中，教师可以根据不同的教学目标和学生特点，灵活运用各种评价方法，如观察记录、访谈、问卷调查、作品展示等，以获取学生全面的学习情况信息。同时，评价结果应及时反馈给学生，帮助他们认识自我、建立自信，促进其综合能力的全面提升。

4.4.3　教学评价的策略

教学评价是教育过程中不可或缺的一环，它对提高教学质量、促进学生全面发展具有重要意义。为了更好地进行教学评价，需要采用一定的策略。基于《新课标》和课程思政理念，教学评价的策略主要包括以下几点。

1.坚持素养导向

坚持素养导向是教学评价的核心策略，它要求我们紧密围绕课程目标，并严格依据课程内容要求、学业要求和学业质量标准来开展教学评价。这种评价方式强调全面性和综合性，旨在从学生的知识掌握、技能发展、情感态度与价值观等多个方面进行全方位的评价。

在坚持素养导向的教学评价中，我们不仅要关注学生的学业成绩，更要重视他们在理想信念、爱国情怀、担当精神、品德修养、法治观念以及日常品行等方面的表现。这些方面是学生综合素养的重要组成部分，也是他们未来成长和发展的关键要素。

2.建立多元评价体系

建立多元评价体系是课程思政理念指导下教学评价策略的重要一环，它旨在通过多元化的评价方式和渠道，全面、客观地反映学生的学习情况和教师的教学效果。这种评价方式不仅关注学生的学习成果，更重视学生在学习过程中的表现和努力。

为了实现多元评价，我们可以采取多种机制相结合的方式，例如，采用"学生自评+学生互评+小组评价+教师评价+表现量化评价+家长评价+成绩评价"机制。这一机制不仅关注学生的自我评价和相互评价，还引入了小组评价、教师评价、表现量化评价以及家长评价等多个维度，从而能更加全面地反映学生的学习情况和成长轨迹。

这些评价机制的实施，有助于我们更加深入地了解学生的学习状态和需求，为教师提供有针对性的教学指导，同时，也有助于学生更加清晰地认识自己的优点和不足，为自我提升和成长提供有力的支持。

3. 改进考试评价机制

在教育评价体系持续革新的当下，考试作为传统且重要的评价方式，亟须变革与完善。它应着重增强思想性，融入多元价值观引导；突显人文性，关注学生个体差异；强化教育性，助力学生全面成长；提升实践性，对接真实生活场景；深化综合性，整合多学科知识；拓展开放性，鼓励创新思维。同时，它不应孤立存在，而要与过程性评价、表现性评价等有机结合，从学习过程、成果展示等多维度全面评价学生，构建科学、立体的教育评价体系，精准助力学生发展。

4. 注重过程和实践

应当高度重视学生在学习、实践、创作等各类活动中展现出的典型行为与态度特征。学生在课堂讨论中的发言思路、实验操作中的专注程度、创作作品时的创新理念等，都蕴含着丰富的信息。要全面、深入地了解学生，不能仅依赖量化评价，而需运用多种方式进行质性分析。比如开展一对一访谈，倾听学生内心想法；组织小组互评，从同伴视角获取多元反馈；实施案例研究，深度剖析特定行为背后的动机与成长轨迹，以此助力学生全面发展。

5. 及时反馈与沟通

教学评价的结果不仅是对学生学习成果的衡量，更是促进学生全面发展与思想成长的重要契机，应当及时、准确地反馈给学生。这有助于学生清晰洞察自身在知识掌握、能力提升以及品德修养等方面的优点与不足，以便在知识学习上精益求精，在品德塑造上不断反思与提升。

同时，构建良好的沟通机制至关重要。这一机制不仅是师生交流评价结果的渠道，更是引导学生树立正确学习态度和人生态度的重要手段。师生基于评价结果深度交流，共同探讨改进措施，在此过程中，教师可以巧妙地融入思政元素，激励学生培养坚韧不拔的品质、勇于担当的责任意识以及积极向上的人生追求，助力学生在知识学习与品德修养的道路上稳步前行。

6. 持续改进与优化

教学评价是一个持续的过程，需要不断地改进和优化。教学评价以发展的目光来观察学生主体的发展，重视对教学过程的评价，强调评价内容的多元化、评价过程动态化等，以实现评价的持续改进与优化，达到促进学生不断发展和改进的目的。

教学评价应秉持发展性的眼光，将学生视为不断成长、潜力无限的个体。它高度重视对教学过程的全面评估，不再单纯以最终的考试成绩论英雄，还关注学生在日常学习中的每一次进步、每一次思考和每一次尝试。从课堂上的积极参与到课后作业的认真完成，从小组讨论中的独特见解到实践活动中的创新表现，都应被纳入评价视野。

同时，教学评价强调评价内容的多元化，不仅涵盖知识与技能的掌握情况，还囊括学生的学习态度、创新思维、合作能力、情感价值观等多个维度。评价过程动态化也是关键所在，不再局限于固定时间节点的静态评价，还根据教学进展和学生的实时表现，灵活调整评价方式和频率。通过课堂提问、作业反馈、阶段性测验、项目评估等多种方式，持续跟踪学生的学习轨迹，及时发现问题并给予有针对性的指导。

只有实现评价的持续改进与优化，才能精准地把握学生的发展需求，为教学策略的调整提供有力依据，从而真正达到促进学生不断发展和改进的目的，助力学生在知识的海洋中不断探索，在品德修养上不断提升，在综合能力上持续进步，成长为全面发展的新时代人才。

4.4.4　教学评价的案例

下文以人教版(2024年版)七年级上册 Starter Unit 1 的一节读写课为例，综合探讨如何在课堂上实现教学与评价的同步进行。

○ **案例**

1. 教学内容

人教版(2024年版)七年级上册 Starter Unit 1 Section B 1a-1d。

2. 教学内容分析

语篇4涉及"人与社会"主题范畴下"良好的人际关系与人际交往"子主题内容，包含两则校园对话样本。对话1展示陌生学生如何通过标准化问候与姓名询问建立初步社交联系，体现语言在促进人际交往中的作用。而对话2展现相熟同学间如何通过简短对话维护社交关系，展示日常交流在强化社交纽带中的作用。两则对话展现的是学生课后的社交互动场景。

在第一则对话里，两位原本互不相识的同学凭借简单而真挚的打招呼用语与询问姓名，成功消除了初次见面时的陌生感，进而建立起初步的社交联系。这一过程不仅直观体现出语言在促进人际交往中无可替代的桥梁作用，更彰显出友善待人、积极主动的社交品德。从课程思政角度来看，其设计意图着重在于引导学生在校园环境中秉持开放、友好的态度，主动构建社交网络，培养学生的人际交往能力与积极向上的社交价值观，让学生明白主动交流、真诚待人是建立良好人际关系的基石。

第二则对话发生在已经相识的同学之间，对话内容轻松随意且充满亲切感，旨在维持并深化已有的社交关系。在这一过程中，同学间通过轻松愉快的交谈，不仅生动展现出校园中浓厚的友好氛围，更深刻强调了日常交流在维系社交纽带中的关键作用。从课程思政层面剖析，其设计意图在于全方位呈现校园课间时段学生之间多样的交流方式，同时培养学生珍惜友谊、尊重他人、善于沟通的良好品质，让学生在日常交流中学会理解、包容与关爱他人，构建和谐温暖的校园人际关系。

本课时的核心语言表达要进行有意识的归类，如开启对话的表达"Hello!""How are you?""Good morning!"；后续跟进提问的表达，如"What's your name?""May I have your name?""How do you spell your name?""And you?"等；结束对话的表达，如"Nice to meet you. / Nice to meet you, too.""That's the bell. Let's go to class.""Goodbye!""Bye!"。将对话的话轮根据对话逻辑切分，能让学生有意识地归纳整理日常对话。

3. 学情分析

人教版 (2024 年版) 七年级上册 Starter Unit 1 Section B 1a-1d 学情分析

优势 (strengths)	劣势 (weaknesses)	机会 (opportunities)	措施 (strategies)
学生已学过基本简单的对话且还能拓展更多对话内容进行交流	1. 部分学生不能将对话话轮自由多变地切换，只是机械地套用对话模式 2. 学生书面语写得不够规范	1. 语篇提供了更多不同情况下的对话模式以及不同的问话和答语 2. 语篇示范了许多不同问语和答语的规范书写	1. 尝试用不同的问话和答语与不同的同学进行对话互动 2. 语篇练习的填空处可以让学生思考并练习规范的书写

4. 课时目标

通过本课的学习，学生能够：

(1)恰当地运用开场问候语句与告别语句，以实现礼貌而有效的初步交流及告别；

(2)针对不同的沟通对象，灵活且恰当地表达问候并给出恰当的回应；

(3)编写标准化、符合礼仪的日常打招呼的对话文本。

5. 教学重难点

教学重点：学生能够恰当地运用开场问候语句与告别语句，以实现礼貌而有效的初步交流；针对不同的沟通对象，灵活且恰当地表达问候并给出恰当的回应。

教学难点：学生能够编写标准化、符合礼仪的日常打招呼的对话文本。

6. 教学活动设计思路

人教版 (2024 年版) 七年级上册 Starter Unit 1 Section B 1a-1d 教学活动及评价

教学层次	教学活动+问题链	设计意图	教学评价
学习理解	1. 学生选出可以开启对话的表达 Hello! Good morning! How are you? Nice to meet you. What's your name? Goodbye. 2. 学生阅读两篇对话，根据对话选择相应的答语 How are you? May I have your name? Nice to meet you. How do you spell your name? Q1：What do you usually say to start a conversation? Q2：How do you response to these sentences?	1. 让学生有意识地归纳开启对话的问候语 2. 该活动通过对话阅读，增强学生语言理解能力，巩固旧知	课堂教师评价：通过对学生提问，倾听和观察学生回答问题的表现，判断学生是否掌握了得体的开场白，判断学生是否掌握了跟进问话的适当答语，能否自如切换话轮。教师给出评语或跟进问题

续表

教学层次	教学活动+问题链	设计意图	教学评价
应用实践	1. 完成对话，关注姓名的拼写 2. 模仿对话，角色扮演 Q3：Can you write down <u>different</u> responses to complete the conversation? **评价维度 / 评价标准** 准确度：单词发音全部正确，无错读、漏读、添读情况；句子中的连读、弱读、失去爆破等语音现象处理得当，无明显错误 流利度：朗读过程顺畅，无明显停顿、重复、卡顿现象；语速适中，与原声节奏一致，能自然地完成朗读 语音语调：能够准确模仿原声的语音语调，包括单词重音、句子升降调、语调的起伏变化等，听起来与原声相似度高	通过填写完成对话的练习，学生提升拼写能力，并关注姓名的正确使用。同时，通过角色扮演环节，学生增强在特定情境中的语言运用能力和互动体验，加深理解和记忆	1. 课堂教师评价：通过抽查学生答案，判断学生是否掌握了基本对话的书写和得体逻辑 2. 课堂学生自我评价：根据老师给出的评价量表，判断自己模仿朗读的水平 3. 课堂同伴评价：同学之间根据教师给出的评价量表，判断同学模仿对话的效果。在评价中促进学习，理解英语朗读的标准

续表

教学层次	教学活动+问题链			设计意图	教学评价
迁移创新	和同桌创编对话，融入不同的回复，拓展更多对话内容 Q4：Can you chat with your desk mates?			模拟交流情境，培养交际能力，并以趣味方式激发学习兴趣，提高学习积极性和参与度	1.课堂教师评价：通过倾听学生对话，判断学生是否熟练掌握了基本的对话表达 2.课堂学生自我评价：学生根据对话评价量表，自己评价自己创编的对话效果 3.课堂同伴评价：倾听同学演绎创编的对话后，依据量表进行评价，并说明原因

评价维度	评价内容	分值
内容	信息全面，涵盖姓名、班级、兴趣爱好等多个方面，且介绍内容真实合理、逻辑清晰，能自然流畅地进行交流，对话衔接紧密，过渡自然	5
语言	语法正确，用词恰当；能运用丰富多样的词汇和句式，使表达生动准确；语音语调自然，发音标准，语速适中，连读、弱读等语音现象处理得当	3
表演和创意	表情丰富自然，肢体语言生动形象，与对话内容配合默契；能很好地展现角色性格特点，角色之间互动真实自然，表演富有感染力；介绍方式独特新颖，能从独特角度展现个人特点；对话有创新情节或独特的互动方式，令人印象深刻	2

7. 课后作业评价

通过分层布置作业，有针对性地评价不同层次的学生的学习情况。根据学生的学习能力、知识掌握程度以及学习需求等多方面因素，将作业划分为基础、拓展两个层次。针对每一层次的作业，制定与之匹配的评价标准，从作业完成的准确性、创新性、拓展性等维度，对不同层次的学生的学习情况进行有针对性的评价，从而精准地反馈学生的学习情况，激励各层次学生在原有基础上不断进步。作业设计如下：

(1)基础型：与更多同学进行对话。

(2)拓展型：创编并写下两则对话，分别为与相识的同学和不相识的同学在放学后的简单交谈。

第 5 章
基于课程思政理念的初中英语教学典型案例

5.1 社会主义核心价值观融入初中英语教学案例

社会主义核心价值观的提出强调了其作为社会主义核心价值体系的内核，体现了该体系的基本特征和丰富内涵。具体来说，社会主义核心价值观包含了多个方面，如富强、民主、文明、和谐(国家层面)，自由、平等、公正、法治(社会层面)，以及爱国、敬业、诚信、友善(个人层面)。这些价值观不仅是对国家、社会和个人的全面要求，也是推动社会主义事业发展的重要精神支撑。这24 个字的社会主义核心价值观融合了国家、社会、个人三个层面，阐明了构建国家、社会与个体的理念，体现了当代中国的精神追求和人民的共同价值目标。

英语作为基础学科之一，自然具有不可替代的作用。在全球交流日益增多的今天，如何使学生在多元文化冲击中增强文化自信，成为教育界需密切关注的问题。探讨如何在英语教材中整合社会主义核心价值观，以增强学生的文化自信，对当前教育具有重要现实意义。《新课标》强调必须将社会主义核心价值观与教材内容紧密融合，巧妙地将这些价值观通过直接或间接的方式融入教学内容中，紧跟学生语言技能逐步成熟的轨迹，从简易向深入逐级推进，并确保教材内容的适当重现、教学阶段之间的无缝对接和知识的螺旋式上升，实现"春风化雨，润物无声"的教育效果。

在课程思政理念指导下，教学内容必须以隐晦或明确的方式展现社会秩序的理念和传达某种价值观念。人教版的英语教学材料包括 5 本书，涵盖了58 个教学单元，其中包括 3 个预备篇单元。这些单元覆盖了听、说、读、写、看等多种任务导向的教学活动，并在不同的情境下强调了社会主义核心价值观的各个层面。

（1）国家层面。

在国家层面上的价值目标——富强、民主、文明、和谐——在增强学生的民族归属感和文化自信，加深他们的爱国情感，培养对家国的深切情愫，以及激励他们积极投身国家发展与国际交流中，扮演着不可或缺的角色。人教版教科书通过精心策划与编纂，让这些国家层面价值观得到了有效传递。以"富强"为例，它不仅象征着国家的繁荣及民众的幸福，还显现在我们日常生活中。在九年级全一册"Unit 5 Where are the shirts made of?"中，通过"寻找美国货不易"的阅读材料，展示了如玩具、运动鞋等中国制造产品在全球市场的普及，从而不仅凸显了中国经济的全球影响力，也体现了国家的强盛。"民主"则体现为人民在政治、经济与文化层面的参与。如九年级全一册"Unit 13 We are trying to save the earth!"中的写作活动，学生向市长提出环保问题及解决方案的实践，不仅增强了学生的公民意识，也强化了民主价值的实际应用。至于"文明"，则涵盖了社会的政治进步、文化繁荣和生态平衡等多方面。这些内容通过教材中的具体案例和实际操作，使学生能够深刻理解并实践这些价值观，从而为国家的现代化贡献力量。九年级全一册中，"Unit 6 When was it invented?"在其中的阅读章节"An Accidental Invention"中，讲述了神农尝百草的传说以及中国茶文化如何走向世界。对于"和谐"，教材不仅关注人与人之间的和谐相处，还广泛涉及人与自然、人与环境之间的共生关系。例如，在七年级下册的"Unit 6 I'm watching TV."中，通过 Section A 1a 的图片匹配活动，展现了家庭成员之间以及邻里间的互动，突出了社区和谐的重要性。九年级全一册"Unit 13 We are trying to save the earth!"通过"Save the sharks!"这一内容，不仅教授有关环保的英语词汇，还倡导保护生物多样性，引导学生理解与自然界和平共存的必要性。这一单元展示了人教版教材在弘扬社会主义核心价值观方面的深度与广度，不仅重视社会和谐，也强调民主与环保意识的提升。这些内容体现了教材的综合性与前瞻性，旨在培养学生正确的价值观和国际视野。

（2）社会层面。

社会层面的价值目标——自由、平等、公正和法治——能够激发学生对社会各个领域的兴趣，培育他们对社会议题的深入思考和强烈的社会责任感，并加强他们推动社会向前发展的意识。"自由"意味着个体能够摆脱外部的各种限制，根据自己的愿望、兴趣和爱好来展示自己的个性和才能。以九年级全一册"Unit 7 Teenagers should be allowed to choose their own clothes."为例，其中的阅读部分描述了一个对跑步充满热情并决心成为专业跑步选手的男孩，在父母反对的情况下，勇敢地表达了自己的愿望，希望能够独立做出决策，从而实现自己的梦想，这也凸显了自由的价值观念。"平等"原则旨在保障每位公民在权利、机会以及成就上的平等性。在八年级上册"Unit 6 I'm going to study computer science."中，通过对多种未来职业角色的讨论，如工程师、司机、篮球运动员、厨师、教师、飞行员及科学家等，深入挖掘了性别与职业选择之间的关系。尤其在单元的首页图景中，当一名女生对于一个男生提出的"What do you want to be when you grow up?"问题回答"I want to be a computer programmer."时，这不仅挑战了部分学生心中"程序员主要是男性"的传统观念，也促进了性别平等的价值观念的形成。进而，"公正"的概念被阐释为社会资源的公平与正义分配。八年级下册"Unit 10 I've had this bike for three years."的阅读材料便是一个典型的案例，描述了政府为丰富农村教育资源而新建学校，并派遣教师至乡村支教，确保乡村学生能享受与城市同等的教育机会。这反映了在教育领域内实施的公正。"法治"则是指国家机构、社会团体和个体都应严格遵守法律的原则。七年级下册"Unit 4 Don't eat in class."以日常规则为教学主题，通过听、说、读、写等多种形式，引导学生理解和遵循生活中的规则，强调法律和规则的必要性和重要性。这种教学方式旨在培养学生从小遵守规则的习惯，为其将来成为遵纪守法的公民打下坚实基础。学生在学习了学校、班级和家庭的规章制度后，深刻理解了规矩的重要性和规则对社会的正面影响，从而深刻认识到在任何事务中都应严格遵守纪律和规矩。这部分课程旨在培养学生关于"能做"（can）、"必须做"（must/have to）及"不能做"（can't）的法理观念。从更广泛的视角来看，人教版教科书着重强调自由的价值，其核心教育目标在于激发学生的自觉意识、自主精神与提升批判性思维能力，促使他们能够独立进行选择与思考。

（3）个人层面。

在个人层面，社会主义核心价值观深刻体现了中国传统美德和现代社会要求，对学生形成积极人生观和正确价值观具有不可或缺的引领作用。这四大价值观——爱国、敬业、诚信、友善——不仅帮助学生构建良好的道德品质，还促进其全面素质的提升。以"爱国"为例，这一价值观强调对国家、文化及民族的热爱与尊重。八年级下册的"Unit 7 What's the highest mountain in the world?"通过介绍珠穆朗玛峰等自然奇观和文化地标，激发学生的国家荣誉感。同样，在"Unit 5 Do you want to watch a game show?"中，通过花木兰的故事强调对家庭和国家的忠诚，传达"家是最小国，国是千万家"的深刻寓意。"敬业"则是培养学生对所从事活动的热爱和责任感。例如，在八年级上册"Unit 6 I'm going to study computer science. "中，详细介绍了各类职业的劳动特点，旨在激励学生对未来职业生涯进行认真规划，并树立全心投入工作的职业态度，体现出"社会的稳定运作离不开那些尽职尽责、愿意为社会作出贡献的人，无论未来选择哪种职业，都应该对其进行严格的规划、坚持实事求是的态度"这一核心理念。

"友善"代表着友好与善良，表现为对他人的关心、尊重与善意。在八年级上册的教学单元中，通过精心设计的教学活动，学生被引导去深入理解成为好的朋友的各项素质。特别在"Unit 3 I'm more outgoing than my sister. "中，活动设置强调了朋友的倾听技巧与坦率交流的重要性，通过阅读材料传递了这样一个核心观点：一个好朋友应该能帮助你成为一个更好的自己。此外，教材通过"Unit 9 Can you come to my party? "和"Unit 10 If you go to the party you'll have a great time. "两个单元，教导学生如何礼貌地处理社交邀请，无论是发出还是接受、拒绝邀请，均需体现出尊重与关怀。教材中还广泛融入了合作学习的教学策略，例如通过"Practice the conversation with your partner. ""Role-play the conversation. ""Ask and answer questions with your partner. ""Work in pairs. "和"Work in groups. "等活动，不仅训练学生的语言实际应用能力，也强调在合作中相互尊重与支持，从而加深对诚信与友善价值观的理解和内化。

○ **案例一**

人教版(2024年版)七年级上册 Unit 1 基于社会主义核心价值观(诚信、友善)的单元整体教学设计

一、学情分析

(1)作为初一新生，学生已经掌握了认识朋友的基础打招呼方式，但对于跨文化的交际如中西方文化中不同名字的语言表达以及兴趣爱好等还不熟悉。

(2)新生都渴望交到新朋友，交友需要注意文明用语，培养共同兴趣爱好等，而交友更需要塑造诚信、友善的核心价值观。

二、课时语篇与单元内容的关联分析

(一)单元教材版本

人教版(2024年版)七年级上册"Unit 1 You and Me"。

（二）主题范畴

（1）人与自我、人与社会。

（2）子主题：良好的人际关系与人际交往。

（三）语篇整合

（1）思政总理念：礼貌结识朋友；真诚待人，友善待人；团结友爱，融入集体。

（2）单元核心素养综合表现：能够准确地运用语言全面得体地介绍自己，并观察到同学不同的兴趣爱好，真诚友善地结识身边的朋友，融入班集体。

语篇	语篇类型	语篇内容	主题意义	思政理念	思政总理念
Section A 1b-1c	听力——日常对话	对话1：Peter Brown 与 Song Meimei 初识 对话2：Emma Miller 与老师初见	如何开始认识朋友	理念1：礼貌结识朋友	礼貌结识朋友；真诚待人，友善待人；团结友爱，融入集体
Section A 2a	听读——日常对话	陈洁向 Smith 老师介绍新同学 Peter			
Section A 3c	语法填空——介绍	刘云的自我介绍及对她朋友的介绍			
Section B 1b	论坛交友帖	Pauline Lee 和 Peter Brown 论坛交友帖	需要了解朋友哪些方面	理念2：真诚待人，友善待人	
Section B 2b	论坛回帖	以自我介绍的方式回复交友帖			
Section B 3b	个人档案	Andre Kalu 的个人档案			
Reading Plus	建议信	给出关于同学们如何在学校交朋友的建议	在学校如何得体交友，融入集体	理念3：团结友爱，融入集体	

（四）单元育人蓝图

要落实思政理念到课堂教学中，思政理念要在体验中生成，不可一蹴而就，应该以大单元为单位，层层递进地慢慢熏陶与培养。在研读语篇后，教师应提炼出本单元的思政理念，并将理念融入教学设计，形成单元育人蓝图。本单元将单元的思政理念拆解成三个层次的小理念，每个理念环环相扣，逐层上升。每个小理念都借助输出活动实践与落实，真正做到让学生在实践应用中体验思政理念，通过学生的行为验证思政理念的达成。

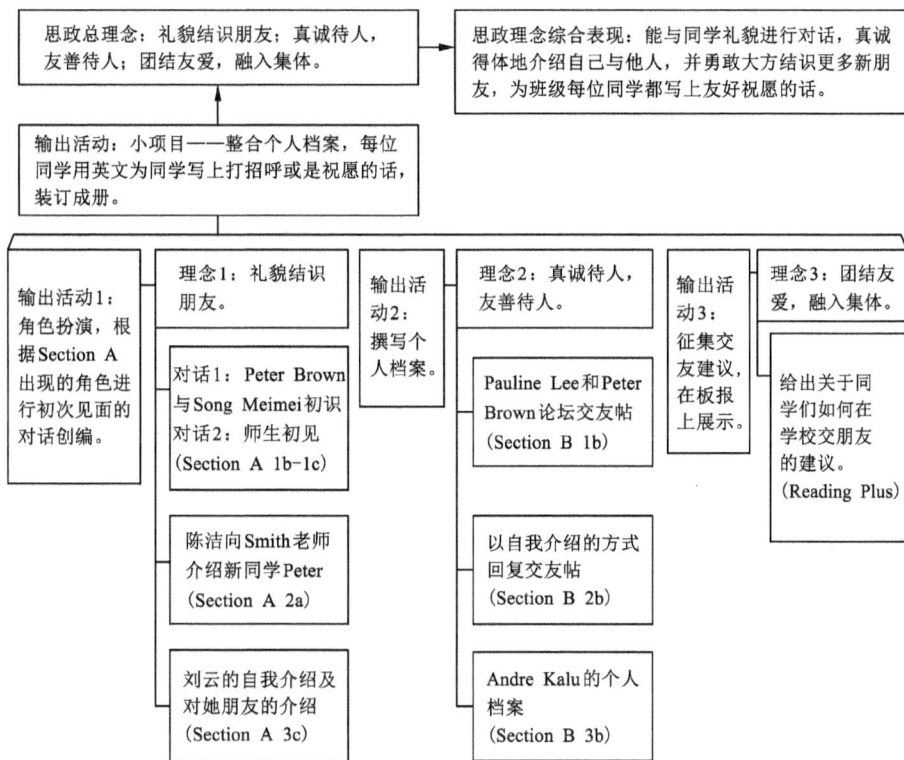

思政总理念：礼貌结识朋友；真诚待人，友善待人；团结友爱，融入集体。

思政理念综合表现：能与同学礼貌进行对话，真诚得体地介绍自己与他人，并勇敢大方结识更多新朋友，为班级每位同学都写上友好祝愿的话。

输出活动：小项目——整合个人档案，每位同学用英文为同学写上打招呼或是祝愿的话，装订成册。

输出活动1：角色扮演，根据Section A出现的角色进行初次见面的对话创编。

理念1：礼貌结识朋友。

对话1：Peter Brown 与 Song Meimei 初识
对话2：师生初见
（Section A 1b-1c）

陈洁向Smith老师介绍新同学Peter
（Section A 2a）

刘云的自我介绍及对她朋友的介绍
（Section A 3c）

输出活动2：撰写个人档案。

理念2：真诚待人，友善待人。

Pauline Lee和Peter Brown论坛交友帖
（Section B 1b）

以自我介绍的方式回复交友帖
（Section B 2b）

Andre Kalu的个人档案
（Section B 3b）

输出活动3：征集交友建议，在板报上展示。

理念3：团结友爱，融入集体。

给出关于同学们如何在学校交朋友的建议。
（Reading Plus）

人教版（2024 年版）七年级上册 Unit 1 单元育人蓝图

三、单元教学目标和各课时目标

思政理念	单元目标	各课时目标
礼貌结识朋友	学生能够自然有礼地结识同学,并在介绍自己和他人时,正确运用一般现在时 be 动词	**Section A 1a-1d(第 1 课时)** 1. 通过打钩和头脑风暴回顾学过的打招呼的句式 2. 通过听对话进行排序和勾选正确词语,以朗读和演绎的方式感受初次见面的对话话轮和用语 3. 运用本节课所学语言认识班级同学,记住尽量多的同学的名字
		Section A 2a-2e(第 2 课时) 1. 通过听对话获取对话中人物的基本信息并完成选择题和表格填写 2. 跟读对话,并与同桌演绎对话,根据量表表演,感受对话的话轮和用语 3. 梳理本课时和上一课时出现的所有任务基本信息,小组内分角色演绎并创编对话
		Section A 3a-3d(第 3 课时) 1. 通过朗读句子和语篇填空观察一般现在时 be 动词的正确形式与用法,通过小组讨论概括规律 2. 通过"传声筒"游戏,将同一个句子切换成第一、第二和第三人称时态 3. 向小组成员口头介绍你的新朋友
真诚待人,友善待人	学生能够撰写出真诚得体的个人档案	**Section B 1a-2b(第 4 课时)** 1. 通过看图猜测角色的基本信息,并简单介绍 2. 通过阅读论坛的征友帖,用表格获取和梳理 Pauline 和 Peter 的基本信息 3. 通过对比自己和 Pauline 或者 Peter 的基本信息,和同桌讨论会选择与谁交朋友并说明原因 4. 选择文中的 Pauline 或 Peter,并通过填空撰写回帖,介绍自己的基本信息
		Section B 3a-3c(第 5 课时) 1. 通过回答问题和讨论确定撰写个人档案需要写哪些方面 2. 通过表格梳理范文中 Andre Kalu 的个人信息以及句型 3. 撰写个人档案 4. 通过游戏阅读同学的个人档案并进行评价

续表

思政理念	单元目标	各课时目标
团结友爱，融入集体	学生能够探索如何交到新朋友，融入集体	Reading Plus(第 6 课时) 1. 阅读语篇并通过表格梳理三个交友的建议 2. 小组讨论增加更多交友的建议，将建议归类整合，并讨论如何让班集体变得更团结友爱 3. 能够用更多沟通的句式进行打招呼和送祝福

四、各课时教学设计

(一)第 1 课时(Section A 1a-1d)

教学目标	教学活动	设计意图	效果评价
通过打钩和头脑风暴回顾学过的打招呼的句式	Activity 1：Observe the Answer 学生观察单元图片，回答问题 问题链： ①Who are in the photo? ②Where are they? ③How do you think they feel?	作为单元的开篇第一课，Activity 1 要引入话题。通过观察图片、回答问题和讨论等形式铺垫新生希望融入集体的情感需求	教师评价视角：通过学生对问题的回答，还有头脑风暴说出的句式，可知学生对于结识新同学的感受以及认识新同学时已有的语言知识储备
	Activity 2：Tick and Say More 学生完成课本 Section A 1a 的练习，勾出认识的打招呼的话语并通过头脑风暴说出更多有可能的表达，教师记录在黑板上 问题链： ① When do we use these expressions? ② Do you know any other expressions you can use when you meet someone for the first time?	主要是激活学生的已知，唤醒对话中需要的表达方式，为课堂输出做储备	学生预期表现：学生能够说出事实性的答案，如对图片的描述和已知的语言表达，但对于情感的描述可能需要中文的辅助

续表

教学目标	教学活动	设计意图	效果评价
通过听对话进行排序和勾选正确词语,以朗读和演绎的方式感受初次见面的对话话轮和用语	Activity 3：Listen and Understand 1.学生观察图片,预测对话内容 2.学生听对话,判断两个对话中说话者的身份,从而将图片匹配对话内容 3.学生再次听对话,梳理人物的基本信息(姓名、国籍、班级、年龄等),圈出句子中正确的词语 问题链: ①Who are in the picture? ② How do you know the conversation matching this picture? ③ What information do they talk about? ④ What other information can we talk about?	进入本课主要环节。通过两则对话,梳理结识新同学和老师时应该谈论的内容	教师评价视角:通过学生完成练习和对话的情况,了解学生是否掌握结识新老师和新同学时对话所需要用的对话内容和话轮框架 学生预期表现:绝大部分学生能够完成基础练习,但分析话轮和模仿朗读需要更多时间反复引导和练习
	Activity 4：Read and Play the Roles 1.学生跟读对话,与老师一起分解话轮 2.模仿对话,与同桌进行角色扮演 问题链: ①How do they talk about name/age/class? ② How do they begin and end the conversation?	通过深入剖析话轮,理解对话如何自然得体进行,并通过模仿来实践巩固	
运用本节课所学语言认识班级同学,记住尽量多的同学的名字	Activity 5：Go and Meet New Classmates 1.同学们在小组里进行对话,记录小组成员的基本信息 2.口头分享你记录到的名字以及基本信息,越多越好 3.随机抽取两名同学进行结识的对话。老师也可以加入 问题链: ① How many names do you remember? ② What do you get from your classmates? ③How do you feel when you talk to your classmates?	为本课的输出环节。开学伊始,同学们之间还没有熟络,在真实的语境中完成认识同学、记住同学名字的任务,既有趣又实用	教师评价视角:通过学生记录的基本信息和对话内容可知学生对初识同伴/老师的对话是否融会贯通,学以致用 学生预期表现:绝大部分学生能够和同学对话并记录基本信息,但随机抽取时也许会因为不熟练而在问答中出现语法错误

（二）第 2 课时（Section A 2a-2e）

教学目标	教学活动	设计意图	效果评价
通过听对话获取对话中人物的基本信息并完成选择题和表格填写	Activity 1：Read and Review 1. 学生听句子，画出所听句子并跟读 2. 思考如何提问会得到这样的句子作为答语 问题链： ①What information do we know from these sentences? ②What are the questions for these answers?	Activity 1 为承上启下的语言准备。通过听句子、思考、提问等复习上一课时所学的结识朋友需要的语言表达	教师评价视角：学生能够完成练习即对对话的内容理解透彻 学生预期表现：学生能够完成练习，但最后一个问题需要关注跨文化交际因素，如中国和西方国家姓名的不同。学生可能需要更多的引导和拓展一些有趣的例子
	Activity 2：Listen and Understand 1. 学生听对话，圈出正确的词语 2. 学生阅读对话，回答问题 3. 学生再次阅读对话，完成梳理人物信息的表格 问题链： ①Who is Mr. Smith? ②What is Ms Gao's first name? ③Where is Mr Smith from? ④What is Mr Smith? ⑤What class is Peter in? ⑥Who is Peter's class teacher? ⑦Why does Peter feel sorry?	理解对话，通过圈、选和填，层层递进地练习，梳理人物的基本信息	
跟读对话，并与同桌演绎对话，根据量表表演，感受对话的话轮和用语	Activity 3：Listen and Play the Roles 1. 听对话，画出对话中的弱读、连读、声调等 2. 共同制作对话朗读的评价量表，进行对话模仿 3. 小组内三人组合进行角色扮演 4. 随机抽取组合上台演绎，其他同学进行评价 问题链： ①What should we pay attention to when we read the conversation? ②How do they play? ③Why do you give them this poit?	深入剖析对话中的框架细节，并通过生成性量表，评价对话的朗读和表演。通过评价强化和巩固话语中的语言和非语言因素	教师评价视角：通过学生的模仿朗读和角色扮演，掌握学生对对话的理解和熟悉程度 学生预期表现：绝大部分学生能够流利读出对话，但演绎时需要注意话语中声调、连读等技巧的自然运用

续表

教学目标	教学活动	设计意图	效果评价
梳理本课时和上一课时出现的所有任务基本信息，小组内分角色演绎并创编对话	Activity 4：Introduce New Classmates 1. 补充人物卡片。梳理第1、2课时中出现的角色（Peter Brown、Song Meimei、Emma Miller和Chen Jie）的基本信息 2. 抽取人物卡片（卡片正面为名字，背面为信息），和同学进行问答，猜测他手中卡片的人物 3. 将第1课时所问同学信息也制作成类似的卡片 4. 随机抽取卡片，让同学通过提问来猜测是哪位同学 问题链： ①What's his/her name? ②Where's he/she from? ③How old is he/she? ④What class is he/she in? ⑤Who is his/her class teacher? ⑥ How do you feel when you introduce others? ⑦How do you feel when people introduce you? ⑧What kind of things you want people to know? ⑨What kind of things you don't want people to know?	Activity 4是融合第1课时和第2课时的总输出。由课本内容迁移到实际情境中，并进行第三人称介绍而不仅仅是对话的一问一答，为下一个课时做准备。问题链最后关注学生介绍他人以及他人介绍自己时的感受，引导学生对结识朋友时谈论的内容是否得体进行思考	教师评价视角：通过学生的介绍，了解学生是否将两个课时的内容都自然运用 学生预期表现：绝大部分学生能够制作卡片，但切换第三人称提问时仍会出错，需要在下一课时多加练习

（三）第 3 课时（Section A 3a-3d）

教学目标	教学活动	设计意图	效果评价
通过朗读句子和语篇填空观察一般现在时 be 动词的正确形式与用法，通过小组讨论概括规律	Activity 1：Practice and Mind-mapping 1.学生读表格中的句子，圈出动词 2.匹配人称和 be 动词形式 3.选出句子中 be 动词的正确形式 4.短文填空，将第一人称自我介绍切换成第三人称的他人介绍 5.小组讨论，用思维导图梳理一般现在时 be 动词的正确形式与用法	由于第 2 课时最后输出活动看出学生对不同人称切换需要多练习，本课时第一个活动就是 3 个相关的练习，并通过练习概括整理出用法	教师评价视角：学生能够正确说出和写出 be 动词并概括出 be 动词在一般现在时的正确使用 学生预期表现：学生能够完成练习，但思维导图绘制需在小组内共同讨论完成
通过"传声筒"游戏，将同一个句子切换成第一、第二和第三人称时态	Activity 2：Listen and Repeat 1.以一列同学为单位，每列坐第一排的同学随机抽取第 2 课时制作的人物卡片 2.第一排口头向第二排介绍自己的信息和卡片上的人物信息。第二排向第三排介绍自己信息，第一排人物信息和卡片上的人物信息，以此类推 3.最后一排的同学站起来自我介绍以及介绍前面所有人的信息 问题链： ①What should we pay attention to when we read the conversation? ②How do they play? ③Why do you give them this poit?	通过有趣的活动练习人称的切换	教师评价视角：通过学生的介绍了解学生是否熟练掌握介绍自己及他人时的人称切换 学生预期表现：绝大部分学生能准确切换人称

续表

教学目标	教学活动	设计意图	效果评价
向小组成员口头介绍你的新朋友	Activity 3:Introduce My New Friend 问题链： ①Who is your new friend? ② What do you know about him/her?	通过对新朋友的介绍，反复操练目标词汇和句法，并促使学生们加快对彼此的了解，更快融入集体	教师评价视角：学生能够准确使用一般现在时 be 动词，并可以从多方面介绍他人 学生预期表现：学生也许对于介绍新朋友的哪些方面还存在疑惑

（四）第 4 课时（Section B 1a−2b）

教学目标	教学活动	设计意图	效果评价
通过看图猜测角色的基本信息，并简单介绍	Activity 1：View and Guess 1. 观察两个学生的照片墙，在图片下横线中写上英文单词 2. 根据图片墙内容，分别猜测两个学生的基本信息	以图片引入话题，制造悬念，吸引学生去证实自己推测的学生信息是否正确	教师评价视角：通过学生填写的答案和回答的内容，判断学生是否掌握需要的词汇和能否通过信息预测内容 学生预期表现：学生能够填写词汇，并根据图片做出合理推测
通过阅读论坛的征友帖，用表格获取和梳理 Pauline 和 Peter 的基本信息	Activity 2：Read and Sort out 1. 学生阅读语篇，将两则征友帖与上一个活动的两组照片墙做匹配 2. 阅读语篇，填写表格，梳理 Pauline 和 Peter 的基本信息	通过表格，将信息有逻辑条理地梳理出来，并让学生看到基本信息中的层次与逻辑	教师评价视角：通过表格梳理的内容，判断学生是否理解语篇内容 学生预期表现：学生能够准确匹配和填写，对于语篇内容理解基本没问题

续表

教学目标	教学活动	设计意图	效果评价
通过对比自己和 Pauline 或者 Peter 的基本信息,和同桌讨论会选择与谁交朋友并说明原因	Activity 3: Read and Compare 1.学生阅读语篇,通过韦恩图找到自己与 Pauline 或 Peter 的异同 2.与同桌讨论会选择与谁交朋友并说明原因	通过韦恩图,联系自身,引导学生思考对朋友的选择	教师评价视角:通过韦恩图的填写和学生讨论的内容,了解学生对于主题的理解以及情感思维的生成 学生预期表现:学生对于原因的描述会有困难
选择文中的 Pauline 或 Peter,并通过填空撰写回帖,介绍自己的基本信息	Activity 4: Think and Write 1.学生填写句子,为回帖做内容储备 2.学生思考并撰写征友的回帖,表明态度和介绍自己的基本信息	通过回帖,在相对真实的语境中运用语言介绍自己	教师评价视角:通过文章判断学生是否能够将语言迁移并输出文章 学生预期表现:学生能够完成文章填空

(五)第 5 课时(Section B 3a-3c)

教学目标	教学活动	设计意图	效果评价
通过回答问题和讨论确定撰写个人档案需要写哪些方面	Activity 1: Ask and Answer 1.学生回答问题,介绍自己的信息 2.学生提问同伴,补充更多介绍信息	通过问答形式,集思广益,充实个人档案内容	教师评价视角:通过学生的答语和提问,判断学生是否铺垫足够的内容支架 学生预期表现:学生能够正确回答问题,并能补充更多方面的内容

续表

教学目标	教学活动	设计意图	效果评价
通过表格梳理范文中 Andre Kalu 的个人信息以及句型	Activity 2：Read and Sort out 1.学生阅读 Andre Kalu 的个人档案 2.学生将 Andre Kalu 的个人信息通过表格归类梳理 3.学生将不同信息表达的句型归纳整合	让学生观察语篇结构和语言句式，自行归纳以加深印象	教师评价视角：通过学生的表格梳理以及句型归纳情况，判断学生是否构建足够的篇章结构支架 学生预期表现：学生能够梳理个人信息，但句式的概括还需要教师更多的引导
撰写个人档案	Activity 3：Think and Write 1.师生共同讨论个人档案撰写需要注意的要素，形成评价量表 2.学生根据归纳整理的内容，开始撰写个人档案	将本单元前 4 个课时所学融会贯通，进行文字输出	教师评价视角：通过写作内容，评价学生对本单元核心内容学习的整体效果 学生预期表现：学生能够写出较为完整的个人档案，略有语法错误
通过游戏阅读同学的个人档案并进行评价	Activity 4：Collect and Guess 1.学生根据评价量表对自己写的个人档案进行自评 2.将小组的个人档案收集到一起，然后让学生随机抽取，并隐去姓名、切换人称进行介绍，让大家猜是哪位同学 3.学生对个人档案进行同伴评价并说明理由 4.修改个人档案	写作后进行自评和互评，让写作能力得到更大的进步。个人档案的猜测游戏则是思政理念培养的最好契机，让学生学会与人交往，善待同学	教师评价视角：通过自评和互评，学生掌握自我介绍的各个方面以及写作的标准 学生预期表现：学生能够简单做出评价，并给出语言的修改建议

（六）第 6 课时（Reading Plus）

教学目标	教学活动	设计意图	效果评价
阅读语篇并通过表格梳理三个交友的建议	Activity 1：Read and Sort out 学生阅读语篇并通过完成表格梳理新生交友的三个建议	通过表格梳理学习、理解语篇内容	教师评价视角：通过表格完成度，判断学生对于语篇的理解程度 学生预期表现：学生能够正确回答问题，并能补充更多方面的内容
通过小组讨论增加更多交友建议并由此延伸思政理念	Activity 2：Think and Discuss 1. 学生进行小组讨论，增加更多交友建议，并将建议归类整合 2. 小组展示报告 3. 学生讨论如何让班集体变得更团结友爱，教师整合答案并板书	通过讨论引发深度思考与学习	教师评价视角： 通过小组讨论报告和板书的内容，判断学生对思政理念是否渗透于心 学生预期表现：学生能够正确回答问题，并能补充更多方面的内容
能够用更多沟通的句式进行打招呼和送祝福	Activity 3：Share and Wish 1. 将上一课时同学们的档案折成纸飞机，在班级里随机飞行，让捡到飞机的同学在档案下面写上打招呼或祝福的话语，并简单介绍自己。然后再折起来，飞行多次 2. 最后将带着祝福话语的个人档案装订成册，形成班级的"启航档案"	通过游戏拉近同学们的关系，活动主要目的为主题意义升华、思政理念树立	教师评价视角：通过学生写的祝福语和学生的反应，判断理念的形成情况 学生预期表现：学生友善地为同学写上祝福的话语，为使班级团结友爱奠定基础

五、教学反思

(1)本单元教学设计实施了新课标提出的单元整体教学法，以及践行了英语学习活动观，学思结合、用创为本。

(2)本单元教学设计基于思政理念，剖析语篇设计活动，一步一步搭建思政小理念，描画单元育人蓝图，最后生成思政总理念。

(3)本单元各课时活动情境化，如通过撰写个人档案的方式来引导学生展开写作，关注过程写作，以写促读，再以读促写，读前让学生尝试写作片段，写作完再重读语篇，从而积累更多表达。

(4)效果评价从多个角度出发，教师的角度以及学生的预期表现，预期表现考虑多个方面，如完成程度，以及无法完成教师的任务时如何应对等。

(5)写作后的评价是边评边学，是学习中的评价，让学生的评价既是评价更是学习。

(6)板书为生成性板书，课堂上根据学生的发言或写作内容进行记录，辅助学生更好地进行写作输出。

○ 案例二

人教版(2013版)九年级 Unit 7 基于社会主义核心价值观 (自由、平等、公正、法治)的单元整体教学设计

一、学情分析

(1)学生已经学过了情态动词以及被动语态的基本用法，但对于两者结合的表达还比较少接触。

(2)学生已经学会了赞同与不赞同的简单表达，但用从句和多句式表达个人意愿还需要进一步学习。

(3)学生进入青春期，一直渴望自主选择权，能够自由支配自己的人生，但如何正确有度地表达自由的意愿是需要学习的。

二、课时语篇与单元内容的关联分析

(一)单元教材版本

人教版(2013年版)九年级"Unit 7 Teenagers should be allowed to choose their own clothes."。

（二）主题范畴

（1）人与自我、人与社会。

（2）子主题：自我认识、自我管理和自我提升以及家庭和谐。

（三）语篇整合

（1）思政总理念：自由要建立在自我管理和平等沟通之上。

（2）单元核心素养综合表现：通过从衣着到言行积极正面地严格要求自己，学会理解父母，并与父母理性平等地沟通，获得相对的自由选择权。

语篇	语篇类型	语篇内容	主题意义	思政理念	思政总理念
Section A 1a-1c	听说——日常对话	Anna 和妈妈在谈论青少年应该做和不应该做的事	自由建立在积极健康的规则上	理念 1：自由建立在规则上	自由要建立在自我管理和平等沟通之上
Section A 2a-2c	听写——日常对话	Molly 和 Kathy 在谈论同学是否应该放学后外出打工			
Section A 2d	听读——日常对话	Sandy 和吴兰在谈论去参观毕加索画展时的规则			
SectionA 3a	诗歌	关于母亲规劝孩子、帮助孩子健康成长的诗歌	与父母、老师平等沟通	理念 2：与父母、老师理性平等地沟通才能换得自由	
Section A 4b	说明文	中西方不同文化下与父母沟通方式的不同			
Section B 1a-1d	独白	Peter 描述自己一次迟到而被老师批评的经历			
Section B 2a-2e	记叙文	介绍刘宇对于未来职业选择与父母产生分歧的情况			
Section B 3a-3b	议论文	列出你觉得学校不合理的规则并说明原因和改进方法	青少年应该做的事	理念 3：通过自我管理和平等沟通获得自我提升	

（四）单元育人蓝图

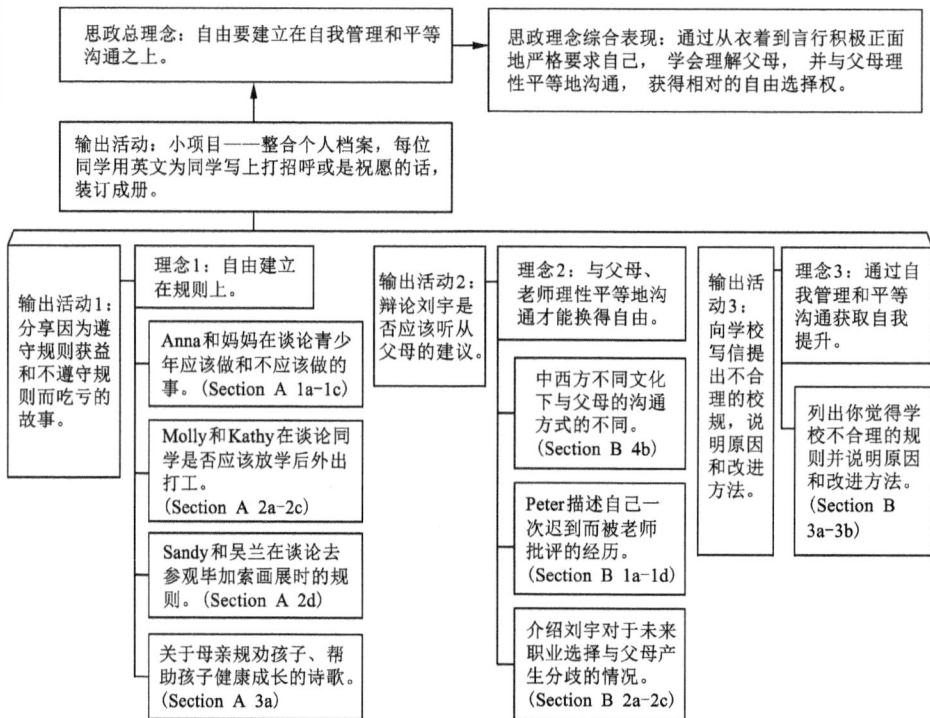

人教版(2013年版)九年级 Unit 7 单元育人蓝图

三、单元教学目标和各课时目标

思政总理念	思政理念	单元目标	各课时目标
自由要建立在自我管理和平等沟通之上	自由建立在规则上	学生能够通过对话分享因为遵守规则获益和不遵守规则而吃亏的故事	**Section A 1a-1c(第1课时)** 1.学生能够对一些规则表达同意或不同意的意愿 2.学生能够听懂听力判断表述的正误 3.学生能够根据表述创编对话 **Section A 2a-2c(第2课时)** 1.学生能够通过听 2a 中的对话判断 Molly 和 Kathy 对于同学做出的决定的不同看法 2.和同桌讨论列出青少年该做和不该做的事

续表

思政总理念	思政理念	单元目标	各课时目标
自由要建立在自我管理和平等沟通之上	与父母、老师理性平等地沟通才能换得自由	学生能够辩论刘宇是否应该听从父母建议	**Section A 3a—3c (第 3 课时)** 1. 学生能够聆听诗歌,获取和梳理作者一路成长的转变以及母亲给出的不同建议 2. 学生能够阅读诗歌,感受诗歌韵律和诗歌传达出母爱与青少年向往自由之间从分歧走向共融的过程 3. 学生能够结合自身实际分享个人成长中父母给予的建议和对自己的帮助
			Section A 4b (第 4 课时) 1. 学生能够阅读语篇,用情态动词的被动语态正确完成语篇填空 2. 学生能够通过阅读语篇梳理亚洲国家和西方国家孩子和父母不同的沟通交流方式 3. 学生能够通过小组讨论表达更喜欢亚洲还是西方与父母的沟通方式
			Section B 1a—1d (第 5 课时) 1. 学生能够通过看图片回顾自己是否经历过图片里表述的情境 2. 学生能够通过完成填空等练习获取和梳理听力中 Peter 的迟到经历 3. 学生能够通过辩论思考 Peter 是否应该被允许再参加一次考试,思考规则与自由的关系
			Section B 2a—2e (第 6 课时) 1. 学生能够通过阅读回答问题并梳理刘宇和父母的分歧是什么 2. 学生能够通过阅读填写关键词分析刘宇的态度和父母的态度 3. 学生能够通过小组讨论,调查小组内赞同刘宇和父母的人数,并分享理由
	通过自我管理和平等沟通获得自我提升	学生能够向学校写信提出不合理的校规,说明原因和改进方法	**Section B 3a—3e (第 7 课时)** 1. 学生能够通过小组讨论列出觉得学校不合理的校规 2. 学生能够通过小组讨论列出该校规不合理的原因和改进方式 3. 学生能够写信说明情况 4. 学生能够通过讨论选出最好的信递交校长

四、第 7 课时教学设计

教学目标	教学活动	设计意图	效果评价
学生能够通过小组讨论列出觉得学校不合理的校规	Activity 1：Discussion 1. 学生列出学校校规 2. 学生讨论不合理的校规，并将这些校规写在卡纸上，然后用磁条贴在黑板上	从身边的事物出发，让学生勇于发现不公之处	学生积极发言，勇敢地说出不公平、不合理的校规
学生能够通过小组讨论列出该校规不合理的原因和改进方式	Activity 2：Improvement 1. 每个小组随机抽取其中一条不合理的校规进行讨论，列出不合理的地方和可以改进的方式 2. 小组派出代表分享内容	培养学生的批判性思维，并通过创新来积极面对和解决问题	学生各抒己见，给出了很多很有创意的建议
学生能够写信说明情况	Activity 3：Writing 1. 学生共同构建信件的格式规范和评价标准 2. 学生开始写建议信	基于共同构建的标准将建议撰写成信，将凌乱的理念梳理成有逻辑的陈述，无形中培养学生自由平等的社会主义核心价值观	学生构建标准时逻辑清楚，条理明确
学生能够讨论选出最好的信递交校长	Activity 4：Voting 1. 学生相互交换、评价信件 2. 小组内选出最好的一封信 3. 班级里再推选出最好的一封信，由团支书交给团委再转交校长	民主选举出代表作为班级的代言人，整个课堂就是一起简单的提案选用，让学生亲身感受到民主自由与平等是建立在理性规则之上的	学生积极参加，选出最具代表性的信件

五、教学反思

如何让学生感受到自由、平等、公正、法治,莫过于让学生设身处地地体验一次如何行使他们的权力,让他们知道言论自由、选择自由,都必须建立在公正、法治的规则之上,这样才能有真正的自由与平等。本课以校规修改提案招标会的形式,让学生实践参与了如何自由发表言论,如何平等和公平地做出选择,如何理性地遵循法治从而获得权利。同学们都深切体会到了没有绝对的自由、没有法治更何谈自由、平等,所有的自由、平等都应该建立在公正、法治之上。

○ 案例三

(人教版2013年版)九年级 Unit 1 基于社会主义核心价值观(爱国、敬业、诚信、友善)的单元整体教学设计

一、学情分析

(1)九年级学生已掌握特殊疑问句的回答以及"by doing something"的语言表达。

(2)在进入初中毕业的关键时期,学生希望掌握更系统有效的学习方法,从而增强语言学习能力。

二、课时语篇与单元内容的关联分析

(一)单元教材版本

人教版(2013年版)九年级"Unit 1 How can we become good learners?"。

(二)主题范畴

(1)人与自我。

(2)子主题:积极的学习体验、恰当的学习方法与策略、勤学善思。

(三)语篇整合

(1)思政总理念:科学学习,主动学习,终身学习,践行"敬业"和"诚信"的社会主义核心价值观。

(2)单元核心素养综合表现:通过不断思考和讨论寻求不同的学习方法,通过结合兴趣追求更多新颖有趣的学习方法,并系统总结反思养成良好的学习习惯并坚持终身学习。

语篇	语篇类型	语篇内容	主题意义	思政理念	思政总理念
Section A 1a-1c	听说——日常对话	对话：男孩向同学们询问学习方法策略	了解不同的学习方法	理念1：勤于思考，科学寻求不同的学习方法	科学学习，主动学习，终身学习，践行"敬业"和"诚信"的社会主义核心价值观
Section A 2a-2c	听写——日常对话	老师组织同学们讨论英语学习策略			
Section A 2d	听读——日常对话	Jack 因为阅读问题而焦虑，Annie 分享了学习策略和学习心态			
Section B 1a-1e	听力——日常对话	老师针对听说读写不同技能给学生不同学习策略的建议			
Section A 3a	记叙文	作者分享看英语电影对英语学习的改变	找到新颖的学习方法	理念2：进取求真，主动创新多样学习方法	
Section B 2a-2e	说明文	介绍成功学习者的良好学习习惯	养成终身学习的学习习惯	理念3：善于总结，形成终身学习理念	

(四)单元育人蓝图

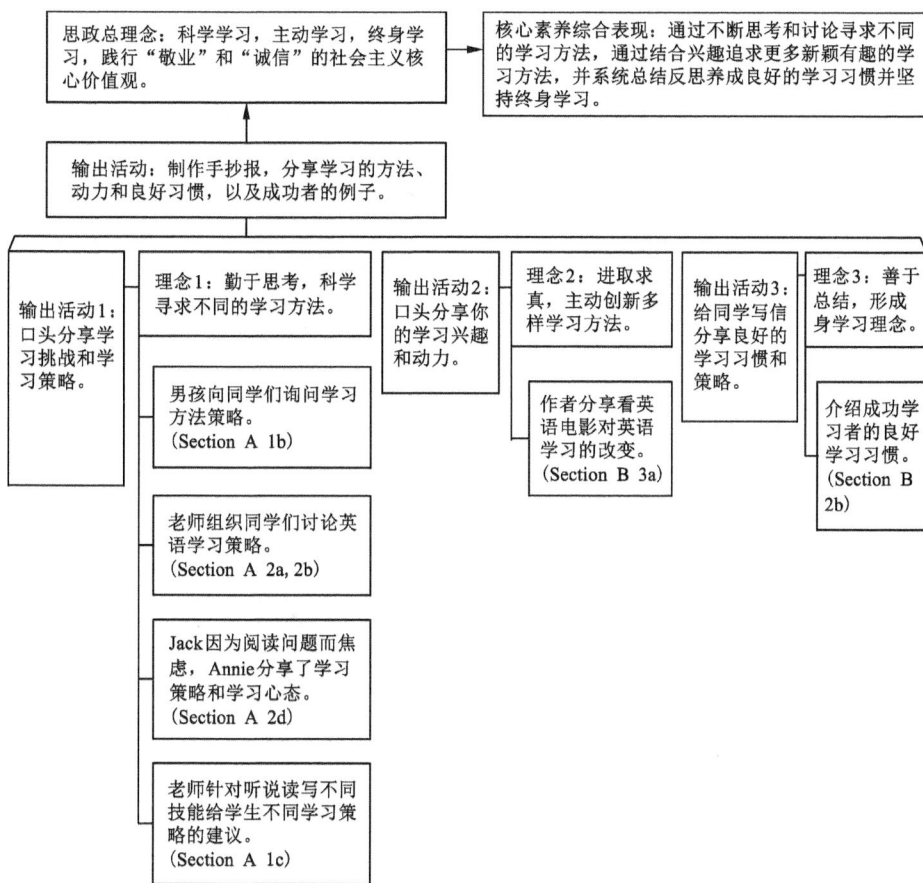

思政总理念：科学学习，主动学习，终身学习，践行"敬业"和"诚信"的社会主义核心价值观。

核心素养综合表现：通过不断思考和讨论寻求不同的学习方法，通过结合兴趣追求更多新颖有趣的学习方法，并系统总结反思养成良好的学习习惯并坚持终身学习。

输出活动：制作手抄报，分享学习的方法、动力和良好习惯，以及成功者的例子。

输出活动1：口头分享学习挑战和学习策略。

理念1：勤于思考，科学寻求不同的学习方法。

男孩向同学们询问学习方法策略。（Section A 1b）

老师组织同学们讨论英语学习策略。（Section A 2a, 2b）

Jack因为阅读问题而焦虑，Annie分享了学习策略和学习心态。（Section A 2d）

老师针对听说读写不同技能给学生不同学习策略的建议。（Section A 1c）

输出活动2：口头分享你的学习兴趣和动力。

理念2：进取求真，主动创新多样学习方法。

作者分享看英语电影对英语学习的改变。（Section B 3a）

输出活动3：给同学写信分享良好的学习习惯和策略。

理念3：善于总结，形成终身学习理念。

介绍成功学习者的良好学习习惯。（Section B 2b）

人教版(2013 年版)九年级 Unit 1 单元育人蓝图

三、单元教学目标和各课时目标

思政总理念	思政理念	单元目标	各课时目标
科学学习，主动学习，终身学习，践行"敬业"和"诚信"的社会主义核心价值观	勤于思考，科学寻求不同的学习方法	学生能够通过对话问答分享学习挑战和学习策略	Section A 1a-1c(第1课时) 1.学生能够通过头脑风暴用 by doing 分享学习方法 2.学生能够通过 1b 听力理解匹配人物和学习方法 3.学生能够模仿对话，用头脑风暴产生的学习方法进行对话分享
			Section A 2a-2c(第2课时) 1.学生能够通过听 2a 中老师提出的问题填写对应的答案，获取事实性信息 2.学生能够通过听第二遍 2b 的听力，匹配老师对学习方法的评价，获取评价性信息 3.学生能够结合自身实际选择一两种学习方法进行分享并分析其作用
			Section A 2d(第3课时) 1.学生能够通过听读 2d 对话整理出 Anne 针对 Jack 提出的问题给出的解决方式，完成图形组织器 2.学生能够根据图形组织器复述对话内容并评价 Anne 的解决方法是否有效 3.学生能够模仿对话进行小组调查，调查大家最喜欢的学习方法
			Section B 1a-1e(第4课时) 1.学生能够通过讨论找出自己学习英语面临的问题并用句子表达 2.学生能够听对话获取学习出现的问题以及对应的解决方法 3.学生能够通过小组调查，调查出现最多的英语学习问题以及分享解决这些问题的学习方法与策略

续表

思政总理念	思政理念	单元目标	各课时目标
科学学习，主动学习，终身学习，践行"敬业"和"诚信"的社会主义核心价值观	进取求真，主动创新多样学习方法	学生能够分享其学习兴趣和动力	Section B 3a-3c(第 5 课时) 1. 学生能够思考学习英语的目的和意义，并用简单的英语表达出来 2. 学生能够通过阅读语篇梳理出魏芬在三个阶段心路历程的不同以及转变的关键节点，完成思维导图，并分析转变的原因 3. 学生能够通过阅读语篇整理针对不同学习问题的不同学习策略，评价策略的有效性，并通过小组讨论延伸出更多相应的解决方法
	善于总结，形成终身学习理念	学生能够给同学写信分享良好的学习习惯和策略	Section B 2a-2e (第 6 课时) 1. 学生能够通过阅读语篇梳理好的学习者的学习习惯 2. 学生能够通过阅读语篇回答问题，挖掘语篇深层表达，形成终身学习的态度和习惯 3. 学生能够通过写下自己的学习习惯，反思自己是否是良好的学习者
			Section B 3a-3e(第 7 课时) 1. 学生能够通过观看视频总结学习者的不同特征和不同特征所适用的学习策略 2. 学生通过完成问卷调查发现自己属于哪种类型的学习者并写出相应类型可以使用的学习策略 3. 学生给同学撰写书信分享自己的学习者类型、遇到的学习问题和解决方法

四、第5课时教学设计

教学目标	教学活动	设计意图	效果评价
学生能够思考学习英语的目的和意义，并用简单的英语表达出来	Activity 1：Free Talk 问题链： ① Why do you study English? What for? ② But how to learn it well?	通过提问激活学生的已知，引发思考学习英语的意义	教师评价视角：学生基本能够回答问题 学生预期表现：学生对于如何学好英语有很多方式分享
学生能够通过阅读语篇梳理出魏芬在三个阶段心路历程的不同以及转变的关键节点，完成思维导图，并分析转变的原因	Activity 2：Read for the Gist Activity 3：Read for the Details 问题链： ① Why did Wei Fen find it difficult to learn English? ② What is Wei Fen's secret to language learning? ③ How do you learn English?	通过多次阅读语篇，深入理解和剖析语篇	教师评价视角：学生能够积极参与每项讨论并迸发出别具一格的学习策略 学生预期表现：大部分学生能够理解语篇大意并拓展思维回答如何学习英语
学生能够通过阅读语篇整理针对不同学习问题的不同学习策略，并评价策略的有效性，并通过小组讨论延申出更多相应的解决方法	Acitivity 4：Read for the Significance Activity 5：Discuss the Favourtie Ways to Learn English	通过讨论最喜欢的学英语方式，激发学生兴趣和应用目标词汇	教师评价视角：学生能够通过自我反思，结合自身总结梳理学习问题和学习策略 学生预期评价：学生对于喜欢的英语学习方式的回答十分踊跃，更有别出心裁的方式，如进行电影配音等

五、教学反思

在人教版(2013 年版)英语九年级第一单元 A 部分的课文"How I learned to learn English"中,虽然原文未直接讨论社会主义核心价值观,但作为教师,我们可以通过深入挖掘和创新教学方法,将"爱国、敬业、诚信、友善"等社会主义核心价值观植入到英语阅读教学的各个环节中。

首先,课文通过讲述一位学生学习英语的经历和策略,向学生展示了通过努力学习来克服困难的重要性。这为教师提供了一个绝佳的契机来强调"敬业"和"诚信"的价值,即不断追求学术上的卓越和在学习过程中保持真诚的态度。

其次,针对班级中英语水平参差不齐的情况,教师可以设计活动鼓励学生相互帮助,共同进步。通过小组合作学习,学生不仅能够提升交流能力,也能培养"友善"和团队协作精神,进而逐步形成班级内部的积极学习氛围。

再者,对于那些英语基础较弱或学习积极性不高的学生,教师可以通过个性化教学,激发他们的学习兴趣,帮助他们建立自信。这种教学策略体现了"以生为本,以学定教"的原则,同时也展现了教师的"爱国"心,即对培养国家未来人才的责任感。

最后,教师可以引导学生通过学习英语来了解和欣赏不同文化,进一步理解"爱国"并非排外,而是在全球视野下对自己文化的认同和尊重。通过阅读理解和相关活动,教师可以引导学生深入思考如何将这些价值观应用于自己的学习和生活中,从而使学生在不断学习的过程中,自然而然地吸收和践行社会主义核心价值观。

通过这种方式,教师不仅仅是在教授语言知识,更是在通过英语教学,培养学生的道德观和价值观,为他们成为具备国际视野的社会主义建设者奠定基础。在现代教学过程中,教师精心挑选词汇,通过巧妙设计的教学情境,不仅深化学生对词汇的认识,更通过情感的引领,促使学生在思维和情感上产生共鸣。此种方法既丰富了学习内容,也强化了学生的情感体验,进而增加了语言学习的深度和广度。通过模拟创设情境,教师引导学生主动模仿并创新,激发学生面对挑战的勇气和解决问题的策略。接着,教师引入学习英语的深层次目的与意义,将英语学习与培育爱国情怀紧密结合。这种方法自然而然地唤起学生的民族自豪感及自主学习的意识,使学生认识到学习英语的重要性,从而树立正确的学习态度。通过对课文人物魏芬在英语学习中遇到困难的情境分析,教师督促学生诚实面对自身的不足,鼓励学生持续努力,不轻言放弃。同时,倡导同学间应展现出团结互助的精神,体现诚信与友善的道德规范,营造一个积极向上的学习环境。在此基础上，教师通过解析魏芬的英语学习方法，引导学生结合个人实际情况，通过分组讨论形式，共同探索并总结最适合自己的学习策略。在小组合作的过程中，学生们实践了相互尊重与帮助的"友善"精神。最终，教师强调敬业精神在学习及未来职业生涯中的重要性，通过这一系列教学活动，不仅培养了学生的语言能力，更重要的是培育了学生的核心素养，为其终身学习和未来的职业发展奠定坚实的基础。这样的教学理念和方法，无疑提升了英语教学的质量和效果，形成了独具特色的教学模式。

本课程主题聚焦于"英语学习方法"，通过精选关键词汇，构建具体学习场景，采用教师引导讨论、小组互动以及伙伴对话等多元互动形式，深化学生对英语重点词汇的掌握和应用。此外，课堂活动不仅促进学生思维拓展，也通过英语教学的独特视角，有效融入爱国、敬业、诚信、友善等社会主义核心价值观的教育，全面实现了教学目标。显然，从教材中提炼和强化公民道德规范，对于培养学生的社会主义核心价值观具有重要意义，这不仅是英语教学的要求，更是其深远的社会责任。

5.2 中华优秀传统文化融入初中英语教学案例

为回应全国教育大会的倡议以及中共中央办公厅和国务院发布的《关于实施中华优秀传统文化传承发展工程的意见》，教育部于 2021 年发布了《中华优秀传统文化进中小学课程教材指南》。此指南旨在加强中小学课程和教材中传统文化的教学作用，为中小学的课程设计和教学活动提供了关键的方向指引，体现了国家对于传统文化传承与推广的高度重视。这一措施象征着中华优秀传统文化的传承和发展已被纳入国家战略议程，并在中小学教育系统中占据了核心位置。同时，《新课标》提出了全面落实习近平新时代中国特色社会主义思想的要求，将社会主义先进文化、革命文化、中华优秀传统文化、国家安全、生命安全与健康等重大主题教育有机融入课程。此外，《新课标》强调，要培养学生正确的价值观，提高学生对中国优秀文化的认同感和自豪感，开阔国际视野，坚定本民族文化自信。在具体文化意识培养目标上，要求中学生(7—9 年级)能够使用英语，无论是书面还是口语形式，介绍中国的风景名胜、历史故事、文化传统等。这体现了在重视英语基础教学的同时，加强对母语文化教学的关注，进一步强化了学生的文化身份认同，培养了国际视野。

中华优秀传统文化融入初中英语教学有以下特点：

（1）相似性原则。中华优秀传统文化与英语在很多方面都有相似之处，教师可以利用这些相似性来帮助学生更好地理解和应用英语知识。以教授英语词汇为例，教师可以选择与中华优秀传统文化有关的词汇，并借助成语或典故来协助学生更好地理解其词义和用法。例如，在教授英语词汇"blessing"（祝福）时，可以借助成语"福如东海""寿比南山"来阐释其含义，这样可以帮助学生更好地理解和应用这个词汇。

（2）渗透性原则。在英语教学的每一个环节中，都可以根据教学实际有效融入中华优秀传统文化，以增强学生的英语综合应用能力。举例来说，在英语的阅读教学过程中，教师可以选择中国古代文学的一些片段，让学生进行阅读和相关的讨论。通过对这些文学作品的深入阅读，学生不仅能够提升阅读理解技巧，还可以更好地理解和感受中华优秀传统文化中的价值和道德理念。例如，教师可以挑选《红楼梦》里的某一段文字，引导学生通过深入阅读和对其中的文化成分进行分析，从而更好地理解英文文本。

（3）体验性原则。学生可以通过实际参与关于中华优秀传统文化的活动，更深层次地理解和体验传统文化的吸引力。在英语口语的教学过程中，教师可以组织学生参加各种传统节日的庆祝活动，比如制作月饼和包粽子等。在各种活动中，学生不仅有机会提高他们的英语口头表达技巧，还能深入体验中华优秀传统文化的核心价值和道德理念，从而加强对文化的归属感。

（4）个性化教学原则。教师在融入中华优秀传统文化的过程中，应充分考虑学生的个体差异，并根据学生的兴趣和特点来进行有针对性的教学设计。比如说，对于那些热爱音乐的学生，教师可以为学生准备一系列中英双语的歌曲，这些歌曲不仅包括来自国外的流行音乐元素，还融合了中华传统音乐的元素。采用这种教学策略，学生不仅可以提高他们的英语听力水平和发音技巧，还可以深入体验和感受中华传统音乐的魅力。

（5）创新原则。在融入中华优秀传统文化时，教师应该探索新颖的教学策略和工具，以增强教学成果。教师可以采用多媒体手段，例如动画和视频，来呈现中华优秀传统文化的精髓。借助这些视觉和听觉的刺激，学生能够更为生动地理解和体验中华优秀传统文化的深层含义。例如，在向学生传授中华传统节日的知识时，可以播放与之相关的视频内容，帮助他们深入了解背后的文化、历史和传统。

而基于课程思政的中华优秀传统文化融入初中英语教学，首先是体现对国家命运共担责任的爱国主义，其次是不断求新求变的进取心，再次是追求统一和大同的政治理念，最后是强调高尚道德修养和人格的道德观。2017 年 1 月，中共中央办公厅与国务院办公厅共同发布了《关于实施中华优秀传统文化传承发展工程的意见》，明确指出中华优秀传统文化涵盖"核心思想理念""中华传统美德""中华人文精神"三大部分。该意见阐述，这些文化元素是中华民族在社会治理和个人修养中逐渐形成的理念与价值观。其中，包括创新与进步的思维模式、实事求是的工作态度，以及自然与人文的和谐共生观，强调继承与发展这一文化遗产的过程中，应当重视诸如仁爱、公正、诚信等基本道德观念的传承。同时，意见提到，中华传统美德是民族精神的重要组成部分，涉及责任感、道德追求和社会行为的伦理准则，如孝顺、忠诚等价值观念。这些美德在推动社会和谐与道德进步中发挥着核心作用。在人文精神方面，意见强调，中华文化的多样性和独特性是其宝贵的精神财富。节俭、和谐与中庸的生活哲学不仅体现在日常生活中，也在文学、艺术及科技创新等多个领域形成了独有的文化表达。中小学课程教材应通过经典篇目、人文典故、基本常识、科技成就、艺术与特色技能及其他文化遗产等六个方面全面展现中华优秀传统文化，为学生提供丰富而全面的文化学习资源。这些教材内容的设置旨在深化学生对国家文化遗产的理解与欣赏，培养其在未来生活和工作中的文化自信与责任感。

○ 案例一

（人教版 2013 年版）九年级 Unit 2 基于中华优秀
传统文化（传统节日）的单元整体教学

一、学情分析

（1）九年级学生已掌握简单的表达个人观点的句式，但需要学习更多从句或多变的句式以在更多不同的情境中表达个人观点。

（2）从八年级开始，教材的传统文化融入逐步增加，学生的民族自信心与自豪感也越来越强，此时更要进一步学习跨文化交际并学习如何用英语讲好中国故事，宣扬中华优秀传统文化。

二、课时语篇与单元内容的关联分析

（一）单元教材版本

人教版（2013 年版）九年级"Unit 2　I think that mooncakes are delicious！"。

（二）主题范畴

（1）人与社会、人与国家。

（2）子主题：中外的文化习俗、文化景观、节假日与庆祝活动。

（三）语篇整合

（1）思政总理念：了解中国文化，尊重外国文化，宣传中华优秀传统文化。

（2）单元核心素养综合表现：能够通过多模态介绍我国传统节日文化，通过研讨等形式分析外国节日文化，以及绘制宣传手册宣传我国优秀的传统节日文化。

语篇	语篇类型	语篇内容	主题意义	思政理念	思政总理念
Section A 1a-1c	听说——日常对话	对话：Bill 和 Mary 谈论端午节赛龙舟的经历	中国传统节日文化	理念 1：了解我国节日文化，建立文化自信	了解中国文化，尊重外国文化，宣传中华优秀传统文化
Section A 2a-2c	听写——日常对话	吴平向 Harry 介绍回香港过端午节的经历			
Section A 2d	听读——日常对话	Clara 和 Mike 谈论泰国清迈泼水节和云南傣族泼水节			
Section A 3a	说明文	介绍中秋节的来源和庆祝活动			
Section A 4b	书信	介绍美国的母亲节和父亲节	外国节日文化	理念 2：了解国外节日文化，尊重文化多样性	
Section B 1a-1d	听力——日常对话	介绍万圣节			
Section B 2a-2e	书评	通过《圣诞颂歌》著作介绍国外圣诞节的文化内核			
Self Check 1	说明文	介绍西方复活节			
Section B 3a-3b	说明文	写作输出，对比介绍中西方节日异同，进而推广我国传统节日文化	中西方节日文化	理念 3：积极宣传我国优秀传统文化，促进文化交流与融合	

（四）单元育人蓝图

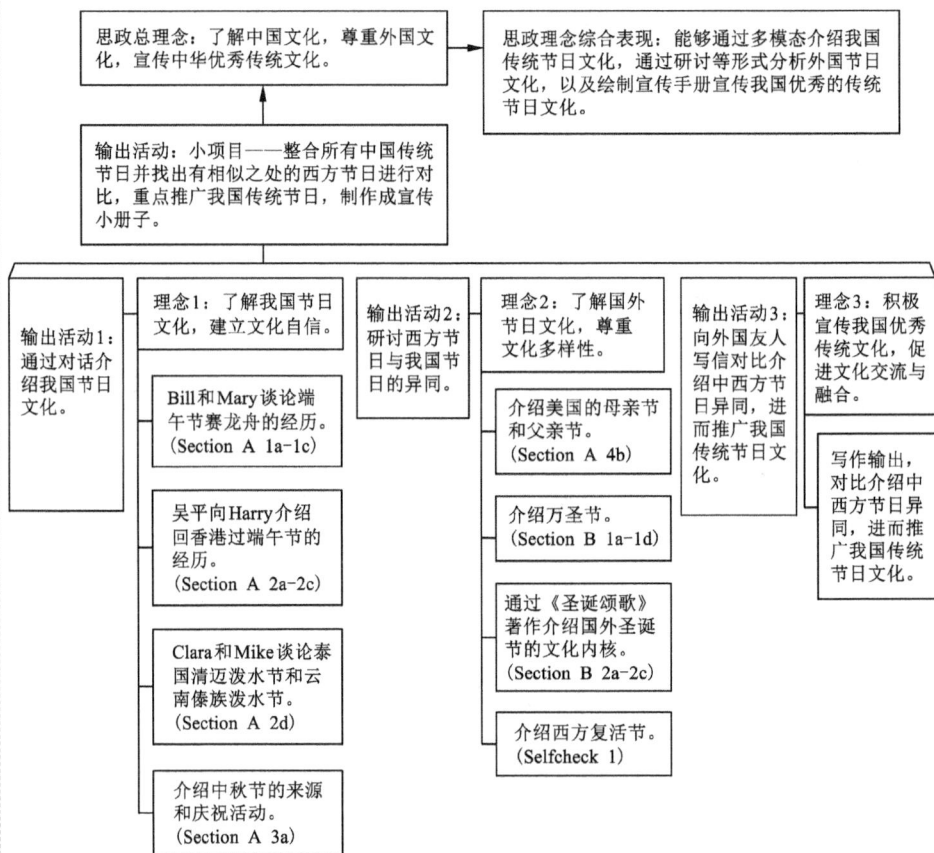

思政总理念：了解中国文化，尊重外国文化，宣传中华优秀传统文化。

思政理念综合表现：能够通过多模态介绍我国传统节日文化，通过研讨等形式分析外国节日文化，以及绘制宣传手册宣传我国优秀的传统节日文化。

输出活动：小项目——整合所有中国传统节日并找出有相似之处的西方节日进行对比，重点推广我国传统节日，制作成宣传小册子。

输出活动1：通过对话介绍我国节日文化。

理念1：了解我国节日文化，建立文化自信。

Bill和Mary谈论端午节赛龙舟的经历。（Section A 1a-1c）

吴平向Harry介绍回香港过端午节的经历。（Section A 2a-2c）

Clara和Mike谈论泰国清迈泼水节和云南傣族泼水节。（Section A 2d）

介绍中秋节的来源和庆祝活动。（Section A 3a）

输出活动2：研讨西方节日与我国节日的异同。

理念2：了解国外节日文化，尊重文化多样性。

介绍美国的母亲节和父亲节。（Section A 4b）

介绍万圣节。（Section B 1a-1d）

通过《圣诞颂歌》著作介绍国外圣诞节的文化内核。（Section B 2a-2c）

介绍西方复活节。（Selfcheck 1）

输出活动3：向外国友人写信对比介绍中西方节日异同，进而推广我国传统节日文化。

理念3：积极宣传我国优秀传统文化，促进文化交流与融合。

写作输出，对比介绍中西方节日异同，进而推广我国传统节日文化。

人教版(2013年版)九年级 Unit 2 单元育人蓝图

三、单元教学目标和各课时目标

思政总理念	思政理念	单元目标	各课时目标
了解中国文化，尊重外国文化，宣传中华优秀传统文化	了解我国节日文化，建立文化自信	学生能够介绍我国节日文化	**Section A 1a-1c(第 1 课时)** 1. 学生能够匹配图片和中国传统节日 2. 学生能够听懂对话，判断表述的正误 3. 学生能够模仿对话简单介绍提到的中国传统节日的庆祝活动 **Section A 2a-2c(第 2 课时)** 1. 学生能够听对话获取吴平回香港所做的事 2. 学生能够听懂对话，梳理吴平认为回家过暑假的好处和坏处 3. 学生能够模仿对话的话轮谈论自己暑假回家过节的经历 **Section A 2d(第 3 课时)** 1. 学生能够通过听读 2d 对话整理出泰国泼水节与中国泼水节的相似之处 2. 学生能够根据图形组织器复述对话内容并总结泼水节的时间、庆祝活动和意义 3. 学生能够给云南泼水节画一张宣传海报 **Section A 3a(第 4 课时)** 1. 学生能够通过阅读语篇找到中秋节的庆祝活动和起源 2. 学生能够梳理嫦娥奔月故事的脉络，完成故事山 3. 学生能够通过故事山复述嫦娥奔月的故事并说出自己对中秋节的感受

续表

思政总理念	思政理念	单元目标	各课时目标
了解中国文化，尊重外国文化，宣传中华优秀传统文化	了解国外节日文化，尊重文化多样性	学生能够通过小组研讨分析西方节日与我国节日的异同	**Section A 4a-4c（第5课时）** 1.学生能够通过阅读获取和梳理母亲节的时间、来历以及意义 2.学生能够通过完成练习概括与整合出单元语法的思维导图 3.学生能够通过讨论引申出在中国母亲节的意义
			Section B 1a-1d & Self Check 1（第6课时） 1.学生能够通过听听力获取万圣节的时间、地点和庆祝活动 2.学生能够通过完成短文填空梳理复活节的时间、地点和庆祝活动 3.学生通过和同桌对话相互介绍万圣节和复活节 4.小组讨论找到中国有相似意义的节日并谈论感受
			Section B 2a-2e（第7课时） 1.学生能够通过阅读语篇、完成图表和回答问题了解《圣诞颂歌》的背景以及故事梗概 2.学生能够通过小组研讨深入对比分析故事中三个圣诞精灵的寓意 3.学生能够通过观看视频并讨论中国有哪些传统节日也传递出团圆与分享的意义
	积极宣传我国优秀传统文化，促进文化交流与融合	学生能够向外国友人写信对比介绍中西方节日异同，进而推广我国传统节日文化	**Section B 3a-3e（第7课时）** 1.学生能够通过回顾本单元所学，综合梳理介绍节日的基本要素 2.学生通过观看视频拓展中国传统节日更多的内核与意义 3.学生给国外友人写信，通过对比中外节日文化来推广我国某一个传统节日

四、第 4 课时教学设计

教学目标	教学活动	设计意图	效果评价
学生能够通过阅读语篇找到中秋节的庆祝活动和起源	Activity 1：Read and Answer 阅读语篇回答问题 问题链： ① How do people celebrate the Mid-autumn Festival? ②What story is reading about?	掌握中秋节的基本元素，为推广中华优秀传统文化打下语言基础	学生能够回答问题，找到基础要素
学生能够梳理嫦娥奔月故事的脉络，完成故事山	Activity 2：Read and Sort out 1.阅读语篇完成故事排序； 2.阅读语篇绘制故事山	通过思维可视化的故事山让学生掌握故事叙述的技巧和方式，为介绍更多的中国传统故事打下基础	学生能够完成故事山，找到关键转折点
学生能够通过故事山复述嫦娥奔月的故事并说出自己对中秋节的感受	Activity 3：Retell and Discuss 1.学生根据故事山复述嫦娥奔月的故事； 2.向小组成员介绍中秋节并分享自己对中秋节的感受	通过复述和讨论将故事与自身结合，能够更真实动情地理解文化和推广文化	学生能够复述故事、介绍中秋节，说出自己的感受

五、教学反思

本堂课是中华优秀传统文化进入初中英语课堂的直接体现，直接选入教材的材料具有一定的参考意义和价值。本堂课利用文本特征，在读前活动利用标题和图片引导学生对文章内容进行预测。在读前活动中，由众人皆知的嫦娥引出中秋节的民间故事，由此引出学生好奇的中秋传统文化。对于文章标题的思考，可以引导学生对传统文化中人们所寄托的美好愿望以及文化内涵进行深入的理解和体会。读中阶段和读后阶段多样化的任务处理保证了课堂的乐趣，同时也很好地梳理了关于中秋节的文化知识。本堂课结束之后，通过对学生作业的检查以及对学生的访谈，课前预设目标基本全部实现，学生有较好的掌握。同时，本堂课也存在些许不足，如文章主题为第二部分的故事，在时间允许情况下也可将其改编为剧本，通过舞台演绎的方式，学生会对嫦娥奔月的故事有更深刻的了解和记忆。又如在读后阶段应给学生机会谈一谈在现实生活中是如何度过中秋佳节的，在家里和爸爸妈妈一起做了什么，以及自己在做这些事情的时候感受是怎样的。在这一过程中，学生基于生活经验是有话可说的，同时也可以对新学词汇、句型等进行操练。

课后通过与学生交流发现，有图片、视频和故事的课堂更受学生欢迎，在这些工具的辅助下，本堂课的教学目标基本达成，课堂学生参与度也较高，积极参与完成教学环节任务。本堂课的思政教育点确立为"人与国家"范畴下的子类"中国精神""弘扬中华优秀传统文化，领会中秋节的节日精神"团圆"。作为中国几大传统节日之一，中秋节有着"团圆"之意，民间自古以来便有中秋团圆的习俗，从后羿与嫦娥的故事延伸到学生自己小家的团圆，再由自己小家的团圆延伸到身边同学的家庭团圆，即"家家团圆"。通过中秋节精神教育引导学生传承中华优秀传统文化。

○ 案例二

人教版(2013年版)九年级 Unit 5 基于中华优秀传统文化(民间工艺)的单元整体教学设计

一、学情分析

(1)九年级学生已掌握1300个基础英语词汇，具备理解被动语态的初步能力，这为阅读全文打下了基础。

(2)在价值观和情感发展方面，九年级学生正处于关键的形成期，容易受外界因素影响，因此需要教师的积极引导和教育，帮助学生塑造健康积极的价值观。

二、课时语篇与单元内容的关联分析

(一)单元教材版本

人教版(2013年版)九年级"Unit 5 What are the shirts made of ?"。

(二)主题范畴

(1)人与社会。

(2)子主题：身份认同与文化自信、人类发明与创新。

(三)语篇整合

(1)思政总理念：树立民族文化自信，开拓创新发明理念。

(2)单元核心素养综合表现：能够准确地运用语言介绍中国特色的发明创造，通过语篇分析中国大制造业的现状和对国际的影响，通过写作输出开拓创新发明理念。

语篇	语篇类型	语篇内容	主题意义	思政理念	思政总理念
Section A 1a-1c	听说——日常对话	对话：谈论泰国生产的戒指	多元的产品制造	理念1：认可多元的产品制造，放眼世界	树立民族文化自信，开拓创新发明理念
Section A 2a-2c	听写——日常对话	Nick 和 Marcus 谈论科技艺术节上的模型飞机			
Section A 2d	听读——日常对话	刘军向 Pam 介绍中国茶的制造情况			
Section A 3a	记叙文	康健去美国找不到美国本土生产制造的商品	中国制造业的强大	理念2：认识我国制造业的强盛，树立民族自信	
SectionB 1a-1e	听力——日常对话	郑云向 Laura 介绍潍坊风筝节	中国特色发明和民间工艺并开拓文化创新理念	理念3：传承我国具有文化特色的民间工艺	
Section B 2a-2e	说明文	介绍孔明灯、剪纸和陶艺等民间工艺			
Section B 3a-3b	说明文	写作介绍民间工艺，以及和家乡特色结合的文化创新			

（四）单元育人蓝图

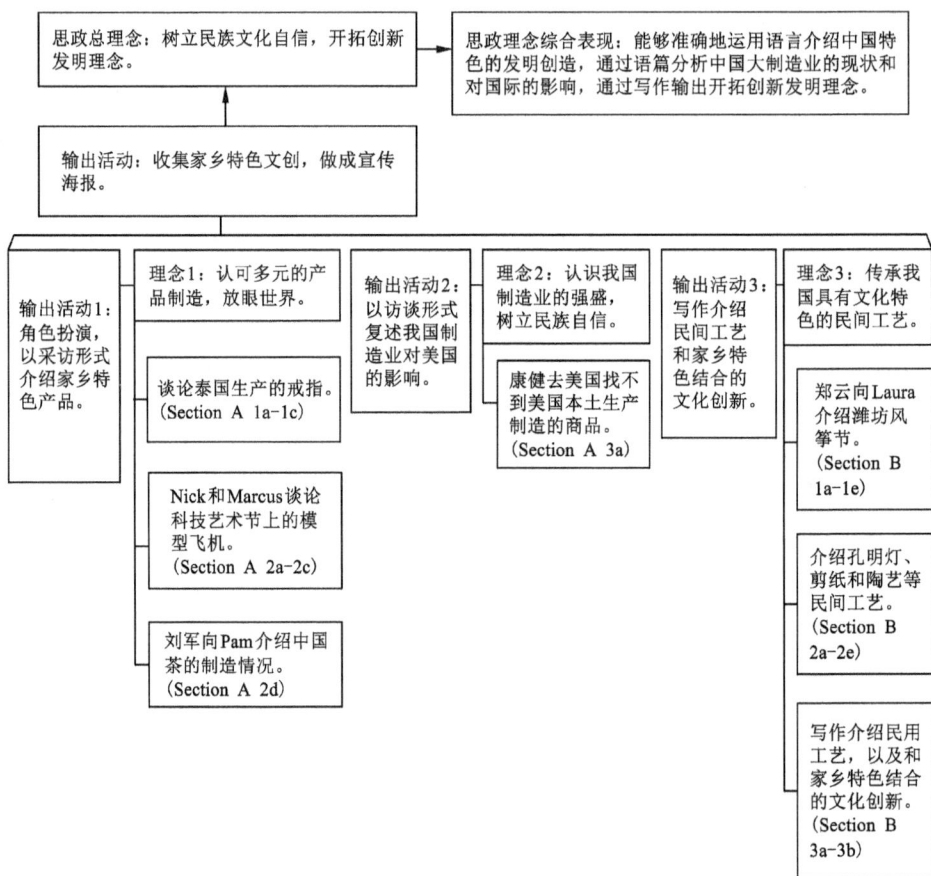

思政总理念：树立民族文化自信，开拓创新发明理念。

思政理念综合表现：能够准确地运用语言介绍中国特色的发明创造，通过语篇分析中国大制造业的现状和对国际的影响，通过写作输出开拓创新发明理念。

输出活动：收集家乡特色文创，做成宣传海报。

输出活动1：角色扮演，以采访形式介绍家乡特色产品。

理念1：认可多元的产品制造，放眼世界。

谈论泰国生产的戒指。（Section A 1a-1c）

Nick和Marcus谈论科技艺术节上的模型飞机。（Section A 2a-2c）

刘军向Pam介绍中国茶的制造情况。（Section A 2d）

输出活动2：以访谈形式复述我国制造业对美国的影响。

理念2：认识我国制造业的强盛，树立民族自信。

康健去美国找不到美国本土生产制造的商品。（Section A 3a）

输出活动3：写作介绍民间工艺和家乡特色结合的文化创新。

理念3：传承我国具有文化特色的民间工艺。

郑云向Laura介绍潍坊风筝节。（Section B 1a-1e）

介绍孔明灯、剪纸和陶艺等民间工艺。（Section B 2a-2e）

写作介绍民用工艺，以及和家乡特色结合的文化创新。（Section B 3a-3b）

人教版（2013年版）九年级 Unit 5 单元育人蓝图

三、单元教学目标和各课时目标

思政总理念	思政理念	单元目标	各课时目标
树立民族文化自信，开拓创新发明理念	认可多元的产品制造，放眼世界	学生能够通过对话、叙述、海报等形式介绍产品的原料和产地	**Section A 1a-1c(第 1 课时)** 1. 学生能够通过看图识词并匹配产品和原料，同时模仿朗读 1a 对话 2. 学生能够通过 1b 听力理解匹配产品、原料和产地 3. 学生能够模仿 1a 中的对话形式，改编 1b 的内容并进行对话练习 **Section A 2a-2c(第 2 课时)** 1. 学生能够通过听 2a 中 Nick 和 Marcus 的对话获取对话中关于航模展览的关键词 2. 学生能够通过听第二遍 2b 的听力，写下问题的答案，掌握航模展览的事实性信息 3. 学生能够整理航模的信息，与同桌谈论航模展览以及感受 **Section A 2d(第 3 课时)** 1. 学生能够通过听读 2d 对话完成关于茶的产地和推广的事实性信息图表填空 2. 学生能够根据图表信息向小组成员复述茶的生产和普及 3. 学生能够绘制茶的宣传海报
	认识我国制造业的强盛，树立民族自信	学生能够调查分析我国产品在世界的影响力	**Section B 3a-3c(第 4 课时)** 1. 学生能够通过读一遍课文找到康健在美国买的两件商品是什么和在哪里生产的，从而掌握语篇大意 2. 学生能够通过深读课文回答问题和分析关键词，从而掌握语篇的细节和思考语篇中提到的在美国几乎所有产品都是中国制造的原因以及感受 3. 学生能够通过观看拓展视频进行小组讨论，畅想中国制造的未来发展

续表

思政总理念	思政理念	单元目标	各课时目标
树立民族文化自信，开拓创新发明理念	传承我国具有文化特色的民间工艺	学生能够了解工匠敬业精神并传承我国传统民间工艺的技艺和文化	**Section B 1a-1e(第6课时)** 1. 学生能够观看视频，了解风筝的制作和潍坊风筝节的盛况 2. 学生能够听 Laura 和郑云的对话，完成 1b、1c、1d 的选择、判断、填空等练习，掌握对话的关键信息 3. 学生能够角色扮演，模仿听力对话复述潍坊风筝节的情形 4. 学生能够小组讨论并分析风筝节的感受和意义 **Section B 2a-2e（第7课时）** 1. 学生能够观看视频，感受中国丰富博大的民间工艺，及其精湛的技艺和美丽的形象 2. 学生能够阅读课文并完成 2b 图表，记录民间工艺的形式、原料、制作工艺以及文化意义 3. 学生能够通过小组调查，了解同学们对民间传统工艺的理解和学习传承的情况

四、第7课时教学设计

教学目标	教学活动	设计意图	效果评价
学生能够观看视频，感受中国丰富博大的民间工艺，及其精湛的技艺和美丽的形象	**Activity 1：Enjoy the Beauty of Chinese Culture** 1. 观看视频，记下印象深刻的传统工艺 2. 与同桌讨论，分享视频中印象最深的民间工艺并说明原因	初步感受中华优秀传统文化的博大和民间工艺的精湛	学生能够说出各种民间工艺并表示喜爱
学生能够阅读课文并完成 2b 图表，记录民间工艺的形式、原料、制作工艺以及文化意义	**Activity 2：Explore the Beauty of Chinese Culture** 阅读语篇，通过图表梳理三种工艺的形式、制作工艺和文化意义	梳理民间工艺的细节，感受工匠精神和文化意义，为文化传承打下基础	学生能够梳理出三种民间工艺的制作方法、起源以及文化意义

续表

教学目标	教学活动	设计意图	效果评价
学生能够通过小组调查，了解同学们对民间传统工艺的理解和学习传承的情况	Activity 3：Pass down the Beauty of Chinese Culture 1. 小组讨论 ①Which art form is the easiest? Which art form is the most difficult? ② Which one do you like to learn? Why? 2. 学习制作工艺并用英文介绍作品	通过亲自动手制作，实现在实践中体会、学习、传承文化和民间工艺	学生能够制作并用英语介绍民间工艺

五、教学反思

中华优秀传统文化的多样性和独特性是其宝贵的精神财富。本课通过从实践中体会，从实践中出发，让学生体会和感受中华优秀传统文化的独特之美，同时感叹中华民族的精湛工艺和精益求精的工匠精神。在课堂中渗透中华优秀传统文化，潜移默化地增强学生的文化自信和民族自信。"坚定文化自信"被明确界定为文化教育的核心目标之一，这不仅凸显了对该概念的重视，而且强调了其在文化培养中的中心地位。

○ 案例三

（人教版 2013 年版）九年级 Unit 6 基于中华优秀传统文化（茶文化）的单元整体设计

一、学情分析

（1）学生在上一单元已学习一般现在时的被动语态，在本单元将继续拓展，学习用一般过去时的被动语态用来描述过去的发明。

（2）九年级的学生民族自信和文化自信正在生根发芽阶段，本单元介绍世界各式各样的发明，而我国自古以四大发明而闻名，有很多影响世界的发明，学生都希望学习和了解这些发明。

二、课时语篇与单元内容的关联分析

（一）单元教材版本

人教版（2013 年版）九年级"Unit 6 When was it invented?"。

（二）主题范畴

(1) 人与社会。

(2) 子主题：人类发明与创新。

（三）语篇整合

(1) 思政总理念：观察生活，回顾历史，放眼世界，开拓创新发明理念。

(2) 单元核心素养综合表现：能够观察到身边日常的发明对生活的影响，回顾历史，介绍我国历史上优秀的发明对世界源远流长的影响，以及反思如何赓续先辈的发明创造精神，传承优秀的文化，开拓创新发明理念。

语篇	语篇类型	语篇内容	主题意义	思政理念	思政总理念
Section A 1a-1c	听说——日常对话	谈论日常用品发明的顺序	影响日常生活的发明	理念1：生活中的便利来自多元的发明	观察生活，回顾历史，放眼世界，开拓创新发明理念
Section A 2d	听读——日常对话	Paul 和 Laura 谈论拉链的发明及其对生活的影响			
Section A 4c	说明文	介绍电话的发明			
Section A 2a-2c	听说——日常对话	学校科技节上创意发明的介绍	历史上源于意外的发明	理念2：发明往往源于生活中的意外	
Section A 3a	说明文	介绍茶的发明			
Section B 1a-1e	听说——日常对话	介绍薯片的发明			
Section B 2a-2e	说明文	篮球的发明	世界上不断创新的发明创造	理念3：放眼世界，开拓创新发明理念	
Self Check 1	说明文	如何定义发明者专利			

（四）单元育人蓝图

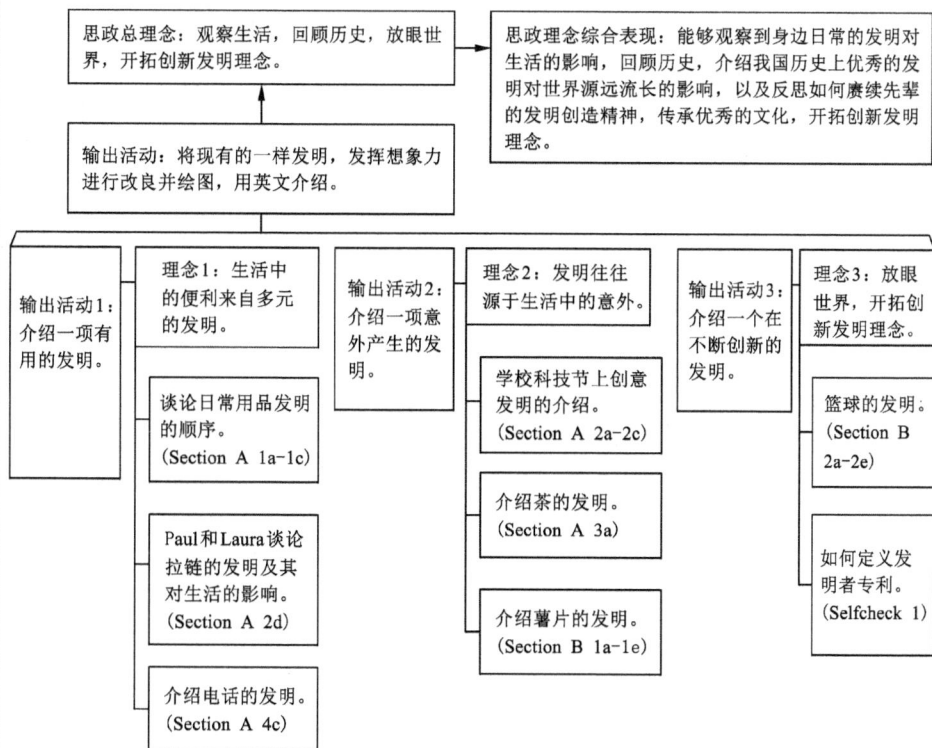

思政总理念：观察生活，回顾历史，放眼世界，开拓创新发明理念。

思政理念综合表现：能够观察到身边日常的发明对生活的影响，回顾历史，介绍我国历史上优秀的发明对世界源远流长的影响，以及反思如何赓续先辈的发明创造精神，传承优秀的文化，开拓创新发明理念。

输出活动：将现有的一样发明，发挥想象力进行改良并绘图，用英文介绍。

输出活动1：介绍一项有用的发明。

理念1：生活中的便利来自多元的发明。

谈论日常用品发明的顺序。
（Section A 1a-1c）

Paul和Laura谈论拉链的发明及其对生活的影响。
（Section A 2d）

介绍电话的发明。
（Section A 4c）

输出活动2：介绍一项意外产生的发明。

理念2：发明往往源于生活中的意外。

学校科技节上创意发明的介绍。
（Section A 2a-2c）

介绍茶的发明。
（Section A 3a）

介绍薯片的发明。
（Section B 1a-1e）

输出活动3：介绍一个在不断创新的发明。

理念3：放眼世界，开拓创新发明理念。

篮球的发明。
（Section B 2a-2e）

如何定义发明者专利。
（Selfcheck 1）

人教版（2013 年版）九年级 Unit 6 单元育人蓝图

三、单元教学目标和各课时目标

思政总理念	思政理念	单元目标	各课时目标
观察生活，回顾历史，放眼世界，开拓创新发明理念	生活中的便利来自多元的发明	学生能够介绍一项有用的发明	**Section A 1a-1c(第1课时)** 1.学生能够通过听力给发明排序 2.学生能够通过听力给发明对应其发明的时间 3.学生能够通过对话介绍发明的时间
			Section A 2d(第2课时) 1.学生能够通过听读对话获取和梳理拉链的发明者、发明时间等信息 2.学生能够角色扮演，复现对话 3.学生能够模仿对话话轮介绍其他发明
			Section A 4c(第3课时) 1.学生能够通过完成语篇练习掌握电话发明者、发明时间等信息 2.学生能够以图表形式归纳学过的所有发明及其信息 3.学生能够根据图表向小组成员介绍发明
	发明往往源于生活中的意外	学生能够介绍一项意外产生的发明	**Section A 2a-2c(第4课时)** 1.学生能够听听力完成填空练习，获取和梳理学校科技节上的创意发明 2.学生能够模仿听力介绍创意发明 3.学生向同桌转述科技节上的创意发明并评价喜欢的发明以及原因
			Section A 3a(第5课时) 1.学生能够阅读语篇匹配段落大意，了解茶的发明 2.学生能够阅读语篇回答问题，梳理茶的发明者、发展、传播和改良，并绘制图形组织器 3.学生能够根据图形组织器复述语篇，介绍茶的发明历程，加入对茶的感受以及当今茶的改良
			Section B 1a-1e(第6课时) 1.学生能够通过图片反向猜测薯片的发明 2.学生能够通过排序梳理薯片发明历程 3.学生能够根据排序复述薯片的发明

续表

思政总理念	思政理念	单元目标	各课时目标
观察生活，回顾历史，放眼世界，开拓创新发明理念	放眼世界，开拓创新发明理念	介绍一个在不断创新的发明	Section B 2a-2e(第 7 课时) 1.学生能够观看视频通过讨论初步了解篮球的规则 2.学生能够阅读语篇并通过完成思维导图梳理篮球发明的历程和规则 3.学生能够根据思维导图复述篮球发明的过程 4.学生能够小组讨论对篮球发明、改良的感受
			Section B 3a-3b & Self Check 1(第 7 课时) 1.学生能够阅读语篇，通过完成语篇填空理解发明与发明者的关系，思考和分析创新的重要性 2.学生选择一项发明并小组讨论发明的改良方法 3.学生写下作文介绍发明及改良方法，发挥想象力 4.学生分享并选出最有创意的发明

四、第 5 课时教学设计

教学目标	教学活动	设计意图	效果评价
学生能够阅读语篇并匹配段落大意，了解茶的发明	Activity 1：Read and Acquire 1. Pre-reading：看图片思考茶的发明和影响 2. While-reading： 匹配段落大意，并回答问题 ①When was the tea first drunk? ②How was the tea invented? ③Who was called the "Saint of tea"? ④What is Cha Jing about? ⑤When was tea brought to other countries?	学生通过了解茶的发明从而了解茶文化，了解传统文化中茶的发明对世界的影响力	学生能够梳理出茶的发明者、发展以及推广的信息
学生能够阅读语篇并回答问题，梳理茶的发明者、发展、传播和改良，并绘制图形组织器	Activity 2：Read and Discuss 阅读语篇，与同桌讨论完成思维导图。梳理茶的发明者、发展、传播和改良，并绘制图形组织器	将思维可视化，具象化茶的发展历程，有助于学生进行介绍和推广	学生能够梳理思维导图，为复述做好充分准备
学生能够根据图形组织器复述语篇，介绍茶的发明历程，加入对茶的发明、改良的感受	Activity 3：Retell and Recreate 1. 学生根据思维导图复述茶的发明 2. 学生小组讨论对茶发明历程的感受以及对改良的茶文化的感受 3. 学生小组讨论给出更多茶改良的方式	优秀传统文化要结合现代流行才能得到更好的推广。茶是非常流行的文化创新产品之一，如"幽兰拿铁""伯牙绝弦"等咖啡、牛奶与茶的混搭，或是茶与水果的混搭改良，如水果茉莉花茶、小青柑普洱等，都成了新的流行。让学生体会到优秀传统文化的生命力	学生各抒己见，提出了非常多有创意的茶的改良方法，如将中医凉茶重新包装推广等

五、教学反思

本堂课将中华优秀传统文化融入课时学习中,让学生感受到中华优秀传统文化的生命力和影响力,民族的就是世界的。把文化寄托在产品上,让大众感到文化的存在,从而衍生出更多的理念以传播文化。

○ 案例四

人教版(2013 年版)九年级 基于中华优秀传统文化(多单元整合)的单元整体教学设计

一、文本分析

本课时为人教版(2013 年版)九年级全一册多单元主题整合的复习课。围绕传统文化的主题整合本教材中四个语篇,分别是 Unit 2 Section A 3a、Unit 5 Section B 2b、Unit 6 Section A 3a 和 Unit 9 Section B 2b。四个语篇分别涉及传统文化的不同范畴,包括传统节日、民间工艺、饮食文化和传统民乐。以下为四个语篇的具体分析。

Unit 2 Section A 3a "Full Moon, Full Feelings" 是关于中秋节的介绍。通过讲述中秋节传统故事嫦娥奔月来阐释人们庆祝中秋节的由来和方式。文章使用了较多连词如 after、however 来串联故事,体现故事的起承转合。文章首尾引出和总结了中秋节的意义,即向家人朋友表达思念之情与团聚之愿。

Unit 5 Section B 2b "Beauty in Common Things" 是关于孔明灯、剪纸和泥塑三种不同的民间工艺的介绍。通过总分的结构,详细介绍了这三种工艺品的历史、外形、材料、制作过程、象征意义等信息,让读者感受到传统工艺化腐朽为神奇的智慧以及传统艺术之美。

Unit 6 Section A 3a "An Accidental Invention" 是关于茶的历史介绍。文章按照时间顺序介绍了茶的发明、传承、传播以及现代发展,让读者感受到中华茶文化的悠久历史以及茶在中国历史及文化中的重要象征意义。

Unit 9 Section B 2b "Sad but Beautiful" 介绍了民间音乐家阿炳的生平。文章通过主题句到细节拓展的总—分—总结构介绍了作者受二胡演奏曲《二泉映月》的触动,从而探索作品背后凄惨的故事,了解到阿炳身残志坚、热爱音乐的品质,感受到传统民乐的力量及其传承至今的魅力。

二、教学目标

通过本课时的学习,学生能够:

(1)通过观看视频和小组讨论,写下对传统文化的理解;

(2)通过图形组织器梳理本书关于传统文化的四个语篇的结构化知识并运用语篇的句型进行复述;

(3)通过重新整合语篇句式,介绍自己最喜爱的传统艺术形式。

三、教学活动

• Activity 1：Watch a video and write down your understanding of traditional culture

Group work：Discuss in your group, write as many words as possible.

Traditional art is _____.

• Activity 2：Refer to textbooks to summarize all the units about traditional art

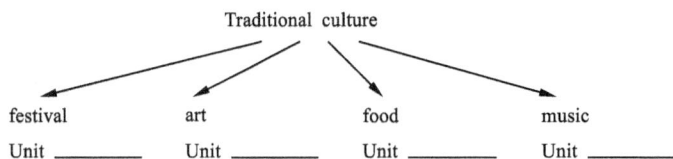

```
                    Traditional culture

    festival         art           food          music
    Unit _____       Unit _____    Unit _____    Unit _____
```

• Activity 3：Read a passage and retell it with the help of the graphic organizer

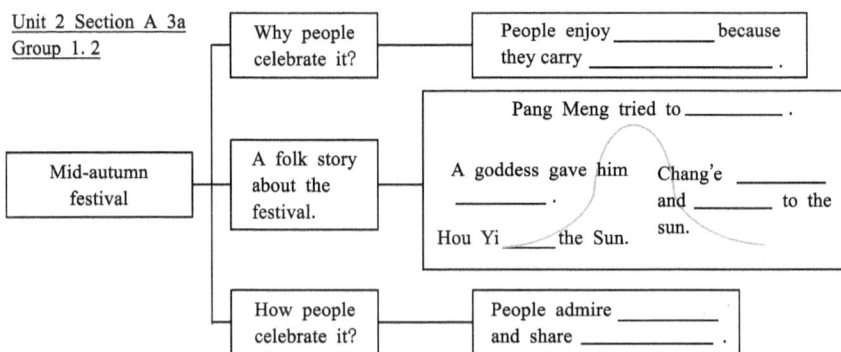

Unit 2 Section A 3a
Group 1. 2

Mid-autumn festival

Why people celebrate it? → People enjoy _____ because they carry _____.

A folk story about the festival. → Pang Meng tried to _____.
A goddess gave him _____.
Hou Yi _____ the Sun.
Chang'e _____ and _____ to the sun.

How people celebrate it? → People admire _____ and share _____.

人教版(2013年版)九年级 Unit 2 Section A 3a 内容结构图

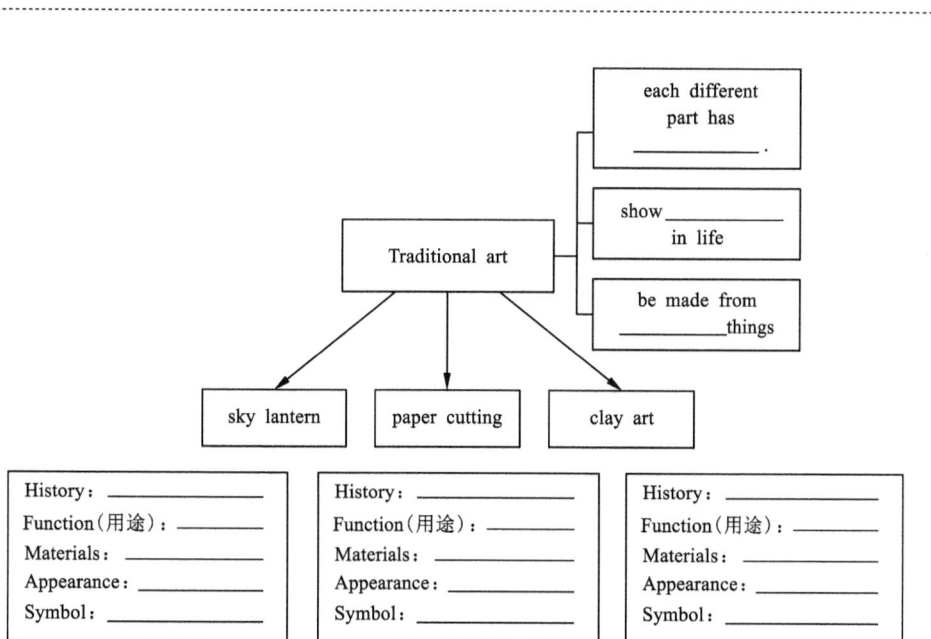

人教版(2013 年版)九年级 **Unit 5 Section B 2b** 内容结构图

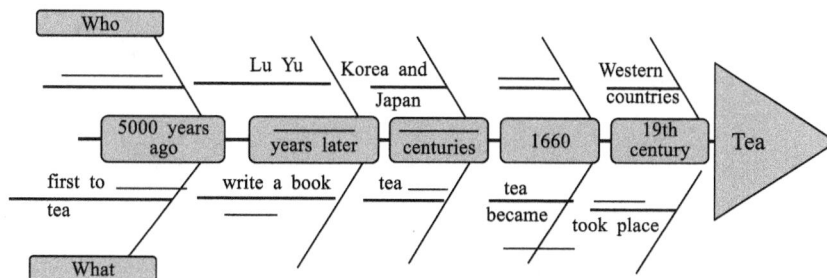

人教版(2013 年版)九年级 **Unit 6 Section A 3a** 内容结构图

Paragraph	Main idea	Supporting details
1	I was _____ by a piece of music named *Erquan Yingyue*	The music was strangely beautiful, but under the beauty I sensed _____. It was one of the _____ _____ that I've ever heard. The erhu sounded so _____ ____ that I almost _____ with it as I listened.
2	Abing lived a very _____ life.	His mother _____ when he was very young. However, after his father _____, his life grew _____. He was very _____. He developed a _____ and became _____. He had no _____. He lived on _____ and _____ to make money.
3	Abing's musical skills made him very _____.	By the end of his life, he could play _____ pieces of music. His _____ continues to this day. Today, Abing's *Erquan Yingyue* is a piece which _____ _____.
Summary: Its _____ not only _____, but also _____.		

人教版（2013 年版）九年级 Unit 9 Section B 2b 内容结构图

- Activity 4: Introduce your favourite traditional culture to your partner

1. Summary

We can introduce traditional culture by

(1) telling a _____.

(2) listing _____, such as materials, appearance, symbols and so on.

(3) telling _____ with a timeline.

(4) introducing an _____ with supporting details.

2. Useful expressions

(1) Traditional culture is _____.

(2) One of my favorite kinds of traditional culture is _____.

(3) People like _____ because it carry the wish of _____.

(4) It is the symbol of _____.

(5) According to Chinese history, _____ was used/discovered by _____.

(6) It is one of the _____ that I've ever seen/heard.

(7) It not only _____ but also _____.

（8）It is used at ＿＿＿＿＿＿＿＿＿＿ to show ＿＿＿＿＿＿＿＿＿＿＿＿＿＿＿＿＿＿＿．

（9）It is so ＿＿＿＿＿＿＿＿＿＿ that I ＿＿＿＿＿＿＿＿＿＿＿＿＿＿＿＿＿＿＿＿＿＿＿．

（10）I like it because ＿＿＿＿＿＿＿＿＿＿＿＿＿＿＿＿＿＿＿＿＿＿＿＿＿＿＿＿＿＿＿＿．

3. Example

Traditional culture is valuable and important. One of my favorite kinds of traditional culture is tea culture. I like it because it is tasty and tea art is amazing. Tea is the symbol of China. According to history, tea was first discovered by Shen Nong by accident over 5000 years ago. I like it because it is not only a delicious drink but also shows the history and the beauty of China.

4. Share your introduction

＿＿＿

＿＿＿

＿＿＿

＿＿＿

＿＿＿

四、课后作业

Need to do：Write an introduction to your favorite kind of traditional culture.

Choose to do：Make a proposal to the school to have an activity to pass on traditional culture.

五、教学反思

本课为九年级的复习课，将九年级多个与传统文化相关的主题单元结合在一起进行复习。围绕语篇，首先学习思维可视化，让学生积累多种介绍传统文化的图形组织器结构支架，然后通过语篇复述再搭建介绍传统文化的语言支架，最终的输出活动将两者有机结合，让学生系统整合多单元的精华，学会有逻辑、有文采地介绍我国优秀传统文化。

5.3　心理健康教育融入初中英语教学案例

中学生正处于价值观、人生观、世界观建立的黄金时期，尤其是初中阶段的学生，由于青春期发育，身体开始产生较大的变化，随之心理和情绪也产生了较大波动，这时心理脆弱而敏感，容易受挫，情绪波动较大。《新课标》提出核心素养是学生通过课程学习逐步形成的正确价值观、必备品格和关键能力。由此可见，以初中英语课程为依托，塑造初中生的核心素养，才能实现初中生身心素养的综合成长。换言之，心理健康教育的渗透在初中生学习英语课程过程中起重要作用，学生要在学习英语的同时形成自我认知、自我定位，培养自我调节和约束能力，构建健康的心理和健全的人格。

基于课程思政理论的心理健康教育，更要体现"育人为本，德育当先"，要在初中英语教学中渗透课程思政理论指导下的心理健康教育，涉及学生的心态调节、心理状况调查、人格成长等方面。首先，教师要深入解读教材，全面了解学情，分解教学内容的核心，深度对接心理健康教育，力争打造立体包容的课堂，让学生在无形中培养道德情操和心理健康素养。其次，充分利用英语课程资源，甚至跨学科融合技术，如情境化教学和心理学科的介入，利用线上线下多模态资源，合理融入心理健康教育元素和相关素材，加强初中生的思维认知，辅助形成积极向上的心理健康意识。最后，要注重"实践德育"的功能性①。综合考虑项目式学习等实践活动，满足学生心理健康需求，拓展行之有效的实践方法，帮助学生分析自我情绪、解读情绪波动、疏导情绪问题，从而学会把控情绪，形成良好的心态和积极的情感调节意识。

○ 案例一

人教版(2013年版)八年级下册 Unit 4 心理健康教育 (心理团体辅导)融入初中英语单元整体教学设计

一、学情分析

(1)学生已学习了情态动词的用法和给建议的一些简单句式。

(2)学生正处于情绪波动较大的青春期，容易遇到许多心理问题，非常希望得到切实可行的方法疏导和排解负面情绪。

二、课时语篇与单元内容的关联分析

(一)单元教材版本

人教版(2013年版)八年级下册 Unit 4 "Why don't you talk to your parents?"。

---

① 罗琴丽. 新课标基础上心理健康教育元素融入初中道德与法治教学的实践路径[J]. 中小学心理健康教育，2023(8).

(二)主题范畴

(1)人与自我、人与社会。

(2)子主题:身心健康、较强的抗挫能力和良好和谐的人际交往。

(三)语篇整合

(1)思政总理念:坦然面对自己,积极排解焦虑,共同塑造健康心理。

(2)单元核心素养综合表现:能够正确表达自己遇到的心理烦恼,剖析原因并且积极主动通过倾诉与沟通交流等方式排解焦虑,能够帮助身边有需要的同学,彼此共同塑造健康的心理。

语篇	语篇类型	语篇内容	主题意义	思政理念	思政总理念
Section A 1a-1c	听说——日常对话	谈论青少年的烦恼	青少年遇到的烦恼	理念1: 坦然面对自己	坦然面对自己,积极排解焦虑,共同塑造健康心理
Section A 2a-2c	听说——日常对话	Peter 与朋友发生了矛盾,另一位朋友给出建议			
Section A 2d	听读——日常对话	Kim 和姐姐发生了矛盾,Dave 给出建议			
Section A 3a	书信	初中生向学校心理咨询师倾诉与家人发生的矛盾;咨询师回信给予建议	排解焦虑的方法	理念2: 积极排解焦虑	
Section A 4a	日常对话	不同青少年倾诉烦恼,同伴给予建议			
Section B 1a-1d	听力——日常对话	魏明向 Alice 倾诉父母给他很大压力,Alice 给予建议			
Section B 2a-2e	说明文	介绍中、美学生不同的作息以及家长不同的态度,并请心理学专家给出建议	帮助他人排忧解难	理念3: 共同塑造健康心理	
Section B 3a-3b	议论文	写出你是否同意学生课后参加活动并说明原因和给出更好的策略			

（四）单元育人蓝图

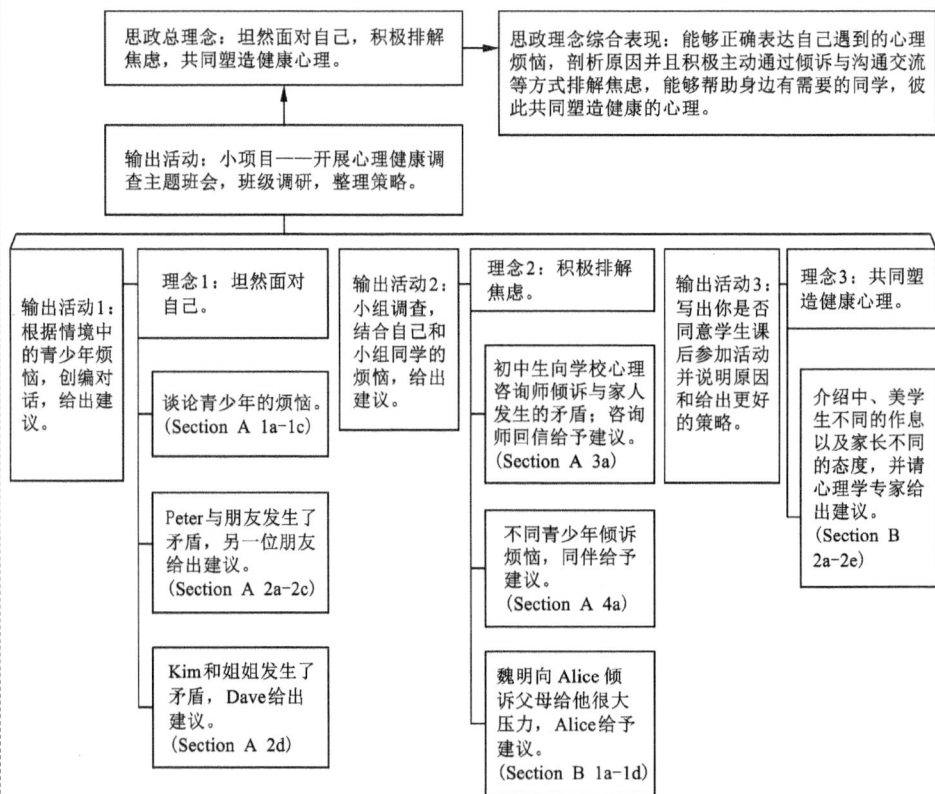

思政总理念：坦然面对自己，积极排解焦虑，共同塑造健康心理。

思政理念综合表现：能够正确表达自己遇到的心理烦恼，剖析原因并且积极主动通过倾诉与沟通交流等方式排解焦虑，能够帮助身边有需要的同学，彼此共同塑造健康的心理。

输出活动：小项目——开展心理健康调查主题班会，班级调研，整理策略。

输出活动1：根据情境中的青少年烦恼，创编对话，给出建议。

理念1：坦然面对自己。

谈论青少年的烦恼。（Section A 1a-1c）

Peter与朋友发生了矛盾，另一位朋友给出建议。（Section A 2a-2c）

Kim和姐姐发生了矛盾，Dave给出建议。（Section A 2d）

输出活动2：小组调查，结合自己和小组同学的烦恼，给出建议。

理念2：积极排解焦虑。

初中生向学校心理咨询师倾诉与家人发生的矛盾；咨询师回信给予建议。（Section A 3a）

不同青少年倾诉烦恼，同伴给予建议。（Section A 4a）

魏明向Alice倾诉父母给他很大压力，Alice给予建议。（Section B 1a-1d）

输出活动3：写出你是否同意学生课后参加活动并说明原因和给出更好的策略。

理念3：共同塑造健康心理。

介绍中、美学生不同的作息以及家长不同的态度，并请心理学专家给出建议。（Section B 2a-2e）

人教版（2013年版）八年级下册 Unit 4 单元育人蓝图

三、单元教学目标和各课时目标

思政总理念	思政理念	单元目标	各课时目标
坦然面对自己，积极排解焦虑，共同塑造健康心理	坦然面对自己	学生能够根据情境中的青少年烦恼，创编对话，给出建议	Section A 1a-1c(第 1 课时) 1. 学生能够看图片说出青少年的烦恼 2. 学生能够听懂对话，写下对话中青少年的烦恼 3. 学生能够模仿对话谈论本课时了解到的青少年烦恼
			Section A 2a-2c(第 2 课时) 1. 学生能够通过听 2a 中对话，完成图表，梳理 Peter 和朋友产生什么矛盾以及朋友给了哪些建议 2. 学生能够通过听 2b 听力，获取 Peter 对于朋友建议的反馈，并和同桌讨论还有没有更好的建议 3. 学生能够模仿对话谈论 Peter 的烦恼并给出更好的建议
			Section A 2d(第 3 课时) 1. 学生能够通过填写图表梳理 Kim 的烦恼和 Dave 给的建议 2. 学生能够通过和同桌讨论分析 Kim 生气的原因以及假设如果自己是 Kim 会如何应对 3. 学生能够通过角色扮演 Kim 和 Kim 的姐姐创编 Kim 和姐姐沟通化解矛盾的对话
	积极排解焦虑	学生能够通过小组调查结合自己和小组同学的烦恼，给出建议	Section A 3a-3c(第 4 课时) 1. 学生能够通过完成图表梳理学生的烦恼和 Mr. Robert Hunt 给出的建议 2. 学生能够在小组讨论是否同意 Mr. Robert Hunt 给的建议并给出更多有用的建议 3. 学生能够结合自身分享与父母或家人的矛盾或烦恼，并给出排解烦恼的建议
			Section A 4a -4c (第 5 课时) 1. 学生能够根据上下文意思正确使用连词 although、so that 和 until 2. 学生能够通过正确使用 could 和 should 给出排解烦恼的建议 3. 学生能够随机抽取一个烦恼并和同桌一起商量好的对策，然后创编对话
			Section B 1a-1d (第 6 课时) 1. 学生能够通过头脑风暴列出缓解压力的方法 2. 学生能够通过完成填空获取和梳理魏明遇到的烦恼和得到的建议 3. 学生能够通过小组调查，调查自己和同学的烦恼并给出建议

续表

思政总理念	思政理念	单元目标	各课时目标
坦然面对自己，积极排解焦虑，共同塑造健康心理	共同塑造健康心理	学生能够写出是否同意学生课后参加活动的观点并说明原因和给出更好的策略	**Section B 2a-2e**（第7课时） 1.学生能够通过阅读回答问题，梳理中、美家庭中青少年遇到的不同烦恼 2.学生能够通过完成思维导图梳理不同烦恼的原因以及 Dr. Alice Green 给出的建议 3.学生能够通过小组讨论，调查小组里大家最大的烦恼，然后一起商量建议并分享
			Section B 3a-3e（第7课时） 1.学生能够梳理本单元学过的表达烦恼、分析原因和给出建议的语言内容和语篇框架 2.学生能够撰写议论文，表达是否同意学生课后参加活动的观点并说明原因和给出更好的策略 3.学生能够讨论选出最好的建议并分享
			Project-based learning（第8课时） 1.学生能够完成青少年心理问题调查问卷并进行数据分析 2.学生能够就数据分析给出建议和策略 3.学生能够参与心理团体辅导并说出自己的感受 4.学生能够将策略和感受结合，集结一本心理健康手册

四、第8课时教学设计

教学目标	教学活动	设计意图	效果评价
学生能够完成青少年心理问题调查问卷并进行数据分析	Activity 1：Analyze Reasons 1. 课前活动：学生进行问卷调查 (调查问卷来自教师翻译的学校每年进行的青少年心理健康调查) 2. 教师公布课前心理调查的数据，学生分组进行数据分析和讨论以下问题： ① What kind of problems do teenagers mostly have? ② Why do teenagers have such problems? 3. 小组代表分享数据分析结果	心理健康教育的渗透要源于学生本身的问题才能有的放矢，让学生对自己的数据进行自我剖析，这种自我认知和自我意识的产生也是心理健康意识建立的第一步	学生能够客观地分析心理问题的类型和产生的原因
学生能够就数据分析给出建议和策略	Activity 2：Discuss solutions 1. 根据分析的原因，小组成员进一步商量排忧解难的策略 2. 小组选出代表，将方法对策分类展示	从学生自身的角度去想对策，去本体的客观分析本身就是缓解焦虑的一种方式。学生通过第三视角抽离本身的烦恼，让自己找到更合理有效的缓解压力的方法	学生既能够总结梳理本单元学过的策略，又在和同学讨论后总结了更多新方法
学生能够参与心理团体辅导并说出自己的感受	Activity 3：Practice 1. 教师邀请心理老师来进行心理团体辅导 2. 学生在接受心理团体辅导后分享感受	让学生在英语课堂前面自我意识铺垫之下再进行心理老师组织的辅导，学生的感受将会更深	学生能够分享心理感受，逐渐实现心灵自愈
学生能够将策略和感受结合，集结一本心理健康手册	1. 学生能够将策略和感受结合 2. 学生能够通过讨论集结一本心理健康手册	将心理健康知识集结成册对学生有长远的积极影响。青春期的情绪是易波动的，烦恼也是层出不穷的，有了手册的指引，学生在迷茫时也许有路可循	学生能够共同制作心理健康手册

五、教学反思

心理健康教育的渗透要源于学生本身的问题才能更好地有的放矢，让学生看到自己的数据进行自我剖析，这种自我认知和自我意识的产生也是心理健康建立的第一步。从学生自身的角度去想对策，去本体地客观分析本身就是缓解焦虑的一种解决方式。学生通过第三视角抽离本身的烦恼，让自己找到更合理有效的缓解压力的方法。让专业老师介入，在英语课堂中的自我意识教育的铺垫之下再进行心理团辅，学生的感受将会更深。将健康策略和感受结合集结成册对学生有长远的积极影响。青春期的情绪是波动的，烦恼也是层出不穷的，有了手册的指引，学生在迷茫时也许有路可循。而共同创建心理手册也是全体同学一起共同塑造健康心理，单元的学习在此形成闭环，且有深远的影响。

○ 案例二

人教版(2013年版)九年级 Unit 4 心理健康教育
(接纳自我，实现心灵成长)融入初中英语单元整体教学设计

一、学情分析

(1)学生在七年级学习过一般过去时的表达方式，了解自己外形上的变化，但没关注到心理上的成长。

(2)学生升入九年级前已经经历了两年的成长，渴望能在心理上有积极向上的成长。

二、课时语篇与单元内容的关联分析

(一)单元教材版本

人教版(2013年版)九年级"Unit 4 I used to be afraid of dark."。

(二)主题范畴

(1)人与自我、人与社会。

(2)子主题：身心健康、较强的抗挫能力、良好的人际交往及和谐的家庭生活。

(三)语篇整合

(1)思政总理念：悦纳改变，积极转变，走向健康积极的人生。

(2)单元核心素养综合表现：能够发现其他人的积极转变，准确地运用used to do 来描述转变，并找到积极转变的转折点和自己健康积极成长的方向。

语篇	语篇类型	语篇内容	主题意义	思政理念	思政总理念
Section A 1a-1c	听力——日常对话	大家谈论彼此外形和个性等方面的转变	认识到成长的转变	理念1：悦纳改变	悦纳改变，积极转变，走向健康积极的人生
Section A 2a	听力——日常对话	同学聚会上大家谈论 Paula 的转变			
Section A 2d	听力——日常对话	Alfred 和 Gina 在小学同学聚会上谈论 Billy 的转变			
Section A 3a	记叙文	讲述 Candy 从内向的女孩变成流行明星的历程及其原因	了解转变的原因，意识到自己的积极转变	理念2：积极转变	
Section B 1a-1d	听力——日常对话	男孩、女孩分别介绍自己的转变及其原因			
Section B 2b	记叙文	李文在学校的转变历程及其原因			
Reading Plus	记叙文	描写自己积极的转变并分析原因，展望未来如何更好地成长	积极转变的转折点，找到自己健康积极成长的方向	理念3：走向健康积极的人生	

（四）单元育人蓝图

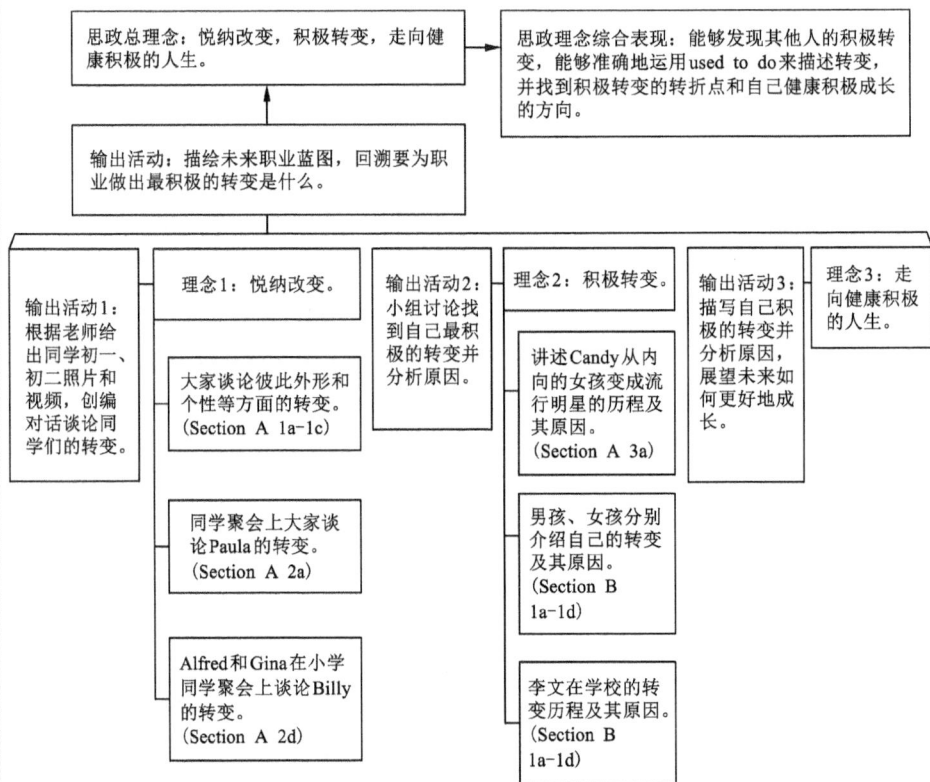

思政总理念：悦纳改变，积极转变，走向健康积极的人生。

思政理念综合表现：能够发现其他人的积极转变，能够准确地运用 used to do 来描述转变，并找到积极转变的转折点和自己健康积极成长的方向。

输出活动：描绘未来职业蓝图，回溯要为职业做出最积极的转变是什么。

输出活动1：根据老师给出同学初一、初二照片和视频，创编对话谈论同学们的转变。

理念1：悦纳改变。

大家谈论彼此外形和个性等方面的转变。（Section A 1a-1c）

同学聚会上大家谈论Paula的转变。（Section A 2a）

Alfred和Gina在小学同学聚会上谈论Billy的转变。（Section A 2d）

输出活动2：小组讨论找到自己最积极的转变并分析原因。

理念2：积极转变。

讲述Candy从内向的女孩变成流行明星的历程及其原因。（Section A 3a）

男孩、女孩分别介绍自己的转变及其原因。（Section B 1a-1d）

李文在学校的转变历程及其原因。（Section B 1a-1d）

输出活动3：描写自己积极的转变并分析原因，展望未来如何更好地成长。

理念3：走向健康积极的人生。

人教版（2013年版）九年级 **Unit 4** 单元育人蓝图

三、单元教学目标和各课时目标

思政总理念	思政理念	单元目标	各课时目标
悦纳改变，积极转变，走向健康积极的人生	悦纳改变	学生能够根据老师给出的同学照片和视频，创编对话谈论同学们的转变	**Section A 1a-1c(第 1 课时)** 1. 学生能够回顾描述人物外形和个性的词汇以及句式 2. 学生能够通过听听力完成填空练习，获取和梳理三个学生的不同转变 3. 学生模仿对话句式谈论图片中的学生的转变
			Section A 2a-2c(第 2 课时) 1. 学生能够通过听听力将描述 Paula 的词汇分类梳理 2. 学生能够通过听听力完成韦恩图，对比 Paula 过去和现在的转变 3. 学生能够与同桌根据韦恩图内容复述 Paula 的转变
			Section A 2d(第 3 课时) 1. 学生通过听读对话完成图表，获取和梳理 Billy 的转变 2. 学生通过图表内容复述 Billy 的转变 3. 学生能够根据老师给出的同学照片和视频，创编对话谈论同学们的转变
	积极转变	学生能够进行小组分享，找到自己最积极的转变并分析原因	**Section A 3a-3c(第 4 课时)** 1. 学生能够阅读语篇，匹配段落大意，获取语篇结构框架 2. 学生能够阅读语篇，完成填空练习，获取和梳理关于 Candy 转变的细节描写 3. 学生能够阅读语篇，完成思维导图和分析 Candy 转变的原因,并小组讨论转变带来的积极和消极影响
			Section B 1a-1d(第 5 课时) 1. 学生能够通过师生问答谈论自己在爱好上的转变 2. 学生能够通过听听力完成图表填空，获取和梳理对话中男孩和女孩的转变 3. 学生能够向同桌复述男孩和女孩的转变
			Section B 2a-2f(第 6 课时) 1. 学生能够通过阅读语篇选出缺失句子，梳理文章主要内容 2. 学生能够通过阅读语篇完成思维导图，梳理李文从好到不好再到好的转变历程，并和小组讨论剖析原因 3. 学生能够通过小组讨论分享自己积极的转变和原因

续表

思政总理念	思政理念	单元目标	各课时目标
悦纳改变，积极转变，走向健康积极的人生	走向健康积极的人生	学生能够描写自己积极的转变并分析原因，展望未来如何更好地成长	Section B 3a-3b（第7课时） 1.学生能够总结自己积极的转变并分析原因 2.学生能够总结本单元描写转变的语言内容和语言支架 3.学生能够描写自己积极的转变并分析原因，展望未来如何更好地成长

四、第6课时教学设计

教学目标	教学活动	设计意图	效果评价
学生能够通过阅读语篇选出缺失句子，梳理文章主要内容	Acitivity 1：Predict and Read 1.读前，学生观看视频，了解留守儿童的情况，并讨论关于留守儿童的以下问题： ①What difficulties do they have? ②How do they change? ③What can we do to improve it? 2.学生开始阅读，完成2b的选句填空	从留守儿童的社会现状入手，指出心理健康也非常需要更多的关注。通过观看视频，学生能够共情李文，而不是站在道德制高点批判他	学生能够体谅留守儿童的不易，并完成阅读练习
学生能够通过阅读语篇完成思维导图，梳理李文从好到不好再到好的转变历程，并和小组讨论剖析原因	Activity 2：Read and Analyze 1.学生阅读语篇完成思维导图的填空，梳理李文的两次重大转变 2.学生根据思维导图复述李文的转变 3.学生进行小组讨论，分析李文两次转变的原因和影响	学生设身处地换位思考，尝试剖析原因并开始思考积极转变和消极转变给人生带来的影响，为向往积极向上的人生埋下伏笔	学生能够全面分析原因，找到积极转变的根本原因

续表

教学目标	教学活动	设计意图	效果评价
学生能够通过小组讨论分享自己积极的变化和原因	Activity 3：Discuss and Share 1. 学生思考并写下自己积极的转变和原因 2. 小组调研，派出代表作报告，汇报小组成员的积极转变和原因 3. 学生能够通过小组讨论分享自己积极的变化和原因	最好的心理健康教育是贴合学生实际的、渗透于课堂中的。学生在复述的过程中就意识到同学们都在为自己的积极转变做出努力	同学们积极分享

五、教学反思

本堂课主题是学生的积极成长，这也是心理健康教育融入初中英语学科教学很重要的一环。而基于思政理念的心理健康教育的融入，需要教师和课堂有更正向积极的引导，让学生从各项教学活动中，一步一步地塑造正确的人生观、价值观和道德观，塑造积极向上的健康心理以及健全人格。

本课将关于留守儿童的语篇作为切入点，学生在观看视频时就开始共情留守儿童因缺乏父母关爱而有了消极的转变。此时很多学生其实也看到班级里有几位有类似情形的同学，因为没有父母的陪伴而不思进取。但幸而学生看到只要父母不再缺位，主动与父母沟通，理解父母，积极进取，就能够看到可喜的转变。有一个小组的分享是，无论是积极还是消极的转变，其实都是个人的选择，有一定的外部原因的影响，但我们的人生应该自己负责、自己做主。在这位同学有这样的感悟时，思政理念指导下的阳光健康、有担当的价值观已根植于孩子们心中。

○ 案例三

译林版（2013 年版）九年级 Unit 1 心理健康教育（尊重个体差异，客观理解 MBTI 人格测试，建立健康自我认知与职业规划）融入初中英语单元整体教学设计

一、学情分析

（1）九年级学生正处于青春期，身心逐步成长，自我意识正在不断形成和修正，对于未来职业有所憧憬，需要正确的引导从而客观地认识自我，以便更好地选择和规划未来职业。

(2)九年级学生在英语方面基本掌握了关于人格、个性、职业等词汇表达，但对于个性如何形成、个性与职业的关系等问题还需要进一步学习。

二、课时语篇与单元内容的关联分析

（一）单元教材版本

译林版（2013 年版）九年级"Unit 1 Know yourself"。

（二）主题范畴

（1）人与自我。

（2）子主题：身心健康的自我认知和职业启蒙

（三）语篇整合

（1）思政总理念：尊重个性差异，了解个性与职业的关系，以发展眼光建立自我认知和职业生涯规划。

（2）单元核心素养综合表现：能够深入了解自己和他人的个性特点，能够观察到不同行业需要不同的个性，具体了解自己的理想职业并对标理想职业需要的个性，从而形成准确的自我认知，并不断提升自我，以实现自己的理想。

语篇	语篇类型	语篇内容	主题意义	思政理念	思政总理念
Comic strips	四格漫画——对话	Eddie 和 Hobo 在谈论个性	个性差异	理念1：尊重个性差异	尊重个性差异，了解个性与职业的关系，以发展眼光建立自我认知和职业生涯规划
Integrated skills A2	听力——广播节目	广播节目中介绍不同生肖和星座的不同个性			
Integrated skills B	听读——日常对话	Mille 和同学在谈论生肖和星座的不同个性，并提出要客观看待			
Study skills	说明文	个性如何形成			
Welcome to the unit	听力——日常对话	Mille 和同学在谈论他们不同的个性和喜欢的职业	个性与职业	理念2：了解个性与职业的关系	
Reading	报纸上的人物简介	四种不同职业的人对自己的个性描述			
Task	推荐信	推荐一位适合当班长的同学			

（四）单元育人蓝图

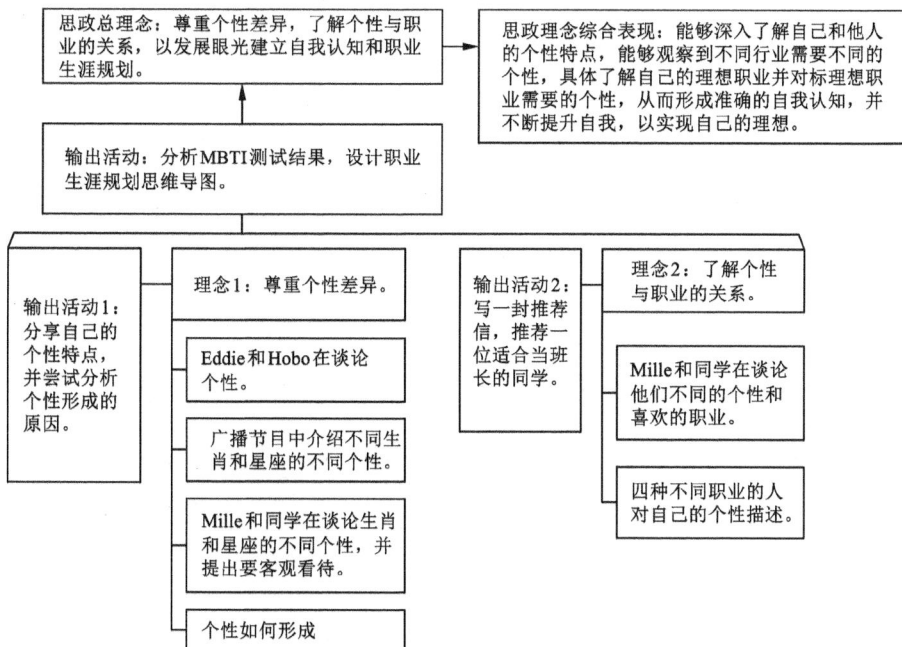

思政总理念：尊重个性差异，了解个性与职业的关系，以发展眼光建立自我认知和职业生涯规划。

思政理念综合表现：能够深入了解自己和他人的个性特点，能够观察到不同行业需要不同的个性，具体了解自己的理想职业并对标理想职业需要的个性，从而形成准确的自我认知，并不断提升自我，以实现自己的理想。

输出活动：分析MBTI测试结果，设计职业生涯规划思维导图。

输出活动1：分享自己的个性特点，并尝试分析个性形成的原因。

理念1：尊重个性差异。

Eddie和Hobo在谈论个性。

广播节目中介绍不同生肖和星座的不同个性。

Mille和同学在谈论生肖和星座的不同个性，并提出要客观看待。

个性如何形成

输出活动2：写一封推荐信，推荐一位适合当班长的同学。

理念2：了解个性与职业的关系。

Mille和同学在谈论他们不同的个性和喜欢的职业。

四种不同职业的人对自己的个性描述。

译林版（2013）九年级 Unit 1 单元育人蓝图

三、单元教学目标和各课时目标

思政总理念	思政理念	单元目标	各课时目标
尊重个性差异，了解个性与职业的关系，以发展眼光建立自我认知和职业生涯规划	理念1：尊重个性差异	学生能够在小组内分享自己的个性特点，并尝试分析个性形成的原因	第1课时（听说课） 1. 学生能够用 creative、curious、energetic、modest、organized 和 patient 等词汇描述自己和他人的个性 2. 学生能够听懂电台广播节目，通过完成信息卡和短文填空梳理十二生肖和星座对应个性的描述 3. 学生能够和同桌通过模仿 Mille 和 Joe 的对话谈论彼此的个性特点，并说出关于生肖和星座对个性的影响的个人观点 第2课时（阅读课） 1. 学生能够通过完成语篇结构图剖析个性形成的原因 2. 学生和同桌根据语篇内容拓展分析个性转变的原因 3. 学生在小组内分享自己的个性特点，并尝试分析个性形成的原因

续表

思政总理念	思政理念	单元目标	各课时目标
尊重个性差异，了解个性与职业的关系，以发展眼光建立自我认知和职业生涯规划	理念2：了解个性与职业的关系	学生能够通过写一封推荐信，推荐一位适合当班长的同学	**第3课时(听说课)** 1.学生能够通过"你来比画我来猜"回顾关于职业的词汇 2.学生能够通过听力完成图表，梳理Mille和同学喜欢和不喜欢的职业 3.学生能够通过模仿对话和同桌谈论自己喜欢的职业，并分析自己的个性是否适合自己喜欢的职业
			第4课时(阅读课) 1.学生能够通过连线关联个性和相应职业 2.学生能够通过阅读语篇完成图表，获取和梳理各行业成功人士的个性 3.学生能够分析自己的个性是否胜任自己理想的职业、是否需要改变个性
			第5课时(语法课) 1.学生能够用并列、转折等关联词在句子中介绍自己和家人的个性特征 2.学生能够在对话中运用并列、转折等关联词谈论个性和职业选择 3.学生能够在文章中运用并列、转折等关联词介绍不同职业普遍的个性需求
			第6课时(写作课) 1.学生头脑风暴完成思维导图，分析班长需要的个性特征 2.学生根据介绍David个性的思维导图，写一段话介绍David的个性特征，作为推荐信的第一段 3.学生结合两幅思维导图，进一步完成推荐信，推荐David担任班长
		学生能够分析MBTI测试结果，设计职业生涯规划思维导图	**第7课时(拓展小项目)** 1.学生能够和同桌一起讨论并完成各自英语版的MBTI测试 2.学生能够通过MBTI测试结果分析自己最适合的职业并讨论是否正确 3.学生能够在小组里讨论最适合的职业是否是自己最喜欢的职业，并反向分析自己最喜欢的职业需要哪种个性 4.根据心理学的个性发展规律，制订个人职业发展所需的个性培养计划

四、第 7 课时教学设计

教学目标	教学活动	设计意图	效果评价
学生能够和同桌一起讨论并完成各自英语版的 MBTI 测试	Activity 1：Listen and Survey 1. 倾听老师分享自己和一些不同行业的朋友的 MBTI 人格，了解什么是 MBTI 测试 2. 学生在线完成 MBTI 测试 3. 学生记录自己的 MBTI 测试结果	MBTI 测试是如今热门的人格分析测试，同学们对此非常感兴趣。该测试能从客观科学的心理学角度去分析个性，让学生从另一个视角了解自己	学生对老师和各行各业人士的 MBTI 都很感兴趣，自己也很投入地完成问卷，了解自己的 MBTI
学生能够通过 MBTI 测试结果分析自己最适合的职业并讨论是否正确	Activity 2：Discuss and Share 学生和同桌一起分享自己的 MBTI 职业和人格分析，并讨论是否正确	学生要理性客观地对待 MBTI 测试的分析结果，从多方面去再思考、再探讨	学生积极热烈地讨论，并有同学提出现在做和他们一年前做的测试结果不一样
学生能够在小组里讨论最适合的职业是否是自己最喜欢的职业，并反向分析自己最喜欢的职业需要哪种个性	Activity 3：Think and Share 1. 学生和同桌讨论最适合的职业是否是自己最喜欢的职业 2. 学生分享自己最向往的职业 3. 学生分析自己最喜欢的职业需要哪种个性	学生要以发展的眼光看待个性，并且不要以现状束缚自己的未来	学生讨论很热烈，对未来的职业迸发出更多的想象。还有很多学生提出，对于职业个性的限定就是职业偏见，各行各业也有性格各异的人
根据心理学的个性发展规律，制订个人职业发展所需要的个性培养计划	Activity 4：Wish and Plan 1. 学生阅读老师给出的个性发展规律，聆听老师分享学校英语老师们截然不同的 MBTI 测试结果 2. 学生学习职业生涯规划中个性培养的路径和要素，开始尝试分析自己的个性和条件，憧憬未来 3. 学生写下职业发展规划	个性和职业固然有一定的联系，但教师通过展现同一职业却有截然不同个性的分析结果，让学生打开思路，畅想未来。同时也结合实际，通过个性发展规律，让学生得到健康的身心发展，积极面对未来	学生发挥想象力畅想未来，例如有个学生不擅长打篮球却想加入中国职业篮球联赛（CBA）。后来同学们讨论他的个性开朗，善于交友，所以他可以以非篮球运动员的职业身份加入 CBA，如经纪人等

五、教学反思

本堂课主要围绕英语版的 MBTI 测试开展，从调查到分析再到发展甚至推翻，学生从全新的角度了解了自己的个性特点以及职业倾向。心理健康教育的任务和具体内容，其核心都指向一个，那就是社会适应。正是在社会适应过程中，个体逐渐建构自己的认同与价值观，形成富有个性的成熟、完整的人格，建立自尊自信的个人信念，掌握理性平和的情绪管理能力以及塑造积极向上的处事风格。其中，自尊自信、接纳自我，在复杂多变的全球化时代，是个体心理健康的核心。

心理健康教育要尊重学生的身心发展规律，不同年龄阶段学生的心理健康教育工作也因学生身心发展阶段的特点和所面临的社会适应的任务不同呈现出不同的阶段特征。到了初中阶段，青少年的社会适应任务变得多元而富有挑战。中考的压力描绘了他们生活的底色，未来人生轨道的分流、社会阶层的分化对他们的学业成绩提出了严峻的挑战。通过本堂课，可以帮助学生加强自我认识，客观地评价自己，认识青春期的生理特征和心理特征；适应中学阶段的学习环境和学习要求，培养正确的学习观念，发展学习能力，改善学习方法，提高学习效率；积极与老师及父母进行沟通，把握与异性交往的尺度，建立良好的人际关系；进行积极的情绪体验与表达，并对自己的情绪进行有效管理，正确处理厌学心理，抑制冲动行为；把握升学选择的方向，培养职业规划意识，树立早期职业发展目标；逐步适应生活和社会的各种变化，着重培养应对失败和挫折的能力。

5.4 信息技术与课程思政创新融入初中英语教学案例

在传统教学场景中，教师评估学生通常依赖于个人主观感受，缺乏客观性和数据支持。而在智慧课堂的环境下，借助人工智能技术的大数据分析功能，教师能够从数据驱动的视角准确把握每位学生的学习状况。这种方式通过实时的数据分析，替代了传统的主观判断，确保了评价的客观性。此外，它还能精确跟踪学生的学习进度，从而为每个学生的个性化发展提供有力的数据支持。信息技术与初中英语的深度融合是一个系统工程，它需要教育者不断创新教育理念，更新教学工具，以达到提高教学质量和效率的双重目标。这种融合的终极目标是通过科技的力量解决传统教学中存在的问题，促进学生全面而有效地学习。信息技术融合创新教学的主要特征包括教学行为数据化、教学环境开放化、学习行为个性化、师生互动高效化以及评价反馈客观化。

随着信息化时代的到来，为了有效地将信息技术与课程思政理念教学深度融合，教育领域的教学模式也面临着转型的需求。在信息技术与课程思政创新融入初中英语教学过程中，思政理念在信息技术的加持下，更生动、更具象化地呈现在初中英语课堂上。信息技术与课程思政的融合，通过大数据让学生无论何时何地都可以感受到课程思政理念的全方位渗透，提高传统英语教学培养学生道德素养的效率。例如，让学生理解社会主义核心价值观中的爱国、敬业，我们可以借助多方剪辑的视频将各行各业，从体育竞技类到艺术科技类的爱国、敬业故事，通过音效、画面冲击等多模态激励学生，让学生更深入领悟社会主义核心价值观的冲击。再如，让学生体会优秀传统文化的工艺，可以通过观看直播等形式学习传统工艺。还有，心理健康教育融入初中英语教学时，进行线上问卷调查，现场调查现场出具数据结果，让学生能够即时知道自己的心理健康状况。

○ **案例一**

人教版(2013 年版)八年级上册 Unit 9 Section A 1a-1c
基于信息技术和课程思政深度融合的教学设计

一、教材分析

在本次课堂活动中，孙宁(Sun Ning)通过与朋友的交流，介绍了邀请他人参加活动的交际场景。学生们通过书本简要了解了基本的对话情景，其中包括朋友的接受与婉拒。为了让学生们更深入地理解并运用这一交际技能，教师采取了多媒体教学方法，运用了先进的信息技术。教师引入了相关的视频、音频和图像资源，丰富了教学内容，让学生能够在更加真实和多元的语境中学习邀请的用语，创新了课程思政融入初中英语教学的方式。例如，通过观看不同文化背景下的邀请方式视频，学生不仅学习了语言，更能感受到文化的多样性。此外，教师还设计了一系列互动式的教学活动，比如角色扮演和小组讨论，鼓励学生复述和创编邀请的对话。这些活动帮助学生将学习内容与日常生活联系起来，提供了多种实际应用的机会，从而深化了他们的语言学习体验。学生们在创设的情境中模拟邀请他人参加各种社交活动，例如聚会、展览和体育赛事，从而在实际对话中磨炼语言技能，学习社交礼仪，提升文明素质。这种教学模式不仅激发了学生学习英语的兴趣，而且极大地增强了他们用英语进行日常交际的自信心和能力。这种教学模式注重实际应用，使学生能够在真实场景中有效地使用英语，提升他们的语言表达能力和交际技巧。

二、学情分析

教学对象是八年级上学期学生，他们接触过情态动词 can 表能力的用法，本堂课是学会 "Can you …?" "Would you like to …?" 表邀请的用法，并礼貌地接受邀请或委婉地拒绝邀请，句型和词汇不是很难。经过一年的英语学习，学生已经熟悉了一些动词短语，如 go to the movies、do some chores、go bike riding、go fishing、go swimming 等，有一定的口语表达能力，因此本堂课重点是运用信息技术，引导学生创设不同的邀请语境，练习目标语言，最终提升他们的语言综合运用能力和学习能力。

三、教学目标

通过本课的学习，学生将能够在信息技术支持下，针对不同的邀请场景，灵活应用相关的英语表达方式。具体来说，学生将学会如何有效地发出邀请、礼貌地接受邀请或婉转地拒绝邀请，从而提升其在英语交流中的适应能力。同时，本课程将利用信息技术工具来增强学生对英语学习的热情，并深化他们对西方文化的理解，增强其跨文化交流意识与能力。学生也将被鼓励结合自身生活经验，创作并演练对话，以培养语言迁移和创新能力。

四、教学媒体与资源的选择与应用

通过 PPT、交互式白板，学生可以在课件上直接书写有关短语，形成有效互动。教学资源包括四段视频，用于导入邀请语境及目标语言；对话录音音频用于听力技巧指导及语言输入。

五、教学过程

（一）运用信息技术，创新课程思政融入初中英语教学方式

（1）在一堂富有创意的英语课上，教师巧妙地利用多媒体技术，播放了《我和我的祖国》歌曲的英文版，以此精彩地拉开了"祖国的生日"这一主题的帷幕。该音乐不仅令人心潮澎湃，也自然而然地链接到了学生们自己的生日庆祝。在这种情感共鸣的背景下，教师引导学生进入一个生动的语言实践活动。教师让学生尝试用英语邀请同学参加自己即将到来的生日派对。这一实践活动不仅测试学生现有的语言能力，还激励他们在真实情境中运用语言。教师观察并记录学生使用的表达方式，给予必要的鼓励与指导，帮助学生更加自如地表达邀请。在活动进行中，教师介绍并强调了几个关键的词汇和句型，如"Can you come to my party?"（你能来我的派对吗？），以及如何制作邀请函（make an invitation）、接受邀请（accept an invitation）和婉拒邀请（refuse an invitation）。这些核心词汇和句型是学生进行有效沟通的基础。通过将文化内容与语言学习结合，这种教学策略不仅增强了学生对英语的兴趣和使用信心，还深化了他们对文化差异的理解和尊重。教师的这一创新做法，让学生在参与和互动中学习英语，更加主动地探索和运用语言，预期能够显著提升他们的语言能力和文化感知。

（2）在这个创新的教学设计中，我们通过信息技术的辅助，让学生通过观看四个精心制作的视频来学习如何在现实生活中适当地应对邀请。每个视频都精准地模拟了日常生活中可能遇到的场景，例如朋友间的聚会邀请或正式活动的邀约，展示了人物如何礼貌地接受或婉拒邀请。首先，学生将观看这些视频，并根据视频内容的不同，将其分为"接受邀请"和"拒绝邀请"两个类别。这一步骤不仅锻炼了学生的观察力，也帮助他们理解不同情境下的社交礼仪。接着，在教师的引导下，学生将重复观看视频，这次的目的是挖掘和记录关键的对话表达，如"Would you like to go to my party?""Sure, I'd love to.""I'm sorry, I can't. Thanks anyway."学生将这些表达归类到"接受邀请"或"拒绝邀请"的相应栏目下。此教学设计的亮点在于其实用性和互动性的结合。通过真实情景的模拟，学生能够在实际生活中更自信地应用所学的语言，同时，这种分类活动也加深了他们的理解并培养了逻辑思维和语言内化的能力。整个过程不仅提高了学生对语言学习的兴趣，还激发了他们的主观能动性。

（二）运用信息技术，内化核心语言学习

教材内容是一段录音对话的听力练习。教师运用信息技术，在PPT上呈现一个与对话内容相关的表格，学生通过表格内容完成听前预测、听中技巧训练、听后复述训练，最终达到内化语轮、练习核心语言的教学目标。

（1）教师运用先进的信息技术，巧妙设计了一个交互式的预测活动，旨在通过引导学生预测听力材料内容，提高学生的理解能力，丰富词汇量。利用交互式白板，教师展示了一个精心制作的表格，表格中包含了关键短语"prepare for an exam"和"have the flu"的上下文使用场景。活动开始前，教师首先介绍了一个与即将播放的对话相关的场景：孙宁邀请了六位朋友参加他的聚会。通过这一情境引入，学生被激发去思考哪些因素可能会影响这些朋友是否能够出席聚会。接着，教师演示了如何根据表格中提供的部分信息来进行预测。例如，教师解释："从这个表格我们可以预测，Tim 可能无法参加孙宁的聚会，因为他需要准备考试。同样，Kay 也可能因为患流感而缺席。"通过这种方式，学生不仅学习了新词汇，而且通过情境和动作的引导，学习了如何将这些短语放入具体语境中使用。此外，教师还引导学生思考和讨论其他可能的情景，从而扩展他们的预测并进一步激活相关词汇。这种教学方法不仅增强了学生的语言技能，而且提高了他们对信息的综合处理能力和预测未知信息的能力。通过这样的听前预测活动，学生们在真正进入听力练习之前，就已经对即将听到的对话有了初步的理解和期待，从而能更加专注和有效地进行听力理解。这种方法有效地结合了信息技术和语言教学，提高了课堂的互动性和教学效果。

（2）教师将引导学生利用交互式白板开展一项听力填表练习。此活动旨在培养学生在听对话过程中抓取关键信息的能力。学生将被要求仅记录关键词，待音频播放完毕后，再回顾并完善表格内容。这种方法不仅有助于学生提炼信息，还减轻了记忆负担，为课堂最后的听后复述活动做好准备。此外，本课程还将教授学生如何礼貌地拒绝邀请，使用"He/She has to …"或"He/She must …"表达必要的拒绝理由。通过这种结构化的练习，学生能在实际对话中更加自如地应用听力技巧，有效提升语言表达和理解能力。

（3）教师利用交互式白板上已填写的表格进行一场生动的复述示范，内容如下："Sun Ning invites some of his friends to his party, but only Jenny can go to his party."。随后，学生根据示范继续复述相关情境："Tim can't go to his party because he has to prepare for an exam…"本教学环节旨在通过实际操作引导学生深入运用语言工具，对课堂对话内容进行有效复述，从而促进语言的内化。通过从理解到应用的转化，本活动不仅加深了学生对话语的掌握程度，而且为其未来在真实情境中的语言表达打下坚实的基础。这一过程体现了语言学习的逐步深入，符合《新课标》对学生语言能力逐步提升的教学要求。

（三）运用信息技术，丰富课程思政融入初中英语教学内容

在语言迁移创新的阶段，学生需沉浸于真实的语言使用环境中，以巩固和扩展核心语言技能。教师借助信息技术，特别是通过使用交互式白板，不仅记录了学生互动中产生的丰富课堂资源，还创造了一个直观的学习平台。在此平台上，学生可视化地接触到课堂讨论的成果，并以此为基础，进行创编对话的实操练习，有效提升其语言应用能力和创新思维。这一过程不仅加深了学生对语言的理解，也激发了他们的创造潜力。

（1）教师利用基于教材的对话内容，引导学生拓展思维，探讨并生成更多日常生活中的交际情境。具体操作中，教师首先展示一些邀请朋友参与活动的典型表达，如"Would you like to play computer games with me?""Can you practice the violin with me?""Can you go bike riding with me?"等，并引导学生思考如何

礼貌地拒绝邀请，例如"I have to spend time on chores." "I must take care of my sister." 等。

在此过程中，学生需与同伴进行深入讨论，并将讨论成果实时记录在交互式白板上。这种教学设计不仅为不同层次的学生提供了平等的语言实践机会，而且通过信息技术的应用，显著提升了学生的参与度和互动性。此外，此方式有效地将学生已有的语言知识应用于新的语言环境中，不仅锻炼了他们的创造性思维，也极大地激发了学习兴趣，为他们之后创作更为复杂的对话内容奠定了基础。

（2）教师指导学生基于之前归纳和总结的讨论成果，进行创意对话的编写。教师邀请学生扮演不同角色，实际操作中，一位学生发起邀请，另一位则根据情境给出回应。此环节旨在通过真实语境的模拟，让学生深化对核心语言的掌握与运用。《新课标》要求学生通过这样的练习，提高语言实际应用能力，促进创造性思维的发展。通过角色扮演和实际对话的创作，学生能在实际交流中熟练运用语言，提高语言表达和应变能力。

本次课程设计旨在最大化课堂互动的潜力，激发学生参与的热情。通过基于讨论的成果，学生将进一步创作对话，从而在实践中锻炼和提升语言核心技能。本活动不仅让学生将课堂学习与现实生活相结合，还在如何发出邀请、接受邀请和婉拒邀请等实际交流场景中，培养其语言应用能力和创新思维。

（3）教师引导学生在全班分享创编的对话，让其他学生记录关键词并复述所听到的对话内容。这个教学阶段旨在为学生搭建一个全面提升语言应用能力的平台。通过此平台，学生不仅可以利用核心语言技能进行表达和口头交流，还能够理解并复述同伴间的对话，从而在听力和口语两方面都实现质的飞跃。

六、信息技术与课程思政创新融入初中英语教学

本次课程将信息技术和课程思政与英语教学有效融合，通过创新教学内容和方法，有效地促进了学生核心能力的培养，从而在教学质量和教学效果上都有显著提升。

（一）运用信息技术，创新性重构和扩展原教材内容

（1）教师通过播放《我和我的祖国》歌曲的英文版，巧妙地将"祖国的生日"这一主题引入课堂，借此过渡到学生个人的生日话题，增强了课程内容的情感共鸣，丰富了文化底蕴。

（2）教师选择了四个具有代表性的视频片段，真实再现了邀请他人的多种情境，从而有效地丰富了教材中有限的对话内容。教材中原本的简单邀请用语

"Can you ...?" "Sure, I'd love to." "Sorry, I can't." 被这些视频中更加生活化的表达如"Would you like to ...?" "Thanks anyway." 所补充, 这不仅拓展了学生的语言应用范围, 也加深了学生对日常交际情境的理解。通过这种教学内容和信息技术与课程思政的创新融合, 教师有效地提升了教学的互动性和实用性, 使得学生能够在更加生动和真实的学习环境中掌握和运用语言, 展示了教学内容的深度与多样性。这种教学模式不仅符合现代教育技术的发展趋势, 更符合学生的实际需要, 体现了高质量教学的理念。

(二)运用信息技术, 优化英语课程思政教学方法

(1)通过集成信息技术, 直接播放涉及新语言项目的视频资料, 促进学习者通过视听方式掌握知识。此方法不拘泥于传统的"书本先行"模式, 而是将学习内容直接呈现于学生眼前, 从而提高教学的互动性和实效性。

(2)在教授听力材料时, 教师不再简单地依赖传统书面习题, 而是创新性地将听力题目转换为 PPT 中的表格形式。学生需利用表格中提供的信息片段, 完成听前的预测、听中的技巧训练及听后的复述训练。

(三)运用信息技术, 激发学生的学习兴趣与热情

教师通过运用先进的信息技术手段, 如视频、表格、图片等多媒体资源, 巧妙且生动地展示教学材料, 极大地提升了学生对学科内容的关注度与兴趣。这种方法不仅让知识传递变得更加形象生动, 也鼓励学生积极参与课堂互动, 增强了他们对新语言项目的学习热情, 进一步激发了他们的求知欲。

(四)运用信息技术, 彰显"学生中心"教育理念

(1)为实现优秀的教学品质目标, 教师应强调学生的核心地位。通过设计特制的语言教学活动, 学生主动引领讨论, 其互动成果直接呈现于交互式白板上。这一过程中, 教学材料转化为学生互动产出的内容, 展示了"学生中心"教学模式的实际应用。

(2)学生根据在交互式白板上记录的讨论成果, 创新性地构建目标语言的对话。学生此时转变为课堂的中心, 该平台提供了展示他们语言能力的机会。

○ **案例二**

人教版(2013年版)九年级 复习课
基于信息技术和课程思政深度融合的教学设计

一、教材分析

本单元主题内容是跨文化交际中不同国家的礼仪和习俗, 涉及见面礼仪、

社交习俗、餐桌礼仪等方面。在跨文化礼仪习俗的学习中强化"be supposed to do""be expected to do"等给建议的句型。本单元的学习旨在让学生在学习英语时感受世界多元文化，引导学生接受和尊重不同的文化，促进跨文化交流、多文化融合。本单元以听、说、读、写、看等类型的语篇、音频和图片作为依托，渗透主题学习。

二、学情分析

教学对象是九年级学生，他们对于本单元主题内容兴趣浓厚，语言扎实，能较灵活地运用"be supposed to do""be expected to do"等给建议的句型描述我国的礼仪，但他们想了解更多和更具体的其他国家与文化的礼仪和习俗。

三、教学目标

通过本课程的学习，学生将能够在信息技术支持下，在真实情境下运用本单元所学到的主题内容和语言框架，更能够在信息技术帮助下，拓宽视野，学习更多相关知识，从而使得跨文化交际、理解与尊重、民族文化自信等课程思政理念更深入地被塑造和培养。

四、教学媒体与资源的选择与应用

教学媒体可选择小鱼易连、希沃一体机摄像头、希沃助手、可移动摄像头、蓝牙麦克风。教师提前通过微信等方式联系好英国教师 Jack，打开小鱼易连，同时双方打开摄像头，同屏打开一体机摄像头(拍摄全班)、移动摄像头(拍摄个体)，开启连线海外的双师模式。课堂全程打开希沃助手进行录音。

五、教学过程

（一）学生分组向 Jack 介绍我国的礼仪和习俗。

（1）教师引入话题，直接打开连线，向同学们介绍 Jack，说明他将要来中国，希望同学们向他介绍来中国要注意的礼仪和习俗。

（2）学生根据本单元主题的三个类别进行分组：第一组介绍见面礼仪；第二组介绍社交礼仪；第三组介绍餐桌礼仪。每一组分别通过演讲、小品短剧、PPT 展示、微视频讲解等形式呈现我国礼仪中应该做和不应该做的事。学生在多模态实际的情形中灵活运用了本单元的语言内容。

（3）Jack 一一对每个小组的内容进行内容的复述和形式的评价与肯定，既是国际友人在学习了解中国文化，又是作为外语教师对语言进行提点改善。

（二）学生向 Jack 询问英国各方面的礼仪和习俗

（1）教师引出话题，让同学们踊跃提问，了解更多英国礼仪和习俗。

（2）Jack 也利用图片、视频，甚至请来了朋友一起做示范，为学生介绍了英国的见面礼仪、社交礼仪以及餐桌礼仪。还拓展了很多特殊的风俗习惯，如英国人喜欢的数字和禁忌的数字等。

（3）学生根据自己的小组类别，分别将 Jack 回答的答案记录下来，并对每一项礼仪都做出复述和分享感受。

（三）学生和两位老师共同讨论中英文化的共同之处

（1）学生分小组讨论中英文化的共同之处，然后进行小组展示和分享。

（2）Jack 也就他的理解做出分享。

（3）教师也做出分享，并对本堂课进行总结。总结时将希沃助手打开，希沃助手可以将本堂课所有录音转换为文字并提取出关键词的词汇云图。教师可以根据词汇云图将本堂课出现频较高的词进行有针对性的点评，最后点出世界大同、文化交融的思政理念。

六、信息技术与课程思政创新融入初中英语教学

本次课程将信息技术与英语课程思政教学有效融合，通过创新教学内容和方法，有效地促进了学生核心能力的培养，从而在教学质量和教育效果上都有显著提升。

（一）运用小鱼易连，创设真实情境

学习跨文化交际的主题内容，学生更渴望有实际的运用场合，与真正的外国人交流，利用真实的信息沟通，让学生更有表达欲望和学习期待。

（二）运用微视频，生动系统呈现知识

教材中的各种礼仪、习俗的内容都是文字和图片的二维呈现，学生将所学剪辑成微视频。在剪辑视频的过程中，学生也系统地整理了所学知识，将抽象思维具体化、零散知识系统化，这样才能够制作出内容生动的微视频，打动外国教师。

(三)运用希沃助手，具象化教学重难点

希沃助手的录音转文字词汇云图的功能，让学生和教师的课堂用语被大数据立刻统计出来，让教师在评价时，可以马上提取到本堂课的重点，学生也可以很直接地看到本堂课语言的复现率，对学习有更具象化的感受。

○ 案例三

北师大版(2013)九年级 Unit 7
基于信息技术与课程思政深度融合的单元作业设计

一、教材分析

本单元主题是旅行，属于人与自然的主题范畴。思政理念在于引导学生放眼世界，从丝绸之路到南极探险，将历史、地理、人文等瑰丽世界与人类文化容纳于心。如果不能让人在旅途中，那就让心灵在旅途中。除了行万里路，还可以读万卷书。从《西游记》的文学之旅到深入内心的心灵之旅，由外及内地探究人文和心灵的碰撞。学生从阅读旅行经历、赏识诗歌到撰写个人游记，在旅行的主题引导下，深入浅出地从不同视角，学习了 5W1H 的游记类记叙文的写作框架和语言表达。

二、学情分析

九年级的学生对于旅行十分感兴趣和向往，但是不是所有学生都有丰富的旅行经历，需要课堂内外大量的资源补充让学生的旅行经历丰盈起来。学生已经掌握了 5W1H 的基本表达，但不熟悉游记的撰写方法，如逻辑的排列和细节的描写。因此，本单元的作业通过课前、课堂、课后多个层面融合信息技术帮助学生充分开阔视野，拓宽思维。

三、作业目标

(1)学生能够通过小程序和微信的小组分享与同学谈论不同的旅行经历。

(2)学生能够通过线上构建图形组织器获取和梳理语篇的 5W1H 以及作者对旅行的细节描写和感悟。

(3)学生能够通过班级微信公众号分享自己旅行的经历、自己在旅行中的感悟与成长。

四、教学媒体与资源的选择与应用

(1)小程序"班级小管家"用于发布作业、检查作业、评价作业和分享作业等。

(2)网络和短视频 App 用于搜寻资源，班级微信视频号发布 vlogs 游记作业。

(3)词汇云图统计同学们对于旅行感悟的关键词。

(4)班级微信公众号用于游记的发布。

五、信息技术融合的单元作业设计

(一)课前作业

小组分组搜索资源，制作 PPT 介绍旅行的相关内容。

班级共分为 8 个小组，每个小组负责本单元的不同板块。

(1)第 1 小组：负责课前预习关键词，搜索以下关键词 Africa、Antarctica、Asia、Atlantic Ocean、Australia、Europe、forest、Indian Ocean、mountain、Pacific Ocean、sea 的图片或视频介绍，制作成 PPT，在课堂上分享，帮助同学们学习这些词语。

(2)第 2 小组：负责介绍丝绸之路，在学习丝绸之路语篇前分享。要求搜索丝绸之路的历史起源、历史意义、经过的地方、囊括的地理形态等。

(3)第 3 小组：负责介绍西安和澳门，在学习丝绸之路语篇后作为拓展分享。要求搜索西安和澳门的著名旅游景点、美食、最受欢迎的旅行方式等。

(4)第 4 小组：负责介绍特别的出行经历，如骑行、徒步、丛林探险，也可以是奥运健儿远赴国外参加比赛时的心路历程等让心灵震撼的经历。在学习人生之旅诗歌之前分享，让同学们深入感受旅行就如人生。本部分也作为南极之旅语篇的铺垫。

(5)第 5 小组：负责介绍南极。在学习南极之旅语篇之前分享。要求搜索南极的地理位置、环境气候特点、优势和危险等。

(6)第 6 小组：负责介绍关于旅行的书籍，如《西游记》《徐霞客游记》《我的阿勒泰》等。在学习《西游记》语篇之前分享，让同学们感受到读万卷书时心灵在路上的魅力。

(7)第 7 小组：负责介绍上海。搜索上海的地理位置、旅游景点、美食、文化等图片和视频，还要分享多条游玩上海的攻略，要有不同的侧重点，如初次打卡游、文化深度游、美食购物游等。在写作课之前进行分享，为课堂写上海游记提供素材。

（8）第 8 小组：负责介绍家乡。搜索家乡的地理位置、旅游景点、美食、文化等图片和视频，还要分享多条游玩家乡的攻略，要有不同的侧重点，如初次打卡游、文化深度游、美食购物游等。在写作课课后作业发布后分享，为课后作业写家乡游记提供素材。

（二）课后作业

（1）第 1 课时后，学生两人为一组录制 1 分钟以内的对话小视频，通过小程序"班级小管家"分享对丝绸之路的介绍和感受。最好的视频作品会转发到班级的微信视频号和家长群里。

（2）第 2 课时后，学生绘制西安或澳门的旅行地图，发布到小程序"班级小管家"。最好的视频作品会转发到班级的微信视频号和家长群里。

（3）第 3 课时后，学生写下至少 3 句话论证人生就如旅行，发布到小程序"班级小管家"。教师运用词汇云图将同学们对于人生如旅行的句子导入，统计出大家对于人生的理解与感悟，并发布在班级微信公众号。

（4）第 4 课时后，学生录制 1 分钟以内的小视频，通过小程序"班级小管家"分享对南极之旅的介绍和感受。最好的视频作品会转发到班级的微信视频号和家长群里。

（5）第 5 课时后，学生发布 50 词左右的书籍推荐语到小程序"班级小管家"。教师挑选优秀作业分批发布到班级微信公众号。

（6）第 6 课时后，学生将课堂习作发布到小程序"班级小管家"，同学们交换批注。课后的家乡游记也发布到小程序"班级小管家"，教师批注点评。

（7）第 7 课时后，教师选取最佳的家乡游记，并组织优秀作业的完成者按照自己写的游记录制 vlog 发布到班级的微信视频号和家长群里。

六、信息技术与课程思政创新融入单元作业设计

首先，信息技术与课程思政创新融入为学生开阔了视野，拓宽了知识面。在初中英语课堂正面的引导下，符合真实情境的信息技术与课程思政创新融入，让学生形成多面的世界观和正确的人生观。例如，学生在搜寻人生之旅时，分享了一个大学生从大学回家的骑行之旅，他们的分享更侧重于介绍大学生为骑行做的准备、骑行遇到困难时他如何应对和解决。学生还分享了乒乓球运动员孙颖莎如何打进国家队以及为奥运备战的奋斗之旅，让大家看到广义的旅行——人生的奋斗。人生就是一场需要不断刻苦奋斗做准备才能欣赏到顶峰

美景的旅行。

其次，信息技术与课程思政创新融入为学生搭建了发挥才能、畅所欲言的平台，让学生丰富多彩的观点互相碰撞，积极正向地影响彼此。例如，学生在分享关于游记的书籍时，大家看到了国内外关于旅行的书籍。学生更深切理解到，如果还没有机会去行万里路，可以先读万卷书，让心灵在路上。而让学生在紧张学习之时也能够有机会读万卷书的方法，就是融入信息技术，在班级公众平台上，每个同学都分享自己读过的游记，如此让学生通过最感兴趣的同龄人的经历，丰富自己的阅历。

再次，信息技术与课程思政创新融入为教学提供了高效评价反馈。例如，教师通过词汇云图可以快速统计出学生对于人生如旅行最全面和最突出的关键词，通过这些关键词，可以科学高效地整理出学生对于人生的理解，也能够较为准确地反映出学生的人生观和价值观。再例如，学生在"班级小管家"上注释点评同学的作文，可以让作者本人、其他同学以及老师即时查看，同伴评价的效率达到最高，实现在评价中学习，以评价促学习。学生的评价也可以让教师迅速看到学生对于课堂游记写作学习的掌握情况。

最后，信息技术与课程思政创新融入为学生搭建与社会连接的桥梁，得到家长的肯定，增强自信心。学生的优秀作业和优秀作品通过网络信息平台发布，在学校教师监管之下，获得许多正面的反馈和点赞，家长也在家长群、班级微信视频号、微信公众号等平台看到自己孩子的作品，为学生感到骄傲自豪，学生得到强烈的认同感和满足感，自信心更是倍增。如今是信息网络的时代，在网络上收到社会正面的反馈，这是青少年学生最渴望得到的社会价值认同感。

第 6 章
结论与展望

6.1　结论

6.1.1　基于课程思政理念的初中英语教学的意义与作用

课程思政在初中英语教学中的重要性不容忽视，其研究价值深远而重大。这一理念强调将思想政治教育与学科教学紧密结合，通过学科知识的传授，同时培养学生的道德品质、价值观念和世界观。在初中英语教学中融合课程思政理念具有以下几个方面的重要性和研究价值。

第一，初中阶段是学生个性发展和价值观形成的关键时期。在这个阶段，通过融合课程思政理念于英语教学中，可以有效地影响学生的思想和行为，还可以培养学生正确的价值观念，如爱国、民主、文明、共同富裕等，帮助他们树立正确的世界观、人生观和价值观。

第二，语言是文化的载体，英语教学不仅是教授语言技能，更是传播文化和价值观念的过程。通过融合课程思政理念，英语教师可以在教学中引入社会主义核心价值观和中华优秀传统文化，帮助学生在学习语言的同时，增强文化认同和民族自豪感。新时代教育要求促进学生德智体美劳全面发展，而语言学习不仅是技能的培养，更是学生综合素质的提升。学生在学习语言技能的同时，也能在道德修养、思维品质和社会责任感等方面得到提升，从而加深对国家、历史、文化的理解和认同，促进全面发展。

第三，通过在初中英语教学中融入国家意识教育，可以帮助学生树立正确的国家观念，增强他们的国家认同感和归属感。这对于培养学生的爱国情怀和民族精神具有重要意义。英语作为一门外来语言，在学习过程中难免会接触到不同的文化和价值观念，通过融合课程思政理念，可以引导学生正确看待外来文化，在尊重他国文化的基础上，增强本民族文化自信。在全球化的背景下，跨文化交际能力成为人才培养的重要目标之一。融合课程思政理念，可以帮助学生了解不同文化背景下的价值观念和行为规范，培养学生的国际视野和跨文化沟通能力，为他们将来在国际舞台上的交流与合作打下坚实基础。

第四，通过课程思政的引导，可以培养学生对社会问题和公共事务的关注和思考能力，培养学生的社会责任感和公民意识，引导他们积极参与社会实践和公共事务。

第五，课程思政的引入，为初中英语教学改革提供了新的思路和方法。通过深入研究和实践，可以推动初中英语教学在教学内容、教学方法、教学评价等方面的创新和发展。

综上所述，融合课程思政理念于初中英语教学具有重要意义和研究价值。它不仅能够促进学生的全面发展，增强他们的国家意识、文化自信和跨文化交际能力，拓展国际视野和提升文化素养，以及培养社会责任感和公民意识，从而提升他们的综合素质和发展潜能，还能够推动初中英语教学的改革和发展。因此，我们应该进一步加强对课程思政的研究和实践，为培养具有高尚品德、扎实知识和创新能力的新时代人才作出更大的贡献。

6.1.2 基于课程思政理念的初中英语教学的深度探索与实践原则

在当今全球化与信息化交织的时代背景下，初中英语教学不再仅仅局限于语言技能的传授，还承载着培养学生跨文化交流能力、塑造正确价值观、促进个人成长与社会发展的多重使命。课程思政理念的融入，为初中英语教学开辟了一条全新的路径，旨在通过语言学习这一载体，实现知识传授与价值引领的有机结合。以下是对基于课程思政理念的初中英语教学原则的深入剖析与扩展，旨在构建一个全面、立体、富有成效的教学体系。

1. 以学生为中心，激发主体潜能

（1）强化学生主体地位，激发内在动力。

在课程思政的引领下，初中英语教学首要原则是坚持以学生为中心，这不仅是《新课标》的核心要求，也是教育本质的回归。教师需深刻认识到，学生是学习的主体，而非被动接受知识的容器。因此，在教学过程中，教师应积极营造民主、平等、和谐的学习氛围，鼓励学生主动探索、勇于表达，让课堂成为学生展示自我、实现成长的舞台。

(2)精准把握学情，实施差异化教学。

为了更有效地调动学生的学习积极性，教师需深入了解每一位学生的年龄特征、认知水平、兴趣爱好及学习风格，实施差异化教学策略。对于低年级学生，教师应注重基础知识的巩固与兴趣的培养，通过生动有趣的教学活动，激发学生对英语学习的兴趣；而对于高年级学生，则应侧重培养其解决问题的能力、批判性思维及自主学习能力，引导他们深入思考、勇于质疑，形成独立见解。

(3)关注全面发展，培养综合素养。

在课程思政理念的指导下，初中英语教学不仅要关注学生的语言技能提升，更要注重其情感态度、价值观及社会责任感的培养。教师应将思政教育融入英语教学的各个环节，通过挖掘教材中的思政元素，引导学生树立正确的世界观、人生观和价值观，培养其跨文化意识、国际视野及社会责任感，为其全面发展奠定坚实基础。

2. 聚焦核心素养，提升教育价值

(1)明确英语学科核心素养的内涵。

英语学科核心素养是英语课程内在教育价值的集中体现，它涵盖了语言技能、文化洞察力、思维能力和自我学习能力四个核心方面。这些素养不仅关乎学生的语言运用能力，更关乎其未来的发展和社会适应能力。因此，在初中英语教学中，教师应将核心素养的培养作为教学的重要目标，通过精心设计的教学活动，促进学生各项素养的全面提升。

(2)融合思政元素，丰富教学内容。

为了将思政教育与英语教学有机结合，教师应积极挖掘教材中的思政元素，如爱国主义、集体主义、社会公德等，通过选取具有时代意义、文化内涵丰富的英文文章、视频等材料，让学生在学习英语的同时，接受思政教育的熏陶。此外，教师还可以结合社会热点、时事新闻等素材，设计具有启发性和实践性的教学任务，让学生在实践中体验和感悟思政教育的意义和价值。

3. 践行学习活动观，促进深度学习

(1)构建体验式学习环境。

在英语学习活动观的指导下，教师应努力构建体验式学习环境，让学生在真实的语言情境中感受语言的魅力，掌握语言的运用规律。教师可以通过模拟真实场景、组织角色扮演、开展项目式学习等方式，让学生在参与中体验、在

体验中学习、在学习中成长。

（2）强化实践应用与知识迁移。

为了提升学生的语言综合应用能力，教师应注重实践应用与知识迁移的教学。通过设计多样化的语言实践活动，如演讲比赛、辩论赛、写作比赛等，让学生在实践中运用所学知识，提高语言运用能力。同时，教师还应引导学生将所学知识迁移到实际生活中去，解决实际问题，培养学生的创新思维和实践能力。

（3）培养批判性思维与自主学习能力。

在课程思政理念的指导下，初中英语教学还应注重培养学生的批判性思维和自主学习能力。教师可以通过组织小组讨论、案例分析等教学活动，引导学生深入思考、勇于质疑，形成独立见解。同时，教师还应鼓励学生自主学习、合作探究，培养其自我管理和自我提升的能力。

4. 实施单元整体教学，构建系统体系

（1）明确单元教学目标。

单元整体教学是实现教学目标系统化的重要途径。在实施单元整体教学时，教师应根据课程目标及单元主题，明确单元教学目标体系。这些目标应既具有挑战性又具有可行性，能够引导学生逐步达成核心素养的培养目标。

（2）整合教学资源，优化教学设计。

为了实现单元整体教学的有效实施，教师应积极整合各种教学资源，包括教材、教辅资料、网络资源等，为学生提供丰富多样的学习材料。同时，教师还应根据单元主题及教学目标，优化教学设计，创设真实且具有探究性的学习环境和问题，引导学生在解决问题的过程中实现知识的掌握与运用。

（3）注重过程性评价与终结性评价相结合。

为了全面评价学生的综合素质及教学成效，教师应建立多元化的评价体系。在评价过程中，教师应注重过程性评价与终结性评价相结合的原则，既关注学生的学习过程及表现情况，又关注其最终的学习成果及能力水平。通过综合评价的方式，教师可以更准确地了解学生的学习状况及存在的问题，进而提出有针对性的改进建议。

5. 推进"教—学—评"一体化，实现教学相长

（1）强化教学设计的针对性与实效性。

在"教—学—评"一体化的框架下，教师应基于核心素养的教学设计进行精

心规划。这些设计应紧密围绕教学目标及学生需求展开，确保教学活动的针对性和实效性。同时，教师还应注重教学方法的创新与运用，采用多样化的教学手段和策略激发学生的学习兴趣，提高学生的参与度。

（2）突出学生的主体地位与参与性。

在教学过程中，"学"是核心环节之一。为了突出学生的主体地位与参与性，教师应积极引导学生参与语言实践活动，通过小组讨论、角色扮演、案例分析等形式让学生在参与中体验、在体验中学习。同时，教师还应关注学生的情感体验及心理变化，及时给予关爱和支持，帮助学生克服学习中的困难和挑战。

（3）加强教学监控与评估的及时性与准确性。

"评"是检验教学成效的重要手段之一。为了加强教学监控与评估的及时性与准确性，教师应建立科学有效的评估机制，对教学过程及成效进行实时监控和评估。通过评估结果的反馈，教师可以及时调整教学策略和方法，优化教学设计，提高教学效果。同时教师还应关注学生的个体差异及学习需求，为每位学生提供个性化的指导和帮助，促进其全面发展。

综上所述，基于课程思政理念的初中英语教学原则是一个系统而复杂的体系，它涵盖了以学生为中心的教学理念、聚焦核心素养的教学目标、践行学习活动观的教学策略、实施单元整体教学的教学设计以及推进"教—学—评"一体化的教学机制等多个方面。这些原则相互依存、相互促进，共同构成了初中英语教学的新生态，为培养具有跨文化交际能力、正确价值观及良好综合素养的新时代青少年提供了有力支撑。

6.1.3　基于课程思政理念的初中英语教学的实践价值

课程思政的实践价值在于全方位促进教育生态的优化与升级。在当代教育体系中，课程思政的实践价值远远超出了学生个体发展的范畴，它如同一股清泉，渗透并滋养着教育的每一寸土地，从学生、教师到整个教育生态，都在这场变革中焕发出新的生机与活力。

1. 学生全面发展的坚实基石

课程思政是学生全面发展的坚实基石。它不仅仅关注于知识技能的传授，更重视学生思想品德、人文素养及创新能力的全面培养。通过将思想政治教育融入各学科教学之中，学生在掌握专业知识的同时，也能深刻理解社会主义核心价值观，树立正确的世界观、人生观和价值观。这种全方位的教育模式，为学生未来的学习、工作和生活奠定了坚实的基础，使他们能够在复杂多变的社会环境中保持定力，勇于担当。

文化自信是课程思政赋予学生的另一重要财富。在全球化的背景下，文化自信成为一个国家、一个民族凝聚力和创造力的重要源泉。课程思政深入挖掘中华优秀传统文化的精髓，结合时代特点进行创新性转化和发展，让学生在学习过程中感受到中华文化的博大精深和独特魅力，从而增强对本土文化的认同感和自豪感。这种文化自信，将成为学生走向世界、参与国际竞争的重要支撑。

社会责任感的培养则是课程思政不可或缺的组成部分。通过组织学生参与社会实践、志愿服务等活动，让学生在实践中感受社会、了解国情、体验民生，激发他们的社会责任感和使命感。这种亲身体验式的学习，比任何说教都更能触动学生的心灵，促使他们成长为有担当、有情怀的新时代青年。

2. 教师成长与教学实效性的加速器

在课程思政的实践中，教师扮演着至关重要的角色。他们不仅是知识的传递者，更是学生思想的引领者和价值观的塑造者。为了实施好课程思政，教师们不得不断学习和更新自己的知识结构与教育理念，掌握新的教学方法和手段。这种持续的学习与反思过程，不仅提高了他们的专业素养和教学能力，也促进了他们的专业成长与职业发展。

教师通过课程思政的实践，学会了如何将思政教育与学科教学有机融合，使课堂教学更加生动有趣、更加贴近学生的实际需求和成长规律。他们运用案例分析、小组讨论、角色扮演等多种教学形式，激发学生的学习兴趣和主动性，引导学生深入思考社会问题、探讨人生价值。这种教学模式的转变，不仅提高了课堂教学的实效性，也培养了学生的自主学习能力和创新能力。

同时，课程思政还要求教师具备较高的政治素养和道德情操。他们必须时刻关注国家大事和社会热点问题，了解国家的发展战略和方针政策，以便将这些内容融入课堂教学中。这种对政治素养的要求，促使教师们不断加强自身的思想政治建设，提高政治敏锐性和鉴别力。他们以身作则、言传身教，用自己的实际行动为学生树立榜样和标杆。

3. 家、校、社合作的强化剂

课程思政的实践还加强了家、校、社之间的合作与联动。在传统的教育模式中，家庭、学校和社会往往各自为政，缺乏有效的沟通与协作。而课程思政则打破了这一壁垒，它倡导建立一种家、校、社共育的教育模式。丰富多彩的家校合作活动、社区服务活动以及文化交流项目等，不仅加深了学生对社会的认知与理解，也促进了家庭、学校与社会之间的沟通与协作。

在这个过程中，教师发挥着桥梁和纽带的作用。他们积极与家长沟通联系，了解学生在家庭中的表现和需求；同时，他们也主动与社区合作单位联系沟通，争取更多的教育资源和社会支持。通过这种全方位的沟通与协作，教师们不仅为学生的成长提供了更加广阔的空间和更加丰富的资源，也促进了家、校、社之间的和谐共融。

综上所述，课程思政的实践价值是多方面的、深远的。它不仅促进了学生的全面发展、提高了教学实效性、推动了教师的成长，还加强了家、校、社之间的合作与联动。在未来的教育实践中，我们应该继续深化对课程思政的认识和理解，充分发挥其在教育生态优化与升级中的重要作用。

6.2 展望

6.2.1 扩大实证研究的样本和范围

随着课程思政理念在初中英语教学中的不断深入与实践，第一个关键点是扩大实证研究的样本与范围，以更全面、更细致地探讨这一理念在不同地区与学校类型中的实施策略。通过广泛的实证研究，我们可以更准确地把握课程思政理念在初中英语教学中的实际应用情况，为后续的改进和推广提供有力支撑。

1.拓宽研究地域与学校类型

增加不同地域背景下的初中英语教学实证研究，包括城市与农村、不同经济发展水平地区的比较分析，增加在各种类型的学校（如公立学校、私立学校、民族学校等）中的实证研究，以探讨不同地域背景下各类型学校实施课程思政面临的挑战与机遇。这不仅有助于发现不同地区与不同学校之间的差异性，还可以揭示出更多共性的问题和现象。通过对比不同地区与不同学校的教学实践，可以总结出更具普适性的课程思政实施策略，为初中英语教学的发展提供有益的参考。

2.提高研究样本的代表性与多样性

选择大样本量和多样化的样本进行研究，以使研究结果更具普遍性和参考价值。考虑不同性别、年级、学习背景的学生群体，以及不同教育理念和教学风格的教师群体。

3.实施策略的定制化与本土化

根据不同地区的教育资源、文化特点及学校条件，制定切实可行的课程思政实施策略。深入研究如何在保持教学本质的同时，将课程思政理念本土化，使之适应当地教育环境。不同地区与不同学校类型在文化背景、教育资源、师资力量等方面存在差异，这必然会影响到课程思政理念在初中英语教学中的实施效果。因此，教师需要根据不同地区与不同学校的特点，制定更具针对性的实施策略。例如，在城市地区，可以充分利用信息技术手段，通过线上线下相结合的方式，将课程思政理念贯穿于初中英语教学的各个环节；而在农村地区，则可以通过组织丰富多彩的文化活动，让学生在实际体验中感受中华优秀传统文化的魅力。

4.鼓励实践参与与学术交流

鼓励更多一线教师和学者参与到课程思政的研究与实践中来，形成有效的研究与实践社群。定期举办学术研讨会和工作坊，分享研究成果，交流教学经验，促进课程思政理念的广泛传播和深入实施。课程思政理念融入初中英语教学中的研究与实践需要广大学者和教师的共同参与和努力。鼓励更多的学者和教师关注这一领域的研究动态，积极参与相关课题的研究和讨论，为学者和教师提供更多的实践机会和资源支持，帮助他们将研究成果转化为实际的教学行动。通过广泛的合作与交流，共同推动课程思政理念在初中英语教学中的深入发展。

5.关注长期效果与持续跟踪

开展长期性研究，评估课程思政在初中英语教学中的长远影响。设立追踪机制，监测和评价实施策略的有效性和可持续性，及时调整和优化教学方案。

通过这些措施，未来的研究可以为基于课程思政理念的初中英语教学提供更全面、更深入、更具操作性的指导和支持。这样的研究将有助于整个教育领域更好地理解和实现课程思政的价值，进而提升学生的综合素养和社会责任感。

6.2.2 优化课程思政与初中英语教学融合的策略

1.教学目标的整合与优化

在制定教学目标时，教师应更加明确地将课程思政理念融入教学目标中，确保学生在学习英语的过程中，不仅掌握语言技能，还能培养正确的价值观和世界观。这包括培养学生的语言能力、跨文化交际能力、批判性思维等，同时也要强调社会主义核心价值观的培育和践行。教学目标应注重培养学生的跨文化交际能力，使其能够在国际交流中展现中华优秀传统文化的魅力，同时理解和尊重其他文化。通过整合和优化教学目标，确保学生在学习英语的过程中，不仅能够获得语言知识，还能够提升思想道德水平。

2.教学内容的创新与拓展

教学内容是教学过程中的核心，应包含反映社会主义核心价值观和中华优秀传统文化的元素，使学生在学习语言的同时，增强民族自豪感和文化认同感。在基于课程思政理念的初中英语教学中，教师应该注重教学内容的创新与拓展。除了传统的语言知识教学外，还应积极引入与时俱进的话题和材料，如环境保护、公民责任等，以及反映社会主义核心价值观和中华优秀传统文化的元素，使学生能够联系实际生活，增强学习的兴趣和实用性。通过拓展教学内容，让学生在学习英语的同时，更好地理解和传承中华优秀传统文化，增强文化自信。

3.教学方法的多样化与互动性

教学方法的选择对于教学效果有着重要影响。在基于课程思政理念的初中英语教学中，我们应该注重教学方法的多样化与互动性。采用多种教学方法，如情境教学、项目式学习、合作学习、小组讨论、角色扮演、辩论等，鼓励学生积极参与，提高课堂互动性，促进学生思维的开放性和批判性。还可以利用信息技术手段，如多媒体教学、网络资源等，丰富教学手段，提高教学效果，从而激发学生的学习兴趣，提高学习效果。同时，加强师生互动、生生互动，让学生更好地参与到教学过程中来，形成积极的学习氛围。

4.教学评价的多元化与公正性

教学评价是检验教学效果的重要手段，不应仅限于传统的笔试和口试，而应包括学生的参与度、合作能力、创新能力等多方面的评价。在基于课程思政理念的初中英语教学中，我们应该注重教学评价的多元化与公正性。采用多种评价方式，如自我评价、同伴评价、教师评价等，全面评价学生的学习情况。同时，确保评价过程的公正性，避免主观偏见和歧视，让学生更加信任评价结果，从而更好地指导自己的学习。同时还要确保评价过程的透明性和公正性，让学生明白评价的标准和目的，激发其内在的学习动力。

5. 教师专业发展与持续学习的重要性

在以课程思政为核心的初中英语教学中，教师角色至关重要。随着社会的快速变迁及学生需求的多样化，教师需不断革新其教育观念与教学策略。教师须深化对语言教学及课程思政理念的专业理解，并将其有效融入实践中。此外，教师应主动投身于专业提升活动，通过参加培训等方式，系统提升教育理念与教学技能，确保教学策略与时俱进。

学校和教育部门应提供持续的专业发展机会，如培训、研讨会等，帮助教师跟上时代的步伐，不断提高教学质量。教育行政部门应该加大对初中英语课程思政建设的支持力度，制定相关政策和措施，推动初中英语课程思政建设的深入发展。同时，加强对初中英语教师的培训和指导，提升教师的专业素养和教学能力。学校管理层应该重视初中英语课程思政建设，将其纳入学校整体发展规划，建立健全课程思政建设机制，为初中英语教师提供必要的支持和帮助。同时，加强对初中英语教学基于课程思政的监督和评估，确保提升教学质量和育人效果。

6.2.3 强化信息技术与课程思政融入初中英语教学的实践探索

随着信息技术和人工智能的快速发展，教育教学也呈现出数字化、智能化、个性化等多元化的挑战和机遇。在初中英语教学中，现代化教育技术为教学带来了更多的可能性，如在线课程、虚拟实验、智慧教室、教学游戏等，同时也带来了一系列新的问题和挑战。因此，在未来研究中需要关注技术发展对教学的影响。初中英语教学也应积极应对这些变化，充分利用和整合现代化教育资源，探索线上线下教学模式的结合，借助碎片化、游戏化等手段提高教学效果和学生学习动力。对于初中英语教学的课程思政建设而言，技术的融入不仅能够丰富教学手段，提高教学效率，更能为课程思政理念的深入贯彻提供新的途径。

技术的应用给教学带来了更大的机遇，提供了更多的教学资源和手段。互联网、大数据、人工智能等现代信息技术的运用，使得海量的教学资源得以整合与共享。这些资源不仅包括优质的教材、课件、视频等，还包括丰富的网络社区、互动平台等，为初中英语教师提供了更多的教学选择，也使得学生能够接触到更加多元化的学习内容。它能拓宽教学渠道，提高教学质量和效率。例如，在线教育可以让学生随时随地学习，突破时间和空间的限制；虚拟实验可以让学生深入体验科学实验，增强实验探究的可行性和安全性；智慧教室可以提供更多的教学辅助工具，让教学更加生动和灵活。在教学中，利用技术的优势，不仅可以提高教学效果和学生学习动力，还可以培养学生的综合素质和创新能力，提高他们的自主学习能力和竞争力。

技术的发展为初中英语教学的课程思政建设提供了新的思路。在课程思政理念的指导下，初中英语教学不仅要传授英语知识，更要培养学生的道德品质和社会责任感。而现代信息技术的运用，可以使得这一目标的实现变得更加容易。例如，通过引入虚拟现实（VR）技术，可以让学生身临其境地体验历史事件、社会现象等，从而更加深刻地理解其中的道德意义和社会价值；通过大数据分析，可以更加准确地了解学生的学习情况和思想动态，为课程思政建设提供更加精准的数据支持。

但是，与此同时也需要注意技术对教学的负面影响和挑战。技术应用可能会加剧学生的依赖和消极情绪，影响学习的深度和广度。此外，过多地依赖技术可能会增加教学成本和管理难度，难以保证教学的质量和效果。未来的研究应该探讨技术对教学带来的挑战和影响，避免技术与教学的脱节。课程思政理念应该成为指导技术与教学融合的重要纽带，确保技术应用与价值取向的一致性，增强技术对教育教学的辅助和支撑作用。

因此，未来研究应该更加关注技术发展对教学的影响，重视技术与教学的一体化创新，探究课程思政理念在数字化时代下初中英语教学中的实现方式，推动教学模式、评价方式和资源共享等方面的创新。积极探索如何利用现代信息技术等手段推动初中英语课程思政建设的创新发展，不仅需要英语教师具备更高的信息素养和技术能力，还需要学校、教育部门等各方面的支持和配合。相信在不久的将来，技术发展将为初中英语教学的课程思政建设带来更多的惊喜和可能性。

6.2.4　深化基于课程思政理念的初中英语教学研究

在未来，要不断完善基于课程思政理念的初中英语教学的理论与实践研究，进一步提升英语课程思政建设的实效，更好地促进学生的健康成长与全面发展，应考虑进一步加强以下几方面的研究。

1.教师培训与专业发展研究

研究可以关注如何培养初中英语教师的课程思政意识和能力，引导他们更好地履行课程思政的责任。未来的研究可以探讨教师的角色转变，从仅仅是知识传授者转变为引导者和启发者，通过培养学生的思考和探索能力，促进他们的思想品德培养。探讨如何提高教师在课程思政理念导向下的教学能力，包括专业培训、工作坊、教学观摩等。研究教师如何在课堂上有效地传达课程思政理念，以及如何评价和反馈学生在这一过程中的表现。

2.教材内容与课程设计研究

需要进一步探讨课程思政理念在初中英语教学中的运用情况和效果，对现有教材以及教学法进行进一步优化和改进，更好地实现课程思政的目标。深入研究课程思政理念的理论框架，并探索如何将这些理论更有效地融入初中英语教学实践中。分析不同教学环境下课程思政理念的应用效果，以及如何根据不同的教学环境调整教学策略，从而培养学生的思想道德素养、社会责任感和创新精神。探索在不同的主题和话题中，如何引导学生思考社会问题，关注公益事业，践行社会主义核心价值观等。研究和开发更多反映社会主义核心价值观和中华优秀传统文化的英语教材内容。设计更具互动性和参与性的课程活动，以促进学生对课程思政内容的理解和吸收。

3.强化教学方法的创新研究

研究可以关注如何通过创新的教学方法来促进初中英语课程思政的实施。例如，可以研究如何运用案例教学、讨论式教学、小组合作学习等方法来激发学生的思考和参与，培养他们的社会责任感和批判思维能力。探索信息技术在课程思政理念导向下的初中英语教学中的应用和效果。研究如何利用网络资源、多媒体工具等技术手段丰富教学内容和提高教学互动性。

4.深化评价体系的建设研究

研究可以关注如何设计科学有效的教学评价体系，以衡量课程思政方面的发展和对学生成长的影响。可以研究如何结合多种评价方式，如项目评价、学生自评、同伴互评等，来全面评价学生的思想品质和道德素养的培养。开发和验证评价学生在课程思政理念指导下学习成效的工具和方法。研究如何通过形成性评价和终结性评价来监测和促进学生的课程思政学习。

5. 跨学科整合研究

研究可以关注如何将课程思政理念扩展到其他学科中，实现跨学科的课程思政教育。可以研究不同学科之间的融合与互通，促进学科知识和思想品德培养的有机结合与融合创新。

6. 社会文化背景与全球化视角研究

分析中国社会文化背景对初中英语教学的影响，以及如何在教学中融入全球视角。研究如何培养学生的国际视野和跨文化交际能力，同时弘扬中华优秀传统文化。

总之，未来可以进一步深化课程思政理念在初中英语教学中的研究，探索新的理论与实践路径，为培养德智体美劳全面发展的社会主义建设者和接班人提供更好的教育支持。同时，也可以将课程思政理念应用到其他学科中，推动整个初中教育体系的高质量发展。

参考文献

[1] ASHBY F G, ISEN A M, TURKEN U. A Neuropsychological Theory of Positive Affect and Its Influence on Cognition[J]. Psychological Review, 1999, 106(3).

[2] LAWTON D. Curriculum Studies and Education Planning [M]. London: Hodder and Stoughton, 1983. P. 14.

[3] PIAGET J. The Psychology of the Child[M]. New York: Basic Books, 1952.

[4] STEINBERG L. Cognitive and Affective Development in Adolescence [J]. Trends in Cognitive Sciences, 2005, 9(2).

[5] 阿普尔著. 意识形态与课程[M]. 黄忠敬, 译. 上海: 华东师范大学出版社, 2001: 1, 128.

[6] 敖祖辉、王瑶. 高校"课程思政"的价值内核及其实践路径选择研究[J]. 黑龙江高教研究, 2019(3).

[7] 包文文. 试论新课程改革中初中英语教师的角色转变[J]. 新课程学习(中), 2013 (12).

[8] 蔡红, 王芳. 利用群文阅读提高学生主题表达能力的探索[J]. 中小学外语教学(中学篇), 2023, 46(6).

[9] 蔡基刚. 课程思政与立德树人内涵探索——以大学英语课程为例[J]. 外语研究, 2021(3).

[10] 曹椿寅, 王纪鹏, 杨丽. "课程思政"与"思政课程"同向同行的理论与实践探究 [J]. 遵义师范学院学报, 2022(3).

[11] 曹丽荣. 初中英语教学中立德树人教育策略探究[J]. 英语教师, 2020(6).

[12] 曹莹. 以学习为中心的初中英语教学评价体系构建研究[D]. 太原: 山西师范大学, 2021.

[13] 陈春秀. 基于"教-学-评"一体化的初中英语学科德育实践探索——以仁爱版九年级下册 Unit 5 Topic 2 He is really the pride of China Section C 教学为例[J]. 福建教育学院学报, 2023, 24(11).

[14] 陈红林. 初中英语教师教材使用的现状调查与研究——基于课程标准的视角[D]. 上海: 华东师范大学, 2012.

[15] 陈洪涛. 美国的爱国主义教育及其经验借鉴[J]. 全球教育展望, 2004(8).

[16] 陈会方, 秦桂秀. "课程思政"与"思政课程"同向同行的理论与实践[J]. 中国高等教

育,2019(9).

[17] 陈剑飞. 小学数学课程思政现状及管理对策研究[D]. 通辽:内蒙古民族大学,2023.

[18] 陈剑飞. 小学数学课程思政现状及管理对策研究[D]. 通辽:内蒙古民族大学,2023.

[19] 陈俊珂. 日本和新加坡学校德育特色之比较[J]. 比较教育研究,2002(12).

[20] 陈磊,沈扬,黄波. 课程思政建设的价值方向、现实困境及其实践超越[J]. 学校党建与思想教育,2020(14).

[21] 陈琦,刘儒德. 当代教育心理学[M]. 北京:北京师范大学出版社,2007.

[22] 陈万柏,张耀灿. 思想政治教育学原理[M]. 北京:高等教育出版社,2007.

[23] 陈祥梅,苗兴伟. 德育视角下的英语教学设计探究[J]. 中小学外语教学(中学篇),2022(6).

[24] 陈晓菁. 粤北少数民族地区初中英语教师专业自主发展调查研究[D]. 广州:广州大学,2023.

[25] 陈艳君. 基于本土视角的中国英语教学法研究[D]. 长沙:湖南师范大学,2016.

[26] 陈颖. 基于学科核心素养的初中英语教师专业发展分析[J]. 校园英语,2022(22).

[27] 陈宇杰. 初中英语教学评价研究[D]. 兰州:西北师范大学,2010.

[28] 程舒通. 职业教育中的课程思政:诉求、价值和途径[J]. 中国职业技术教育,2019(5).

[29] 程晓堂,姚铄姿. 基于信息焦点的英语教学活动设计[J]. 中小学外语教学(中学篇),2022(1).

[30] 程晓堂,赵思奇. 英语学科核心素养的实质内涵[J]. 课程·教材·教法,2016(5).

[31] 程晓堂. 基础英语新课程英语教材评析:兼评外研社《英语》(新标准)初高中英语教材[J]. 山东师范大学外国语学院学报,2006(10).

[32] 程晓堂. 基于大数据的英语阅读能力的培养及测评体系构想[J]. 外语电化教学,2019(2).

[33] 程晓堂. 课程改革背景下英语课程资源的开发和使用:问题与建议[J]. 课程·教材·教法. 2019(3).

[34] 程晓堂. 在英语教材编写中渗透思维品质的培养[M]//查明建. 外语教材研究(第一辑). 上海:上海外语教育出版社,2022.

[35] 程晓堂. 中学英语语法教学中的几个突出问题[J]. 中小学课堂教学研究,2020(4).

[36] 但孝甜. 译林版初中英语教材中的中国文化元素呈现现状及改进策略研究[D]. 无锡:江南大学,2023.

[37] 邓小平. 邓小平文选:第二卷[M]. 北京:人民出版社,1994:106.

[38] 邸乘光. 习近平新时代中国特色社会主义思想[J]. 新疆师范大学学报,2018(2).

[39] 丁彩萍. 初中英语教师课堂评价实施现状研究[D]. 上海:华东师范大学,2014.

[40] 董翠香,樊三明,李梦欣,等. 体育专业课程思政建设应解决的问题及实施路径[J]. 体育学刊,2021(2).

[41] 董勇. 论从思政课程到课程思政的价值内涵[J]. 思想政治教育研究, 2018(5).

[42] 富海鹰, 杨成, 李丹妮, 等. "三全育人"视角下工科课程思政实践探究[J]. 高等工程教育研究, 2021(5).

[43] 高德胜, 聂雨晴. 论马克思主义学院在课程思政改革中的实践价值[J]. 思想政治教育研究, 2020(1).

[44] 高德毅, 宗爱东. "中国系列"思政课选修课程：提升思政课教学质量的有效选择. 中国高等教育, 2017(11).

[45] 高德毅, 宗爱东. 从思政课程到课程思政：从战略高度构建高校思想政治教育课程体系[J]. 中国高等教育, 2017(1).

[46] 高德毅, 宗爱东. 课程思政：有效发挥课堂育人主渠道作用的必然选择[J]. 思想理论教育导刊, 2017(1).

[47] 高杉杉. TPACK 视阈下的初中英语教师信息化教学能力研究[D]. 沈阳：沈阳师范大学, 2022.

[48] 高燕. 课程思政建设的关键问题与解决路径[J]. 中国高等教育, 2017(Z3).

[49] 葛卫华. 厘定与贯连：论学科德育与课程思政的关系[J]. 中国高等教育, 2017(8).

[50] 宫晓琪. 课程思政融入初中英语教学现状的调查研究[D]. 天津：天津师范大学, 2023.

[51] 巩茹敏, 林铁松. 课程思政：隐性思想政治教育的新形态[J]. 教学与研究, 2019(6).

[52] 顾明远. 教育大辞典：增订合编本[M]. 上海：上海教育出版社, 1998.

[53] 关丽. 初中英语教学中社会主义核心价值观的教育探究[J]. 名师在线, 2020(30).

[54] 郭艺倩. 中英两国中学德育课程比较研究[D]. 乌鲁木齐：新疆师范大学, 2016.

[55] 郭云连. 简论改进初中英语教师课堂教学行为策略[J]. 英语广场(学术研究), 2012(2).

[56] 韩宪洲. 深化"课程思政"建设需要着力把握的几个关键问题[J]. 北京联合大学学报, 2019(2).

[57] 郝怀艳. 在英语教学中引导学生形成建设性评价的意义[C]//未来教育发展与创新教育研究高峰论坛论文集(七), 2022.

[58] 何莲珍. 从教材入手落实大学外语课程思政[J]. 外语教育研究前沿, 2022(2).

[59] 何莲珍. 大学外语课程思政之"道"与"术"[J]. 中国外语, 2022(4).

[60] 何莲珍. 在强国建设中彰显大外作为[J]. 外语教育研究前沿, 2024(5).

[61] 何玉海, 于志新. 新时代推进高校"课程思政"建设的四个维度[J]. 思想理论教育导刊, 2021(2).

[62] 胡洪彬. 迈向课程思政教学评价的体系架构与机制[J]. 中国大学教学, 2022(4).

[63] 胡杰辉. 外语教师课程思政教学评价理念与实践策略[J]. 中国外语, 2024(1).

[64] 胡娟. 基于人际功能理论的初中英语课堂学生评价分析[D]. 南宁：广西民族大

学，2023.

[65] 胡群. 融入课程思政的初中英语教学实施策略研究[J]. 海外英语. 2024(4).

[66] 黄陈涛. 初中英语教师课程思政的认知与实践路径研究：基于《义务教育英语课程标准（2022 年版）》[D]. 上海：上海师范大学，2023.

[67] 黄明俊，张美茹. 教师课程思政育人能力提升研究[J]. 中学政治教学参考，2023（27）.

[68] 黄宁宁. 美国中小学爱国主义教育的途径和启示[J]. 教育视界，2019(5).

[69] 黄瑞. 基于核心素养的初中英语教师专业发展探讨[J]. 校园英语，2018(38).

[70] 黄英. 毛泽东青少年教育思想初探[J]. 江汉大学学报，1994(2).

[71] 黄泽文. "新工科"课程思政的时代蕴涵与发展路径[J]. 西南大学学报，2021(3).

[72] 江泽民. 论社会主义精神文明建设[M]. 北京：中央文献出版社，1999.

[73] 蒋京丽. 对初中英语教师学科教学核心素养的探讨[J]. 基础外语教育，2016, 18(4).

[74] 蒋京丽. 发挥育人价值 培养"三有新人"：《义务教育英语课程标准（2022 年版）》课程内容对初中英语教学的价值[J]. 教学月刊·中学版（外语教学），2022(5).

[75] 教育部. 教育部：发布《中小学德育工作指南》[J]. 基础教育课程，2017(19).

[76] 教育部. 教育部关于培育和践行社会主义核心价值观 进一步加强中小学德育工作的意见[J]. 中国德育，2014(9).

[77] 靳润斌. 中学英语学科德育现状研究[D]. 上海：华东师范大学，2023.

[78] 康明录. 如何将思政教育渗透到初中英语教学中[J]. 科技资讯，2020(16).

[79] 黎慧颖. 借力微课打造初中英语自主学习"加油站"[J]. 江西教育，2017(3).

[80] 李国娟. 课程思政建设必须牢牢把握的五个环节[J]. 中国高等教育，2017(Z3).

[81] 李建华. 知识即美德：课程思政的学理意蕴[J]. 思想教育研究，2021(2).

[82] 李蔓，陈龙云. 落实立德树人 立足能力立意 聚焦核心素养——2023 年广西中考英语试题解读与反思[J]. 中小学课堂教学研究，2023(S1).

[83] 李其龙. 赫尔巴特文集·教育学卷第 1 卷[M]. 杭州：浙江教育出版社，2002.

[84] 李小霞. 新时期高校外语教师"课程思政"教学能力提升路径研究[J]. 湖北经济学院学报（人文社会科学），2021(3).

[85] 李晓楠. 课程思政元素融入初中英语课堂教学的现状调查研究[D]. 武汉：中南民族大学，2022.

[86] 李岩. 赫尔巴特道德教育思想及其现实价值解读[J]. 湖北社会科学，2008(7).

[87] 林崇德. 21 世纪学生发展核心素养研究[M]. 北京：北京师范大学出版社，2016：30.

[88] 林亚芳. 英国的学校德育[D]. 杭州：浙江大学，2022.

[89] 林珠娜. 核心素养引领下的初中英语多元教学评价体系建设探索[J]. 校园英语，2023(22).

[90] 刘纯献，刘盼盼. 体育课程思政的内容、特点、难点与价值引领[J]. 体育学刊，

2021(1).

[91] 刘道义，郑旺全. 改革开放40年中国基础英语教育发展报告[J]. 课程·教材·教法，2018(12).

[92] 刘道义. 改革开放30年的中小学英语教材[J]. 英语教师，2008(10).

[93] 刘鹤，石瑛，金祥雷. 课程思政建设的理性内涵与实施路径[J]. 中国大学教育，2019(3).

[94] 刘鹤，石瑛. 课程思政建设的理性内涵与实施路径[J]. 中国大学教育，2019(3).

[95] 刘洪悦，贾竑. 课程思政在初中英语课堂中的应用[J]. 英语教师，2020(12).

[96] 刘基. 高校思想政治教育论[M]. 北京：中国社会科学出版社，2006.

[97] 刘建达. 课程思政背景下的大学外语课程改革[J]. 外语电化教学，2020(6).

[98] 刘建军. 课程思政：内涵、特点与路径[J]. 教育研究，2020(9).

[99] 刘静蕾. 融入课程思政的项目教学法在初中英语教学中的应用研究[D]. 延安：延安大学，2024.

[100] 刘琳. 英语德育评述及其对我国德育教育的启示[J]. 前沿，2006(4).

[101] 刘清生. 新时代高校教师"课程思政"能力的理性审视[J]. 江苏高教，2018(12).

[102] 刘婷婷. 偏远山区初中英语教师专业发展现状调查研究：以H省Y市为例[D]. 哈尔滨：哈尔滨师范大学，2022.

[103] 刘文. 初中英语教学中形成性评价的现状与对策研究[D]. 大连：辽宁师范大学，2012.

[104] 刘晓畅. 新时代我国初中"课程思政"研究[D]. 北京：中国石油大学(北京)，2021.

[105] 刘兴华，司学娟，李静. 初中英语教师教材观及个体差异研究[J]. 当代外语研究，2023(6).

[106] 刘妍. 初中英语课堂教学方法调查[D]. 济南：山东师范大学，2016.

[107] 刘玉莹. 河南南阳农村初中新手英语教师专业发展调查研究[D]. 桂林：广西师范大学，2022.

[108] 柳礼泉，周文斌. 试析胡锦涛对青少年思想政治教育的理论贡献[J]. 思想教育研究，2013(2).

[109] 娄淑华，马超. 新时代课程思政建设的焦点目标、难点问题及着力方向[J]. 新疆师范大学学报(哲学社会科学版)，2021(5).

[110] 鲁篱，郭子圣. 不断提升青少年群体的法治素养[N]. 光明日报，2024-03-22.

[111] 陆道坤. 课程思政推行中若干核心问题及解决思路：基于专业课程思政的探讨[J]. 思想理论教育，2018(3).

[112] 陆道坤. 新时代课程思政的研究进展、难点焦点及未来走向[J]. 新疆师范大学学报(哲学社会科学版)，2022：43(3).

[113] 罗琴丽. 新课标基础上心理健康教育元素融入初中道德与法治教学的实践路径[J]. 中小学心理健康教育，2023(8).

[114]罗宪芬. 高校英语课程思政教学资源库建设研究[J]. 海外英语，2024(6).

[115]马克思，恩格斯.《德意志意识形态》[M]. 上海：上海辞书出版社，2023.

[116]毛泽东，邓小平，江泽民. 论教育[M]. 北京：中央文献出版社，人民教育出版社，北京师范大学出版社，2002：289，287，331，330，288.

[117]梅德明. 新时代外语教育应助力构建"人类命运共同体"[N]. 文汇报，2018-02-09.

[118]梅德明. 正确认识和理解英语课程性质和理念：基于《义务教育英语课程标准（2022年版）》的阐述[J]. 教师教育学报，2022(3).

[119]孟祥晴. 河北省初中英语教师专业化发展的调查研究[D]. 保定：河北师范大学，2022.

[120]孟子敏，李莉. 课程思政教学实践中的若干问题及改进路径. 中国大学教学[J]. 2022(3).

[121]缪珂，高文静，秦雪英，等. 课程思政资源库建设相关研究现状[J]. 医学教育管理. 2023，9(2).

[122]聂迎娉，傅安洲. 意义世界视域下课程思政的价值旨归与根本遵循[J]. 大学教育科学，2021(1).

[123]潘诗扬，石路. 课程思政的功能要素及其整合性路径[J]. 中学政治教学参考，2021(5).

[124]潘希武. 中小学课程思政：育人向度及其建设[J]. 教育学术月刊，2021(10).

[125]蒲清平，何丽玲. 高校课程思政改革的趋势、堵点、痛点、难点与应对策略[J]. 新疆师范大学学报(哲学社会科学版)，2021(5).

[126]钱戌旭. 初中英语教材课程思政研究：以牛津版"Reading"部分为例[J]. 英语广场. 2023(2).

[127]乔保菊. 利用初中英语教材中的人文资源培养学生的学习兴趣[J]. 中学生英语，2023(32).

[128]秦莎莎. 中学英语"课程思政"建设问题研究[D]. 哈尔滨：哈尔滨理工大学，2023.

[129]秦小梦. 人教版初中英语教材的课程思政实证研究[D]. 湘潭：湖南科技大学，2021.

[130]邱开金. 从思政课程到课程思政，路该怎样走[N]. 中国教育报，2017-03-21.

[131]邱仁富. "课程思政"与"思政课程"同向同行的理论阐释[J]. 思想教育研究，2018(4).

[132]邱伟光. 课程思政的价值意蕴与生成路径[J]. 思想理论教育，2017(7).

[133]桑果元，叶碧欣，王翔. 项目式学习：教师手册[M]. 北京：北京师范大学出版社，2023.

[134]沈映梅. 教学反思：英语教师与新课程共同成长的有效途径[J]. 现代教育科学，2008(1).

[135]十六大以来重要文献选编(上)[G]. 北京：中央文献出版社，2005.

[136]十六大以来重要文献选编(上)[G]. 北京：中央文献出版社，2005.

[137] 石伟平. 劳顿的"文化分析"课程理论及其应用[J]. 外国教育资料. 1998(5).

[138] 史巍. 论以"课程思政"实现协同育人的关键点位及有效落实[J]. 学术论坛, 2018 (4).

[139] 宋飞飞. 初中英语教师专业发展现状调查及对策研究：以青岛市李沧区为例[D]. 济南：山东师范大学, 2020.

[140] 苏茜. 如何将铸牢中华民族共同体意识融入课程思政[J]. 中南民族大学学报(人文社会科学版), 2023, 43(12).

[141] 谭晓爽. 课程思政的价值内涵与实践路径探析[J]. 思想政治工作研究, 2024(7).

[142] 汤苗苗, 董美娟. 高校课程思政建设存在的问题及对策[J]. 学校党建与思想教育, 2020(22).

[143] 唐春波. 论江泽民的青少年教育观[J]. 教育探索, 2008(2).

[144] 唐璐燕. 评价量表在初中英语口语课堂教学中的运用——以上海牛津教材 8AU3 Safety At Home 一课为例[J]. 现代教学, 2023(19).

[145] 陶芳铭, 张筱菲. 初中英语教科书中课程思政的内容分析与价值实现[J]. 北京教育学院学报, 2024(1).

[146] 田超. 课程思政在初中英语教学融入的现状调查研究[D]. 伊犁：伊犁师范大学, 2021.

[147] 田鸿芬, 付洪. 课程思政：高校专业课教学融入思想政治教育的实践路径[J]. 未来与发展, 2018(4).

[148] 田莉. 英语课堂活动的设计与组织[J]. 山东教育学院学报, 2001(3).

[149] 田龙菊, 田龙琴. 论新课程改革视野下英语教师的角色转换[J]. 乐山师范学院学报, 2004(9).

[150] 王邦虎. 校园文化论[M]. 北京：北京大学出版社, 2002.

[151] 王芳. 微课在初中英语课堂教学的设计策略[J]. 英语广场, 2019(4).

[152] 王菲. 初中英语教师对教材中德育素材的利用问题研究[D]. 大连：辽宁师范大学, 2016.

[153] 王芬. 初中英语教师写作评价素养调查研究：以成都 X 中学为例[D]. 成都：四川师范大学, 2023.

[154] 王江华, 罗敏. 初中英语教学融入课程思政教学的策略：基于思政元素的分析[J]. 教育科学论坛, 2023(12).

[155] 王立忠. 改革开放 30 年我国基础教育英语教科书建设研究——以人教版教科书为范本[D]. 长沙：湖南师范大学, 2010.

[156] 王娜. "大思政"教育在初中英语教学中的落实策略[J]. 校园英语. 2020(42).

[157] 王蔷. 核心素养背景下英语阅读教学：问题、原则、目标与路径[J]. 英语学习, 2017(2).

[158] 王珊珊. 日本学校德育对我国的启示[J]. 吉林省教育学院学报, 2015(7).

[159] 王少非，崔允漷. 试论评价对学校课程实施过程的影响[J]. 教育发展研究，2020（10）.

[160] 王学俭，王岩. 新时代课程思政的内涵、特点、难点及应对策略[J]. 新疆师范大学学报（哲学社会科学版），2020：41（2）.

[161] 王尧. 再论课程思政：概念、认识与实践[J]. 中国大学教学，2022（7）.

[162] 王振雷. 论高校课程思政改革的三维进路[J]. 思想理论教育，2019（10）.

[163] 文秋芳. "师生合作评价"："产出导向法"创设的新评价形式[J]. 外语界，2016（5）.

[164] 文秋芳. 大学外语课程思政的内涵和实施框架[J]. 中国外语，2021（3）.

[165] 吴驰. 回溯与展望：我国中小学英语教材建设70年[J]. 教育测量与评价，2019（10）.

[166] 吴丹银. 基于教材分析的初中英语德育教育研究：问题与对策[D]. 温州：温州大学，2019.

[167] 吴月明. 初中英语教材中课程思政内容使用情况调查研究[D]. 呼和浩特：内蒙古师范大学，2022.

[168] 吴倬. 构建思政课与哲学社会科学课程相互配合的德育机制[J]. 中国高等教育，2006（11）.

[169] 西格尔. 青春期大脑风暴：青少年是如何思考与行动的[M]. 杭州：浙江人民出版社，2015.

[170] 项久雨. 思想政治教育价值与人的价值[J]. 教学与研究，2002（12）.

[171] 肖琼，黄国文. 关于外语课程思政建设的思考[J]. 中国外语，2020，17（5）.

[172] 肖香龙，朱珠. "大思政"格局下课程思政的探索与实践[J]. 思想理论教育导刊，2018（10）.

[173] 谢赛，谢满兰，陈志强. 社会主义核心价值观融入人教版初中英语教材的现状与反思[J]. 教学月刊·中学版（外语教学），2023（3）.

[174] 新华社. 中共中央、国务院印发《关于加强和改进新形势下高校思想政治工作的意见》[J]. 社会主义论坛，2017（3）.

[175] 徐锦芬. 高校英语课程教学素材的思政内容建设研究[J]. 外语界. 2021（2）.

[176] 徐蓉. 深刻认识全面推进高校课程思政建设的价值目标[J]. 马克思主义与现实，2020（5）.

[177] 徐阳. 课程思政融入初中英语教学的现状调查和策略研究[D]. 厦门：集美大学，2024.

[178] 许高厚，施铮，魏济华，等. 课堂教学技艺[M]. 北京：北京师范大学出版社，1997.

[179] 许国红. 新课程标准下初中英语教学评价体系的构建[J]. 中国标准化. 2023（12）.

[180] 许建华. 立德树人导向下的初中英语课程思政探索与实践[J]. 教学月刊·中学版，2022（9）.

[181] 许硕，葛舒阳. "思政课程"与"课程思政"关系辨析[J]. 思想政治教育研究，2019

(6).

[182] 薛晋梅. 课程思政视域下初中英语教材中中国文化融入路径的行动研究：以人教版 Go for It! 教材为例[D]. 重庆：西南大学，2023.

[183] 薛婧. 核心素养下初中英语教师专业发展的现状调查[D]. 延安：延安大学，2021.

[184] 鄢显俊. 论高校"课程思政"的"思政元素"、实践误区及教育评估[J]. 思想教育研究，2020(2).

[185] 闫冰红. 网络时代高中思想政治课存在的问题及对策研究[J]. 学理论，2013(15).

[186] 闫源. 基于微课的初中英语教学活动设计探讨[J]. 中小学电教(教学)，2020(2).

[187] 杨杰. 初中英语教学中的德育问题研究[D]. 重庆：重庆师范大学，2014.

[188] 杨金铎. 中国高等院校"课程思政"建设研究[D]. 长春：吉林大学，2021.

[189] 杨凯. 四环节有效课堂教学模式：初中英语课堂任务型教学的应用研究[D]. 石家庄：河北师范大学，2012.

[190] 杨守金，夏家春. "课程思政"建设的几个关键问题[J]. 思想政治教育研究，2019(5).

[191] 杨素帧. 新旧人教版初中英语教材比较研究[D]. 保定：河北大学，2008.

[192] 杨晓慧. 关于高职思政课程引领协同课程思政的探讨[J]. 教育与职业，2019(18).

[193] 杨治良，刘素珍，钟毅平，等. 内隐社会认知的初步实验研究[J]. 心理学报，1997(1).

[194] 杨治良. 记忆心理学[M]. 上海：华东师范大学出版社，1999.

[195] 于康凤. 学科育人目标导向下的教材文本分析——以人教版初中英语教材为例[D]. 南京：南京师范大学，2021.

[196] 俞丽萍. 初中英语教学中德育渗透的方法尝试[J]. 科学大众(科学教育)，2019(1).

[197] 俞婷. 新千年以来国内英语教材研究：现状、反思与建议[J]. 英语研究，2023(1).

[198] 俞奕岑. 语篇分析视域下初中英语阅读教学的设计与实施[J]. 中小学外语教学(中学篇)，2023，46(3).

[199] 喻忠明. 课程思政融入初中英语阅读教学的现状分析及提升策略研究[D]. 天津：天津体育学院，2023.

[200] 袁驰. 符际互补理论视角下初中英语教材的多模态话语分析[D]. 沈阳：沈阳师范大学，2023.

[201] 袁春艳. 当代国际外语教学法发展研究[D]. 南京师范大学，2006.

[202] 袁桂林. 当代西方道德教育理论[M]. 福州：福建教育出版社，1995.

[203] 曾慧芳. 初中英语教学课堂中学生参与的调查研究[D]. 上海：华东师范大学，2010.

[204] 曾艳. 德智融合　润物无声：初中英语课程思政的实践研究[J]. 校园英语，2024(4).

[205] 詹春燕. 微课在初中英语课后作业中的应用[J]. 福建基础教育研究，2019(5).

[206] 张婵娟. 初中英语教材中渗透课程思政元素的现状分析与策略研究[D]. 天水：天水

师范学院. 2022.

[207]张东润. 初中英语教材人教版与外研版阅读文本的对比研究[D]. 黄石：湖北师范大学，2023.

[208]张凤娟. 社会认知主义视域下中学英语教师认知及其影响因素研究[D]. 长春：东北师范大学，2012.

[209]张昊. 基于主题意义探究的故事类文本阅读教学实践[J]. 中小学外语教学（中学篇），2023，46(2).

[210]张宏彬. 高职院校如何实施课程思政[N]. 中国教育报，2019-04-16.

[211]张鸿燕. 新加坡德育途径与方法浅析[J]. 首都师范大学学报，2003(3).

[212]张莉. 谈初中英语课堂多元化教学评价体系的构建[J]. 中学生英语，2020(10).

[213]张淼. 初中英语教师评价素养研究[D]. 重庆：重庆三峡学院，2020.

[214]张敏. 初中英语教师课堂管理能力的调查与分析[J]. 山东师范大学外国语学院学报（基础英语教育），2012(15).

[215]张社强. 日本、韩国、新加坡学校道德教育比较研究[J]. 思想政治教育研究，2012(1).

[216]张文霞，赵华敏，胡杰辉. 大学外语教师课程思政教学能力现状及发展需求研究[J]. 外语界，2022(3).

[217]张晓蕾. 基于人教版初中英语教材的初中生文化自信培育策略的行动研究[D]. 重庆：西南大学，2023.

[218]张学卫，马建红. 初中英语教学渗透思政教育的设计思路[J]. 教育理论与实践，2021(2).

[219]张学卫. 初中英语教学渗透思政教育的设计思路[J]. 教育理论与实践. 2021(41).

[220]章兼中. 国外外语教学法主要流派[M]. 上海：华东师范大学出版社，1983.

[221]赵群. 思政教育融入中学英语教学中的困境与路径[J]. 河南教育（教师教育），2021(7).

[222]郑佳然. 新时代高校"课程思政"与"思政课程"同向同行探析[J]. 思想教育研究，2019(3).

[223]郑永廷. 思想政治教育基础理论研究进展与综述[J]. 思想教育研究，2014(4).

[224]中共中央党史和文献研究院.《十九大以来重要文献选编》（上册）[M]. 北京：中央文献出版社，2019.

[225]中共中央文献研究室. 毛泽东选集：第三卷[M]. 北京：人民出版社，1991.

[226]中共中央文献研究室. 毛泽东文集：第七卷[M]. 北京：人民出版社，1999.

[227]中共中央文献研究室、中共湖南省委《毛泽东早期文稿》编辑组. 毛泽东早期文稿[M]. 长沙：湖南人民出版社，1990.

[228]中共中央宣传部. 习近平总书记系列重要讲话读本[M]. 北京：人民出版社，2016.

[229]中华人民共和国教育部. 义务教育英语课程标准：2022年版[M]. 北京：北京师范大

学出版社，2022.

[230]周超. 初中英语学科核心素养初探[D]. 温州：温州大学，2017.

[231]周松，邓淑华. 高校课程思政建设存在的问题及路径优化[J]. 学校党建与思想教育，2021(10).

[232]周鑫宇 苏溢. 美国如何进行爱国主义教育[J]. 中国德育，2017(10).

[233]朱飞. 高校课程思政的价值澄清与进路选择[J]. 思想理论教育，2019(8).

[234]庄旖雯. 初中英语教科书阅读语篇的多模态语篇分析：以牛津译林版初中英语教材阅读语篇为例[J]. 中学生英语，2023(26).

[235]邹敏，陈则航. 基于思维品质培养的初中英语教材使用研究[J]. 天津师范大学学报（基础教育版），2023(3).